Mediação e Arbitragem na Administração Pública

Mediação e Arbitragem na Administração Pública

BRASIL E PORTUGAL

2020

Coordenadores:
António Júdice Moreira
Asdrubal Franco Nascimbeni
Christiana Beyrodt
Mauricio Morais Tonin

MEDIAÇÃO E ARBITRAGEM NA ADMINISTRAÇÃO PÚBLICA
BRASIL E PORTUGAL
© Almedina, 2020
COORDENADORES: António Júdice Moreira, Asdrubal Franco Nascimbeni, Christiana Beyrodt e Mauricio Morais Tonin
DIAGRAMAÇÃO: Almedina
DESIGN DE CAPA: FBA
ISBN: 9786556270845

Dados Internacionais de Catalogação na Publicação (CIP)
(Câmara Brasileira do Livro, SP, Brasil)

Mediação e arbitragem na administração pública :
Brasil e Portugal /
coordenadores António Júdice
Moreira...[et al.]. – São Paulo : Almedina, 2020.

Vários autores.
Outros coordenadores: Asdrubal Franco Nascimbeni,
Christiana Beyrodt, Mauricio Morais Tonin

Bibliografia.
ISBN 978-65-5627-084-5

1. Administração pública - Brasil 2. Administração pública - Portugal 3. Arbitragem (Direito) - Brasil 4. Arbitragem (Direito) - Portugal 5. Mediação - Brasil 6. Mediação - Portugal I. Moreira, António Júdice. II. Nascimbeni, Asdrubal Franco. III. Beyrodt, Christiana. IV. Tonin, Mauricio Morais.

20-40772   CDU-347.918(469+81)

Índices para catálogo sistemático:

1. Brasil e Portugal : Mediação e arbitragem em administração pública 347.918(469+81)

Cibele Maria Dias - Bibliotecária - CRB-8/9427

Este livro segue as regras do novo Acordo Ortográfico da Língua Portuguesa (1990).

Todos os direitos reservados. Nenhuma parte deste livro, protegido por copyright, pode ser reproduzida, armazenada ou transmitida de alguma forma ou por algum meio, seja eletrônico ou mecânico, inclusive fotocópia, gravação ou qualquer sistema de armazenagem de informações, sem a permissão expressa e por escrito da editora.

Setembro, 2020

EDITORA: Almedina Brasil
Rua José Maria Lisboa, 860, Conj.131 e 132, Jardim Paulista | 01423-001 São Paulo | Brasil
editora@almedina.com.br
www.almedina.com.br

SOBRE OS COORDENADORES

António Júdice Moreira
Advogado, Associado Sénior no Departamento de Resolução de Litígios de PLMJ.
LL.M em International Legal Studies pela Georgetown University – Law Center em Washington DC.
Pós-Graduado em Penal Económico Internacional pela Faculdade de Direito da Universidade de Coimbra.
Mediador certificado pela ICFML – Instituto de Certificação e Formação de Mediadores Lusófonos.
Membro da ICC Task Force "ADR and Arbitration".
Membro da Associação Portuguesa de Arbitragem.

Asdrubal Franco Nascimbeni
Advogado, sócio de FNA Advogados Associados.
Bacharel em Direito pela Faculdade de Direito da Universidade de São Paulo (USP).
Mestre em Direito Processual Civil, pela Faculdade de Direito da Universidade de São Paulo (USP).
Doutor em Direito das Relações Econômicas Internacionais, pela PUC-SP.
Vice-presidente da Comissão de Direito Empresarial da OAB-SP (2013-15).
Membro Consultor da Comissão Especial de Mediação, Conciliação e Arbitragem, do Conselho Federal da OAB (2015).
Membro da Comissão de Mediação e Arbitragem da OAB-SP (nos triênios 2016-18 e 2019-21 – nesse último triênio, como Secretário-Geral).

Componente de listas de árbitros de diversas Câmaras de Mediação e de Arbitragem.
Autor e coordenador de obras jurídicas, entre elas "Temas de Mediação e Arbitragem", vols. I, II, III e IV (Lex Editora).

Christiana Beyrodt
Advogada especializada na área de resolução de conflitos empresariais e Arbitragem, com especializações em Processo Civil pela FADISP, em Direito Tributário pela PUC/SP COGEAE.
Membro da Comissão de Arbitragem da OAB-SP (no triênio 2019-21).
Membro da Comissão de Advocacia na Mediação da OAB-SP (nos triênios 2016-18 e 2019-21).
Coordenadora do Comitê de ODR do CONIMA.
Fundadora e Coordenadora do Grupo Café com Mediação.
Mediadora certificada pelo ICFML.
COO da DSD2B.

Mauricio Morais Tonin
Doutor e Mestre em Direito Processual Civil pela Universidade de São Paulo – USP.
Bacharel em Direito pela Universidade de São Paulo – USP.
Procurador do Município de São Paulo.
Mediador Judicial capacitado pelo Instituto dos Advogados de São Paulo – IASP.
Membro da Comissão Especial de Arbitragem da OAB/SP.
Membro da Task Force de Mediação com a Administração Pública do CAM-CCBC.
Autor do livro "Arbitragem, Mediação e Outros Métodos de Solução de Conflitos Envolvendo o Poder Público", publicado pela Editora Almedina em 2019, e de artigos jurídicos em periódicos e obras coletivas.
Advogado.

SOBRE OS AUTORES

Adolfo Braga Neto
Mestre em Direito Civil pela PUC-SP.
Especialista em Direitos Difusos e Coletivos pela ESMP-SP.
Advogado Colaborativo e Mediador.

Carmen Sfeir Jacir
Advogada (Brasil, Chile e Inglaterra).
LL.M. Duke University.
CEO e sócia da DSD2B, Desenho de Sistemas de Prevenção e Resolução de Disputas.

Cláudio Finkelstein
Livre-Docente pela PUC-SP.
Pós-Doutorando pela Bucerius Universitat Hamburgo.
Doutor em Direito das Relações Econômicas Internacionais pela PUC-SP.
Mestre em Direito Internacional pela University of Miami.
Professor da Faculdade de Direito da Pontifícia Universidade Católica de São Paulo.
Advogado.

Daniel Mendes Bioza
Mestrando em Direito do Comércio Internacional pela USP.
Advogado.

Daniela Monteiro Gabbay
Mestre e Doutora em Direito pela Universidade de São Paulo (USP).
Professora da graduação e pós-graduação da Escola de Direito de São Paulo da Fundação Getúlio Vargas (FGV DIREITO SP).
Visiting fellow na Universidade de Yale, EUA e na London School of Economics and Political Science, Reino Unido.
Sócia de Mange & Gabbay Advogados.
Integrante do Corpo de Mediadores e Árbitros de Câmaras Brasileiras.
Autora de artigos e livros sobre mediação, arbitragem e formas extrajudiciais de solução de litígios.
Advogada.

Duarte Lebre de Freitas
Advogado especializado em direito administrativo no departamento de Direito Público da CMS-RPA em Lisboa.
Pós graduado em Concursos Públicos pela Faculdade de Direito da Universidade de Lisboa.
Formador no Seminário de Direito da Energia pelo IFE no curso "O novo regime da Contratação Pública".

Elton Venturi
Visiting Scholar na Universidade da Califórnia – Berkeley Law School.
Visiting Scholar na Universidade de Columbia – Columbia Law School.
Estágio de pós-doutoramento na Universidade de Lisboa.
Doutor e Mestre em Direito pela Pontifícia Universidade Católica de São Paulo.
Professor adjunto dos cursos de graduação e de pós-graduação da Faculdade de Direito da Universidade Federal do Paraná.
Procurador Regional da República.

Francisco Maia Neto
Graduado em Engenharia Civil e Direito pela UFMG.
Pós-graduado em Engenharia Econômica pela Fundação Dom Cabral, onde é professor convidado.
Membro da lista de árbitros de câmaras arbitrais em MG, SP, RJ, PR e DF.
Autor de livros sobre avaliação, perícia, mediação, arbitragem, construção e mercado imobiliário.
Presidente do IBAPE/MG (1988/1992) e do IBAPE Nacional (2003);
Integrante das Comissões de Juristas do Senado Federal e do Ministério da Justiça para elaboração da Lei de Mediação e reforma da Lei de Arbitragem (2013);
Vice-Presidente do CREA/MG (1992/1993);
Conselheiro da OAB/MG (2010/2015);
Presidente da Comissão de Direito da Construção (2011/2015) e da Comissão de Arbitragem da OAB/MG (2016/2018);
Membro da Comissão de Direito Imobiliário e Urbanístico (2013/2015) e Secretário-Geral da Comissão Especial de Arbitragem da OAB Nacional (2016/2019);
Vice-Presidente Jurídico da CMI-SECOVI/MG (2012/2018);

Diretor Regional para Minas Gerais do Instituto Brasileiro de Direito Imobiliário – IBRADIM (2018/2019), Diretor do IBDiC – Instituto Brasileiro de Direito da Construção (2018/2020) e Coordenador do curso de pós-graduação em Advocacia Imobiliária da ESA-OAB/MG (2020).

Flavia Scarpinella Bueno
Advogada formada em Direito pela Pontifícia Universidade Católica em São Paulo, Capital (1998).
Atua como advogada na área de direito ambiental, ênfase na área de resolução estratégica de conflitos.
Mediadora judicial e extrajudicial, com capacitação pela escola Centro & Mediar (2017).
Capacitada em Práticas Colaborativas pelo Instituto Brasileiro de Práticas Colaborativas IBPC (2017).
Membro e coordenadora do subgrupo de Mediação ambiental do projeto Café com Mediação.
Membro das Comissões de Meio Ambiente e Advocacia na Mediação da Ordem dos Advogados, Subseção São Paulo.

Gustavo Justino de Oliveira
Professor de Direito Administrativo na Faculdade de Direito da USP e no IDP (Brasília-DF e SP).
Árbitro, consultor e advogado especializado em Direito Público.

Joaquim de Paiva Muniz
Master of Law pela University of Chicago.
Sócio de Trench, Rossi e Watanabe Advogados.
Fellow do Chartered Institute of Arbitrators.
Autor de livros como "Curso Prático de Arbitragem" e "Arbitration Law of Brazil – Practice and Procedure".
Presidente da Comissão de Arbitragem da OAB/RJ.

Juliana Loss de Andrade
Presidente da Comissão de Mediação de Conflitos da OAB-RJ.
Doutoranda em Direito pela Universidade Paris 1 Panthéon-Sorbonne.
Mestre em Direito Público pela Universidade Carlos III de Madrid.
Coordenadora Técnica do Núcleo de Mediação da FGV.

Karin Hlavnicka
Doutora pela PUC/SP.
Mestre pela PUC/SP.
Advogada.

Mara Freire Rodrigues de Souza
Doutora em Economia e Política Florestal, pela UFPR (2012).
Possui graduação em Direito pela Pontifícia Universidade Católica do Paraná (1992), graduação em Engenharia Florestal pela Universidade Federal do Paraná (1992) e mestrado em Manejo Florestal pela Universidade Federal do Paraná (1996).
Sócia do escritório RODRIGUES DE SOUZA & ADVOGADOS ASSOCIADOS especializado em Direito Público, com ênfase em Direito Ambiental e Administrativo, presta serviços a diversas empresas da área agroambiental e florestal.
Mediadora judicial e extrajudicial.
Coordenadora do Capítulo Paraná do projeto Café com Mediação.
É membro das Comissões de Meio Ambiente, Mediação e do Agronegócio da Ordem dos Advogados, Subseção Paraná.

Marcelo José Magalhães Bonizzi
Professor Doutor de Direito Processual Civil da Faculdade de Direito da USP.
Pós-doutorado pela Universidade de Lisboa.
Procurador do Estado de São Paulo.

Marcelo Ricardo Escobar
Doutor em Direito pela PUC/SP.
Mestre em Direito pelo Mackenzie.
Fellow do *Chartered Institute of Arbitrators* de Londres e Membro da Diretoria do CIArb Brasil.
Autor do Livro "Arbitragem Tributária no Brasil" (Almedina, 2017).
Árbitro integrante da lista de árbitros da Hong Kong International Arbitration Center e de Câmaras Brasileiras, dentre elas CBMAE, CAMES, CAM-NORTE e CAM-FIEP.
Professor do LL.M. em Arbitragem do IBMEC.

Professor Convidado do Curso de Pós Graduação em Arbitragem da PUC/COGEAE.
Foi Consultor da ONU/PNUD.
Foi Juiz do Tribunal de Impostos e Taxas do Estado de São Paulo.
Foi Conselheiro Julgador do Conselho Municipal de Tributos de São Paulo.
Sócio de Escobar Advogados.

Marcus Vinicius Armani Alves
Doutor em Direito Processual Civil pela USP.
Mestre em Direito Processual Civil pela USP.
Procurador do Estado de São Paulo.

Maria Clara Barros Mota
Advogada associada na equipe de Arbitragem de Trench Rossi e Watanabe Advogados.
Estudou na Universidade Federal de Minas Gerais e na Universidade de Mainz.
Coordenadora dos assuntos de Arbitragem Internacional do Grupo de Arbitragem e Contratos Internacionais da UFMG.

Mariana Soares David
Advogada (Associada Sénior no Departamento de Contencioso e Arbitragem da Morais Leitão).
Advogada Master em Mediação certificada pelo Instituto de Certificação e Formação de Mediadores Lusófonos ("ICFML").
Mediadora certificada para o espaço lusófono pelo ICFML e internacionalmente pelo International Mediation Institute ("IMI").
Integra a lista de mediadores de conflitos do Ministério da Justiça – Direcção-Geral da Política de Justiça.
Curso de Atualização em Arbitragem pela Faculdade de Direito da Universidade Nova de Lisboa.

Mauricio Gomm Santos
Sócio fundador do escritório GST LLP.
Advogado inscrito no Brasil e em Nova Iorque (EUA).
Consultor em Direito Brasileiro na Flórida (EUA).
Mediador e Árbitro.

Napoleão Casado Filho
Pós-Doutor em Arbitragem Internacional pela Société de Législation Comparée /Université Paris II – Pantheon-Assas.
Mestre e Doutor em Direito das Relações Econômicas Internacionais pela PUC-SP.
Professor do Centro Universitário de João Pessoa – UNIPÊ e da Pós-graduação da PUC-SP e do IBMEC-SP.
Advogado.

Ricardo Yamamoto
Mestre em Direito dos Negócios e pós-graduado em Direito Econômico pela Escola de Direito de São Paulo da Fundação Getúlio Vargas (FGV DIREITO SP).
Bacharel pela Universidade de São Paulo (USP).
Advogado.

Roberto Pasqualin
Advogado em São Paulo.
Arbitralista e Tributarista.

Rosana Laura de Castro Farias Ramires
Doutora em Direito Constitucional pela PUC-SP.
Mestre em Direito Constitucional pela PUC-SP.
Especialista em Direito Constitucional pela ESDC-SP e em Direito e Controle Externo pela FGV-RJ.
Advogada, Árbitra e Docente da UNIASSELVI.

Ruth Israel López
Advogada (Chile).
Professora de Direito Processual da Faculdade de Direito da Universidade de Chile, Santiago de Chile.

Sílvia Helena Picarelli Gonçalves Johonsom di Salvo
Mestre em Direito do Estado pela Universidade de São Paulo.
Advogada.

Silvia Maria Costa Brega
Bacharel em Direito pela Pontifícia Universidade Católica do Rio de Janeiro – Brasil.
Mediadora de Conflitos pela Fundação Getúlio Vargas de São Paulo – Brasil.
Especialização em Negociação e Gerenciamento de Conflitos pelo Insper-
-SP – Brasil.
Advogada sócia de Simonaggio Advogados Associados – São Paulo – Brasil.
Mediadora certificada avançada pelo ICFML – IMI.

Sofia Martins
Advogada, Sócia coordenadora da área de Contencioso e Arbitragem da Miranda Lawfirm.
Pós-graduada em Direito do Ambiente, do Urbanismo e do Ordenamento do Território pela Faculdade de Direito da Universidade de Coimbra.
Pós-graduada em Direito da Sociedade de Informação pela Faculdade de Direito da Universidade de Lisboa.
Membro da Comissão de Arbitragem e ADR da CCI.
Membro da Direcção da Associação Portuguesa de Arbitragem.
Membro da Direcção do Centro de Arbitragem da Câmara de Comércio e indústria Portuguesa.

APRESENTAÇÃO

A ideia da organização desta obra coletiva surgiu do encontro dos coordenadores brasileiros (Asdrubal Franco Nascimbeni, Christiana Beyrodt e Mauricio Morais Tonin) por ocasião do lançamento de outra obra coletiva sobre mediação e arbitragem, em maio de 2019, na cidade de São Paulo.

O direcionamento do tema para a administração pública se deu em razão da crescente atuação estatal com estes métodos de solução de conflitos, acompanhada do grande interesse de profissionais do Direito por produção acadêmica sobre o tema.

Ademais, em vista da importante parceria que Portugal sempre teve com o Brasil no desenvolvimento da Arbitragem Comercial internacional, com os tradicionais seminários, Jornadas Luso-Brasileiras de Arbitragem, Encontro Internacional de Arbitragem de Coimbra, e em vista do desenvolvimento atual pujante da Mediação nos dois países, entenderam por bem convidar a participar da coordenação um jurista português, para propiciar a contribuição de autores lusitanos, com compartilhamento de experiências, conferindo maior qualidade e visibilidade ao projeto, não só para ambos os países, como também para outros, na Europa e nas Américas.

Convite feito, e aceito, pelo Professor António Júdice Moreira, a obra passou a ter uma amplitude internacional, pois, além de possuir artigos de autores brasileiros voltados à experiência estrangeira – incluindo a portuguesa –, a obra passou a contar com alguns renomados autores lusitanos.

Desde o início, o intuito foi apresentar o projeto à Editora Almedina, já que a proposta converge perfeitamente com sua linha editorial, além de a referida editora ter ótima qualidade e ampla atuação no Brasil e em Portugal.

Um ano depois, com a aprovação da obra pelo Conselho Editorial da Almedina e com o recebimento dos artigos, fica a certeza do acerto dos coordenadores, com a construção de mais uma importante parceria entre os países que resulta numa excelente obra acadêmica, bem como a expectativa de sucesso da publicação.

Mesmo durante a gravíssima pandemia do novo coronavírus, houve total comprometimento dos coordenadores, autores e editores da obra, o que deve ser celebrado.

Reiteramos o agradecimento aos autores e prefaciadores que aceitaram participar conosco desse ambicioso projeto.

Por fim, desejamos a todos uma ótima leitura.

Lisboa e São Paulo, 1º de junho de 2020.

António Júdice Moreira
Asdrubal Franco Nascimbeni
Christiana Beyrodt
Mauricio Morais Tonin

PREFÁCIO BRASILEIRO

Os métodos consensuais de solução de conflitos estão no DNA brasileiro. O pórtico da Constituição Federal de 1988 enaltece o compromisso da sociedade e do governo brasileiros com a solução pacífica de controvérsias. No início da República, os conflitos limítrofes do território brasileiro foram solucionados por arbitragem, tais como as questões de fronteiras com a Guiana Francesa, Bolívia e Argentina.

Na historiografia jurídica brasileira insere-se uma contenda entre o Governo Brasileiro e os herdeiros do Almirante Lord Cochrane, referente aos pagamentos decorrentes de serviços prestados durante os conflitos da Independência do Brasil. Durante quase meio século a demanda tramitou perante a Corte de Presas. Um acordo com o Imperador Dom Pedro II propiciou que a matéria fosse submetida à arbitragem. Em sete meses o laudo arbitral por equidade foi proferido (em 27 páginas manuscritas), em outubro de 1873. Coube ao saudoso jurista Petrônio Muniz relatar este precedente e, ao finalizar seu artigo, enaltece que o documento respira isenção, independência e conduta ética, características de uma boa arbitragem.

Há vários outros precedentes, não apenas na área de Direito Internacional Público, mas também em arbitragens domésticas, em que a Administração Pública brasileira, direta e indireta, esteve envolvida. Mas, para não nos alongarmos mais e ingressarmos em tempos modernos, foi a partir das Emendas Constitucionais de 1995, com o objetivo de impulsionar o desenvolvimento nacional, estabeleceu-se que o Estado deveria transferir para o setor privado o exercício de atividades econômicas, passando a exercer o papel de agente regulador e fomentador dessas atividades. Foi com a Lei Geral das Concessões, editada também em 1995, que os métodos consensuais de solução de conflitos passaram a estar previstos nas contratações públicas destes jaezes.

Inaugura-se, a partir de então, o Direito Administrativo Consensual. A Administração Pública necessita flexibilizar regras, aceitar normas contratuais privadas, com o objetivo de atrair investimentos privados para obras de infraestrutura de valores vultosos, às quais o Estado isoladamente não tem como arcar. É neste contexto que, ao lado das concessões simples surgem as Leis das Parcerias Público-Privadas (PPP) e Parcerias Públicas de Investimento (PPI) e, mais recentemente, com o objetivo de outorgar maior segurança jurídica aos negócios público-privados, a inserção de alterações na Lei de Introdução às Normas do Direito Brasileiro – LINDIB (2018) e as diretivas da denominada Lei da Liberdade Econômica (2019).

A Administração Pública Brasileira está com nova roupagem e, em novo estilo, passa a prever expressamente a arbitragem com a Administração Pública pela Lei nº 13.129/2015 (apesar de não ser necessária, haja vista não existir proibição para tanto), com eminente caráter pedagógico e para proteger o agente público, outorgando maior segurança jurídica ao elegê-la em contratos públicos. E, nesta mesma oportunidade, edita Lei específica sobre mediação administrativa (Lei nº 13.140/2015), que é analisada nesta obra.

Pode-se dizer que atualmente estamos sob a égide do Direito Administrativo Constitucional, que deve ser interpretado a partir da Constituição, enfatizando a interpretação ponderada dos princípios da proporcionalidade, da legalidade, da economicidade, da eficiência e da moralidade (arts. 37 e 70 da CF).

Assim é que tendo como norte esses princípios, os gestores públicos devem priorizar a eficiência e a economia para a Administração Pública, o que nos remete para o campo da solução de conflitos valendo-se dos métodos consensuais, tais como a arbitragem, a mediação e a negociação, temas estudados neste livro.

A vertente portuguesa desta obra propicia troca de experiências e introduz no cenário brasileiro novos temas, tal como a prática da arbitragem tributária. Esta matéria deve ser analisada à luz de nosso orde-

PREFÁCIO BRASILEIRO

namento jurídico, isto é, há de se pensar a arbitragem tributária com características próprias, tal como praticado em Portugal e, não à luz da Lei de Arbitragem (Lei nº 9.307/96). A arbitragem tributária terá que ser especial e se reger por princípios e conceitos próprios.

Ponto importante a ser notado no Direito Português se refere, no âmbito brasileiro e como matéria de *lege ferenda*, para em futuras revisões legislativas refletirmos sobre a possibilidade em adotar o conceito de *patrimonialidade*, inaugurado com a lei de arbitragem voluntaria portuguesa de 2011, ao definir a arbitrabilidade objetiva, afastando o critério de disponibilidade. Muito contribuiria para enfrentarmos os problemas de disponibilidade de direitos analisados à luz do Direito Administrativo. Note-se que no cenário brasileiro já temos esse conceito previsto no Código Civil de 2002, pois o art. 852 assevera apenas o caráter patrimonial das questões a serem submetidas à arbitragem.

Este livro *Mediação e Arbitragem na Administração Pública*, coordenado por António Júdice Moreira, Asdrubal Franco Nascimbeni, Christiana Beyrodt e Mauricio Morais Tonin, propõe-se a debater temas importantes e necessários da mediação administrativa, que no caso brasileiro, demanda ser impulsionado pela doutrina, com a reflexão e enfoques que permitam o seu adequado entendimento para que possa ser praticado.

Incentivos para praticar a mediação administrativa, tais como a rapidez e propiciar o ingresso de valores aos cofres públicos de forma justa e equacionada em acordos são motivos suficientes para não negligenciar na sua adoção. Ademais, a Administração Pública existe para servir a sociedade (fundada na cidadania e dignidade da pessoa humana, arts. 1º e 3º da Constituição Federal) e, desta forma, poderia cumprir com mais efetividade seu papel institucional.

Nota-se que a diversidade de artigos que compõem este livro permitirá ao leitor conhecer temas importantes da área pública referentes à mediação, arbitragem e negociação, no Brasil, Portugal, Estados Unidos e América Latina.

Este livro, como poderá ser observado pelos seus leitores, cumpre seu papel doutrinário de abordar temas importantes para o desenvolvimento dos métodos consensuais de solução de conflitos com a Administração Pública.

Na área da mediação administrativa na vertente brasileira muito ainda há por fazer. O livro avança nessa linha e, metaforicamente, fornece mais elementos para a construção desse edifício denominado mediação administrativa.

SELMA FERREIRA LEMES
Advogada, mestre e doutora pela Universidade de São Paulo
Professora de arbitragem
Integrou a comissão relatora da lei brasileira de arbitragem

PREFÁCIO PORTUGUÊS

Entre as questões mais controversas suscitadas pelo recurso aos meios extrajudiciais de resolução de litígios conta-se a admissibilidade da sua extensão às matérias abrangidas pelo Direito Público.

A circunstância de nas relações jurídicas em que é parte a Administração Pública (lato sensu) uma ou ambas as partes exercerem frequentemente poderes de soberania; de nelas estarem causa interesses públicos, e não interesses meramente particulares, de que estes podem livremente dispor; e de quanto a elas prevalecer o princípio da legalidade, por contraposição ao princípio de liberdade que domina as relações entre privados, determinaram que, durante longo período de tempo, as legislações nacionais se mostrassem relutantes em admitir o recurso neste domínio tanto à arbitragem como à mediação e à conciliação.

Portugal tomou, contudo, a dianteira nesta matéria há pouco menos de duas décadas. A arbitragem de Direito Público em geral, e a de Direito Administrativo em particular, conheceram com efeito neste país um desenvolvimento praticamente sem paralelo noutras jurisdições que lhe são próximas.

Deve-se esta circunstância a um conjunto diversificado de fatores, entre os quais se destaca a instituição de um quadro legal altamente propício à arbitragem como modo de composição de litígios entre particulares e entes públicos, no qual avulta o Código de Processo nos Tribunais Administrativos, aprovado pela Lei nº 15/2002, de 22 de fevereiro, que veio admitir com grande amplitude, no artigo 180º, a constituição de tribunal arbitral para o julgamento de questões respeitantes, designadamente, a contratos, incluindo a anulação e a declaração de nulidade de atos administrativos relativos à respetiva execução, e à responsabilidade civil extracontratual do Estado ou outros entes públicos.

Não menos relevante se mostrou, para aquele efeito, a predisposição revelada por muitos entes públicos a fim de incluírem cláusulas de arbitragem nos contratos celebrados com particulares, com destaque para as empreitadas de obras públicas e as parcerias público-privadas; e a existência no País de recursos humanos qualificados, tanto no que diz respeito a advogados como a árbitros, que se especializaram neste segmento da arbitragem.

Em resultado disso, um largo número de litígios, alguns dos quais de valores muito consideráveis e respeitantes a algumas das infraestruturas mais relevantes do País, foram nas últimas décadas objeto de decisões arbitrais.

Ainda que menos utilizadas, merecem igualmente destaque, a este respeito, a conciliação e a mediação de litígios de Direito Público, que o artigo 87º-C do referido Código, nele introduzido em 2015, procurou incentivar, ao prever que quando a causa couber no âmbito dos poderes de disposição das partes pode ter lugar, em qualquer estado do processo, tentativa de conciliação ou mediação, desde que as partes conjuntamente o requeiram ou o juiz a considere oportuna.

Não sendo idêntica à portuguesa, a situação legislativa no Brasil apresenta com aquela certo paralelismo, mercê designadamente da alteração introduzida em 2015 na Lei da Arbitragem, nº 9.307, no sentido de a Administração Pública direta e indireta poder utilizar-se da arbitragem para dirimir conflitos relativos a direitos patrimoniais disponíveis; e da adoção, no mesmo ano, da Lei nº 13.140, relativa à mediação, a qual regulou em capítulo autónomo a auto composição de conflitos no âmbito da Administração Pública.

A situação de emergência decorrente da pandemia do COVID-19 e a perturbação na execução de múltiplos contratos, muitos dos quais celebrados por entidades públicas, daí resultante, assim como o inevitável aumento da litigância contratual, associado às dificuldades que previsivelmente enfrentarão as jurisdições administrativas em fazer-lhe face, tornaram ainda mais premente o recurso a estes meios de composição de litígios no domínio das relações com a Administração Pública.

O fenómeno em apreço – há que reconhecê-lo – não ficou, contudo, incólume à crítica, não faltando quem aponte às decisões arbitrais proferidas ao abrigo dos referidos regimes legais a sistemática preferência pelas pretensões dos particulares, porventura em detrimento dos interesses do Estado.

As estatísticas disponíveis num dos principais centros de arbitragem portugueses apontam, no entanto, em sentido diverso. Se é verdade que em 84% dos litígios que submetidos ao Centro de Arbitragem da Câmara de Comércio e Indústria Portuguesa entre 2010 e 2018 o Estado foi condenado, e só em 16% foi absolvido, não é menos verdade que o montante médio das condenações corresponde a cerca de 15% dos valores peticionados, tendo os particulares que demandaram o Estado decaído, em média, em 85% dos valores reclamados; o que não terá deixado de ter consequências relevantes designadamente no plano da repartição dos encargos do processo.

A ideia de que «o Estado perde sempre» na arbitragem é assim manifestamente distorcida; aliás, a Conferência das Nações Unidas sobre Comércio e Desenvolvimento (UNCTAD) já a havia desmentido pelo que respeita à arbitragem de investimentos: num total de 647 arbitragens deste tipo inventariadas até 2019 por esta agência das Nações Unidas, 230 foram decididas a favor dos Estados, 191 a favor dos particulares, 139 foram objeto de transação e 73 foram descontinuadas.

Na verdade, a referida ideia é em muitos casos fruto do preconceito, da falta de informação ou de ambos; para o que contribuiu de forma não despicienda, em Portugal, a circunstância de a regra constante do Código de Processo nos Tribunais Administrativos, que prevê a publicação obrigatória, por via informática, das decisões arbitrais nas questões de Direito Administrativo, a que se refere esse Código, ter estado por implementar desde a sua introdução nele, pelo Decreto-Lei nº 214-G/2015, de 2 de outubro, até à recente publicação pelo Ministério da Justiça da Portaria nº 165/2020, de 7 de julho, que regulou os termos do depósito e da publicação das decisões arbitrais em matéria administrativa e tributária.

A referida ideia tem, não obstante o exposto, feito carreira; e aparentemente refletiu-se nas alterações introduzidas no Código dos Contratos Públicos pelo D.L. nº 111-B/2017, de 31 de agosto, e no Código de Processo nos Tribunais Administrativos pela Lei nº 118/2019, de 17 de setembro, que vieram alargar – aliás em termos não coincidentes – o elenco legal das hipóteses em que a sentença arbitral proferida sobre o mérito da causa é suscetível de recurso, em derrogação à regra geral da sua irrecorribilidade constante da Lei da Arbitragem Voluntária, retirando assim à arbitragem algum do seu interesse como forma de composição célere e definitiva dos litígios que opõem os particulares ao Estado ou outros entes públicos por uma entidade neutra relativamente aos interesses em jogo.

Este último aspeto é de particular relevância quando envolve investidores estrangeiros, que por via de regra têm compreensível relutância em sujeitar-se às jurisdições do Estado de acolhimento dos seus investimentos, no que respeita aos litígios deles emergentes.

Na falta de qualquer estudo publicamente conhecido que justifique os passos assim dados pelo legislador português, as referidas alterações normativas deixam os interessados no mínimo duvidosos quanto à medida em que as suas consequências terão sido devidamente ponderadas, sobretudo numa época em que os diferentes países competem entre si investimento estrangeiro.

Para essas dúvidas contribui também a forma pela qual foi levada a cabo a recente reforma da arbitragem em matéria tributária, relativamente à qual se introduziram alterações no diploma legal relevante, o D.L. nº 10/2011, de 20 de janeiro, através de duas leis distintas, a Lei nº 118/2019, de 17 de setembro, que alterou os seus artigos 16º, 17º e 27º, e a Lei nº 119/2019, de 18 de setembro, que alterou o seu artigo 25º. O mesmo diploma legal foi assim objeto de duas alterações através de leis publicadas no jornal oficial em dias consecutivos; o que, não sendo inédito, é pelo menos estranho e é também motivo para os operadores judiciários terem fundadas dúvidas sobre o rumo que se pretende imprimir à arbitragem de Direito Público em Portugal.

O que até aqui se disse demonstra sobejamente a oportunidade deste livro, em boa hora promovido por António Júdice Moreira, Asdrubal Franco Nascimbeni, Christiana Beyrodt e Mauricio Morais Tonin.

Com a sua publicação, a cargo de uma prestigiada editora luso-brasileira, dão os autores um inestimável contributo para o esclarecimento de um vasto número de questões relativas à mediação e à arbitragem nos litígios que envolvem a Administração Pública – dos acordos em que as mesmas se fundam ao seu âmbito possível de aplicação, passando pelas especificidades de que as mesmas se revestem em domínios particulares, como os conflitos ambientais e os contratos de concessão, bem como pelos seus trâmites processuais.

De salientar que este contributo é dado numa perspetiva comparada, em que se procuram colocar em evidência, sem prejuízo de referências a outros ordenamentos jurídicos, as semelhanças e diferenças entre os sistemas brasileiro e português. Para os leitores dos dois lados do Atlântico, este prisma de análise não deixará de constituir uma valiosa fonte de ensinamentos; e para os legisladores destes países ele será também, segundo se espera, um estímulo adicional ao alargamento e à simplificação do recurso à mediação e à arbitragem nas relações com a Administração Pública, que a crise mundial de 2020 veio colocar em lugar destacado na agenda das políticas públicas relativas à retoma das atividades económicas.

Lisboa, julho de 2020.

DÁRIO MOURA VICENTE
Professor Catedrático da Faculdade de Direito da Universidade de Lisboa
Presidente da Associação Portuguesa de Arbitragem

SUMÁRIO

1. **Mediação com a Administração Pública**
   ADOLFO BRAGA NETO 31

2. **O protocolo de mediação: instrumento ou obstáculo?**
   ANTÓNIO JÚDICE MOREIRA 53

3. **Arbitragem na Administração Pública: onde estamos e para onde vamos**
   JOAQUIM DE PAIVA MUNIZ e MARIA CLARA BARROS MOTA 75

4. **Os acordos administrativos na dogmática brasileira contemporânea**
   GUSTAVO JUSTINO DE OLIVEIRA 103

5. **A homologação judicial dos acordos coletivos no Brasil**
   ELTON VENTURI 115

6. **Justiça consensual para as demandas coletivas**
   JULIANA LOSS DE ANDRADE 135

7. **"*Quo vadis, kompetenz-kompetenz!*". Dissecando a conduta do STJ no CC 151.130/SP**
   CLÁUDIO FINKELSTEIN, NAPOLEÃO CASADO FILHO e
   DANIEL MENDES BIOZA 149

8. **Litígios entre privados em setores regulados**
   SOFIA MARTINS — 173

9. **Entre a norma e a prática: desafios na redação da cláusula de mediação em contratos administrativos**
   DANIELA MONTEIRO GABBAY e RICARDO YAMAMOTO — 189

10. **A regulamentação da utilização da arbitragem pela Administração Pública no Brasil: questões polêmicas**
    MAURICIO MORAIS TONIN — 215

11. **Breve análise dos meios alternativos de solução de conflitos envolvendo a Administração Pública no Brasil e em Portugal**
    MARCELO JOSÉ MAGALHÃES BONIZZI e
    MARCUS VINICIUS ARMANI ALVES — 237

12. **O uso da mediação e arbitragem nas desapropriações**
    FRANCISCO MAIA NETO — 259

13. **Arbitragem tributária no Brasil: aprendendo com a experiência pioneira em Portugal**
    ROBERTO PASQUALIN — 277

14. **A necessidade e admissibilidade da mediação administrativa**
    MARIANA SOARES DAVID — 295

15. **A escolha de câmara arbitral pela Administração Pública: uma proposta de aperfeiçoamento do sistema de credenciamento administrativo**
    ROSANA LAURA DE CASTRO FARIAS RAMIRES — 317

16. **Arbitragem de conflitos na Administração Pública brasileira e o sistema multiportas de resolução de disputas: um olhar revisitado e uma perspectiva para o futuro**
    SÍLVIA HELENA PICARELLI GONÇALVES JOHONSOM DI SALVO — 341

SUMÁRIO

17. Mediação: uma solução adequada para os conflitos
ambientais entre a Administração Pública e o administrado
MARA FREIRE RODRIGUES DE SOUZA e
FLAVIA SCARPINELLA BUENO 361

18. Mediação e sua convergência com princípios da
Administração Pública
SILVIA MARIA COSTA BREGA 383

19. O recurso a Arbitragem para a apreciação de atos
administrativos proferidos no âmbito de contratos
de concessão
DUARTE LEBRE DE FREITAS 393

20. O paradoxo da escolha dos árbitros para a configuração
de um processo tributário equitativo e a proposta de um
sistema elástico-pragmático-acadêmico escalonado
aberto de escolha dos julgadores
MARCELO RICARDO ESCOBAR 409

21. Arbitragem e Mediação na Administração Pública: um aceno
sobre a realidade no Brasil e nos Estados Unidos da América
MAURICIO GOMM SANTOS e KARIN HLAVNICKA 419

22. Métodos consensuais de resolução de disputas: panorama
da Administração Pública nos países latino-americanos
RUTH ISRAEL LÓPEZ e CARMEN SFEIR JACIR 447

1. Mediação com a Administração Pública

ADOLFO BRAGA NETO

Introdução

Com a o advento da Lei 13.140/2015, considerada o Marco Legal da Mediação, e a entrada em vigor do CPC – Lei 13.105/15, normas que promoveram mudanças em direção à estruturação de novos paradigmas na cultura jurídica brasileira, para além de inaugurarem no ordenamento jurídico novos institutos, consagraram também uma prática já existente no País há mais de 20 anos, institucionalizando-a na forma de diplomas legais. Ambas trouxeram também diversas inovações, que estão sendo incorporadas aos poucos na realidade jurídica, ao criarem um verdadeiro microssistema de incentivo ao uso da mediação no âmbito da Administração Pública, em especial o Capítulo II da primeira lei acima citada.

Este artigo pretende abordar aspectos relevantes sobre a Mediação com a Administração Pública, observando as vantagens de seu uso, sobretudo na ótica do Poder Executivo, que, por sua vez, é muito amplo. Além disso, como a Mediação pode ser utilizada no referido contexto, respeitando seus princípios e norteadores, tendo como referência seus três eixos estruturais: o processo dialógico, o mediador e os participantes, e a perspectiva de seus integrantes e seu objeto que é o conflito. Por isso, necessário visualizar seu emprego naquele ambiente, marcado pela amplitude, já que a legislação mencionada constitui um verdadeiro incentivo a todo órgão público e seus gestores. Esta constatação se faz presente, pois, pelas próprias características da Mediação, seu emprego é possível em imenso universo da Administração Pública quer seja direta ou indireta como será demonstrado.

1. A Mediação em poucas palavras

De acordo com Diogo A. Rezende de Almeida e Fernanda Paiva[1], na Mediação, "os participantes devem ser agentes ativos e porta-vozes de suas próprias questões e sentimentos, responsáveis naturais pelos resultados do processo". São autores, gerindo seu próprio conflito, e tomando suas próprias decisões ao longo do processo. São eles os responsáveis pela decisão final dos termos de qualquer acordo que seja celebrado. Em outras palavras, a Mediação se propõe a refletir sobre a complexidade da controvérsia entre os que dela participam para, com ela, promover o repensar sobre a perspectiva de futuro dos participantes, seja com a continuidade ou não do convívio ou a ruptura sem traumas ou sequelas entre eles.

A Mediação, na verdade, não busca resgatar os laços eventualmente perdidos, mas, sim, o vivenciar de novos elementos de mudanças em torno da fragilidade e do autocentramento de seus participantes, em direção ao fortalecimento e reconhecimento mútuos, a partir do respeito recíproco. Como ponderam Célia Zapparolli e Monica Krähenbuhl[2] "o objetivo da Mediação não é necessariamente a obtenção do acordo, mas gerar a transformação no padrão de comunicação entre os mediandos, para a construção da funcionalidade relacional", pois propõe-se o trabalho dos conflitos em sua integralidade, tanto no âmbito intersubjetivo com em suas interfaces comunitárias e sociais.

Caio Eduardo Aguirre[3], por seu turno, exalta que a

---

[1] ALMEIDA, Diogo A. Rezende de; PAIVA, Fernanda. Princípios da Mediação. Almeida, Tania; Pelajo, Samantha, e Jonathan, Eva. Coords. Mediação de Conflitos para iniciantes, praticantes e docentes. 2 ed. Salvador: Juspodivm, 2019. p. 103.

[2] ZAPPAROLLI, Célia Regina; KRÄHENBUL, Monica Coelho. Negociação, Conciliação, Mediação, Facilitação Assistida, Prevenção, Gestão de Crises nos Sistemas e suas Técnicas. São Paulo: LTR, 2012. P. 38.

[3] AGUIRRE, Caio Eduardo. Mediação em empresas familiares. Dissertação de Mestrado PUCSP disponível em www.tede2pucsp.br/handle/handle/6866 acesso em 27 de dezembro de 2019. P. 44. Impende observar que o autor esclarece em nota de rodapé em seu texto que o termo menoridade foi mencionado por Kant, em 1784, no texto O que é esclarecimento". Significa a incapacidade de um indivíduo se servir de seu próprio entendimento sem a tutela

ideia chave da Mediação é fazer com que as partes, e não o Estado, sejam protagonistas da solução dos próprios problemas. E isso não só porque haverá um maior comprometimento com o que restar decidido, mas também por que a mediação tem incutida em si a ideia de emancipação do cidadão. Através da Mediação os cidadãos deixam de terceirizar seus problemas e assumem as rédeas do caminho que eles próprios optaram por seguir. Escolhendo pela mediação, saem da menoridade para uma maioridade, agindo por um lado com mais liberdade e, por outro, assumindo as consequências de suas próprias escolhas.

Na mesma perspectiva destaca Fernanda Tartuce[4] ao afirmar que a

> Mediação permite que os envolvidos na controvérsia atuem cooperativamente em prol de interesses comuns ligados à superação de dilemas e impasses, afinal, quem poderia divisar melhor a existência de saídas produtivas do que os protagonistas da história?

Por outro lado, o conflito traz sempre o desrespeitar mútuo, que pode ser identificado tanto com relação à falta de reconhecimento sobre aspectos pessoais quanto com relação à imposição de vontade de um sobre o outro. A Mediação se propõe a ajudar os participantes a se reconhecerem mutuamente, oferecendo instrumentos que espelhem claramente o momento que estão vivenciando e a forma como gostariam que o outro mudasse ou não. E nas palavras de Luis Alberto Warat[5] consiste em

> um processo de reconstrução simbólica do conflito, no qual as partes têm a oportunidade de resolver suas diferenças reinterpretando, no simbólico, o conflito com o auxílio de um mediador, que as ajuda, com sua escuta, interpretação e mecanismos de transferência, para que elas encontrem os caminhos de resolução sem que o mediador participe da resolução ou influa em decisões ou mudanças de atitude.

---

de outro, por não possuir coragem de seguir seu próprio rumo e por necessitar de outro para que diga o que deva fazer.

[4] TARTUCE, Fernanda. Mediação no Conflitos Civis. 3 Ed. São Paulo: Forense, 2016. P. 176.
[5] WARAT, Luis Alberto. Ecologia, psicanálise e mediação. Luis Alberto Warat Coord. Em nome do acordo: mediação no direito. Buenos Aires: Almed, 1998. P. 31.

A Mediação, nesse sentido, busca ajudar também os participantes a administrar os conflitos a partir de seus próprios saberes e recursos. Para tanto, já que no Brasil o método ainda é muito desconhecido, deverão ter a informação antecipada sobre o processo para tomadas de decisões. O seu empoderamento a partir da escolha do método, como defendem Joseph Folger e Robert Bush[6], "é outro elemento imprescindível para a Mediação, que poderá se dar pelo acesso às informações privilegiadas antes do processo e sobre todas as questões a serem discutidas durante o seu andamento, além de, obviamente, com a conexão com o outro".

Com isso, a referência desse método de resolução de conflitos é muito diferente da de outros instrumentos confundidos com ele, como o assessoramento, que nada mais é do que disponibilizar informações para que as pessoas saibam como optar pelo melhor caminho a ser percorrido. Também difere da conciliação, que se constitui em uma tentativa de acordo com o auxílio de um terceiro imparcial e independente, o conciliador, como explicado anteriormente.

A Mediação tampouco se confunde com o aconselhamento, pois o conselheiro oferece sugestões para a superação do conflito. Ao conselheiro é possível propor a reconciliação ou outra opção para os participantes, que no âmbito da mediação poderá ser uma das hipóteses a ser pensada pelas pessoas envolvidas no conflito. Além disso, a relação entre cliente e conselheiro pode envolver alguma dependência durante certo tempo, ao passo que o mediador procura estimular a capacidade dos participantes de decidir o que é melhor para todos, por acreditar no potencial que possuem em mudar a qualidade da interação entre eles.

E ao se pensar no contexto da Administração Pública, todos os seus integrantes sejam pessoas físicas na qualidade de agentes e representantes de órgãos da Administração direta ou indireta, ou mesmo pessoas jurídicas públicas, poderão dela participar por inúmeras razões, dentre elas pode-se destacar a liberdade de deixar o processo a qualquer tempo, bem como a não obrigatoriedade de alcançar um resultado ao final do processo, além de não exigir pré-disposição para participar.

---

[6] FOLGER, Joseph Patrick; BUSH, Robert A. Baruch. The Promise of Mediation – The Transformative Approach to Conflict. Nova Iorque: Jossey-Bass, 2005 p. 57.

2. A administração pública e a consensualidade

Conforme pondera Fernando de Almeida[7], tomando-se como exemplo o Brasil, "especialmente desde a adoção da ordem constitucional hoje vigente, de índole democrática, verifica-se que vem crescendo enormemente a aplicação pela Administração Pública de instrumentos jurídicos fundados em acordos de vontades" Motivo pelo qual Nathalia Mazzonetto[8] acrescenta que o

> novo papel da Administração Pública inaugura um novo paradigma em que o estado emana não apenas atos de império, orientados pelo Direito Administrativo e seus princípios fundamentais norteadores, mas também e, sobretudo, atos de gestão, por via dos quais a Administração Pública desce de seu patamar hierárquico para se posicionar ao lado do particular, em condições iguais (mas nem tanto – o que não deixa de ser natural. Afinal, fala em nome de uma coletividade complexa), dando vida a atos ordinários de negócios jurídicos ou mesmo a contratos.

Na mesma linha Vivian López Valle[9] concorda que Administração Pública está em mutação, refletindo na reformulação de sua dogmática em diversos espaços jurídicos, tratando-se de uma realidade de interpenetração público-privada no Direito Administrativo em geral. Para ela tal fato é resultante de

> um direito que se desenvolve a partir da necessidade de satisfação de direitos num ambiente de incremento quantitativo e qualitativo das demandas sociais e de uma proposta de Administração Pública contratualizada. Nesse espaço o consensualismo administrativo apresenta-se como fundamento de legitimidade de alternativa ao regime jurídico administrativo da unilateralidade e verticalidade.

---

[7] ALMEIDA, Fernando Menezes de. Prefácio. OLIVEIRA, Gustavo Justino de. Acordos Administrativos no Brasil. São Paulo: Almedina, 2020. p. 18.

[8] MAZZONETTO, Nathalia. Novos (e adequados) rumos da Administração Pública na resolução de conflitos. GABBAY, Daniela Monteiro e TAKAHASHI, Bruno. Org. Justiça Federal: inovações nos mecanismos consensuais de solução de conflitos. Brasília: Gazeta Jurídica, 2014. p. 277.

[9] VALLE, Vivian Cristina Lima López. O acordo Administrativo entre o Direito Público e o Direito Privado: Emergência de uma Racionalidade Jurídico – Normativa Público – Privada? OLIVEIRA, Gustavo Justino de. Acordos Administrativos no Brasil. São Paulo: Almedina, 2020. p. 63.

Silvia Johonson di Salvo, por sua vez, considera o consensualismo um dos grandes marcos de evolução da gestão administrativa no século XIX. Em suas palavras "em contraposição à Administração Pública burocrática, a consensualidade rompe com a concepção clássica de verticalização da relação entre Administração e administrados, incutida na doutrina e transplantada para a realidade gerencial do Poder Público"[10]. André Bergamaschi[11] acrescenta que

> a consensualidade emerge como um novo paradigma do Direito Administrativo, com a promessa de atender às demandas do Estado garante de direitos fundamentais, sobretudo em cenários de pluralidade de interesse. A ideia é não somente arbitrar interesses, mas também, compô-los, sejam dois ou mais particulares, sejam entre particulares e o Poder Público e entre o próprio Poder Público.

Juliana de Palma[12], por seu turno, atribui o surgimento pelo interesse no consensualismo às mudanças anteriormente mencionadas e a uma postura mais instrumental do Direito Administrativo, baseada na

> democracia substantiva, como fator de participação administrativa, a contratualização, como fenômeno crescente da atuação da Administração para satisfazer suas competências, privilegiando a figura do contrato administrativo em detrimento da intervenção direta estatal e abrangendo a concertação administrativa, e, por derradeiro a eficácia como diretriz de sua atuação.

A referida autora[13] lembra, ainda, que a consensualidade se encontra dispersa no ordenamento jurídico, pois é

> disciplinada em diversas normas que versam sobre os diferentes instrumentos consensuais à disposição da Administração, assim como nos

---

[10] Salvo, Silvia Helena Picarelli Gonçalves Johonson di. Mediação na Administração Pública – O desenho institucional e procedimental. São Paulo: Almedina, 2018. p. 23.

[11] Bergamaschi, André Luís. A Resolução dos Conflitos envolvendo a Administração Pública por meio de mecanismos consensuais. Tese Mestrado disponível em www.tesesusp.br acesso em 30 de dezembro de 2019. p. 64.

[12] Palma, Juliana Bonacorsi de. Atuação Administrativa Consensual. Dissertação Mestrado disponível em www.tesesusp.br acesso em 30 de dezembro de 2019. p. 84.

[13] Palma, Juliana Bonacorsi de. Atuação Administrativa Consensual. Dissertação Mestrado disponível em www.tesesusp.br acesso em 30 de dezembro de 2019 ps. 170 a 189.

casos em que estaria autorizada a atuar de forma concertada ou, ainda, o modo de atuação consensual. Trata-se de um modelo de previsão normativa difusa da atuação administrativa consensual, marcada pela pontualidade de suas prescrições.

Nesse sentido, esclarece que o primeiro diploma legal no ordenamento jurídico brasileiro remonta ao Decreto-Lei 3.365/41, que disciplina o processo de desapropriação, posteriormente as Leis 6.902 e 6.938, ambas de 1981, cujas modificações foram introduzidas pelo Decreto-Lei 94.764/87, recebendo na década de 90 mais impulso ainda com as normativas das Agências Reguladoras, a Lei 9.099/95 dos Juizados Especiais Civis e Criminais, algumas já mencionadas anteriormente, a Lei 10.259/01 do Juizados Especiais Cíveis e Criminais da Justiça Federal, a Lei 8.197/91 que trata da transação judicial envolvendo a Administração federal direta e indireta, a Lei 9.307/96, a Lei 9.469/97, que regulamenta a Lei Complementar 73/93 sobre a Advocacia Geral da União e a Lei 11.941/09 e as Leis 13.105/15, 13.129/15 e 13.140/15.

Odete Medauar[14], de sua parte, salienta que,

> muito embora se realizassem anteriormente práticas consensuais na Administração Pública, o tema, seu estudo e aplicação se divulgaram e expandiram, com intensidade, desde os primórdios do século XXI. Autores nacionais e estrangeiros passaram a discorrer sobre consensualidade em trabalhos específicos ou destinados a apontar transformações na Administração Pública e no Direito Administrativo.

Diogo de Figueiredo Moreira Neto[15] ao se referir ao consensualismo no contexto da Administração Pública que identificou como Administração concertada, o definiu como "uma fórmula sintética designativa para os novos modelos de ação administrativa, ou seja, aquele módulos organizativos e funcionais caracterizados por uma atividade consensual e negocial", que em pouco tempo passou a ser empregada não apenas para o desempenho da Administração corrente como e principalmente

---

[14] MEDAUAR, Odete. O Direito Administrativo em evolução. Brasília: Gazeta Jurídica, 2017. p. 352.
[15] NETO, Diogo de Figueiredo Moreira. Novos Institutos Consensuais da Ação Administrativa. Revista de Direito Administrativo, Rio de Janeiro, v. 231, p. 129-156, jan/mar. 2003.

para o desenvolvimento de projetos conjuntos entre a iniciativa privada e as entidades administrativas públicas e até para a solução de conflitos. O referido autor atribui tamanha importância ao tema para a Administração, que apresentou uma classificação das inúmeras modalidades consensuais da administração segundo a natureza da função e o resultado administrativo visado, face aos interesses públicos. Nesse sentido, leciona que

> a promoção do interesse público se dá pela função decisória administrativa, em abstrato ou em concreto; a função de satisfação do interesse público se dá pela função executiva das decisões abstratas ou concretamente tomadas e a função de recuperação do interesse público, se dá pela função judicativa administrativa, em que se reaprecia a juridicidade das decisões administrativas, das execuções e mesmo das decisões judicativas de que caibam recursos. São em suma: a função decisória administrativa abstrata ou concreta, como manifestação de vontade primária da Administração Pública: a função executiva administrativa, como transformação do ato em fato e a função judicativa administrativa, como técnica de superação de conflitos.

Luciane Moessa[16] também pondera que a própria Constituição Federal aponta os fundamentos para que a Administração Pública possa adotar a consensualidade na resolução de conflitos, a saber: 1) o princípio do acesso à Justiça, previsto no artigo 5º, XXXV, que exige a disponibilização de métodos adequados sob os aspectos temporal, econômico e de resultados não se limitando aos acesso ao Poder Judiciário, sendo dele decorrente o princípio da razoabilidade na duração do processo administrativo; 2) o princípio da eficiência, estabelecido no caput do artigo 37 que determina os conflitos sejam resolvidos de maneira a equilibrar custo e benefício, menores custos, menos tempo, menos desgastes entre os atores; bem como o artigo primeiro com o 3) princípio de democrático, que preceitua não ser o Estado um fim em si mesmo e reclama, portanto, que, "quando o Poder Público se veja envolvido em conflitos

---

[16] SOUZA, Luciane Moessa de. Mediação de Conflitos envolvendo entes públicos. In. Coord Souza, Luciane Moessa. Mediação de conflitos – Novo paradigma de acesso à Justiça. 2 ed. Santa Cruz do Sul: Essere nel Mondo, 2015. p. 332.

com particulares, ele se disponha, em primeiro ligar, a dialogar com estes para encontrar uma solução adequada."

Gustavo Justino de Oliveira[17], por seu turno, afirma que

> apesar de ainda envolta por críticas e preconceitos, a temática dos ADRs como a arbitragem, a mediação, a conciliação e os dispute boards pela Administração Pública brasileira vem encontrando o seu espaço e o seu caminho no direito pátrio e no sistema administrativo. Da década de 90 do século passado para cá, há um intenso crescimento do interesse e da aplicação desses institutos originalmente tidos como alternativos à resolução de disputas e que hoje em virtude não somente da prática, mas também de um novo marco regulador material e processual – Leis Federais 13.105/15 (CPC) 13.129 (Reforma da Lei de Arbitragem) e 13.140/15 (Lei Geral de Mediação e Autocomposição Administrativa), entre muitas outras – deixam para trás esta marca de alternatividade: a depender da modelagem contratual do negócio, do tipo de litígio e dos interesses em jogo, tais institutos deixam de ser mera alternativa à solução jurisdicional ordinária, passando a ser considerados como adequado ou até preferenciais.

Nesta mesma linha concorda Silvia di Salvo[18] ao afirmar que

> a adoção da Mediação pela Administração Pública para a resolução de seus conflitos revela importante passo para a efetivação do consensualismo na atividade administrativa. A resolução de conflitos da Administração Pública por meio da mediação indica cumprimento da eficiência administrativa por meio de uma resolução de disputas versátil e menos onerosa, ao passo que contribui para legitimação da decisão do conflito, ao viabilizar maior participação colaborativa dos players na chegada de um acordo.

E ao se pensar na Mediação nesta área, deve ser compreendido em conjunto a Lei 13.140/15 e o CPC de 2015, fazendo com que se inaugure

---

[17] OLIVEIRA, Gustavo Justino de. In Prefácio André Rodrigues Junqueira. Arbitragem nas Parcerias Público-Privadas – um estudo de caso. Belo Horizonte: Fórum, 2019 p. 17.
[18] SALVO, Silvia Helena Picarelli Gonçalves Johonson di. Mediação na Administração Pública – O desenho institucional e procedimental. São Paulo: Almedina, 2018. p. 59.

no ordenamento jurídico brasileiro o que Bruno Megna[19] identificou como "um microssistema que trata do poder-dever da Administração Pública em praticar a tentativa de solução consensual de seus conflitos", muito embora Luciane Moessa de Souza[20] considere, que este capítulo tenha oferecido

> poucos avanços ao que já estava previsto na Lei 9.469, de 1997, sobretudo pela excessiva remissão à necessidade de regulamentação, já que não são estabelecidos quaisquer parâmetros ou diretrizes para nortear a celebração de acordos ou transações nos conflitos envolvendo o Poder Público, sob o aspecto dos critérios materiais.

Convém lembrar que o referido diploma legal já em 1997 permitia que tanto a Advocacia Geral da União, diretamente ou por delegação, e os dirigentes máximos das empresas públicas federais, em conjunto com o dirigente estatutário da área afeta ao assunto, autorização para realizar acordo ou transações a fim de prevenir ou terminar litígios, inclusive os judiciais. Permitia também a composição de câmaras especializadas compostas por servidores públicos ou empregados públicos efetivos com o objetivo de analisar e formular propostas de acordos ou transações. Ao mesmo tempo, estendeu para o Poder Executivo a possibilidade de se valer do instrumento legal chamado de Termo de Ajustamento de Conduta, atribuição criada pelo artigo 211 do ECA – Estatuto da Criança e do Adolescente (Lei 8.069/90) do artigo 113 do Código de Proteção do Consumidor (Lei 8.078/90), ao Ministério Público, assim como seus titulares, com o objetivo de alcançar acordos e desenvolver tentativas de transações.

Por outro lado, impende observar supletivamente que eventualmente os princípios da indisponibilidade do interesse público, eventualmente da legalidade que norteiam a Administração Pública por todas suas atividades, seus atos, processos e contrato administrativos, sobretudo na

---

[19] MEGNA, Bruno. A Administração Pública e os meios consensuais de solução de conflitos ou enfrentando o Leviatã nos novos mares da consensualidade. Revista da Procuradoria Geral do Estado de São Paulo 82 julho/dezembro 2015 p. 1.
[20] SOUZA, Luciane Moessa de. Mediação de Conflitos envolvendo entes públicos. In. Coord Souza, Luciane Moessa. Mediação de conflitos – Novo paradigma de acesso à Justiça. 2 ed. Santa Cruz do Sul: Essere nel Mondo, 2015. p. 332.

perspectiva de seus respectivos agentes, podem constituir obstáculos a mais para o uso da mediação no contexto público. Em especial ao se notar que todos eles estão sujeitos ao controle interno e externo, cuja dimensão Floriano Azevedo Marques Neto[21] assinala constituírem-se em três a saber: o poder, os meios e os objetivos. Na primeira,

> trata-se de assegurar a liberdade e prescrever o arbítrio, limitando a atuação estatal; a segunda, envolve a utilização mais adequada dos recursos públicos, evitando o desvio de finalidade e improbidade, e a terceira, traduz a necessidade de proteção dos objetivos existentes, seja assegurando a estabilidade das metas de longo prazo, seja preservação de mediadas orientadas a satisfazer os interesses dos cidadãos de modo imediato.

Independentemente das observações anteriormente citadas, o fato é que o Marco Legal da Mediação e o CPC (2015) servem como mola propulsora das atividades da Mediação no contexto do Poder Público, pois cada vez mais o tema é motivo de mais debates, porém com perspectivas diversas entre os debatedores. Por isso, Juliana de Palma[22], preconiza que

> a descrição das linhas de entendimento sobre a consensualidade no plano do Direito Administrativo nacional, que necessariamente remete à consideração de seus instrumentos jurídicos de efetivação, aponta para a imprecisão teórica do tema, o que é demonstrada pela disparidade de tratamento conceitual a respeito da atuação administrativa consensual, bem como de seus instrumentos.

Por isso, importante lembrar o que destaca Bruno Megna, que estas leis não vieram apenas para "inovar textos jurídicos, mas principalmente para renovar a mentalidade que se tem sobre o Direito. Dentre os principais fatores de renovação está a introdução do microssistema de solução

---

[21] NETO, Floriano de Azevedo Marques. Os grandes desafios do controle da Administração Pública. Fórum de Contratação e Gestão Pública – FCGP, Belo Horizonte, ano 9, n. 100, p. 7-30, abr. 2010.
[22] PALMA, Juliana Bonacorsi de. Atuação Administrativa Consensual. Dissertação Mestrado disponível em www.tesesusp.br acesso em 30 de dezembro de 2019. p. 89.

consensual de conflitos"[23], devendo a Administração Pública participar desta renovação, por se tratar de exigência da atual conjuntura social, econômica e política. Nesse sentido, deverá ser levado em consideração em que contexto e eixos, nos quais a mediação é proposta, pois, a princípio, a mediação não os tocaria.

Com as observações acima, convém lembrar que ao se observar a trajetória da Mediação em território brasileiro, desde os seus primeiros passos, se notam poucas experiências em que a Administração Pública esteve envolvida. Por muito tempo, se noticiou a adoção de políticas públicas por algum órgão da federação, dos estados ou dos municípios, em que a proposta consistia em empregar a Mediação para conflitos entre particulares, numa intenção clara de ampliar o acesso à Justiça do cidadão brasileiro, sobretudo o de menor poder aquisitivo. Digna de nota tais iniciativas partiram do Poder Executivo dos três níveis da federação e acabaram por enfrentar dificuldades em sua continuidade, por diversas razões, dentre elas a mudança de cadeiras de autoridades responsáveis pelos mesmos a cada final do mandato. Vários são os exemplos de iniciativas que podem ser citadas, cujo programa aponta com este objetivo. Dentre elas, as Câmaras de Mediação dos Centros de Integração da Cidadania das Secretaria da Justiça do Estado de São Paulo, existente de 2004 ou mesmo o Programa Justiça Comunitária do Tribunal de Justiça do Distrito Federal que se tornou um programa público do Ministério da Justiça replicado e várias cidades brasileiras em parceiras com o poder executivo local.

Por outro lado, momentos não tão longínquos, agentes públicos passaram a estudar o tema, pois recebiam determinações expressas de agentes financeiros internacionais que ao investirem com seus capitais em obras e iniciativas governamentais, exigiam a inclusão nos contratos administrativos cláusulas de mediação/conciliação e arbitragem. Tal fato exigiu de agentes públicos o estudo dos métodos alternativos de resolução de disputas, passando a ser eventualmente entusiastas e defensores do tema, o que na verdade ajudou para afastar eventuais resistências a seu uso. E ao mesmo tempo propiciou, como ressalta Gustavo Justino

---

[23] MEGNA, Bruno Lopes. A Administração Pública e os meios consensuais de solução de conflitos ou enfrentando o Leviatã nos novos mares da consensualidade. Revista da Procuradoria Geral do Estado de São Paulo 82 julho/dezembro 2015. p. 24.

de Oliveira[24], a ampliação do emprego dos Termos de Ajustamento de Conduta, "Protocolos de Intenções, Contratos de Gestão, Termos de Parcerias, Acordos Concorrenciais no âmbito do CADE – Conselho de Defesa Econômica, Acordos no âmbito de Agências Reguladoras, Acordos de Leniência, Termos de fomento e de colaboração", etc.

Além disso, a Advocacia Geral da União muito interessada no tema criou já em setembro de 2007, por um Ato Regimental, a Câmara de Conciliação e Arbitragem da Administração Geral – CCAF, para prevenir e reduzir o número de processos judiciais que envolvem a União, suas autarquias, fundações, sociedades de economia mista e empresas públicas federais. Posteriormente, seu objeto foi ampliado e hoje abarca controvérsias entre entes da Administração Pública Federal e entre estes e a Administração Pública dos Estados, Distrito Federal e Municípios.

Outras iniciativas poderiam ser citadas, dentre elas a Prefeitura Municipal de Porto Alegre com a Câmara de Conciliação e Mediação e a de São Paulo com as Casas de Mediação, que conta com 17(dezessete) unidades para atender os residentes de suas respectivas cidades com qualquer conflito, com o objetivo de auxiliá-los a resolvê-los de maneira mais informal, evitando o Judiciário.

Nota-se claramente que são iniciativas diferentes em que se desenvolvem elementos distintos ao se observar os eixos estruturantes da Mediação já percorridos anteriormente, a saber: processo, participantes e mediador, e, por que não, incluir o conflito. Ao mesmo tempo, obedecem a uma variada gama de elementos muito em função do desenvolvimento de seus objetivos. Por isso, Mauricio Morais Tonin[25] esclarece:

> quando se analisa o tema da mediação e a Administração Pública, é possível vislumbrar duas abordagens de interesse. Isso porque a Administração não apenas figura como parte em conflitos submetidos à autocomposição, mas também como a promotora da tentativa de composição entre partes em conflito. Em alguns casos, pode até figurar nas duas posições.

---

[24] OLIVEIRA, Gustavo Justino de. Introdução Acordos Administrativos no Brasil. São Paulo: Almedina, 2020. p. 29.
[25] TONIN, Mauricio Morais. Mediação e Administração Pública: a participação como parte e como mediador de conflitos. NASCIMBENI, Asdrubal Franco, BERTASI, Maria Odete Duque e RANZOLIN, Ricardo Borges. Temas de Mediação e Arbitragem III. São Paulo: Lex, 2019. p. 172.

E, tendo como referência as experiências acima comentadas, que merecem uma análise mais acurada de cada uma delas, muito embora, será objeto de análise restritivamente a Mediação com a Administração Pública à luz de suas vantagens.

3. A mediação com a administração pública

Ao falar da Mediação com Administração Pública, de pronto se faz conexão aos contratos da Administração Pública. Nas palavras de Sidney Bittencourt[26] "tal expressão é usada em sentido lato, abrangendo qualquer contrato celebrado pela Administração que poderá reger-se tanto pelo Direito Público quanto pelo Direito Privado". Nesse sentido cabe lembrar Floriano Marques Neto[27], que afirma não ser

> exagero dizer que vivemos uma transformação radical no papel que o instituto contrato cumpre no Direito Administrativo. Desde o final da primeira metade do século passado até os dias de hoje, a ideia de um contrato de que participe o Poder Público percorreu uma longa trajetória, que vai desde a rejeição de que o Poder Público pudesse se travar relações obrigacionais com os privados até o momento atual em que se pode falar do contrato como instrumento para o exercício das atividades fins da Administração, e não apenas como instrumento para suas atividades-meio.

Segundo Sidney Bittencourt[28] os contratos da Administração se subdividem em dois tipos: os Contratos Privados celebrados pela Administração e os chamados Contratos Administrativos. Os primeiros

> são firmados pela Administração com terceiros regidos pelo Direito privado. Nessa situação, a Administração situa-se no mesmo plano jurídico do particular. São exemplos: a locação de um bem imóvel para uso da Administração, que é regulado pela Lei do inquilinato, o contrato de

---

[26] BITTENCOURT, Sidney. Contratos da Administração Pública – Oriundos de Licitações, Dispensas e Inexigibilidades. Leme: Jhmizuno, 2015. p. 31.

[27] NETO, Floriano de Azevedo Marques. Do Contrato Administrativo à Administração Contratual. São Paulo. Revista do Advogado Ano XXIX, dezembro, 2009. Contratos com o Poder Público. p. 74.

[28] BITTENCOURT, Sidney. Contratos da Administração Pública – Oriundos de Licitações, Dispensas e Inexigibilidades. Leme: Jhmizuno, 2015. ps 31 a 37.

permuta, regido pelo Direito Civil, o contrato de comodato, também sob a égide do Direito Civil, dentre outros. Já os Contratos Administrativos são ajustes que a Administração celebra com terceiros visando a consecução de objetivos de interesse público. Regem-se precipuamente pelo Direito Público, com aplicação supletiva das normas de Direito Privado. É o que prescreve o artigo 54 da Lei nº 8666/93. São suas características: a) presença da Administração; b) finalidade pública, em face do interesse público; c) ter como precedente a licitação (ou sua dispensa ou inexigibilidade); d) bilateralidade, por ser um acordo de vontades que prevê obrigações e direitos de ambas as partes; e) onerosidade, porque sempre remunerado; f) formalismo, expressando-se sempre por escrito, obedecendo à forma prescrita em lei; g) comutatividade, porque estabelece deveres recíproco; natureza personalíssima, não podendo o particular deixar de atendê-lo de forma direta, estando impedido de transferi-lo para ser executado por terceiros, a não ser com a anuência da Administração, e h) existência de cláusulas exorbitantes.

Tendo como referência os conflitos decorrentes dos contratos acima, de imediato vem à mente descumprimento de cláusulas contratuais e eventualmente oneração de contratos, quando findos, o que levaria a perspectiva de se utilizar a Mediação, com o objetivo de promoção do diálogo entre o órgão público e a iniciativa privada, com a intervenção de um mediador. Desta possibilidade prevista e estimulada por lei, decorre a perspectiva de violação do princípio da indisponibilidade do interesse público, dentre outros. Neste aspecto, importante oferecer as palavras de Romeu Felipe Barcellar Filho[29] que assevera

> a Administração Pública pode celebrar acordos e transacionar a fim de evitar litígios despropositados que somente prejudicariam o bom andamento de suas atividades. A transação pressupõe a existência de um espaço de conformação que a Lei outorga ao administrador (em outras palavras, discricionariedade) para valorar, no caso concreto, as medidas necessárias para a proteção do interesse público. A transação existe para permitir a concretização do interesse público, sem excluir a participação dos particulares interessados na solução da contenda.

---

[29] FILHO, Romeu Felipe Barcellar. Direito Administrativo e Novo Código Civil. Belo Horizonte: Fórum, 2007.

Tal entendimento leva a perspectiva de observar que a Mediação pode ser vista como uma oportunidade a partir de suas vantagens. Nesse sentido, Carlos Alberto de Salles[30], agrega que existem inúmeras vantagens para a opção pela Mediação dentre elas, se destaca

> o sigilo das informações trazidas para a mediação pelas partes, inclusive quanto às suas expectativas é condicionante da confiança dos participantes. E eventual testemunho do mediador fica, também, prejudicado, reconhecendo-lhe o direito a sigilo profissional.

Este é um aspecto relevante, pois em razão do princípio da publicidade a Administração Pública está livre para informar o que desejar, sendo o mesmo para a instituição ou a empresa privada, e não sendo possível para o mediador. Além disso, Geisa Neiva[31] pondera que

> é inegável que esses arranjos consensuais trazem grandes vantagens para a sociedade, já que, além de serem obtidos com maior celeridade, com menos custos para o Poder Público – se comparados com as infindáveis demandas judiciais que exigem grande movimentação estatal – ainda serão mais eficientes, ao passo que as saídas as soluções tomadas por consenso tendem a ser cumpridas voluntariamente, ao contrário daquelas impostas por lei, que demandam maior grau de coercibilidade.

Carlos Alberto de Salles[32] acrescenta outro componente de vantagem para a Mediação a

> predisposição a ajudar as partes na percepção do conflito e de como ele pode ser resolvido, não apenas no sentido de perceber corretamente o conflito, em suas dimensões objetivas e subjetivas. Há situações em que imersas em suas próprias posições e interesses, as partes não chegam a reconhecer a situação conflituosa por desconhecer a posição do outro sujeito. Assim a Mediação deve ser capaz de gerar elementos que per-

---

[30] SALLES, Carlos Alberto de. Arbitragem em Contratos Administrativos. Rio de Janeiro: Forense, 2011. p. 181.

[31] NEIVA, Geisa Rosignoli. Conciliação e Mediação pela Administração Pública. Rio de Janeiro: Lumen Juris, 2019. p. 124.

[32] SALLES, Carlos Alberto de. Arbitragem em Contratos Administrativos. Rio de Janeiro: Forense, 2011. ps 181 e 182.

mitam às partes a percepção e compreensão do conflito, de seu posicionamento em relação a ele e das alternativas para a solução. Por de trás da necessidade de levar a uma correta percepção do conflito, existe, sem dúvida, uma tarefa informacional, consistente em uma das mais vitais e mais controvertidas da mediação. Afinal, a informação é condição básica para que o livre consentimento possa ser dado em bases minimamente legítimas.

Fundamental acrescentar as estas vantagens o ambiente de troca de informação e intercâmbio de perspectivas que a Mediação pode proporcionar, o que naturalmente ajudará a uma visão mais ampliada por parte dos participantes.

Por outro lado, grande preocupação na Administração, advém especialmente do agente público, com relação aos órgãos de controle interno e, em especial externo, como o Ministério Público e/ou os Tribunais de Contas. Tal fato, muitas vezes apontam para eventuais obstáculos para a instalação da própria Mediação, sem dizer no seu futuro resultado. Laura de Barros[33] bem esclarece este controle, ao afirmar que, em geral, possuem "atribuições precípuas de acompanhar, avaliar e eventualmente reprimir desvios relacionados ao desempenho da função administrativa, de forma tanto preventiva quanto a posteriori". Nota-se aí que o objetivo é evitar desvios e não a possibilidade de reverter ou mesmo punir atitudes que talvez beneficiem a coletividade ou mesmo a Administração pelo consenso em função de algum contrato que venha a ser objeto da Mediação. Por isso a mesma autora defende a necessidade de se aprofundar o debate,

> com vistas a construir balizas mais seguras e exatas para a fixação de limites previsíveis e confiáveis, objetivamente aferíveis, em prestígio, inclusive da segurança jurídica, igualmente consagrada na Constituição Federal.

---

[33] BARROS, Laura Mendes Amando de. O que fazer quando o "Fiscalizador-Controlador" assume a Gestão no lugar do Gestor? O Acordo Administrativo "sitiado" e o Problema da Ineficiência e da Responsabilização da Administração pelo Ministério Público. OLIVEIRA, Gustavo Justino de. org. Acordos Administrativos no Brasil. São Paulo: Almedina, 2020. p. 127.

Nesse sentido mesmo o controle deve ser exercido com critérios previamente estabelecidos sobretudo nas condições econômicas, sociais e jurídicas à época em que foi eventual firmado algum acordo para que a Mediação efetivamente possa contribuir efetivamente na perspectiva de futuro para os contratos administrativos.

Conclusões

À luz das observações acima, pode-se afirmar que a Mediação ao integrar o direito positivo brasileiro coroa uma tendência da Administração Pública em direção ao consensualismo. Tal tendência não significa atingir consenso quanto ao conflito, pois a ninguém cabe o dever de convergir, mas sim consenso ao método escolhido para construção da solução.

A contemporaneidade trouxe para a realidade brasileira a possibilidade de escolha do método mais adequado a partir do conflito enfrentado e os elementos estruturantes mencionados no início. Esta constatação serve também para a Administração. Dentre estas escolhas está a Mediação. Atividade que existirá se assim seus participantes o desejarem. Da mesma forma levará a um resultado se suas vontades forem nesse sentido. E incluirá ou excluirá elementos de acordo com suas perspectivas. Os eixos que a estruturam bem apresentam suas características, que podem ser compreendidas como vantagens, já que sua perspectiva propõe sempre a visão de futuro para todos seus usuários. Isto não significa que o processo seja rígido, muito pelo contrário é muito flexível em função dos eixos referidos, mesmo se tratando de Administração Pública.

Daí decorre a importância de quando se tratar da Administração Público, o conflito e muito peculiar a área, os participantes são integrantes do contexto do poder público e privado, os quais deverão buscar um profissional capacitado imparcial e independente, que possa ajudar a construção de soluções para seus futuros. Assim a Mediação passa a ser uma oportunidade, muitas vezes única.

Referências

ALMEIDA, Diogo A. Rezende de e PAIVA, Fernanda. Princípios da Mediação. ALMEIDA, Tania; PELAJO, Samantha, e JONATHAN, Eva. Coord. *Mediação de Conflitos para iniciantes, praticantes e docentes*. 2ª ed. Salvador: Juspodivm, 2019.

ALMEIDA, Fernando Menezes de. Prefácio. OLIVEIRA, Gustavo Justino de. org. *Acordos Administrativos no Brasil.* São Paulo: Almedina, 2020.

BARCELLAR FILHO, Romeu Felipe. *Direito Administrativo e Novo Código Civil.* Belo Horizonte: Fórum, 2007.

BARROS, Laura Mendes Amando de. O que fazer quando o "Fiscalizador-Controlador" assume a Gestão no lugar do Gestor? O Acordo Administrativo "sitiado" e o Problema da Ineficiência e da Responsabilização da Administração pelo Ministério Público. OLIVEIRA, Gustavo Justino de. org. *Acordos Administrativos no Brasil* – Teoria e Prática. São Paulo: Almedina, 2020.

BITTENCOURT, Sidney. *Contratos da Administração Pública* – Oriundos de Licitações, Dispensas e Inexigibilidades. Leme: Jhmizuno, 2015.

AGUIRRE, Caio Eduardo. Mediação em empresas familiares. Dissertação de Mestrado PUCSP disponível em www.tede2pucsp.br/handle/handle/6866 acesso em 27 de dezembro de 2019.

BERGAMASCHI, André Luís. A Resolução dos Conflitos envolvendo a Administração Pública por meio de mecanismos consensuais. Tese Mestrado disponível em www.tesesusp.br acesso em 30 de dezembro de 2019.

PALMA, Juliana Bonacorsi de. Atuação Administrativa Consensual – Estudo dos acordos substitutivos no processo administrativo sancionador. Dissertação de mestrado disponível em www.tesesusp.br acesso em 30 de dezembro de 2019.

BRASIL. Marco Legal da Mediação de 26 de junho de 201. Disponível em: http://www.planalto.gov.br/ccivil_03/_ato2015-2018/2015/lei/l13140.htm. Acesso em 10 nov 2019.

FOLGER, Joseph Patrick e BUSH, Robert A. Baruch. *The Promise of Mediation – The Transformative Approach to Conflict.* Nova Iorque: Jossey-Bass, 2005.

FOLGER, Joseph Patrick, BUSH, Robert A. Baruch e DELLA NOCE, Dorothy J. *Transformative Mediation: A Sourcebook.* Dayton: ISCT, 2010.

MARQUES NETO, Floriano de Azevedo. Do Contrato Administrativo à Administração Contratual. São Paulo: *Revista do Advogado* Ano XXIX, dezembro, 2009. Contratos com o Poder Público.

_____. Os grandes desafios do controle da Administração Pública. Fórum de Contratação e Gestão Pública – FCGP, Belo Horizonte, ano 9, n. 100, p. 7-30, abr. 2010.

MARRARA, Thiago Marrara. Acordos no Direito da Concorrência. OLIVEIRA, Gustavo Justino de. coord. *Acordos Administrativos no Brasil* – Teoria e Prárica. São Paulo: Almedina, 2020.

MAZZONETTO, Nathalia Mazzonetto. Novos (e adequados) rumos da Administração Pública na resolução de conflitos. GABBAY, Daniela Monteiro e TAKAHASHI, Bruno. Org. Justiça Federal: inovações nos mecanismos consensuais de solução de conflitos. Brasília: Gazeta Jurídica, 2014.

MEDAUAR, Odete. *O direito administrativo em evolução*. 3ª ed. Brasília: Gazeta Jurídica, 2017.

MEGNA, Bruno Lopes. A Administração Pública e os meios consensuais de solução de conflitos ou enfrentando o Leviatã nos novos mares da consensualidade. *Revista da Procuradoria Geral do Estado de São Paulo* 82 julho/dezembro 2015.

_____. *Arbitragem e Administração Pública* – Fundamento Teóricos e Soluções Práticas. Belo Horizonte: Fórum, 2019.

MOREIRA NETO, Diogo de Figueiredo. Novos Institutos Consensuais da Ação Administrativa. *Revista de Direito Administrativo*, Rio de Janeiro, v. 231, p. 129-156, jan/mar. 2003. Disponível em http://dx.doi.org/10.2660/rda.v231/200345823. Acesso em 30.11.2019.

NEIVA, Geisa Rosignoli. *Conciliação e Mediação pela Administração Pública*. Rio de Janeiro: Lumen Juris, 2019.

OLIVEIRA, Gustavo Justino de. Convenio é acordo, mas não é contrato: contributo de Hely Lopes Meirelles para a evolução dos acordos administrativos no Brasil. WALD, Arnold, JUSTEN FILHO, Marçal e PEREIRA, Cesar Augusto Guimarães orgs. *O direito Administrativo na atualidade*: estudos em homenagem ao centenário de Hely Lopes Meirelles (1917-2017) defensor do estado de direito. São Paulo: Malheiros, 2017.

OLIVEIRA, Gustavo Justino de. In Prefácio André Rodrigues Junqueira. *Arbitragem nas Parceiras Público-Privadas* – um estudo de caso. Belo Horizonte: Fórum, 2019.

PALMA, Juliana Bonacorsi de. A consensualidade na Administração Pública e seu controle judicial. Gabbay, Daniela Monteiro e TAKARASHI, Bruno Coord. Justiça Federal: inovações nos mecanismos consensuais de solução de conflitos. Brasília: Gazeta Jurídica, 2014.

SALLES, Carlos Alberto de. *Arbitragem em Contratos Administrativos*. Rio de Janeiro: Forense, 2011.

SALVO, Silvia Helena Picarelli Gonçalves Johonson di. *Mediação na Administração Pública* – O desenho institucional e procedimental. São Paulo: Almedina, 2018.

SOUZA, Luciane Moessa de. Mediação de Conflitos envolvendo entes públicos. Coord. SOUZA, Luciane Moessa de. *Mediação de conflitos* – Novo paradigma de acesso à Justiça. 2ª ed. Santa Cruz do Sul: Essere nel Mondo, 2015.

TONIN, Mauricio Morais. Mediação e Administração Pública: a participação como parte e como mediador de conflitos. In. NASCIMBENI, Asdrubal Franco, BERTARSI, Maria Odete Duque e RANZOLIN, Ricardo Borges. Orgs. *Temas de Mediação e Arbitragem III*. São Paulo: Lex, 2019.

VALLE, Vivian Cristina Lima López. *O acordo Administrativo entre o Direito Público e o Direito Privado*: Emergência de uma Racionalidade Jurídico – Normativa Púbico – Privada? OLIVEIRA, Gustavo Justino de. org. Acordos Administrativos no Brasil. São Paulo: Almedina, 2020.

WARAT, Luis Alberto. Ecologia, psicanálise e mediação. Luis Alberto Warat Coord. *Em nome do acordo*: mediação no direito. Buenos Aires: Almed, 1998.

_____. *Surfando na Pororoca* – O ofício do mediador. Florianópolis: Boiteux, 2004.

ZAPPAROLLI, Celia Regina e KRÄHENBUHL, Monica Coelho. *Negociação, Conciliação, Mediação, Facilitação Assistida, Prevenção, Gestão de Crises nos Sistemas e suas Técnicas*. São Paulo: LTR, 2012.

2. O protocolo de mediação: instrumento ou obstáculo?

António Júdice Moreira

Introdução

Os tribunais judiciais, principalmente nos últimos dez anos, têm vindo a perder o monopólio na administração da justiça em Portugal. Durante este período ganharam protagonismo os meios alternativos de resolução de litígios, sendo as principais figuras de proa a arbitragem e a mediação.

Esta alteração do paradigma na resolução de conflitos é uma consequência de vários fatores, desde logo porque, por um lado, existe a perceção generalizada de que os tribunais judiciais não têm capacidade para resolver todos os litígios e, por outro, não serão a sede adequada para a solução de todos os conflitos.

O Governo português tem, nos últimos 20 anos, feito inúmeros esforços no sentido de promover e dinamizar os meios alternativos de resolução de litígios, designadamente a mediação, no entanto, nem sempre esses esforços foram devidamente coordenados entre as várias áreas do direito aplicável nem, tampouco, foram considerados ou adequadas as soluções legislativas com as melhores práticas e as mais testadas metodologias, nacionais e internacionais.

1. Principais passos da mediação em Portugal

As primeiras iniciativas no sentido da resolução de litígios por via da mediação verificaram-se há mais de 20 anos, desde logo com o Decreto-

-Lei nº 146/99 de 4 de maio que incidia sobre conflitos de consumo e onde se incluíam serviços de mediação. Embora este diploma esteja em vigor há mais de 20 anos, na realidade o mesmo não teve muita utilização prática. Ainda em 1999, temos também o Decreto-Lei nº 486/99 de 13 de novembro, que determinava a criação de um sistema de mediação de litígios pela Comissão do Mercado de Valores Mobiliários ("CMVM"). Este diploma previa, ainda que especificamente para matérias de valores mobiliários, elementos basilares de mediação e que depois vieram a ter consagração geral, desde logo a confidencialidade do procedimento.

Todavia, foi em 2001 que o primeiro grande passo foi dado. Desde logo porque o Governo Português reconheceu perentoriamente a necessidade de desjudicialização da administração e realização da justiça na sua Resolução de Conselho de Ministros nº 175/2001, onde afirmou *"o firme propósito de promover e incentivar a resolução de litígios por meios alternativos como a mediação ou a arbitragem, enquanto formas céleres, informais, económicas e justas de administração e realização da justiça".*

Na verdade, os grandes impulsos da mediação em Portugal foram a criação dos Julgados de Paz em 2001 (Lei nº 78/2001 de 13 de Julho), o primeiro serviço público de mediação, embora vocacionado para litígios de menor complexidade, a criação do regime de mediação penal em 2007 (Lei nº 21/2007 de 12 de Junho) e, mais tarde, a transposição parcial da Diretiva 2008/52/CE por via da Lei 29/2009[1].

Em 2009 foi criado o Centro de Arbitragem Administrativa ("CAAD"), um centro de arbitragem institucionalizada para resolver litígios de direito público na área administrativa e tributária. O regulamento de arbitragem administrativa deste centro prevê também a possibilidade de recurso a mediação para a resolução dos conflitos.

No entanto, aquele que é porventura o maior contributo para a consolidação da mediação em Portugal terá sido a entrada em vigor da Lei

---

[1] A incorporação do procedimento de mediação no Código de Processo Civil mereceu algumas críticas, designadamente por falta de autonomia legislativa (ao contrário da arbitragem, que tinha uma lei própria), tendo sido considerado uma perda de *"uma oportunidade de fazer um diploma que versasse de forma sistemática e genérica sobre a mediação, para que o mesmo constituísse o quadro normativo base deste método no nosso sistema".*
in Cebola, Cátia S. M. 2010. "A mediação pré-judicial em Portugal: análise do novo regime jurídico", *Revista da Ordem dos Advogados*, I-IV: 441-459.

da Mediação (Lei nº 29/2013 de 19 de Abril), também na sequência da Directiva 2008/52/CE, que veio estabelecer os princípios gerais aplicáveis à mediação realizada em Portugal, bem como os regimes jurídicos da mediação civil e comercial, dos mediadores e da mediação pública.

No âmbito específico da mediação administrativa, o legislador introduziu em 2015 no Código de Processo nos Tribunais Administrativos ("CPTA") o artigo 87º-C para promover a tentativa de conciliação e mediação, remetendo expressamente para a Lei da Mediação caso as partes optem por este instituto. Um importante contributo legislativo que, como veremos, acabou por introduzir algumas dificuldades desnecessárias.

A evolução notória do instituto da mediação em Portugal, embora paralela àquela da arbitragem (que também teve um evolução legislativa relevante, por via da Lei 63/2011 de 14 de Dezembro), não teve a mesma aceitação desta última, que tem sido alvo de considerável produção doutrinária, de um número de iniciativas *privadas* (mestrados, pós-graduações, conferências, congressos, seminários) relacionados com arbitragem e também da disseminação de centros de arbitragem e consequente modernização dos respetivos regulamentos que se traduzem num aumento significativo do recurso a arbitragem.

Independentemente das várias razões geralmente invocadas para o progresso paulatino da mediação em Portugal, importa mais a certeza da passada do que a sua ligeireza. Nesse sentido, pretendemos contribuir com uma análise, necessariamente perfunctória, da convergência entre os regimes aplicáveis à mediação civil e comercial e à mediação administrativa, e da exigência do Protocolo de Mediação, definido por via legislativa, e a sua integração numa metodologia de mediação testada e reconhecida nacional e internacionalmente.

2. O conceito de mediabilidade e os efeitos do procedimento de mediação

A Lei da Mediação veio concretizar a *mediabilidade* dos conflitos, i.e. veio considerar mediáveis os litígios em matéria civil e comercial que respeitem a interesses de natureza patrimonial ou interesses não patrimoniais em que as partes possam transigir sobre o direito controvertido.

Veio ainda criar um conjunto de incentivos à sua utilização, designadamente a suspensão de prazos de caducidade e prescrição bem como, não menos importante, veio conferir força executiva dos acordos de mediação sem necessidade de homologação judicial[2].

Já o legislador administrativo teve entendimento relativamente diverso no que respeita à mediabilidade, tendo determinado no artigo 87º-C como critério de mediabilidade a disponibilidade das partes.[3]

Este critério levanta dúvidas razoáveis relativamente ao âmbito de aplicação desta norma às disputas administrativas, porquanto poderão estar em causa interesses públicos cuja disponibilidade poderá ser colocada em causa, prejudicando a sua real aplicação.[4]

Com efeito, este critério parece deixar de fora – pelo menos – as disputas relacionadas com atos administrativos, embora admitindo mediabilidade em matéria de contratação pública.

3. Procedimento de mediação na Lei Portuguesa

A Lei da Mediação lei veio concretizar, ainda que sumariamente, o procedimento de mediação[5]; determinando que o mesmo se inicia com um contacto prévio para agendamento da sessão de pré-mediação, com caráter informativo, na qual o mediador de conflitos explicita o funcionamento da mediação e as regras do procedimento. A lei determina ainda que o desejo das partes em prosseguir deverá consubstanciar-se na assinatura de um protocolo de mediação. Com efeito, a lei faz depender a suspensão dos prazos de caducidade e prescrição da assinatura deste

---

[2] Nos termos do artigo 9º da Lei da Mediação.
[3] *Vide* artigo 87º-C nº 1 do CPTA *"quando a causa couber no âmbito dos poderes de disposição das partes, pode ter lugar, em qualquer estado do processo, tentativa de conciliação ou mediação (...)"*, sublinhado nosso.
[4] Veja-se o que Bárbara Bravo e Maria João Mimoso referem em matéria de arbitrabilidade: *"Pela aplicação do critério da disponibilidade ao Direito Administrativo facilmente chegaríamos à conclusão que as matérias jurídico-administrativas seriam sempre inarbitráveis. As competências exercidas no âmbito da atividade administrativa consubstanciam poderesdeveres irrenunciáveis, inalienáveis e, naturalmente, indisponíveis".*
Esta matéria foi relativamente ultrapassada pelo artigo 180º do CPTA, que determina a arbitrabilidade dos atos administrativos mas que se mantém em matéria de mediabilidade, porque excluída desta disposição, pelo que o âmbito de aplicação do artigo 87º-C do CPTA poderá ficar prejudicado.
Bravo, Bárbara e Mimoso, Maria João, *A arbitrabilidade do ato administrativo à luz do novo CPTA*, in Revista Electrónica de Direito.
[5] *Vide* artigos 16º e seguintes da Lei da Mediação.

protocolo de mediação⁶, exceto quando estamos perante uma mediação realizada nos sistemas públicos de mediação, nessa situação a suspensão dos prazos ocorre quando todas as partes tenham concordado com a realização da mediação[7].

A lei não estabelece a obrigatoriedade de constituição de mandatário, no entanto as partes podem comparecer pessoalmente ou fazer-se acompanhar de advogado, advogado estagiário, solicitador ou por outros técnicos cuja presença considerem necessária, encontrando-se todos os intervenientes sujeitos ao princípio da confidencialidade.

A lei determina que o procedimento de mediação terminará com o acordo livremente fixado pelas partes, que deve ser reduzido a escrito e assinado pelas partes e pelo mediador, com a desistência de qualquer uma das partes, com a decisão fundamentada do mediador de conflitos, com a impossibilidade de obtenção de acordo ou com o esgotamento do prazo máximo de duração do procedimento, fixado no protocolo de mediação.

A Lei Portuguesa opta – e bem – por não compartimentalizar o procedimento de mediação, permitindo-lhe a necessária flexibilidade. Em todo o caso, parece sublinhar a importância de dois momentos, (i) a fase anterior à mediação propriamente dita, cuja relevância se encontra consubstanciada na exigência de uma sessão de pré-mediação para efeitos de esclarecimento das partes, e (ii) o procedimento propriamente dito, em que coloca na disponibilidade das partes e do mediador a definição das regras do procedimento de mediação.

No âmbito deste enquadramento legislativo, centraremos a análise na figura do protocolo de mediação.

4. Protocolo de mediação

Resulta manifesto que a lei confere uma importância incontornável ao protocolo de mediação, como que *fio-de-prumo* do procedimento de mediação. Sem protocolo de mediação ou inexiste ou não prossegue o procedimento de mediação à luz da legislação portuguesa.

Mas a lei determina ainda o conteúdo obrigatório do protocolo de mediação, do qual deverá constar:

a) A identificação das partes;

---

[6] *Vide* artigo 13º nº 2 da Lei da Mediação.
[7] *Vide* artigo 13º nº 2, *in fine*, da Lei da Mediação.

b) A identificação e domicílio profissional do mediador e, se for o caso, da entidade gestora do sistema de mediação;
c) A declaração de consentimento das partes;
d) A declaração das partes e do mediador de respeito pelo princípio da confidencialidade;
e) A descrição sumária do litígio ou objeto;
f) As regras do procedimento da mediação acordadas entre as partes e o mediador;
g) A calendarização do procedimento de mediação e definição do prazo máximo de duração da mediação, ainda que passíveis de alterações futuras;
h) A definição dos honorários do mediador, nos termos do artigo 29º, exceto nas mediações realizadas nos sistemas públicos de mediação;
i) A data.[8]

A importância do protocolo de mediação – e respetivo conteúdo e requisitos imperativos, constitui, por isso, uma verdadeira âncora para os e regulamentos e procedimentos de mediação nacionais.[9]

O elenco de requisitos, fixo e cumulativo, exigido por lei no âmbito do protocolo de mediação parece contrastar com a flexibilidade caracterizadora do procedimento de mediação.

Esta questão foi suscitada pela Prof. Mariana França Gouveia que entende que o processo de mediação *"não deve formalizar-se por causa deste instrumento* [protocolo de mediação] *que agora a lei exige"*[10].

Em todo o caso, a criação da figura do protocolo de mediação foi uma opção do legislador português e que não estava prevista na Directiva 2008/52/CE do Parlamento Europeu e do Conselho de 21 de Maio de 2008.

A Directiva 2008/52/CE estabelece que "[n]*a ausência de um acordo escrito, deverá considerar-se que as partes acordam em recorrer à mediação no momento em que tomam medidas específicas para dar início ao processo de mediação"*[11], mais referindo quanto aos efeitos da mediação nos prazos

---

[8] Vide artigo 16º nº 3 da Lei de Mediação.

[9] Efectivamente, esta figura encontra-se refletida no artigo 17º do recente Regulamento de Mediação do Centro de Arbitragem Comercial da Câmara de Comércio e Indústria Portuguesa.

[10] Gouveia, Mariana França – *Curso de Resolução Alternativa de Litígios*, Coimbra, Almedina, (3ª Edição), pág. 73.

[11] Considerando (15) da Directiva 2008/52/CE.

O PROTOCOLO DE MEDIAÇÃO: INSTRUMENTO OU OBSTÁCULO?

de prescrição e caducidade que "[o]s *Estados-Membros devem assegurar que as partes que optarem pela mediação numa tentativa de resolver um litígio não fiquem impedidas de, posteriormente, instaurarem um processo judicial ou iniciarem um processo de arbitragem relativo a esse litígio por terem expirado os prazos de prescrição ou de caducidade durante o processo de mediação.*"[12]

Efectivamente, a Directiva Europeia referida *supra* não estabelece em que moldes deveria ser considerada iniciada a mediação, designadamente para efeitos no âmbito da prescrição e caducidade, referindo apenas que deve ser no *"momento em que tomam medidas específicas para dar início ao processo de mediação".*

No entanto, a Lei Portuguesa optou por fazer depender a suspensão dos prazos de caducidade e prescrição da assinatura do protocolo de mediação[13], sendo este o momento em que o legislador entendeu existirem *"medidas específicas"* que consubstanciam o inicio do processo de mediação.

Opção distinta daquela seguida em Espanha, por exemplo, onde se optou pela data da receção do requerimento de mediação pelo mediador ou do depósito na instituição de mediação, conforme o caso – embora dependente da assinatura da acta constitutiva num prazo de 15 dias desde essa data[14].

Em Itália a opção recaiu também na data do requerimento de mediação perante um organismo de mediação[15], devendo ser agendada a primeira reunião em data não posterior a 15 dias a contar do requerimento[16].

---

[12] Artigo 8º da Directiva 2008/52/CE.
[13] *Vide* artigo 13º da Lei da Mediação.
[14] *Vide* artigo 4º da Ley 5/2012 de 6 de Julho, de mediación en assuntos civiles y mercantiles
"*La solicitud de inicio de la mediación conforme al artículo 16 suspenderá la prescripción o la caducidad de acciones desde la fecha en la que conste la recepción de dicha solicitud por el mediador, o el depósito ante la institución de mediación en su caso.*
Si en el plazo de quince días naturales a contar desde la recepción de la solicitud de inicio de la mediación no se firmara el acta de la sesión constitutiva prevista en el artículo 19, se reanudará el cómputo de los plazos."
[15] Artigo 5º nº 6 do Decreto Legislativo 4 marzo 2010, n. 28 – "Attuazione dell'articolo 60 della legge 18 giugno 2009, n. 69, in materia di mediazione finalizzata alla conciliazione delle controversie civili e commerciali"
"6. Dal momento della comunicazione alle altre parti, la domanda di mediazione produce sulla prescrizione gli effetti della domanda giudiziale."
[16] *Vide* artigo 8º nº 1 do Decreto Legislativo 4 marzo 2010.

A opção legislativa portuguesa tem implicações ao nível da metodologia e faseamento do procedimento de mediação.

Com efeito, à primeira vista, numa mediação em Portugal existirá, porventura, alguma pressão sobre as partes envolvidas, incluindo o mediador, para celebrar um protocolo de mediação e assim aproveitar dos efeitos daí decorrentes. Ao contrário do que sucederá em outros Estados Membros que também transpuseram a Directiva 2008/52/CE, onde a iniciativa em mediar é gatilho suficiente para a produção dos respetivos efeitos.

Considerando o caráter imperativo do conteúdo do protocolo de mediação – cuja existência é condição de eficácia da própria mediação, importa analisar o impacto real dos respetivos requisitos no âmbito do processo de mediação.

Como se verá *infra*, a maioria dos requisitos do protocolo de mediação, não oferecerão resistência para as partes ou sequer dificuldades no regular andamento do procedimento de mediação, no entanto, (i) a exigência da descrição sumária do litígio ou objeto e, eventualmente, (ii) a definição das regras do procedimento da mediação poderão dificultar a concretização e assinatura deste instrumento.

5. Efeitos do protocolo de mediação em disputas relacionadas com a administração pública

Importa relevar que os efeitos do protocolo de mediação, designadamente em matéria da suspensão dos prazos de caducidade e prescrição previstos no nº 2 do artigo 13º da lei da Mediação, são no mínimo discutíveis.

Com efeito, interpretando sistematicamente, verificamos que o artigo 13º está incluindo no Capitulo III que tem como epígrafe "Mediação Civil e Comercial", pelo que à partida estão excluídas as mediações que não sejam civis e comerciais, i.e. as mediações relativas a disputas de direito público.

Revisitando o artigo 87º-C, designadamente a remissão do nº 5 que determina que "*a mediação processa-se nos termos previstos na lei processual civil e no regime jurídico da mediação civil e comercial, com as necessárias adaptações*", poder-se-á entender que avaliza, *inter alia*, a aplicação do artigo 13º às mediações em matéria administrativa.

Admitindo esta interpretação, deparamo-nos com outra potencial delimitação legislativa sistemática. O artigo 87º-C do CPTA está incluído na sua Secção III, com a epigrafe "Saneamento, instrução e alegações", pelo que a sua aplicabilidade reside nas disputas que já estão em sede judicial e que, seja por vontade das partes seja por sugestão pelo Juiz do processo.

A ser assim, então só seriam aplicáveis os efeitos previstos no artigo 13º nº 2 relativos à suspensão dos prazos de caducidade e prescrição, quando a disputa subjacente estivesse já pendente em procedimento judicial, esvaziando, na prática, a aplicação deste artigo, na medida em que os prazos de caducidade e prescrição já se encontrariam interrompidos por via da pendência do procedimento judicial.[17]

Pelo exposto, não é claro, antes pelo contrário, que os efeitos relativos à suspensão dos prazos de caducidade e prescrição previstos no artigo 13º da Lei da Mediação sejam extensíveis aos procedimentos de mediação relacionados com matérias de direito público.

Assim, perante um procedimento de mediação relativo a uma disputa extra-judicial de direito público, embora em tese possa ser possível admitir a suspensão dos prazos de prescrição e caducidade nos termos previstos para a mediação civil e comercial, a única forma de garantir essa suspensão será através de acordo expresso entre as partes.

Sendo certo que as partes poderão acordar na suspensão dos prazos de prescrição mas já não no prazo de caducidade, cujo *"fundamento primeiro [não é] a proteção do sujeito passivo, mas sim o valor da certeza e segurança dos direitos"*.[18]

6. Fases do procedimento de mediação

Depois deste breve enquadramento legal do procedimento de mediação, designadamente da relevância conferida ao protocolo de mediação, importa analisar a sua adaptabilidade às melhores práticas de mediação.

Como bem refere a Prof. Mariana França Gouveia *"a informalidade do processo* [de mediação] *tem como consequência precisamente a não tipificação de fases* [que] *podem variar em função do caso concreto, das suas características e do desenrolar do processo"*[19].

---

[17] Nos termos dos artigos 323º e ss, 328º e ss do Código Civil e 259º do Código de Processo Civil ("CPC").
[18] Acórdão do Supremo Tribunal de Justiça de 22 de outubro de 2015.
[19] GOUVEIA, Mariana França – *Curso de Resolução Alternativa de Litígios*, Coimbra, Almedina, (3ª Edição), pág. 71.

Mesmo assim, embora não exista nem seja desejável que exista uma tipificação legislativa de fases do processo, a generalidade da doutrina admite uma estruturação faseada do processo de mediação, construída desde o momento de pré-mediação (entenda-se, anterior à sessão de mediação propriamente dita), passando pela cadência, sequência, dinâmica e metodologia das sessões de mediação até à, desejavelmente, formalização do acordo final.

Entre as várias propostas de faseamento, evidenciamos, por exemplo a proposta do renomado Christopher W. Moore por um modelo / método de 12 fases[20]:

Fase 1 – Estabelecer uma relação com as Partes
Fase 2 – Definir uma estratégia/metodologia de Mediação
Fase 3 – Recolher e analisar informação
Fase 4 – Programar e preparar o espaço para a Mediação
Fase 5 – Criar clima de confiança, credibilidade e cooperação
Fase 6 – Iniciar as sessões de Mediação – apresentações
Fase 7 – Definir as questões a elaborar a Agenda, identificando interesses
Fase 8 – Descobrir interesses ocultos
Fase 9 – Gerar opções para soluções
Fase 10 – Testar e avaliar as opções para acordo
Fase 11 – Negociação final
Fase 12 – Formalizar o Acordo

Ou a proposta BADGER[21] de Joseph B. Stulberg e Lela Porter Love[22] que divide o modelo nas seguintes fases:
Fase 1 – Iniciar a discussão
Fase 2 – Acumular informação

---

[20] MOORE, Christopher W. – The Mediation Process, 2003, págs. 67 e ss.
[21] BADGER é o acrónimo de:
Begin the discussions;
Accumulate information;
Develop the agenda and discussion strategies;
Generate movement;
Elect separate sessions;
Reach closure.
[22] STULBERG, Joseph B and LOVE, Lela P., The Middle Voice: Mediating Conflict Successfully, págs. 49 e ss.

Fase 3 – Desenvolver a estratégia de discussão
Fase 4 – Gerar movimento
Fase 5 – Considerar sessões separadas
Fase 6 – Alcançar o acordo

E, por último, a proposta do modelo ICFML/IMI[23], provavelmente o mais comum em Portugal e países lusófonos, segue uma dinâmica semelhante às anteriores:
Fase 0 – Pré-mediação
Fase 1 – Introdução do Mediador
Fase 2 – Primeira sessão conjunta
Fase 3 – As sessões privadas
Fase 4 – Negociação
Fase 5 – Conclusão

Independentemente de qual das propostas de faseamento se preconiza, como bem refere Menkel-Meadow[24], existe o consenso generalizado de que mesmo quando se conceptualiza um itinerário linear por fases, a realidade da mediação acaba por não refletir esse processo linear programado, sendo na maioria das vezes um processo imprevisível onde o dito itinerário será apenas um guia útil para o mediador e as partes, uma vez que a dinâmica do procedimento é de constante movimento, para a frente, para trás ou mesmo em círculos entre as várias fases elencadas.

Em todo o caso, por forma a aferir da possibilidade de integração de um modelo faseado no enquadramento normativo português, importa esclarecer e desenvolver, ainda que sumariamente, as respetivas fases propostas com o conteúdo do protocolo de mediação, exercício que incidirá sobre a proposta do modelo ICFML/IMI.

Nesse sentido, propomo-nos a cruzar os elementos integrantes do Protocolo de Mediação com aqueles propostos no modelo faseado do ICFML/IMI, pelo que a análise subsequente será delimitada por e conduzida apenas até ao momento de verificação dos requisitos exigidos no protocolo de mediação.

---

[23] Ana Maria Gonçalves & François Bogacz www.icfml.org.
[24] MENKEL-MEADOW, Carrie J.; LOVE, Lela P.; SCHNEIDER, Andrea K.; STERNLIGHT, Jean R., Dispute Resolution, Beyond the Adversarial Model, pág. 329.

7. As fases iniciais do Modelo ICFML/IMI

(i) Pré-mediação

A fase de pré-mediação reconduz-se essencialmente à preparação da mediação, quer ao nível da logística quer do nível de partilha da informação e documentação disponível e respetiva análise.

Do ponto de vista logístico, o mediador deverá decidir e acordar com as partes o local das sessões, os participantes e respetivas necessidades[25], e mesmo as questões processuais de base, (incluindo honorários, documentação escrita e/ou oral partilhada, admissão de intervenção ou consulta de peritos, etc.), todos estes elementos deverão ser consensualizados com as Partes.

Quanto à matéria factual subjacente e relevante para a mediação, a preparação é assumida e unanimemente considerada como essencial, para todos os envolvidos.

O mediador deverá preparar detalhada e exaustivamente a informação e documentação relevante, incluindo mas não só aquela disponibilizada pelas partes.

Rory Macmillan sublinha que

> não devemos subestimar a importância da preparação; o mediador ter de fazer muito trabalho antes de começar a mediação, porque assim que esta começa vai consumir o mediador mental e fisicamente e já não haverá tempo para fazer a preparação necessária[26].

O mesmo deverá ser dito em relação às partes e respetivos advogados, sendo fundamental um exercício de *due diligence* para identificação dos documentos e informação necessários para melhor perceção dos interesses subjacentes, preparação antecipada dos respetivos argumentos, seja qual for a sua natureza, a sensibilização do Cliente elaboração de um *risk assessment* objetivo, designadamente com a identificação do WATNA e do BATNA e, quando possível explorar antecipadamente soluções criativas para os interesses e problemas identificados[27].

---

[25] O que Joseph B. Stulberg chama de "housekeeping details" que devem ser tratados em primeiro lugar.
Stulberg, Joseph B., Taking Charge / Managing Conflict, pág. 59.
[26] MACMILLAN, Rory, *A Practical Guide for Mediators*, pág. 8.
[27] Sobre esta matéria, veja-se também, designadamente, Picker, Bennet G. *"Preparation: The Key To Mediation Success"*.

O modelo ICFML/IMI inclui no período de pré-mediação a apresentação e assinatura de um "Termo de Consentimento"[28] do qual constará (i) a identificação do processo de mediação, (ii) local, data e hora da realização da mediação, (iii) honorários, despesas e outros encargos, (iv) confidencialidade e (v) a responsabilidade.

Do "Termo de Consentimento" constará, como próprio nome indica (vi) o consentimento das partes em mediar, necessariamente (vii) a identificação das partes e (viii) a identificação do mediador.

Poderão também estar logo incluídas (ix) as regras processuais aplicáveis e/ou consensualizadas com as partes.

Assim, nesta fase inicial, por via da assinatura do "Termo de Consentimento", poderão estar verificados pelo menos 7 dos 9 requisitos exigidos no Protocolo de Mediação, sendo possível a inclusão das regras referidas na alínea f) do artigo 16º nº 3 da Lei de Mediação, fazendo subir o número de requisitos possivelmente verificados para 8 em 9.

(ii) **Introdução do Mediador**

A introdução do mediador é fundamental para credibilizar o procedimento de mediação e o próprio mediador.

Rory Macmillan considera que a eficácia do mediador depende em grande parte na sua capacidade de estabelecer uma relação de confiança e empatia com as partes, possibilitando a sensação de entendimento e compreensão que conduz a uma maior abertura perante o Mediador e a uma maior aceitação das várias soluções que surjam no trabalho realizado em conjunto com o Mediador[29].

Para possibilitar a criação do clima positivo é fundamental uma apresentação cuidada, em que se definam e clarifiquem as características do processo, sublinhando a natureza voluntária, a flexibilidade e a confidencialidade da Mediação, elementos fundamentais para garantir o *empowerment* das partes.

O Mediador deverá ser claro na exposição das normas processuais aplicáveis, inclusivamente adequando-as à vontade e necessidade das partes, e na explicação do seu papel, consubstanciado, nas palavras da Prof. Mariana França Gouveia, em

---

[28] Ana Maria Gonçalves & François Bogacz www.icfml.org.
[29] MACMILLAN, Rory, *A Practical Guide for Mediators*, pág. 22.

um papel de facilitador do diálogo, mantendo sempre nas partes a responsabilidade da resolução do conflito. O mediador controla o processo, condu-lo, deixando às partes a responsabilidade pelo objeto do litígio. O mediador não negoceia com as partes, antes conduz a negociação que elas fazem entre si. O mediador não aconselha nenhuma das partes, nem sequer as duas em conjunto, antes promove uma exploração construtiva dos problemas.[30]

Uma apresentação eficaz não se limita a estabelecer as regras e o papel do mediador, mas deverá também servir o propósito de definir o controle do mediador sobre o processo, conferir credibilidade ao mediador, gerar a confiança das partes no mediador e no processo e reconciliar as suas expectativas face à realidade da mediação.[31]

(iii) Primeira sessão conjunta

De acordo a metodologia ICFML/IMI[32] esta segunda fase (que na prática é a terceira), subdivide-se nas (a) Declarações das Partes, na (b) Identificação de Preocupações/Questões e (c) no Aprofundamento das questões.

a. Declarações das Partes

A Prof. Lela Porter Love sobre esta matéria apresenta uma imagem muito interessante, comparando um mediador com um mineiro à procura de ouro. Um mediador deverá ter a capacidade de extrair de entre o diálogo por vezes hostil, acusatório, posicional e adversarial das partes, aqueles que são os seus verdadeiros interesses e que constituirão os alicerces de novas perspetivas, soluções e desejavelmente do acordo final.[33]

É fundamental que o mediador tenha uma escuta ativa e que esteja atento à comunicação não verbal das Partes.

---

[30] GOUVEIA, Mariana França – *Curso de Resolução Alternativa de Litígios*, Coimbra, Almedina, (3ª Edição), pág. 57.
[31] Neste sentido, MOORE, Christopher W. – The Mediation Process, 2003, págs. 211 e ss.
[32] Ana Maria Gonçalves & François Bogacz www.icfml.org.
[33] MENKEL-MEADOW, Carrie J.; LOVE, Lela P.; SCHNEIDER, Andrea K.; STERNLIGHT, Jean R., Dispute Resolution, Beyond the Adversarial Model, pág. 338.

Moore realça a importância de o Mediador reformular a linguagem crítica e emotiva utilizada pelas parte procurando aproximar-se do interesse subjacente, de fazer sugestões processuais de conduta que diminuam o risco de hostilidade, transmitir empatia sem que dar imagem de tomar partido e de intervir para impedir o escalar de emoções, palavras ou comportamentos negativos.[34]

b. Identificação de Preocupações/Questões

Das declarações das partes deverão ser extraídas as preocupações e questões que as Partes efetivamente querem (ou devem querer) ver discutidas, esclarecidas e solucionadas.

Ana Maria Gonçalves e François Bogacz sugerem um método de cinco pontos para enfrentar o *iceberg do conflito*[35]: (i) parafrasear a mensagem para confirmação do percecionado, (ii) repetir a mensagem para memorização, (iii) questionar para preencher lacunas de informação, (iv) pedir esclarecimentos sobre o que não foi percecionado e (v) recordar os pontos mais relevantes solicitando a confirmação das partes – responsabilizando-as.

É nesta fase que o Mediador deverá fazer a Agenda. Depois de identificados os interesses, Lela Porter Love considera que o desafio está enquadrá-los de uma forma neutra que convide a discussão das Partes sem que alguma delas se coloque numa posição defensiva (por ex. ponto de agenda como "Rendas em atraso devidas pelo Arrendatário" por oposição a apenas "Renda"), e em organizá-los numa ordem que favoreça a colaboração e um ambiente construtivo[36].

Joseph B. Stulberg defende que os temas mais fáceis de resolver devem ser elencados na Agenda em primeiro lugar, servindo assim dois propósitos, primeiro a criação de um padrão de entendimento entre as partes e, segundo, ao construir um conjunto de acordos sobre temas menores poderão criar-se os alicerces de acordo num tema maior, na

---

[34] Moore, Christopher W. – The Mediation Process, 2003, págs. 232 e ss.
[35] Imagem em que à superfície estão os factos, a lei e as posições que transmitem uma determinada imagem do conflito e imersos estão os elementos que realmente definem e configuram o conflito; os interesses, preocupações, convicções, sentimentos, necessidades, medos, etc. *in* Ana Maria Gonçalves & François Bogacz www.icfml.org.
[36] Menkel-Meadow, Carrie J.; Love, Lela P.; Schneider, Andrea K.; Sternlight, Jean R., Dispute Resolution, Beyond the Adversarial Model, pág. 345.

medida em que o custo de desacordo num tema maior poderá por em causa os acordos alcançados até esse ponto.[37]

A Agenda serve, por isso, o duplo propósito de definir as questões sujeitas à mediação (i.e. o seu objeto) e de instrumento de condução do procedimento, com um sequenciamento de temas e questões facilitador de consensos.

Nesta terceira fase do modelo ICFML/IMI, com a materialização da Agenda, verifica-se a concretização do último requisito do protocolo de mediação, *"a descrição sumária do litígio ou objeto"* referida na alínea e) do artigo 16º nº 3 da Lei de Mediação.

8. Integração do protocolo de mediação no modelo proposto

Aqui chegados, é absolutamente claro que o Protocolo de Mediação poderá colidir com o procedimento de mediação, nos termos em que o mesmo nos é proposto pela generalidade da doutrina e dos mais experimentados mediadores, tanto a nível nacional como internacional.

(i) Problema

À luz da lei portuguesa *"o acordo das partes para prosseguir o procedimento de mediação manifesta-se na assinatura de um protocolo de mediação"*[38]. Assim, e como sobejamente referido *supra*, será enorme a tentação de assinar o protocolo de mediação logo na sessão de pré-mediação.

Com efeito, a lei de Mediação, no seu artigo 16º nº 1, fala no caráter informativo da sessão de pré-mediação (que é obrigatória) e refere que será esse o momento para o mediador explicar às partes o funcionamento da mediação e as regras do procedimento. As mesmas regras que no nº 3 do mesmo artigo 16º vem exigir que se façam constar no protocolo de mediação.

Acresce que embora a lei não refira que o protocolo de mediação deva ser assinado na sessão de pré-mediação, a mesma lei faz depender[39] a suspensão dos prazos de caducidade e prescrição da assinatura do protocolo de mediação.

---

[37] Stulberg, Joseph B, The Theory and Practice of Mediation: A Reply to Professor Susskind, pág. 99.
[38] Lei da Mediação artigo 16º nº 2.
[39] Em mediação realizada fora dos sistemas públicos de mediação.

Ora, considerando as exigências de conteúdo do protocolo de mediação, a sua assinatura numa fase quase embrionária do procedimento de mediação poderá vir a colidir com a execução da generalidade das metodologias de mediação preconizadas pela doutrina nacional e internacional, designadamente a metodologia de mediação faseada proposta pelo ICFML/IMI.

No modelo ICFML/IMI a identificação das questões surge apenas na 3ª fase[40], já na primeira sessão de mediação, por outras palavras, na metodologia preconizada por este Instituto, pretende-se que "*a descrição sumária do litígio*" seja realizada através da Agenda que identifica as preocupações/questões das partes. Neste método, a definição da Agenda na 1ª fase, de pré-mediação, seria no mínimo prematura – e, com toda a probabilidade, uma precipitação.

No entanto, considerando os efeitos pretendidos pela assinatura do protocolo de mediação, designadamente ao nível da suspensão e caducidade previstos no artigo 13º da Lei da Mediação, a assinatura do protocolo de mediação poderá ser imperativa para a manutenção dos interesses das partes no procedimento.

(ii) Soluções
a. Protocolo *pro-forma*
Para não prejudicar tanto o andamento do procedimento como a regular execução de uma metodologia faseada, designadamente a proposta pelo ICFML/IMI, poder-se-á seguir por uma via formalista do Protocolo de Mediação, optando por simplificar a sua concretização, designadamente no que respeita à determinação do objeto e das regras do procedimento.

Esta opção levaria a que o protocolo de mediação fosse apenas uma formalidade, deixando para um momento posterior a discussão e acordo sobre as regras e a elaboração da Agenda.

Embora esta opção, no âmbito de mediação sujeita à lei portuguesa, possa facilitar o início do procedimento de mediação, a verdade é que a mesma poderá comportar alguns riscos no desenrolar do procedimento, designadamente de (i) incompatibilidade com as regras e/ou a Agenda,

---

[40] Embora seja denominada de "Fase 2" – *vide* ponto 5(iii)(b) *supra*.

(ii) ancoragem das partes a uma posição, (iii) descredibilização do procedimento.

Com efeito, definir o objeto da mediação ou as regras precipitadamente poderá levar a que venham a entrar em contradição com aquelas que resultarem do procedimento de mediação – principalmente se realizado à luz das metodologias acima referidas, uma vez que tanto as regras acordadas com mediador e os temas introduzidos na Agenda poderão vir a ser diametralmente diferentes daqueles que se fizeram constar no protocolo.

Tão ou mais grave que a incompatibilidade referida poderá ser a circunstância de que a deficiente (ou insuficiente) descrição do objeto no protocolo de mediação possa tornar-se uma âncora da qual as partes têm dificuldade em se afastar. Prejudicando as hipóteses de se identificar a ZOPA[41] e assim de alcançar um acordo que reflita os verdadeiros interesses das partes. Nessa medida, em vez de o protocolo de mediação ser um desbloqueador do procedimento de mediação, pode tornar-se exatamente o contrário.

Não despiciente, principalmente para um meio de resolução de conflitos em implementação numa cultura ainda muito adversarial como a portuguesa, será a mais que provável perda de credibilidade do procedimento de mediação para os vários agentes envolvidos. A falta de estabilidade das regras de processo ou do objeto poderão levar a uma perda de confiança no procedimento e no mediador. Ficaria assim prejudicada a relação com as partes e minando a eficácia do mediador e da mediação[42].

Considerando o exposto, o desafio da mediação em Portugal será a integração do Protocolo de Mediação num modelo faseado de condução de um procedimento de Mediação.

b. Temporização do Protocolo de Mediação

Nos modelos faseados acima referidos, designadamente o proposto pelo ICFML/IMI, é fundamental que não se ignore a importância das primeiras fases, da preparação e da apresentação do mediador e da mediação às partes.

---

[41] ZOPA, acrónimo de Zone Of Possible Agreement (http://www.beyondintractability.org/essay/zopa).
[42] Como referido *supra*, em 5(ii), Macmillan, Rory, *A Practical Guide for Mediators*, pág. 22.

Moore[43], por exemplo, coloca em primeiro lugar, na sua 1ª fase, o estabelecimento de uma relação com as partes, que como referido acima, pretende-se que seja uma relação de confiança e empatia sustentada na credibilidade e profissionalismo do mediador. Colocando a definição das questões na Agenda apenas na 7ª fase (das 12 fases propostas).

Assim como o modelo ICFML/IMI, que também propõe uma fase de pré-mediação, com a preparação necessária e adequada a criar condições favoráveis a uma conversa construtiva entre as partes, seguida de uma fase de Abertura, onde se inclui a introdução do Mediador e posteriormente os comentários iniciais das Partes, em que deve ser fomentada a confiança das partes no mediador e no processo de mediação e em que deve ser concedida às partes a possibilidade de apresentar as questões e problemas que os trouxeram para a mediação e o que esperam da mediação.

Só depois destas etapas fundamentais é que se seguirá, neste modelo proposto, a fase de exploração com o aprofundamento da compreensão dos participantes sobre as questões da Agenda e o seu enquadramento enquanto interesses, possibilitando e promovendo a reflexão e diálogo das partes.

Esta fase, correspondente à 1ª sessão (e à 3ª fase do modelo ICFML/IMI) deverá ser concluída pelo Mediador com a definição da Agenda – onde deverão constar os temas a ser discutidos, i.e. o objeto do procedimento de mediação.

Só depois de a Agenda estar definida e os interesses das partes devidamente identificados e depurados, é que se segue a fase da negociação propriamente dita, em que se promove a criação de opções e soluções que servirão de suporte a uma tentativa de acordo.

Posto isto, será mais prudente e com toda a probabilidade mais eficaz, aguardar pela tempestividade da elaboração da Agenda para se concluir a assinatura do Protocolo de Mediação.

Porventura poderá (deverá?) ser assinado um "Termo de Consentimento", onde se façam constar a maioria dos elementos do protocolo de mediação, elencados no nº 3 do artigo 16º da Lei de Mediação, designadamente a importantíssima *"declaração de consentimento das partes"* prevista na

---

[43] Moore, Christopher W. – The Mediation Process, 2003, págs. 67 e ss.

alínea c), a calendarização do procedimento e prazo máximo da mediação (alínea g)) e a definição dos honorários do mediador (alínea h)).

No entanto, a concretização do Protocolo de Mediação deverá ser adiada até que as partes estejam em posição de assentar nas regras do procedimento e, mais importante, na Agenda.

Nesta solução o Protocolo de Mediação poderia até ser visto como mais um elemento potencialmente gerador do padrão de entendimento que Joseph B. Stulberg referia[44]. Com efeito, a assinatura pelas partes de um documento legal formal que reproduz um entendimento real quanto às regras do procedimento e aos seus verdadeiros interesses subjacentes ao conflito poderá ser um poderoso desbloqueador mental e um instrumento relevante para o sucesso da mediação.

A solução proposta nem sempre servirá o propósito das partes, designadamente por não aproveitar *ab initio* os efeitos que dependem da assinatura do protocolo de mediação, ou mesmo porque, como referido acima, o itinerário proposto por um modelo faseado poderá ser mais ou menos relevante, consoante a dinâmica real do procedimento de mediação, "*o seu constante movimento, para a frente, para trás ou em círculos*"[45]. Circunstância que inclusivamente poderá levar a um revisitar da Agenda ou das regras do procedimento.

Em todo o caso, esta solução tem o benefício de privilegiar o *empowerment* das partes, reconhecidamente um dos princípios básicos da mediação. Como bem refere a Prof. Mariana França Gouveia, "*uma mediação em que as partes não estejam no centro da discussão e da iniciativa não será verdadeira*", são elas que devem ter "*a responsabilidade pelo objeto do litígio*" e não o mediador ou o legislador[46].

Conclusões
- A Mediação em Portugal tem dado passos muito importantes para a sua implementação no sistema de resolução de conflitos.

---

[44] Stulberg, Joseph B, The Theory and Practice of Mediation: A Reply to Professor Susskind, pág. 99.
[45] Menkel-Meadow, Carrie J.; Love, Lela P.; Schneider, Andrea K.; Sternlight, Jean R., Dispute Resolution, Beyond the Adversarial Model, pág. 329.
[46] Gouveia, Mariana França – *Curso de Resolução Alternativa de Litígios*, Coimbra, Almedina, (3ª Edição), págs. 51 e 57.

- Ainda há incertezas desnecessárias no regime legislativo da medição, na interconectividade do regime geral da mediação e de regimes específicos, designadamente da mediação civil e comercial e da mediação administrativa.
- O Legislador português parece ter feito uma opção *suis generis* e quiçá pouco avisada no que respeita ao Protocolo de Mediação, seja ao fazer depender deste o prosseguimento do procedimento e a suspensão de prazos de prescrição e caducidade, seja a exigir que do mesmo conste um elenco obrigatório de elementos que por vezes só são concretizáveis numa fase mais avançada do procedimento.
- Caberá, principalmente, ao mediador e aos advogados das partes, o desenvolvimento de esforços para adaptar as necessidades das partes e do caso em concreto às exigências legais quanto ao protocolo de mediação e aos princípios que corporizam a própria mediação, designadamente o *empowerment* das partes.

Referências

Bravo, Bárbara e Mimoso, Maria João, *A arbitrabilidade do ato administrativo à luz do novo CPTA*, Revista Electrónica de Direito, Março 2016.

Carvalhal, Ana Paula Z., *A arbitragem administrativa em Portugal*, Revista FMU Direito. São Paulo, ano 24, n. 33, 2010.

Carvalho, Jorge Morais, *A consagração legal da mediação em Portugal*, Julgar nº 15, 2011.

Cebola, Cátia S. M. 2010. *A mediação pré-judicial em Portugal: análise do novo regime jurídico*, Revista da Ordem dos Advogados.

Gouveia, Mariana França – *Curso de Resolução Alternativa de Litígios*, Coimbra, Almedina, (3ª Edição), 2014.

Macmillan, Rory, *A Practical Guide for Mediators*.

Moncada, Luis Cabral de, "*A arbitragem no Direito administrativa; uma justiça alternativa*", Revista O Direito, III, 2010.

Moore, Christopher W., *The Mediation Process*, 2003.

Menkel-Meadow, Carrie J.; Love, Lela P.; Schneider, Andrea K.; Sternlight, Jean R., *Dispute Resolution, Beyond the Adversarial Model*, 2005.

Picker, Bennet G. "Preparation: The Key To Mediation Success", 2010.

Ramos, Susana Maria Bonifácio, "A disponibilidade da administração para a resposta ao convite à conciliação nos termos do artigo 87º-C do CPTA", *Revista Electrónica de Direito Público*, Novembro 2018.

Stulberg, Joseph B., *Taking Charge / Managing Conflict*, 2002.

STULBERG, Joseph B and Love, Lela P., *The Middle Voice: Mediating Conflict Successfully*, 2009.

STULBERG, Joseph B, The Theory and Practice of Mediation: A Reply to Professor Susskind, 1991.

3. Arbitragem na Administração Pública: onde estamos e para onde vamos

JOAQUIM DE PAIVA MUNIZ
MARIA CLARA BARROS MOTA

1. O amadurecimento da arbitragem na Administração Pública

Desde a edição da Lei 9.307/1996 ("Lei de Arbitragem"), a arbitragem tem se tornado o meio preferencial para resolver conflitos econômicos complexos.[1] Em vista dessa preferência, nos últimos anos verificou-se também um crescimento do debate acerca da utilização da arbitragem para alcançar litígios com órgãos da Administração Pública. Afinal, nada mais natural do que tentar se entender a adoção desse instrumento para investimentos privados em serviços públicos e atividades econômicas delegadas pelo Estado.

De fato, é possível notar que desde a edição da Lei de Arbitragem em 1996, diferentes legislações relativas à prestação de serviços públicos ou exploração de atividades econômicas concedidas pela administração incluíram recomendação expressa de uso de arbitragem, como nos casos de (i) concessões de serviços públicos (Art. 23 da Lei 8.987/1995)[2];

---

[1] Estadão. O crescimento da arbitragem. Disponível em: https://www.estadao.com.br/noticias/geral,o-crescimento-da-arbitragem,70001836073. Acesso em: 28.04.2020.
[2] Lei 8.987/1995. Art. 23-A. "O contrato de concessão poderá prever o emprego de mecanismos privados para resolução de disputas decorrentes ou relacionadas ao contrato, inclu-

(ii) concessões de petróleo (Art. 43, X da Lei 9.478/1997)[3]; (iii) organização dos serviços de telecomunicações (Art. 93, XV da Lei 9.472/1997)[4]; (iv) regulação do transporte de carga por terceiros (Art. 19 da Lei 11.442/2007)[5]; (v) parcerias público-privadas (Art. 11, III da Lei 11.079/2004)[6]; (vi) partilha (Art. 29, XVIII da Lei 12.351/2010)[7]; (vii) exploração de portos e instalações portuárias (Art. 62, § 1º da Lei 12.815/2013)[8]; (viii) regime diferenciado de contratações públicas (Art. 44-A da Lei 13.190/2015)[9]; e (ix) Lei de Prorrogação e Relicitação dos

---

sive a arbitragem, a ser realizada no Brasil e em língua portuguesa, nos termos da Lei no 9.307, de 23 de setembro de 1996". (Incluído pela Lei nº 11.196, de 2005).

[3] Lei 9.478/1997, Art. 43, X. "O contrato de concessão deverá refletir fielmente as condições do edital e da proposta vencedora e terá como cláusulas essenciais: X – as regras sobre solução de controvérsias, relacionadas com o contrato e sua execução, inclusive a conciliação e a arbitragem internacional".

[4] Lei 9.472/1997, Art. 93, XV. "O contrato de concessão indicará: XV – o foro e o modo para solução extrajudicial das divergências contratuais".

[5] Lei 11.442/2007, Art. 19. "É facultado aos contratantes dirimir seus conflitos recorrendo à arbitragem".

[6] Lei 11.079/2004, Art. 11. "O instrumento convocatório conterá minuta do contrato, indicará expressamente a submissão da licitação às normas desta Lei e observará, no que couber, os §§ 3º e 4º do art. 15, os arts. 18, 19 e 21 da Lei nº 8.987, de 13 de fevereiro de 1995, podendo ainda prever: III – o emprego dos mecanismos privados de resolução de disputas, inclusive a arbitragem, a ser realizada no Brasil e em língua portuguesa, nos termos da Lei nº 9.307, de 23 de setembro de 1996, para dirimir conflitos decorrentes ou relacionados ao contrato".

[7] Lei 12.351/2010, Art. 29, XVIII. "São cláusulas essenciais do contrato de partilha de produção: XVIII – as regras sobre solução de controvérsias, que poderão prever conciliação e arbitragem".

[8] Lei 12.815/2013, Art. 62, § 1º "O inadimplemento, pelas concessionárias, arrendatárias, autorizatárias e operadoras portuárias no recolhimento de tarifas portuárias e outras obrigações financeiras perante a administração do porto e a Antaq, assim declarado em decisão final, impossibilita a inadimplente de celebrar ou prorrogar contratos de concessão e arrendamento, bem como obter novas autorizações. § 1º Para dirimir litígios relativos aos débitos a que se refere o caput, poderá ser utilizada a arbitragem, nos termos da Lei nº 9.307, de 23 de setembro de 1996. (Regulamento)".

[9] Lei 13.190/2015, Art. 44-A. "Nos contratos regidos por esta Lei, poderá ser admitido o emprego dos mecanismos privados de resolução de disputas, inclusive a arbitragem, a ser realizada no Brasil e em língua portuguesa, nos termos da Lei nº 9.307, de 23 de setembro de 1996, e a mediação, para dirimir conflitos decorrentes da sua execução ou a ela relacionados".

Contratos de Parceria (Art. 31 da Lei 13.448/2017)[10]; (x) ainda, em 2019, a Lei 13.867/2019 alterou o Decreto-Lei nº 3.365/41, relativo ao procedimento de desapropriação por utilidade pública para, dentre outras medidas, autorizar que valores de indenização sejam definidos mediante mediação e/ou arbitragem (Art. 10-B da Lei 13.876/2019)[11].

Parece que estamos diante de uma onda de amadurecimento da arbitragem na Administração Pública. Porém, tal como a infância e adolescência afetam significantemente a vida adulta, a fase atual será decisiva para o efetivo sucesso do uso da via arbitral em litígios com entes públicos.

Uma das questões mais tormentosas relativa à arbitragem envolvendo a Administração Pública diz respeito à arbitrabilidade – i.e. capacidade de se submeter litígio a arbitragem –, tanto de forma subjetiva (quem pode participar da arbitragem) quanto objetiva (o que pode ser resolvido por arbitragem)[12] (*infra*). Em seguida, como a arbitragem é, pelo menos em momentos iniciais, mais cara do que o processo judicial, surgem questões sobre os custos e despesas (*infra*). Além disso, há se de analisar como as peculiaridades da Administração Pública influenciam a escolha de regras e entidade administradora (*infra*), bem como de árbitro (*infra*). De mais a mais, nos atos da Administração Pública impera o princípio da publicidade, o que deve ser sopesado com o fato de arbitragem ser procedimento privado, que pode conter informações sensíveis (*infra*).

Apesar das dificuldades, urge desenvolver o uso de arbitragem nas questões envolvendo a Administração Pública, considerando a relevância do Estado para a economia brasileira.[13] De qualquer forma, o uso

---

[10] Lei 13.448/2017, Art. 31. "As controvérsias surgidas em decorrência dos contratos nos setores de que trata esta Lei após decisão definitiva da autoridade competente, no que se refere aos direitos patrimoniais disponíveis, podem ser submetidas a arbitragem ou a outros mecanismos alternativos de solução de controvérsias".

[11] Lei 13.867/2019, Art. 10-B. "Feita a opção pela mediação ou pela via arbitral, o particular indicará um dos órgãos ou instituições especializados em mediação ou arbitragem previamente cadastrados pelo órgão responsável pela desapropriação".

[12] CAHALI, Francisco José. Curso de Arbitragem. São Paulo: Revista dos Tribunais, 2011, pp. 91-92.

[13] Nesse sentido, evidencia-se a relevância da Administração Pública na economia uma vez que, entre 2000 e 2013, o consumo da Administração Pública como proporção do Produto Interno Bruto (PIB) avançou de 19,2% para 22% (Disponível em: http://www3.fenabrave.

da arbitragem com a Administração Pública tende a se consolidar, se o construirmos sobre as fundações adequadas (*infra*).

2. Arbitrabilidade Subjetiva e Arbitrabilidade Objetiva

Do ponto de vista subjetivo, há de se ressaltar o *leading case* do Supremo Tribunal Federal da década de 1970 conhecido como *Caso Lage*,[14] o qual reconheceu *inexistir proibição* de *per se* para que pessoa de direito público participe de arbitragem.[15]

No *Caso Lage* se admitiu a submissão da União federal à jurisdição arbitral para direitos patrimoniais disponível, mais especificamente, quanto à indenização por desapropriação.

Outrossim, diversos julgados ratificam, ainda, o entendimento acima esboçado, como no caso "AES Uruguaiana x CEEE" que deu origem a dois acórdãos unânimes sobre tal matéria no Supremo Tribunal de Justiça, quais sejam, REsp 612.439/RS[16] e REsp 606.345/RS.[17]

---

org.br:8082/plus/modulos/noticias/ler.php?cdnoticia=3399&cdcategoria=1&layout=noticias. Acesso em: 28.04.2020).

[14] STF, AI 52.181-GB, Relator: Juiz Bilac Pinto, julgado em 14.11.1973. Ver o conteúdo completo em RTJ, n. 68, p. 382-397.

[15] Nesse caso, a União Federal incorporou ao seu patrimônio bens de Henrique Lage durante a 2ª Guerra Mundial. Surgiu controvérsia sobre o valor da indenização devida e, com base em autorização legal específica (Decreto-Lei 9.521/1946), a controvérsia foi levada a arbitragem. Após a prolação do laudo arbitral, a União Federal impugnou a decisão, por suposta inconstitucionalidade. Ao final de um contencioso de quase três décadas, o STF confirmou a constitucionalidade da submissão da União Federal ao juízo arbitral. Ratificando esse posicionamento, confira-se, por exemplo: STJ, MS 11308-DF, Relator: Ministro Luiz Fux, julgado em 09.04.2008; STJ, REsp 904813-PR, Relatora: Ministra Nancy Andrighi, julgado em 20.10.2011; STJ, REsp 606345-RS, Relator: Ministro João Otávio de Noronha, julgado em 17.05.2007.

[16] "PROCESSO CIVIL. JUÍZO ARBITRAL. CLÁUSULA COMPROMISSÓRIA. EXTINÇÃO DO PROCESSO. ART. 267, VII, DO CPC. SOCIEDADE DE ECONOMIA MISTA. DIREITOS DISPONÍVEIS. EXTINÇÃO DA AÇÃO CAUTELAR PREPARATÓRIA POR INOBSERVÂNCIA DO PRAZO LEGAL PARA A PROPOSIÇÃO DA AÇÃO PRINCIPAL.
1. Cláusula compromissória é o ato por meio do qual as partes contratantes formalizam seu desejo de submeter à arbitragem eventuais divergências ou litígios passíveis de ocorrer ao longo da execução da avença. Efetuado o ajuste, que só pode ocorrer em hipóteses envolvendo direitos disponíveis, ficam os contratantes vinculados à solução extrajudicial da pendência. 2. A eleição da cláusula compromissória é causa de extinção do processo sem julgamento do mérito, nos termos do art. 267, inciso VII, do Código de Processo Civil. 3. São válidos e eficazes os contratos firmados pelas sociedades de economia mista exploradoras de

Contudo, em posição minoritária, alguns ilustres autores[18] entendiam depender a participação de entes públicos na arbitragem de autorização legal específica (a qual existia no *Caso Lage*), em vista do princípio da legalidade[19].

atividade econômica de produção ou comercialização de bens ou de prestação de serviços (CF, art. 173, § 1º) que estipulem cláusula compromissória submetendo à arbitragem eventuais litígios decorrentes do ajuste. 4. Recurso especial parcialmente provido." (STJ, REsp 612.439/RS, Relator: Ministro João Otávio de Noronha, julgado em 25.10.2005).

[17] "PROCESSO CIVIL. JUÍZO ARBITRAL. CLÁUSULA COMPROMISSÓRIA. EXTINÇÃO DO PROCESSO. ART. 267, VII, DO CPC. SOCIEDADE DE ECONOMIA MISTA. DIREITOS DISPONÍVEIS. 1. Cláusula compromissória é o ato por meio do qual as partes contratantes formalizam seu desejo de submeter à arbitragem eventuais divergências ou litígios passíveis de ocorrer ao longo da execução da avença. Efetuado o ajuste, que só pode ocorrer em hipóteses envolvendo direitos disponíveis, ficam os contratantes vinculados à solução extrajudicial da pendência. 2. A eleição da cláusula compromissória é causa de extinção do processo sem julgamento do mérito, nos termos do art. 267, inciso VII, do Código de Processo Civil. 3. São válidos e eficazes os contratos firmados pelas sociedades de economia mista exploradoras de atividade econômica de produção ou comercialização de bens ou de prestação de serviços (CF, art. 173, § 1º) que estipulem cláusula compromissória submetendo à arbitragem eventuais litígios decorrentes do ajuste. 4. Recurso especial provido." (REsp 606.345/RS, Relator: Ministro João Otávio de Noronha, julgado em 17.05.2007).

[18] BARROSO, Luís Roberto. Sociedade de Economia Mista Prestado de Serviço Público. Cláusula Arbitral Inserida em Contrato Administrativo sem Prévia Autorização Legal. Invalidade. In: Temas de Direito Constitucional, Tomo II, Rio de Janeiro: Renovar, 2003, pp. 615-616.

[19] De todo modo, verificava-se uma tendência em favor da arbitragem mesmo quando inexistia autorização legal expressa, como de observa em LEMES, Selma Maria Ferreira, "**Arbitragem na Administração Pública: fundamentos jurídicos e eficiência econômica**", São Paulo, Quartier Latin, 2007; SUNDFELD, Carlos Ari; CÂMARA, Jacintho Arruda. "**O cabimento da arbitragem nos contratos administrativos**", em Revista de Direito Administrativo, v. 248, 2008; WALD, Arnoldo; SERRÃO, André. "**Aspectos constitucionais e administrativos da arbitragem nas concessões**", em Revista de Arbitragem e Mediação, v. 16, 2008; FERREIRA NETTO, Cássio Telles. "**Contratos administrativos e arbitragem**", Rio de Janeiro: Elsevier, 2008; FERRAZ, Rafaella. "**Arbitragem em litígios comerciais com a Administração Pública: exame a partir da principialização do Direito Administrativo**", Porto Alegre: Sergio Antonio Fabris Ed., 2008; SALLA, Ricardo Medina. "**Arbitragem e Direito Público**", em Revista Brasileira de Arbitragem, v. 22, 2009; CALMON, Eliana. "**A arbitragem e o Poder Público**", em Revista de Arbitragem e Mediação, v. 24, 2010; TIBURCIO, Carmen. "**A arbitragem como meio de solução de litígios comerciais internacionais envolvendo o petróleo e uma breve análise da cláusula arbitral da sétima rodada de licitações da ANP**", em Revista de Arbitragem e Mediação, v. 9, 2006; TIBURCIO, Carmen. "**A arbitragem envolvendo a Administração Pública**", em Revista da Faculdade de Direito da UERJ, v. 18, 2010; TIMM, Luciano B.; SILVA, Thiago. "**Os Contratos Administrativos e a Arbitragem**", em Revista Brasileira de Arbitragem, v. 29, 2011; SALLES, Carlos Alberto. "**Arbitragem em

A Reforma da Lei de Arbitragem acabou com a discussão, em vista do surgimento de permissivo expresso inserido no Art. 1º, § 1º, da Lei 9.307/2016, com a seguinte redação: *"a Administração Pública direta e indireta poderá utilizar-se da arbitragem para dirimir conflitos relativos a direitos patrimoniais disponíveis".*[20]

Essa autorização legal sepultou as dúvidas sobre arbitrabilidade subjetiva e abriu as portas para, tanto a União Federal (Decreto 10.025/2019), bem como diversos estados como São Paulo[21] e Rio de Janeiro[22] regulamentarem a arbitragem na administração pública. No mesmo movimento, conforme demonstrado, diversas legislações regulamentando atividades que envolvam direta ou indiretamente a administração pública incluíram a previsão de arbitragem para a solução de conflitos.

O ponto de vista objetivo, por sua vez, refere-se justamente ao fato de que de pessoas jurídicas de direito público lidam com interesse público, que pode ser considerado indisponível e, portanto, não arbitrável.[23]

contratos administrativos", Rio de Janeiro, Forense, 2011; AMARAL, Paulo Osternack. "**Arbitragem e Administração Pública**", Belo Horizonte: Ed. Fórum, 2012; CASTRO, Sérgio Pessoa De Paula. "**A arbitragem e a administração pública: pontos polêmicos**", em "**Tendências e perspectivas do Direito Administrativo: uma visão da escola mineira**" (coord. O. A. Batista Jr. e S. P. P. Castro), Belo Horizonte: Ed. Fórum, 2012; MONTEIRO, Alexandre Luiz Moraes do Rêgo. "**Administração pública consensual e a arbitragem**", em Revista de Arbitragem e Mediação, v. 35, 2012; BACELLAR FILHO, Romeu. "**O Direito Administrativo, a arbitragem e a mediação**", em Revista de Arbitragem e Mediação, v. 32, 2012; RIBEIRO, Diogo Albaneze Gomes. "**Arbitragem e Poder Público**", em Revista Brasileira de Infraestrutura, v. 3, 2013; Justen Filho, Marçal. "**Curso de direito administrativo**", 10ª ed., São Paulo: RT, 2014, p. 819. Em sentido contrário, parte da doutrina, ainda que favorável à arbitrabilidade de conflitos envolvendo a Administração Pública – em se tratando de disputas que versem sobre direitos disponíveis e patrimoniais –, entende que é imprescindível à existência de autorização legal expressa para que possa ser celebrada convenção de arbitragem entre as partes. Nesse sentido: BARROSO, Luis Roberto. "**Temas de Direito Constitucional**", v. II, Rio de Janeiro: Renovar, 2003, p. 614; ROCHA, Fernando Antônio Dusi. "**Regime Jurídico dos Contratos da Administração**" Brasília: Imprenta, Brasília Jurídica, 2000. RODRIGUES GOMES, Carlos Afonso. "**Do Juízo Arbitral e a Administração Pública**".

[20] Lei 9.307/2016, Art. 1º, § 1º "A Administração Pública direta e indireta poderá utilizar-se da arbitragem para dirimir conflitos relativos a direitos patrimoniais disponíveis decorrentes de contratos por ela celebrados, desde que previsto no edital ou nos contratos da administração, nos termos do regulamento".

[21] Decreto Estadual 64.356/2019.

[22] Decreto Estadual 46.245/2018.

[23] O princípio da indisponibilidade do princípio público é assim definido por Celso Antonio Bandeira de Mello "significa que sendo interesses qualificados como próprios da coletivi-

Assim, a questão da arbitrabilidade em litígios envolvendo entes estatais gira em torno da correta delimitação do princípio da indisponibilidade do interesse público.[24]

A esse respeito, há um consenso doutrinário de que nem todo o ato praticado por ente estatal visa a um interesse público. Nesse sentido, a doutrina administrativista clássica diferencia "atos de império" (*ius imperium*) de "atos de gestão" (*ius gestionis*). Os atos de império seriam praticados por entes estatais com supremacia sobre as demais partes. Nos atos de gestão, por sua vez, o Estado estaria no mesmo patamar das demais partes.[25] A doutrina administrativista mais moderna tende a criticar essa visão, uma vez que, como aponta Celso Antônio Bandeira de Mello, ela tende a isentar a responsabilidade do Estado nos atos de império.[26]

Igualmente clássica, é a "Teoria dos Fins", segundo a qual certos atos da Administração Pública são dirigidos à consecução de finalidades primárias do Estado, ao passo que outros desempenham funções meramente instrumentais. A segurança externa, por exemplo, seria um dos fins primários do Estado; a compra de alimentos para as refeições dos membros das Forças Armadas, porém, representaria ato acessório para

---

dade – internos ao setor público – não se encontram à livre disposição de quem quer que seja, por inapropriáveis. O próprio órgão administrativo que os representa não tem disponibilidade sobre eles, no sentido de que lhe incumbe apenas curá-los – o que é também um dever – na estrita conformidade do que dispuser a intentio legis'": (apud DI PIETRO, Maria Sylvia Z. Direito Administrativo. 23. ed. São Paulo: Atlas, 2010. p. 66).

[24] Esse princípio é assim explicado por Diogo de Figueiredo Moreira Neto: "Certos interesses, porém, são considerados de tal forma relevantes para a segurança e o bem-estar da sociedade que o ordenamento jurídico os destaca, os define e comete ao Estado satisfazê-los sob regime próprio: são os interesses públicos. (...) A indisponibilidade absoluta é regra, pois os interesses públicos, referidos às sociedades, como um todo, não podem ser negociados senão pelas vias políticas de estrita previsão constitucional". (MOREIRA NETO, Diogo F. Arbitragem em Contratos Administrativos. Revista de Direito Administrativo, v. 209, p. 84, 1997.)

[25] MEIRELLES, Hely L. Direito Administrativo Brasileiro. 21. ed. São Paulo: Malheiros, 1996. p. 148.

[26] "Essa velha distinção está em desuso desde o final do século passado por imprecisa, inexata e haver perdido a sua função primordial (excluir responsabilidade do Estado pela prática dos primeiros [atos de império] e admiti-la para os segundos [atos de gestão]). De acordo com a antiga concepção, só os primeiros seriam verdadeiramente atos administrativos." (MELLO, Celso Antônio Bandeira de. Curso de direito administrativo. 26. ed. São Paulo: Malheiros 2008. p. 429).

se lograr um fim primário. A "Teoria dos Fins", portanto, é fundamental para que seja possível determinar se certo interesse da Administração Pública se enquadra como disponível ou não.[27]

Aplicando-se a Teoria dos Fins para o âmbito da arbitragem, por um lado os direitos e interesses relativos a finalidades primárias do Estado e seriam indisponíveis e, portanto, inarbitráveis. Por outro lado, os atos concernentes a funções instrumentais, mesmo que efetuados por pessoas jurídicas de direito público, concerniriam direitos disponíveis e transacionáveis. Dentre esses se incluem a exploração de atividades econômicas por entes estatais.[28]

Saliente-se, a esse respeito, que mesmo nessa linha de raciocínio compete ao árbitro e não ao Poder Público reconhecer um ato como de interesse público primário ou secundário, ou como ato de império ou de gestão, para fins de se determinar sua arbitrabilidade. Isso decorre do reconhecimento do princípio *Kompetenz-Kompetenz* no âmbito do Art. 8º, parágrafo único, da Lei de Arbitragem.[29] Dessa sorte, depreende-se

[27] "Por essa doutrina, defendida, entre nós, por Diogo de Figueiredo Moreira Neto, há que se distinguir entre interesses *primários* e os *secundários* da Administração Pública, sendo que estes últimos, por possuírem expressão meramente patrimonial, seriam disponíveis e, portanto, poderiam ser discutidos em arbitragem: 'a teoria dos fins, distinguido simplesmente os primários e secundários, parece ainda a mais indicada para definir a existência ou não da disponibilidade administrativa de interesses e de seus correlatos direitos, seja por parte do Estado ou de seus delegados. (Arbitragem nos contratos administrativos, Revista de Direito Administrativo, vol. 209, 1997, p. 213)'". (ANDRADE, G. Algumas Reflexões sobre as Arbitragens e as Regras da Câmara de Comercialização de Energia – CCEE. Revista de Direito da Procuradoria Geral, Rio de Janeiro, v. 9, p. 94, 2013).

[28] Vale transcrever o entendimento de Diogo de Figueiredo Moreira Neto a este respeito: "[A] teoria dos fins, distinguindo simplesmente os primários dos secundários, parece ainda a mais indicada para definir a existência ou não da disponibilidade administrativa de interesses e de seus correlatos direitos seja por parte do Estado ou de seus delegados. São disponíveis, nesta linha, todos os interesses e direitos deles derivados que tenham expressão patrimonial, ou seja, que possam ser quantificados monetariamente, e estejam no comércio, e que são, por esse motivo, e normalmente, objeto de contratação que vise a dotar a Administração ou seus delegados, dos meios instrumentais, de modo a que estejam em condições de satisfazer os interesses finalísticos que justificam o próprio Estado". (MOREIRA NETO, Diogo F. Arbitragem em Contratos Administrativos. Revista de Direito Administrativo, v. 209, p. 85, 1997.)

[29] Lei 9.307/1996, Art. 8º, parágrafo único "Caberá ao árbitro decidir de ofício, ou por provocação das partes, as questões acerca da existência, validade e eficácia da convenção de arbitragem e do contrato que contenha a cláusula compromissória".

que o árbitro tem competência para decidir sobre sua jurisdição e, portanto, sobre a arbitrabilidade objetiva e subjetiva.[30]

Assim, não basta o Poder Público classificar a matéria como interesse público primário ou como ato de império para que o conflito dela decorrente torne-se inarbitrável. Cabe ao árbitro desconsiderar a qualificação que o Poder Público atribuiu ao seu ato e verificar se, no cerne, atine interesse primário ou secundário, ato de império ou ato de gestão; caso contrário, haveria desequilíbrio entre as partes, pois o Poder Público poderia, ao fim e ao cabo, à sua faculdade, gerar a inarbitrabilidade de seu ato para se beneficiar. Há, inclusive, um precedente interessante do STJ, no caso NUCLEBRÁS, que permitiu submissão à arbitragem de litígio sobre arrendamento de terminal portuário, embora envolvesse Portaria do Ministério da Ciência e Tecnologia rescindindo o contrato[31].

Urge-se, ainda, de se interpretar amplamente, ou mesmo em alguns casos aceitar de plano, a arbitrabilidade de litígios, quando existe legis-

---

[30] Nesse sentido, a jurisprudência reconhece a aplicação do princípio competência-competência inclusive quando a Administração Pública está envolvida, por exemplo, "PROCESSUAL CIVIL E ADMINISTRATIVO. CONFLITO DE COMPETÊNCIA COM PEDIDO DE MEDIDA LIMINAR. CONTRATO ENTRE ANP E PETROBRAS COM CLÁUSULA COMPROMISSÓRIA PADRÃO ESTABELECENDO A ATUAÇÃO DE JUÍZO ARBITRAL EM CASO DE CONFLITO. ALTERAÇÃO UNILATERAL QUE SE MOSTRA PRIMA FACIE DESCABIDA. DECISÕES PROFERIDAS PELO JUÍZO ESTATAL DO RIO DE JANEIRO E PELO JUÍZO ARBITRAL. PREENCHIDOS OS REQUISITOS AUTORIZADORES DA CONCESSÃO DE LIMINAR. LIMINAR CONCEDIDA. [...] 13. Cinge-se a controvérsia acerca da definição da competência para apreciar questões atinentes à existência, à validade e à eficácia de cláusula compromissória de contrato estabelecido entre a PETRÓLEO BRASILEIRO S/A PETROBRAS e a AGÊNCIA NACIONAL DO PETRÓLEO, GÁS NATURAL E BIOCOMBUSTÍVEIS – ANP. [...] 17. Conforme ressaltado no voto condutor da Relatora, Ministra NANCY ANDRIGHI, no julgado acima transcrito, *'a promulgação da Lei 9.307/96 torna indispensável que se preserve, na maior medida possível, a autoridade do árbitro como juiz de fato e de direito para as questões ligadas ao mérito da causa. Negar tal providência esvaziaria o conteúdo da Lei de Arbitragem, permitindo que, simultaneamente, o mesmo direito seja apreciado, ainda que em cognição perfunctória, pelo juízo estatal e pelo juízo arbitral, muitas vezes com sérias possibilidades de interpretações conflitantes para os mesmos fatos'*. 19. Ante o exposto, e dada a excepcionalidade desta demanda, CONCEDE-SE a liminar pleiteada, para atribuir, provisoriamente, competência ao TRIBUNAL ARBITRAL DA CORTE INTERNACIONAL DE ARBITRAGEM DA CÂMARA DE COMÉRCIO INTERNACIONAL/CCI, paralisando, até o julgamento deste Conflito de Competência, no que tange às medidas ou providências de natureza emergencial, urgente ou acauteladora" (STJ, CC Nº 139.519/RJ, Relator: Ministro Napoleão Nunes Mai Filho, Julgado em 09.07.2015, DJe 13.04.2015).

[31] AgRg no MS 11.308/DF, 1ª Seção, rel. Min. Luiz Fux, j. 28.06.2006, DJ de 26.05.2003.

lação específica autorizando arbitragem para aquela atividade envolvendo entes públicos. Apenas hipóteses excepcionalíssimas podem gerar a não arbitrabilidade em situações nas quais há permissivo legal, pois a autorização do legislador já descortina que, em regra, as matérias contratadas mostram-se arbitráveis.

Interessante notar também que algumas matérias relativas a contratos com a Administração Pública são intrinsecamente de direito material disponível e, portanto, arbitráveis. Nesse sentido, a I Jornada de Prevenção e Solução Extrajudicial de Litígios do Conselho Federal de Justiça concluiu em enunciado que

> podem ser objeto de arbitragem relacionada à Administração Pública, dentre outros, litígios relativos: I – a inadimplemento de obrigações contratuais por qualquer das partes; II – a recomposição do equilíbrio econômico-financeiro dos contratos, cláusulas financeiras e econômicas.[32]

Em suma, diante do princípio da indisponibilidade do interesse público, uma corrente da doutrina entende que os conflitos relacionados a interesses públicos primários não podem ser resolvidos por arbitragem. Nada impede, contudo, que litígios decorrentes de interesses secundários, especialmente aqueles em que o Estado explora atividades econômicas típicas da iniciativa privada, bem como à recomposição econômico-financeira do contrato, sejam submetidos à arbitragem.[33]

Uma visão mais contemporânea vem se fortalecendo, com visão mais permissiva, de acordo com a qual a necessidade do recurso ao Judiciário para a resolução da disputa seria o critério mais relevante para a determinação da arbitrabilidade de uma disputa. Nesse sentido, sempre que

---

[32] I Jornada de Prevenção e Solução Extrajudicial de Litígios do Conselho Federal de Justiça, Enunciado Nº 13.

[33] A esse respeito, Caio Tácito aduz o seguinte: "Na medida em que é permitida à Administração Pública, em diversos órgãos e organizações, pactuar relações com terceiros, especialmente mediante a estipulação de cláusulas financeiras, a solução amigável é fórmula substitutiva do dever primário de cumprimento da obrigação assumida. Assim como é lícita, nos termos do contrato, a execução espontânea da obrigação, a negociação – e, por via de consequência, a convenção de arbitragem será meio adequado de tornar efetivo o cumprimento obrigacional, quando compatível com a disponibilidade de bens". (TÁCITO, Caio. Arbitragem nos Litígios Administrativos. Revista de Direito Administrativo, v. 210, p. 114, out./dez. 1997.)

a controvérsia possa ser resolvida por meio de acordo entre as partes, sem necessidade de intervenção do Judiciário, será arbitrável.[34] Assim, o obstáculo à arbitrabilidade das disputas não residiria na natureza dos direitos envolvidos, mas na compatibilidade do meio processual adotado com o pedido.[35]

Pode-se ir até mais longe, para entender que o ponto nodal da arbitrabilidade objetiva reside na possibilidade de a matéria ser objeto de negócio jurídico – pois, se puder, o direito será disponível. Se o Estado poderia contratar, a matéria pode ser objeto de arbitragem. Logicamente, a exceção estaria nas hipóteses em que, embora a matéria seja contratável, houver previsão legal de que eventual disputa a ela relativa deva ser submetida à jurisdição estatal, pois aí a inarbitrabilidade não decorreria da impossibilidade de contratar, mas sim da força de lei. Exemplo disso está no art. 507-A da CLT, que proíbe arbitragem para contratos individuais de trabalho, se a remuneração do trabalhador for inferior a determinada quantia[36].

Um exemplo didático sobre isso se encontra na aplicação de penalidades legais e contratuais em contrato de concessão de serviço público. As penalidades contratuais são, em regra, arbitráveis; mesmo que se admita, para fins de debate, que a Administração Pública tenha certo poder de polícia em fiscalizar o cumprimento contratual, isso não suprime a natureza convencional da sanção. Nesse contexto, negar a arbitrabili-

---

[34] "Atualmente, uma visão mais permissiva vem se fortalecendo, em substituição ao que condicionava a arbitrabilidade das controvérsias à natureza do poder exercido ou ao interesse público envolvido. Segundo essa posição mais moderna, a necessidade do recurso ao Judiciário para a resolução da disputa seria o critério mais relevante para a determinação da arbitrabilidade de uma disputa. Nesse sentido, sempre que a controvérsia possa ser resolvida por meio de acordo entre as partes, sem necessidade de intervenção do Judiciário, será arbitrável." (MUNIZ, Joaquim. Curso Básico de Direito Arbitral. Teoria e Prática. 6ª ed., Curitiba: Juruá, 2020, p. 45).

[35] Vide, nesse sentido, SALLES, Carlos Alberto. Arbitragem em Contratos Administrativos. Rio de Janeiro: Forense, 2011. p. 108; TALAMINI, Eduardo. Cabimento de Arbitragem Envolvendo Sociedade de Economia Mista Dedicada à Distribuição de Gás Canalizado. Revista Brasileira de Arbitragem, n. 4, p. 44-64, out./dez. 2004.

[36] Art. 507-A "Nos contratos individuais de trabalho cuja remuneração seja superior a duas vezes o limite máximo estabelecido para os benefícios do Regime Geral de Previdência Social, poderá ser pactuada cláusula compromissória de arbitragem, desde que por iniciativa do empregado ou mediante a sua concordância expressa, nos termos previstos na Lei 9.307/1996."

dade da penalidade contratual implicaria em desequilibrar o pêndulo em desfavor do ente privado, como se pudesse aplicar o contrato unilateralmente, o que não faria sentido, nas hipóteses em que o legislador autorizou arbitragem. Eis uma boa ilustração do motivo pelo qual a Teoria dos Fins não se mostra a mais adequada, atualmente, como régua para a arbitrabilidade.

3. Custas e honorários

Como os membros da Administração Pública estão adstritos a restrições financeiras de cunho orçamentário, podem surgir questões relativas à capacidade destes em pagar as despesas relacionadas aos procedimentos arbitrais, tais como custas das entidades administradoras e os honorários dos árbitros.

Conforme art. 39, *caput* e parágrafo único da Lei 6.830/1980[37] e art. 4º, I da Lei 9.289/96,[38] os entes da Administração Pública não estão sujeitos ao pagamento das custas e despesas judiciais, devendo, apenas se vencidos, ressarcir as despesas da parte contrária. Por serem específicas de processos judiciais, essas regras não se aplicam à arbitragem. Contudo, a Administração Pública tem, em geral, seguido o espírito dessa regra ao regulamentar o procedimento aplicável a suas arbitragens.

Existem, atualmente, três possíveis soluções quanto ao pagamento de custas. A primeira modalidade consiste no adiantamento das custas pela parte requerente, adotada no Decreto 64.356/19 do Estado de São Paulo.[39] Como, na prática, os entes privados figuram como requerentes com maior frequência, essa engenhosa regra mira a beneficiar a Administração Pública. Entendemos que não há problema nesta divisão, por partir de uma regra geral, semelhante à adotada pelo Poder Judiciário, em que as custas são pagas geralmente pelo autor.

---

[37] Lei 6.830/1980. Art 39, caput e parágrafo único. "Art. 39 – A Fazenda Pública não está sujeita ao pagamento de custas e emolumentos. A prática dos atos judiciais de seu interesse independerá de preparo ou de prévio depósito. Parágrafo Único – Se vencida, a Fazenda Pública ressarcirá o valor das despesas feitas pela parte contrária.".
[38] Lei 9.289/1996. Art 4º, I. "São isentos de pagamento de custas: I – a União, os Estados, os Municípios, os Territórios Federais, o Distrito Federal e as respectivas autarquias e fundações".
[39] Decreto 64.356/19 do Estado de São Paulo. Art. 4º, § 1º, item 5 " § 1º As convenções de arbitragem deverão conter os seguintes elementos: 5. o adiantamento das despesas pelo requerente da arbitragem;".

A segunda solução, adotada pela Lei de PPPs (Art. 31, 2º da Lei 13.448/2017)[40] e a pela Lei Mineira da Arbitragem (Lei Estadual nº 19.477/2011),[41] estabelece que as custas e despesas relativas à arbitragem serão antecipadas pelo parceiro privado, independentemente da parte que iniciou o procedimento arbitral. Isso gera uma significativa clivagem entre Administração Pública e o ente privado.

Essa solução cria um incentivo econômico para o ente privado não litigue com Administração Pública, tendendo a buscar uma transação. Todavia, um acordo feito com base em uma disparidade de armas está longe de ser o ideal. A nosso ver, as regras que obrigam o ente privado a adiantar as custas mesmo se estiver no polo passivo ferem frontalmente o princípio da igualdade das partes,[42] alicerce de qualquer processo, inclusive o arbitral.

A terceira solução mostra-se ainda mais preocupante. Nos termos do art. 3º, VII, do Decreto Presidencial nº 8.465/2015,[43] a parte privada deve adiantar não só as custas com a câmara e árbitros, mas também com perícias e quaisquer outras despesas do procedimento.

Novamente, põe-se em cheque a igualdade entre as partes. E, desta vez, de forma ainda mais sensível, pois a Administração Pública pode requerer determinada prova, que não seja de interesse do ente privado, e repassar a ele o custo correspondente.

Se o ente privado recusar-se a pagar, poderiam os árbitros impor *adverse inference*,[44] presumindo que a prova beneficiária a Administração

---

[40] Lei 13.448/2017, Art. 31, § 2º "As custas e despesas relativas ao procedimento arbitral, quando instaurado, serão antecipadas pelo parceiro privado e, quando for o caso, serão restituídas conforme posterior deliberação final em instância arbitral."

[41] Lei Estadual nº 19.477/2011, Art. 11, parágrafo único. "As despesas a que se refere o caput deste artigo serão adiantadas pelo contratado quando da instauração do procedimento arbitral".

[42] Art. 21, § 2º, da Lei de Arbitragem. "Art. 21. (...) § 2º Serão, sempre, respeitados no procedimento arbitral os princípios do contraditório, da igualdade das partes, da imparcialidade do árbitro e de seu livre convencimento".

[43] Decreto Presidencial nº 8.465/2015, Art. 3º, VII. "Art. 3º A arbitragem de que trata este Decreto observará as seguintes condições: VII – as despesas com a realização da arbitragem serão adiantadas pelo contratado quando da instauração do procedimento arbitral, incluídos os honorários dos árbitros, eventuais custos de perícias e demais despesas com o procedimento".

[44] Trata-se da inferência pelo Tribunal Arbitral de que determinada prova que deixou de ser produzida por uma das partes seria a ela desfavorável; em outras palavras, a *adverse infe-*

Pública? Entendemos que não, pois isso também arrostaria o princípio constitucional do devido processo legal, previsto no Art. 5º, inciso LIV, da Constituição de 1988.[45] Se o *onus probandi* for da Administração Pública, não pode um ato estatal transferir à contraparte o custo para se desincumbir desse ônus.

Na verdade, pode-se até argumentar a inconstitucionalidade das normas de decretos ou mesmo leis estaduais que impõe o adiantamento das custas sempre ao ente privado, por ofensa à competência exclusiva da União para legislar sobre lei processual,[46] considerando que invadem normas de processo civil e atentam contra o Art. 21, § 2º da Lei de Arbitragem, ao suspender a incidência do princípio da igualdades das partes. Infelizmente, essas regras estão mais próximas da George Orwel do que de Carnelutti, ao estabelecerem que todas as partes são iguais mas algumas, como a Administração Pública, são mais iguais do que outras.

---

rence representa a presunção de veracidade pelo(s) árbitro(s) dos fatos trazidos pela parte que requereu a produção de certa prova que não foi devidamente apresentada pela outra parte. Vide comentário que se segue: "[...] a recusa da parte em apresentar os documentos requeridos pela outra parte tem como consequência uma "inferência negativa" por parte dos árbitros. O tribunal arbitral interpretará que a recusa em apresentar os documentos fundamenta-se no fato desses documentos serem adversos aos interesses dessa parte". (PUCCI, A.; NETO, M. *Introdução ao Procedimento Arbitral*. Perícias em Arbitragem. p. 23). (Disponível em: http://www.martinsfontespaulista.com.br/anexos/produtos/capitulos/697134.pdf. Acesso em: 28.04.2020). O *IBA Rules on the Taking of Evidence in International Arbitration* prevê, em seu Art. 9 [5][6], a possibilidade de os árbitros imporem o instituto da *adverse inference*, conforme transcrição a seguir: "Art. 9[5]. If a Party fails without satisfactory explanation to produce any Document requested in a Request to Produce to which it has not objected in due time or fails to produce any Document ordered to be produced by the Arbitral Tribunal, the Arbitral Tribunal may infer that such document would be adverse to the interests of that Party. [6]. If a Party fails without satisfactory explanation to make available any other relevant evidence, including testimony, sought by one Party to which the Party to whom the request was addressed has not objected in due time or fails to make available any evidence, including testimony, ordered by the Arbitral Tribunal to be produced, the Arbitral Tribunal may infer that such evidence would be adverse to the interests of that Party".

[45] Constituição da República Federativa do Brasil, Art. 5º, LIV. "Art. 5º Todos são iguais perante a lei, sem distinção de qualquer natureza, garantindo-se aos brasileiros e aos estrangeiros residentes no País a inviolabilidade do direito à vida, à liberdade, à igualdade, à segurança e à propriedade, nos termos seguintes: LIV – ninguém será privado da liberdade ou de seus bens sem o devido processo legal".

[46] Constituição da República Federativa do Brasil, Art. 22. "Compete privativamente à União legislar sobre: I – direito civil, comercial, penal, processual, eleitoral, agrário, marítimo, aeronáutico, espacial e do trabalho".

Há quem alegue que é necessário regular as custas dessa forma, uma vez que a Administração Pública está sujeita a restrições orçamentárias e a regras rígidas para despesas. Com o devido respeito, esse argumento não merece prosperar.[47] A Administração Pública deveria agir com responsabilidade e prever em seu orçamento anual recursos para futuras arbitragens naquele exercício.

Embora a arbitragem seja em geral mais cara do que o processo judicial, trata-se de escolha mais eficiente do ponto de vista econômico, pois o Estado conseguirá obter o seu crédito de forma mais expedita, o que justifica a alocação desses recursos.[48] A Administração Pública está longe de ser uma parte hipossuficiente, incapaz de despender valores com procedimentos aos quais está vinculada. Pelo contrário, o custo de uma arbitragem representa um pingo d'água no oceano do orçamento da União Federal ou de um ente federativo.

Registre-se, por fim, que a atual cultura da arbitragem, um tanto permissiva quanto a custos, com altos gastos de impressão de documentos, *courier*, viagens, *experts* e pareceristas, deveria mudar com a entrada da Administração Pública como *player* relevante. A fim de se manter a paridade entre as partes, deve-se evitar, entre outros, o abuso de poder econômico do ente privado, com apresentação excessiva de pareceres e laudos de *experts*, por profissionais regiamente remunerados.

Alguns dizem que a arbitragem é o contencioso de "primeira classe". Pois bem, para que a Administração Pública tome assento, deveria virar um litígio "*low cost*". Os entes estatais não tem como – e na verdade nem devem – arcar com esse tipo de despesa, que só aumenta o custo de transação e não gera retorno à sociedade. As instituições e árbitros devem incentivar medidas de contenção de despesa como peticionamento

---

[47] Nesse sentido, o Professor Carmona esclarece que: "A antecipação das custas e das despesas do órgão arbitral (bem como dos honorários dos árbitros) é outro problema que amarga a Administração Pública, sempre sujeita a naturais trâmites burocráticos e a limitações orçamentárias. A solução simples – que vem sendo avençada em diversos setores da Administração Pública – de fazer o adversário antecipar tais custas e despesas não resolve todos os problemas". (CARMONA, Carlos Alberto. Arbitragem e Administração Pública: primeiras reflexões sobre a arbitragem envolvendo a Administração Pública. Revista de Arbitragem. n. 51/2016, p. 15).

[48] Vide, nesse passo: LEMES, Selma Maria Ferreira, Arbitragem na Administração Pública: fundamentos jurídicos e eficiência econômica, São Paulo: Quartier Latin, 2007.

só por meio eletrônico e audiências virtuais, que têm se mostrado efetivos em meio à pandemia da COVID-19.

4. Escolha de regras e entidade administradora

Poderia se alegar, em tese, ao se envolver a Administração Pública em arbitragem regida por uma entidade arbitral, que deveria haver licitação para escolha dessa instituição, nos termos da Lei 8.666/93. Porém, a doutrina tende a rechaçar essa linha de raciocínio.

Alguns autores entendem que a escolha da instituição arbitral poderia se amoldar às hipóteses de inexigibilidade de licitação, conforme dispõe o art. 25, II e § 1º da Lei 8.666/93,[49] cujo rol não é taxativo.[50]

Assim, é possível que a atividade das entidades arbitrais seja enquadrada nas hipóteses do art. 25, II e § 1º da Lei 8.666/1993, pelas seguintes razões: (i) trata-se de atividade realizada por profissionais ou empresa com notória especialização; (ii) com natureza singular e características eminentemente subjetivas e, portanto, (iii) a competição entre as empresas prestadoras desses serviços se torna desaconselhável.

Nesse sentido, o Art. 7º, § 3º do Decreto 8.465/2015, o qual regulamentava a Lei 12.815/2013 (Lei de Portos) dispunha que: *"A escolha de*

---

[49] Lei 8.666/1993, Art. 25. "É inexigível a licitação quando houver inviabilidade de competição, em especial: (...)
II – para a contratação de serviços técnicos enumerados no art. 13 desta Lei, de natureza singular, com profissionais ou empresas de notória especialização, vedada a inexigibilidade para serviços de publicidade e divulgação;
§ 1º Considera-se de notória especialização o profissional ou empresa cujo conceito no campo de sua especialidade, decorrente de desempenho anterior, estudos, experiências, publicações, organização, aparelhamento, equipe técnica, ou de outros requisitos relacionados com suas atividades, permita inferir que o seu trabalho é essencial e indiscutivelmente o mais adequado à plena satisfação do objeto do contrato."

[50] MELLO, Celso Antônio Bandeira de. Curso de direito administrativo. 26. ed. São Paulo: Malheiros 2008. p. 537. Marçal Justen Filho Marçal Justen Filho aduz, igualmente, que: "a relação do art. 13 é meramente exemplificativa. O conceito de serviço técnico profissional especializado comporta, em tese, uma grande variedade de situações. Não há dúvida de que, além dos casos indicados no art. 13, existem inúmeras outras hipóteses. [...] Por isso, o art. 13 não é obstáculo ao reconhecimento de outras modalidades de serviços técnico especializados. Estando presentes os elementos integrantes do conceito aplicam-se as disposições legais pertinentes." (JUSTEN FILHO, Marçal. Comentários a Lei de Licitações e Contratos Administrativos. 11ª ed. São Paulo: Dialética, 2005. p. 131).

árbitro ou de instituição arbitral será considerada contratação direta por inexigibilidade de licitação, devendo ser observadas as normas pertinentes."[51]

Outros administrativistas entendem que nem se trata de caso de incidência da Lei de Licitação. Por exemplo, para o professor Marçal Justen Filho, a escolha da câmara de arbitragem não representaria ato contratual, sujeito à referido diploma legal, pois a arbitragem desempenha função jurisdicional. Por conseguinte, o Prof. Marçal Justen Filho aduz que a escolha da câmara teria natureza de ato administrativo unilateral[52].

Atente-se, ademais que as custas da entidade administradora e os honorários dos árbitros baseiam-se geralmente em tabela de preços pré-fixados, que variam conforme o valor da causa e aplicam-se, em regra, a todos os usuários. Em outras palavras, a Administração Pública sabe, de antemão, quais os preços relativos das instituições administradoras. Conhece também, ou deveria conhecer, a reputação e qualidade de cada uma dessas entidades.

Nesse contexto, uma licitação seria ociosa, pois dependendo dos critérios técnicos de qualificação já se anteveria a potencial ganhadora. A licitação poderia, pelo contrário, incentivar uma *race to the bottom*, ou

---

[51] Decreto 8.465/2015, Art. 7º, § 3º "Se prevista nos contratos de que trata este Decreto, a cláusula compromissória de arbitragem poderá: § 3º A escolha de árbitro ou de instituição arbitral será considerada contratação direta por inexigibilidade de licitação, devendo ser observadas as normas pertinentes."

[52] "Ato administrativo unilateral, que é praticado no exercício de competência discricionária. Nada impede que essa escolha [...] seja realizada consensualmente com o particular. Isso não implica o surgimento de um contrato, na acepção da Lei 8.666. [...]
Se não existir contrato e não houver a incidência da Lei nº 8.666 será juridicamente impossível submeter uma situação prática ao regime da inexigibilidade de licitação.
Ou seja, aplicar a inexigibilidade da licitação não resolve os problemas jurídicos porque implica o reconhecimento de que os árbitros e a câmara de arbitragem são contratados pela Administração Pública. Exige a aplicação do procedimento específico da inexigibilidade de licitação, o que envolve inclusive a determinação da 'remuneração' devida ao particular contratado. Acarreta a necessidade de aplicar todo o regime da Lei 8.666 (ou, quando menos, as normas gerais) ao relacionamento entre as partes e os árbitros [e a câmara arbitral].
Esse regime jurídico não se conforma com a arbitragem, pela pura e simples razão de que não existe um contrato entre os árbitros (e a câmara arbitral) e as partes litigantes. Quando a Administração Pública é parte na arbitragem, não surge um contrato entre ela e os árbitros ou entre ela e a câmara arbitral."
JUSTEN FILHO, Marçal. "Administração Pública e Arbitragem: o vínculo com a câmara de arbitragem e os árbitros". Informativo Justen, Pereira, Oliveira e Talamini, Curitiba, nº 110, abril de 2016. (Disponível em: http://www.justen.com.br/informativo. Acesso em 28 .04.2020.)

seja, uma "corrida ao fundo do poço", onde se relevaria a qualidade e reputação em prol do preço, atitude extremamente arriscada, à luz do papel sensível desempenhado por uma instituição administradora.

Para evitar abusos, melhor seria, de um lado, que cada ente público fixasse critérios objetivos de contratação de instituição administradora, que previssem *inter alia* alto nível de reputação e experiência. Isso poderia resultar, inclusive, em lista de entidades arbitrais pré-selecionadas. De outro lado, as partes privadas deveriam ser ouvidas na escolha da entidade administradora para cada contrato específico, uma vez que se trata de elemento relevante do negócio jurídico.

Decreto Presidencial nº 10.025/2019 estabeleceu um "credenciamento" das entidades arbitrais que poderiam ser escolhidas para arbitragens com o poder público.[53] Muitos, como o Prof. Marçal Justen Filho, entendem que o uso do termo credenciamento não seria muito técnico, já que se trata de ato típico de contrato administrativo, que visa à habilitação para licitação[54] e "se destina a resolver questões de natureza contratual. Portanto, propicia resultados inadequados em vista da arbitragem."[55]

Poderia o ente estatal, tal como os estados-membros e os municípios, dar preferência a entidades administradoras localizadas em seu território? Poderia, mas não deveria fazê-lo se a localidade não tiver instituições experientes ou se se tratar de contrato de grande valor com parte situada em outro local. Há a percepção de que uma das grandes vantagens da arbitragem reside na neutralidade, o que pode se dissipar com

---

[53] Decreto nº 10.025/2019, Art. 10. "O credenciamento da câmara arbitral será realizado pela Advocacia-Geral da União e dependerá do atendimento aos seguintes requisitos mínimos [...] § 1º O credenciamento de que trata o caput consiste em cadastro das câmaras arbitrais para eventual indicação futura em convenções de arbitragem e não caracteriza vínculo contratual entre o Poder Público e as câmaras arbitrais credenciadas."

[54] "65. Registros cadastrais, como dantes se disse, são registros, mantidos por órgãos e enttidades administrativas que frequentemente realizam licitações, dos fornecedores de bens, executores de obras e serviçoes que requerem as respectivas inscrições, para fins de estabelecerem formalmente suas habilitações, tendo em vista futuros certames licitatórios" (MELLO, Celso Antônio Bandeira de. Curso de direito administrativo. 26. ed. São Paulo: Malheiros 2008. p. 568).

[55] JUSTEN FILHO, Marçal. Administração Pública e Arbitragem: o vínculo com a câmara de arbitragem e os árbitros. Informativo Justen, Pereira, Oliveira e Talamini, Curitiba, nº 110, abril de 2016. (Disponível em: http://www.justen.com.br/informativo. Acesso em 28 .04.2020.)

a seleção de câmara local. Tal como a mulher de César, não basta haver neutralidade; é essencial que a parte privada tenha essa percepção, para legitimar ainda mais o resultado de eventual arbitragem.

Outrossim visando preservar a percepção de neutralidade, deve-se evitar, também, situações em que, surgido o litígio, caberia à Administração Pública escolher a instituição arbitral a administrar o litígio, sem que o ente privado tenha voz. Atente-se que, na solução comumente adotada de "credenciamento", a neutralidade fica resguardada pelo fato de se prever critérios objetivos para inclusão na lista. Tal neutralidade deve ser preservada também na escolha, pelo bem do instituto.

Por fim, não se recomenda no Brasil que entes públicos participem de arbitragens não administradas (*ad hoc*). Esse tipo de procedimento não institucional acarretaria em diversos problemas práticos, tais como formalidade para pagamento de árbitros. Além disso, deveria se atribuir a algum órgão o poder decisório sobre certas questões procedimentais, tais como julgamento de impugnação de árbitros e consolidação de processos conexos.

5. Escolha de árbitro

Não apenas a escolha da instituição administradora, mas a própria escolha de árbitros representa decisão especialmente sensível em arbitragens envolvendo a Administração Pública. É necessário estrito cumprimento dos requerimentos de imparcialidade e independência, para evitar a invalidade da sentença. Deve-se buscar, também, a maior neutralidade possível, especialmente para o presidente, de sorte a se garantir a legitimidade das decisões.

De qualquer forma, a neutralidade será sempre uma questão, pela influência da formação e experiência pessoal do árbitro. Ortega y Gasset já pontuava que "Eu sou eu e a minha circunstância, e se não salvo a ela não salvo a mim".

Uma possível medida para aumentar a neutralidade seria, em vez da indicação direta dos coárbitros pelas partes, a adoção do sistema de troca de listas de potenciais nomes, em ordem de preferência, em que todos os membros do painel seriam escolhidos dentre os profissionais cujos nomes coincidissem ou que fossem melhor posicionados na ordem. Outro possível método seria o qual cada parte apresenta três árbitros potenciais e cada contraparte seleciona um árbitro da lista do outro;

esses dois coárbitros responsáveis pela nomeação do presidente, após consulta as partes. No limite, poderia se considerar a possibilidade da entidade administradora nomear todos os árbitros, o que não reputamos ser saudável nem desejável, por concentrar poderes na instituição.

A análise minuciosa sobre eventual impugnação deve ser especialmente rígida, para salvaguardar a tão prezada legitimidade do procedimento. Isso não significa, contudo, que qualquer impugnação pelo ente público deva ser deferida.

A arbitragem com administração pública gera questões específicas relativas à independência e confidencialidade. Por exemplo, como ficaria a nomeação de advogado público como árbitro, se estiver vinculado a ente estatal que pode ter conflito semelhante. Um procurador do estado pode ser nomeado como árbitro envolvendo litígio de outro estado, relativo a problema que pode se repetir na jurisdição de seu empregador? E o advogado privado, pode ser nomeado como árbitro se possuir causa semelhante à discutida na arbitragem?

Como relação ao última pergunta, o Decreto do Estado de São Paulo estabelece que

> será solicitado ao árbitro indicado que exerce a advocacia informação sobre a existência de demanda por ele patrocinada, ou por escritório do qual seja associado, contra a Administração Pública, bem como a existência de demanda por ele patrocinada ou por escritório do qual seja associado, na qual se discuta tema correlato àquele submetido ao respectivo procedimento arbitral.[56]

Deduz-se que o objetivo foi permitir que, se houver demanda, o ente público possa impugnar o árbitro.

Entendemos, contudo, que a análise deve ser caso a caso, tanto para o advogado público, quanto para o privado. Há de se perquirir, na hipótese concreta, se o litígio afeta a imparcialidade do potencial árbitro.

6. Confidencialidade

Existe a ideia disseminada na cultura jurídica brasileira de que a arbitragem deve ser necessariamente confidencial, em oposição ao processo

---

[56] Decreto 64.356/19 do Estado de São Paulo. Art. 11, Parágrafo único.

judicial, em regra público. Trata-se, contudo, de entendimento equivocado. Por um lado, a Lei de Arbitragem, em seu Art. 13, § 6º,[57] determina que o árbitro tem o dever de discrição, isto é, não pode revelar em público informações sobre o caso (veja-se que a mesma vedação também se aplica a juízes estatais)[58]. O sistema jurídico brasileiro, por outro lado, não contém nenhuma previsão legal expressa impondo confidencialidade às partes de uma arbitragem.

A natureza confidencial da arbitragem, aliás, vem sendo questionada na jurisprudência de outros países, em circunstâncias similares às nossas. Nos precedentes australiano "Esso"[59] e sueco "Bulbank"[60], os respectivos Poderes Judiciários decidiram que a confidencialidade não seria qualidade inerente ao processo arbitral.[61]

Uma arbitragem, contudo, haja vista sua própria natureza de procedimento conduzido perante instituição privada, não pode ser conduzida com o mesmo grau de publicidade de um processo judicial. Há de se distinguir, portanto, a publicidade, a privacidade e a confidencialidade. A esse respeito, a *International Law Association* esclarece que: "O con-

---

[57] Art. 13, §6º da Le de Arbitragem. "No desempenho de sua função, o árbitro deverá proceder com imparcialidade, independência, competência, diligência e discrição."

[58] Código de Ética da Magistratura. Art. 27 "O magistrado tem o dever de guardar absoluta reserva, na vida pública e privada, sobre dados ou fatos pessoais de que haja tomado conhecimento no exercício de sua atividade".

[59] Caso Esso Australia Resources Ltd. e BHP Petroleum (Bass Strait) Pty. Ltd. vs. The Honorable Sidney James Plowman, 183 Commonwealth Law Reports 10; 11 Arbitration International (1995, No. 3), pp. 235-263.

[60] Bulgarian Foreign Trade Bank Ltd. (Bulgaria), Stockholm Arbitration Report (2000, No. 2), pp. 148-150.

[61] Para fins de ilustração, vale breve alusão aos casos mencionados. O caso Esso tratou de litígio entre a Esso e entidade estatal australiana em relação a pedido de revisão de contratos de fornecimento por conta de alterações nas cargas tributárias incidentes; com lastro na afirmação de que haveria um interesse público nas informações, foi autorizada a divulgação de preços contratados entre a Esso e a entidade pública. Já no caso Bulbank, sua relevância no ponto aqui debatido decorre do fato de que a Corte Superior da Suécia rejeitou pedido de uma das partes quanto à invalidação de cláusula arbitral, pedido esse que se deu em virtude de publicação, pela outra parte, de decisão arbitral que versava sobre questão de jurisdição; a justificativa para a rejeição do pedido pela Corte Superior da Suécia foi de que inexistia disposição legal ou contratual que impusesse o dever de confidencialidade entre as partes, não sendo consequência imediata de estipulação de cláusula arbitral entre os entes contratantes. *Cf. also* Gagliardi, R. Confidencialidade na Arbitragem Comercial Internacional. Revista de Arbitragem. v. 36/2013, p. 1.

ceito de privacidade é tipicamente empregado para se referir ao fato de que apenas as partes, e não terceiros, podem participar de audiências ou mesmo do procedimento arbitral. Por outro lado, a confidencialidade é empregada para fazer alusão às obrigações assumidas pelas partes de não divulgar informações relativas à arbitragem a terceiros".[62]

Em relação às arbitragens envolvendo a Administração Pública, a reforma da Lei de Arbitragem previu que os procedimentos deverão sempre respeitar o princípio da publicidade,[63] em linha com o Art. 37, *caput*, da Constituição Federal.[64] Trata-se de instrumento destinado a garantir *accountability*[65] e transparência, a qual segundo Rafael Carvalho Rezende Oliveira: "guarda estreita relação com o princípio democrático (art. 1º da CRFB), possibilitando o exercício do [controle] social sobre os atos públicos."[66]

Indaga-se, então, a quem compete zelar pelo dever de publicidade mencionado pelo Art. 2º, § 3º da Lei de Arbitragem? À luz do art. 37 da Constituição Federal e da Lei de Acesso à Informação,[67] a nosso ver

---

[62] "The concept of privacy is typically used to refer to the fact that only the parties, and not third parties, may attend arbitral hearings or otherwise participate in the arbitration proceedings. In contrast, confidentiality is used to refer to the parties' asserted obligations not to disclose information concerning the arbitration to third parties". International Law Association Report: Confidentiality in international arbitration, p. 4 (Conferência de Haia, 2010).

[63] Lei 9.307/96. Art. 2º, § 3º "A arbitragem que envolva a Administração Pública será sempre de direito e respeitará o princípio da publicidade."

[64] Constituição da República Federativa do Brasil, Art. 37, caput. "A Administração Pública direta e indireta de qualquer dos Poderes da União, dos Estados, do Distrito Federal e dos Municípios obedecerá aos princípios de legalidade, impessoalidade, moralidade, publicidade e eficiência...".

[65] "Seguramente, o maior receio presente na discussão referente à utilização da arbitragem em relação a contratos administrativos é de ela servir como um meio de neutralizar os mecanismos de *accountability* aos quais deve democraticamente estar submetida toda a ação do Poder Público. Imagina-se sua utilização para isolar, em um campo privado e confidencial, decisões que deveriam estar submetidas ao controle público". (SALLES, Carlos Alberto de. **Arbitragem em Contratos Administrativos**. Rio de Janeiro: Forense, 2011).

[66] OLIVEIRA, Rafael Carvalho Rezende. **Curso de direito administrativo**. Rio de Janeiro, Forense, São Paulo: Método, 2013, p. 29.

[67] Lei 12.527/2011. Art. 6º, III: "Cabe aos órgãos e entidades do poder público, observadas as normas e procedimentos específicos aplicáveis, assegurar a: proteção da informação sigilosa e da informação pessoal, observada a sua disponibilidade, autenticidade, integridade e eventual restrição de acesso." Ressalte-se que o Decreto nº 7.724/2012 a menor abrangência da

o destinatário do dever de informar é a Administração Pública. Vale dizer, a princípio não compete à parte privada, muito menos à câmara que administra o procedimento fornecer as informações ao público sobre a arbitragem (salvo acordo em sentido diverso), mas sim aos entes estatais, o que pode ser feito, por exemplo, por meio da publicação no Diário Oficial ou disponibilização na internet dos principais atos praticados na arbitragem, como, por exemplo, extratos do termo de arbitragem e da sentença arbitral.

Há de se atentar para a Lei de Acesso à Informação,[68] que determina restrição de acesso a certos dados que forem classificados como ultrasecretos, secretos ou reservados. De acordo com Gustavo da Rocha Schmidt:

> Não há, neste particular, qualquer margem de discricionariedade para o árbitro. Caso a informação tenha sido classificada como sigilosa pelo Estado, conforme o procedimento estatuído pela Lei de Acesso à Informação, deverá o Tribunal Arbitral decretar o segredo de justiça ou, ao menos, preservar o sigilo da informação.[69]

Além disso, a pedido das partes, a instituição administradora, antes da investidura dos árbitros, e posteriormente o painel arbitral poderão determinar que certos dados sensíveis das partes privadas sejam considerados confidenciais, como segredos de indústria ou de comércio, como preconiza a própria Lei de Propriedade Intelectual.[70]. Um mo-

---

divulgação de dados de sociedades estatais exploradoras de atividades econômicas, de modo a resguardar os interesses dos acionistas e a competitividade de tais empresas.

[68] Lei 12.527/2011. " Art. 24. A informação em poder dos órgãos e entidades públicas, observado o seu teor e em razão de sua imprescindibilidade à segurança da sociedade ou do Estado, poderá ser classificada como ultrassecreta, secreta ou reservada; Art. 25. É dever do Estado controlar o acesso e a divulgação de informações sigilosas produzidas por seus órgãos e entidades, assegurando a sua proteção".

[69] SCHMIDT, Gustavo da Rocha. Reflexões sobre a arbitragem nos conflitos envolvendo a Administração Pública (arbitrabilidade, legalidade, publicidade e a necessária regulamentação) in **Arbitragem na Administração Pública**, Rio de Janeiro: APERJ, 2016, p. 194.

[70] Art. 206 da Lei de Propriedade Intelectual. "Na hipótese de serem reveladas, em juízo, para a defesa dos interesses de qualquer das partes, informações que se caracterizem como confidenciais, sejam segredo de indústria ou de comércio, deverá o juiz determinar que o processo prossiga em segredo de justiça, vedado o uso de tais informações também à outra parte para outras finalidades".

delo de sucesso a ser observado é o processo administrativo perante o CADE,[71] que pode declarar sigilo sobre informação relativa à atividade empresarial de pessoas físicas ou jurídicas de direito privado e restringir acesso a autos, documentos, objetos, dados e informações.

Confia-se na prudência da instituição administradora e do painel arbitral para identificar o que realmente importará em informação sigilosa e confidencial, por meio da técnica de ponderação de interesses entre o princípio da publicidade e o direito à proteção industrial, nos termos do Art. 5º, XXIX, da Constituição.[72] Recomenda-se que a decisão pela instituição administradora (antes de instituída a arbitragem) ou pelos árbitros sobre o grau de publicidade dos documentos ocorra tão logo possível, para se evitar discussões se a Administração Pública estaria obrigada a fornecer determinado documento.

7. Idade da razão

O sucesso da arbitragem privada construiu-se ao longo dos últimos anos com o trabalho imenso dos advogados, dos árbitros, das partes e, justiça seja feita, do Poder Judiciário, tentando viabilizar alternativa para dirimir de forma mais célere e especializada conflitos empresariais complexos. A arbitragem tem potencial de trilhar o mesmo caminho de sucesso com a Administração Pública. Mas, para tanto, deve-se adotar esse espírito de colaboração, de ambos os lados.

---

[71] Art. 53 do Regimento Interno do CADE: "Conforme o caso e no interesse da instrução processual, de ofício ou mediante requerimento do interessado, poderá ser deferido, em virtude de sigilo decorrente de lei ou por constituir informação relativa à atividade empresarial de pessoas físicas ou jurídicas de direito privado cuja divulgação possa representar vantagem competitiva a outros agentes econômicos (arts. 22 da Lei 12.527/2011 e 6º, inciso I e 5º, § 2º do Decreto 7.724/12), o acesso restrito de autos, documentos, objetos, dados e informações (...)".

[72] De acordo com o parecer da Comissão Especial instituída para analisar o Projeto de Lei 7.108/2014, apresentado no curso do processo legislativo que precedeu a aprovação da Reforma da Lei de Arbitragem: "Em havendo trato de questão sensível ou da existência de fato que justifique o segredo de justiça, esse será concedido, até porque o princípio da publicidade sempre deve ser aplicado em conjunto com os princípios da razoabilidade e da proporcionalidade. Cabe considerar ainda que o sigilo pode ser do interesse do ente público, e não somente do ente privado" (Disponível em: http://www2.camara.leg.br/proposicoesWeb/propmostrarintegra;jsessionid=8113C76E85776A35B3652DO3412E5DB.node1?codteor=1229142&filename=Avulso+-PL+7108/2014. Acesso em 20.04.2020).

A Administração Pública não pode ver a arbitragem como método que sempre favorecerá o ente privado, pois se trata de uma falácia. A bem da verdade, a arbitragem, por ser mais neutra e técnica, tende a favorecer quem tem razão, e muitas vezes o Estado terá. E a Administração Pública deve ser abster de adotar tática de guerrilha, como "*anti-suit injuntions*" para suspender arbitragens que podem gerar passivos, e de tentar "virar a mesa", pela anulação de sentenças arbitrais desfavoráveis, sob alegação de "inarbitrabilidade", como se fosse um "super-trunfo" para afastar processos inconvenientes.

Por sua vez, o ente privado deverá da maneira mais correta possível em arbitragens com a Administração Pública. Cumpre apoiar arbitragens para se tornarem menos custosos e com cronogramas compatíveis com a realidade dos advogados públicos. Os advogados privados deverão sair de sua bolha, para arquitetarem junto com os advogados públicos procedimentos diferentes dos aplicáveis às arbitragens empresariais e que sejam satisfatórios a todos os envolvidos.

Se isso acontecer, o resultado será extremamente positivo para a economia brasileira. Nosso país precisa, mais do que nunca, de capital privado em infraestrutura e serviços públicos. Quanto maior a certeza do ente privado que os direitos oferecidos para atrair seu investimento serão eficazes a médio e longo prazo, maior a probabilidade de sucesso do projeto. Nesse contexto, a arbitragem pode exercer o papel que lhe cabe: trazer confiança. O amadurecimento da arbitragem contribuirá para o amadurecimento da própria relação entre Estado e agentes econômicos privados, que é conflituosa em sua essência, mas também requer cooperação para um fim comum. A popularização de método de resolução de controvérsias mais rápido, flexível, neutro e, acima de tudo, eficiente, trará maior segurança aos contratos administrativos, com benefícios inclusive aos entes estatais.

Referências

AMARAL, Paulo Osternack. *Arbitragem e Administração Pública*, Belo Horizonte: Ed. Fórum, 2012.

ANDRADE, G. Algumas Reflexões sobre as Arbitragens e as Regras da Câmara de Comercialização de Energia – CCEE. *Revista de Direito da Procuradoria Geral*, Rio de Janeiro, v. 9, 2013.

BACELLAR FILHO, Romeu. O Direito Administrativo, a arbitragem e a mediação. In: *Revista de Arbitragem e Mediação*, v. 32, 2012.

BARROSO, Luis Roberto. *Temas de Direito Constitucional*, v. II, Rio de Janeiro: Renovar, 2003.

CAHALI, Francisco José. *Curso de Arbitragem*. São Paulo: Revista dos Tribunais, 2011.

CALMON, Eliana. A arbitragem e o Poder Público. In: *Revista de Arbitragem e Mediação*, v. 24, 2010.

CARMONA, Carlos Alberto. Arbitragem e Administração Pública: primeiras reflexões sobre a arbitragem envolvendo a Administração Pública. *Revista de Arbitragem*. n. 51/2016.

CASTRO, Sérgio Pessoa De Paula. A arbitragem e a administração pública: pontos polêmicos. In: *Tendências e perspectivas do Direito Administrativo*: uma visão da escola mineira (coord. O. A. Batista Jr. e S. P. P. Castro), Belo Horizonte: Ed. Fórum, 2012.

DI PIETRO, Maria Sylvia Z. *Direito Administrativo*. 23. ed. São Paulo: Atlas, 2010.

FERRAZ, Rafaella. *Arbitragem em litígios comerciais com a Administração Pública*: exame a partir da principialização do Direito Administrativo, Porto Alegre: Sergio Antonio Fabris Ed., 2008.

FERREIRA NETTO, Cássio Telles. *Contratos administrativos e arbitragem*, Rio de Janeiro: Elsevier, 2008.

GAGLIARDI, R. Confidencialidade na Arbitragem Comercial Internacional. *Revista de Arbitragem*. v. 36/2013.

JUSTEN FILHO, Marçal. Administração Pública e Arbitragem: o vínculo com a câmara de arbitragem e os árbitros". Informativo Justen, Pereira, Oliveira e Talamini, Curitiba, nº 110, abril de 2016. Disponível em: http://www.justen.com.br/informativo. Acesso em 28 .04.2020.

_____. *Comentários a Lei de Licitações e Contratos Administrativos*. 11ª ed. São Paulo: Dialética, 2005.

_____. *Curso de direito administrativo*, 10ª ed., São Paulo: RT, 2014.

LEMES, Selma Maria Ferreira, *Arbitragem na Administração Pública: fundamentos jurídicos e eficiência econômica*, São Paulo, Quartier Latin, 2007.

MEIRELLES, Hely Lopes. *Direito Administrativo Brasileiro*. 21. ed. São Paulo: Malheiros, 1996.

MELLO, Celso Antônio Bandeira de. *Curso de direito administrativo*. 26. ed. São Paulo: Malheiros 2008.

MONTEIRO, Alexandre Luiz Moraes do Rêgo. Administração pública consensual e a arbitragem. In: *Revista de Arbitragem e Mediação*, v. 35, 2012.

MOREIRA NETO, Diogo F. Arbitragem em Contratos Administrativos. *Revista de Direito Administrativo*, v. 209, 1997.

MUNIZ, Joaquim. *Curso Básico de Direito Arbitral. Teoria e Prática*. 6ª ed., Curitiba: Juruá, 2020.

OLIVEIRA, Rafael Carvalho Rezende. *Curso de direito administrativo*. Rio de Janeiro, Forense, São Paulo: Método, 2013.

PUCCI, A.; NETO, M. *Introdução ao Procedimento Arbitral*. Perícias em Arbitragem. p. 23). Disponível em: http://www.martinsfontespaulista.com.br/anexos/produtos/capitulos/697134.pdf. Acesso em: 28.04.2020.

RIBEIRO, Diogo Albaneze Gomes. Arbitragem e Poder Público. In: *Revista Brasileira de Infraestrutura*, v. 3, 2013.

ROCHA, Fernando Antônio Dusi. *Regime Jurídico dos Contratos da Administração*, Brasília: Imprenta, Brasília Jurídica, 2000.

RODRIGUES GOMES, Carlos Afonso. *Do Juízo Arbitral e a Administração Pública*.

SALLA, Ricardo Medina. Arbitragem e Direito Público. In: *Revista Brasileira de Arbitragem*, v. 22, 2009.

SALLES, Carlos Alberto. *Arbitragem em contratos administrativos*, Rio de Janeiro, Forense, 2011.

SCHMIDT, Gustavo da Rocha. Reflexões sobre a arbitragem nos conflitos envolvendo a Administração Pública (arbitrabilidade, legalidade, publicidade e a necessária regulamentação). *in Arbitragem na Administração Pública*, Rio de Janeiro: APERJ, 2016.

SUNDFELD, Carlos Ari; CÂMARA, Jacintho Arruda. O cabimento da arbitragem nos contratos administrativos. In: *Revista de Direito Administrativo*, v. 248, 2008.

TÁCITO, Caio. Arbitragem nos Litígios Administrativos. *Revista de Direito Administrativo*, v. 210, p. 114, out./dez. 1997.

TALAMINI, Eduardo. Cabimento de Arbitragem Envolvendo Sociedade de Economia Mista Dedicada à Distribuição de Gás Canalizado. *Revista Brasileira de Arbitragem*, n. 4, p. 44-64, out./dez. 2004.

TIBURCIO, Carmen. A arbitragem como meio de solução de litígios comerciais internacionais envolvendo o petróleo e uma breve análise da cláusula arbitral da sétima rodada de licitações da ANP. In: *Revista de Arbitragem e Mediação*, v. 9, 2006.

_____. A arbitragem envolvendo a Administração Pública. In: *Revista da Faculdade de Direito da UERJ*, v. 18, 2010.

TIMM, Luciano B.; SILVA, Thiago. Os Contratos Administrativos e a Arbitragem. In: *Revista Brasileira de Arbitragem*, v. 29, 2011.

WALD, Arnoldo; SERRÃO, André. Aspectos constitucionais e administrativos da arbitragem nas concessões. In: *Revista de Arbitragem e Mediação*, v. 16, 2008.

4. Os acordos administrativos na dogmática brasileira contemporânea

GUSTAVO JUSTINO DE OLIVEIRA

"Não penses compreender a vida nos autores,
Nenhum disto é capaz.
Mas, à medida que vivendo fores,
Melhor os compreenderás".
(*Espelho mágico.* Mário QUINTANA)

1. Acordos administrativos no Brasil I: O Estado da Arte

Enquanto jurista e administrativista, dedico-me ao estudo dos Acordos Administrativos desde sempre.

Ainda como acadêmico de Direito nos idos de 1989, lembro-me de ter ficado intrigado com a afirmação do saudoso Hely Lopes MEIRELLES – quando sustentava a distinção entre contratos administrativos e convênios – segundo o qual *"convênio é acordo, mas não é contrato"*.[1]

Talvez por isso, em certa oportunidade recente, vi-me desafiado a investigar gênese e repercussões da opinião abalizada de MEIRELLES na

---

[1] MEIRELLES, Hely Lopes. *Direito administrativo brasileiro.* 7ª ed. São Paulo: Revista dos Tribunais, 1979. p. 373.

práxis administrativa, doutrina e jurisprudência brasileira, em artigo publicado em 2017.[2]

Na ocasião, pude constatar que "esta diferenciação original do Mestre pode ser qualificada como determinante da gênese evolutiva dos acordos administrativos no Brasil, seja sob o aspecto teórico-dogmático, seja sob os aspectos prático e pragmático que a distinção ensejou".[3] Mais adiante, sustento que mesmo considerando tratar-se de uma construção formulada em dada época, "a distinção continua a ter uma valor inestimável, não somente por ecoar e reverberar em praticamente todas as obras didáticas e monográficas nacionais sobre o tema, mas sobretudo quando percebemos ter sido o Mestre o primeiro a identificar no direito administrativo pátrio esta diferença entre acordos e contratos administrativos".[4]

Antes disso, porém, conforme registrei na Apresentação da obra coletiva "**Acordos Administrativos no Brasil: teoria e prática**" (Almedina, 2020, por mim coordenada), minha tese de doutoramento defendida em 2005 – a qual versou sobre o **contrato de gestão** previsto no parágrafo 8º do artigo 37 da Constituição Brasileira – enfrentou as temáticas do consensualismo na Administração pública e do novo contratualismo administrativo.

A tese converteu-se em livro em 2008 (Contrato de Gestão, Editora Revista do Tribunais), ano em que também me tornei Professor Doutor em Direito Administrativo na Faculdade de Direito da USP. Desde então, venho enfrentando o tema em pesquisas e artigos científicos, e no Largo São Francisco instituí e lecionei por duas edições a disciplina "Acordos Administrativos" para o Mestrado e Doutorado (2017 e 2019).

Em meu **Contrato de Gestão**, defendi que o acordo administrativo é uma categoria jurídica a qual "visa disciplinar (i) relações entre órgãos e entidades administrativas e (ii) relações entre a Administração Pública e os particulares, empresas e organizações da sociedade civil, cujo objeto

---

[2] OLIVEIRA, Gustavo Justino de. "Convênio é acordo, mas não é contrato": contributo de Hely Lopes Meirelles para a evolução dos acordos administrativos no Brasil. In: JUSTEN FILHO, Marçal et. al. (Orgs.). O Direito administrativo na atualidade: estudos em homenagem ao centenário de Hely Lopes Meirelles (1917-2017), defensor do Estado de Direito. SP: Malheiros, 2017. p. 516-527.
[3] Op. Cit.
[4] Idem.

é o desenvolvimento programado de uma atividade administrativa sob um regime de cooperação ou de colaboração entre os envolvidos (bilateralidade ou multilateralidade), a partir de bases previamente negociadas, podendo o ordenamento jurídico conferir efeitos vinculantes aos compromissos eventualmente firmados".[5]

E ainda que a doutrina contemporânea não sustente com afinco, como já sustento há tempos, a existência do acordo administrativo como instrumento de ação pública e categoria jurídica autônoma, estamos todos diante daqueles temas em que as realidades normativa e empírica se impõem à dogmática, e outra tarefa não resta à academia pátria senão a de contribuir para sua compreensão e fortalecimento, na linha de conferir-lhe amparo para fins da efetividade das leis que embasam e sustentam tais acordos, pois sua presença, prática e expansão já são fato consolidado há algumas décadas na Administração pública de todas as esferas da federação.

Exemplificando, recentemente o parágrafo 8º do artigo 37 da Constituição Brasileira – inserido na Lei Maior pela Emenda Constitucional nº 19/98 – foi finalmente regulamentado pela Lei federal nº 13.934, de 11 de dezembro de 2019, a qual passou a disciplinar o "**contrato de desempenho**" no âmbito da administração pública federal direta de qualquer dos Poderes da união e das autarquias e fundações públicas federais. Consta no art. 2º, caput, deste diploma legislativo que "contrato de desempenho é o acordo celebrado entre o órgão ou entidade supervisora e o órgão ou entidade supervisionada, por meio de seus administradores, para o estabelecimento de metas de desempenho do supervisionado, com os respectivos prazos de execução e indicadores de qualidade, tendo como contrapartida a concessão de flexibilidades ou autonomias especiais". Ao caracterizar o "contrato de desempenho" como um acordo, o legislador infraconstitucional confere a este instrumento de gestão pública de resultados uma natureza jurídica que o distingue dos contratos administrativos clássicos ou tradicionais, estabelecendo na lei, inclusive um regime jurídico que lhe é próprio.

O "contrato de desempenho" é um acordo administrativo, que formaliza uma relação entre órgãos ou entes públicos e, portanto, expressa um perfil mais endógeno desses acordos, enquanto instrumento de ação

---

[5] OLIVEIRA, Gustavo Justino de. Contrato de gestão. São Paulo: RT, 2008. p. 252.

pública gerido internamente pela Administração pública, em seu contexto organizacional e hierárquico.

Por outro lado, expandem-se cada vez mais os acordos administrativos firmados entre um órgão ou ente público e uma pessoa física ou jurídica, nas mais diversas matérias e campos temáticos da atuação administrativa do Estado. É o caso dos acordos administrativos firmados no âmbito dos processos expropriatórios – art. 10, caput, do Decreto-lei n. 3.365/41 – cuja natureza negocial e consensual foi fortalecida recentemente com a Lei federal nº 13.867/19, que faculta às partes o uso da mediação para chegar-se ao **acordo administrativo auto compositivo**, que terá por objeto o *quantum* da indenização expropriatória devida pelo ente público ao particular.

Outro exemplo, da feição público-privada dos acordos administrativos é o **acordo de leniência**, cujo regime jurídico-normativo federal é estabelecido primordialmente pela Lei federal nº 12.846/13 e pelo Decreto nº 8.420/15, e transformou-se em um dos instrumentos administrativos negociais mais eficientes para fins de combate e responsabilização das práticas de corrupção administrativa.

Ora, dúvidas não existem no sentido de que os acordos administrativos são autênticos instrumentos de ação pública e categoria jurídica autônoma do direito administrativo brasileiro. Assim devem ser concebidos, compreendidos e propagados pela dogmática contemporânea, que deve buscar sua teorização e regime jurídico-normativo a partir de bases e referências precisas e adequadas, e não única e exclusivamente à luz da teoria e do regime jurídico-normativo dos contratos administrativos, ainda que não possamos afastar a proximidade conceitual e funcional de ambos os institutos, acordo e contrato administrativos.

2. Acordos administrativos no Brasil II: Reflexões dogmáticas e agenda investigativa hoje

O consensualismo na Administração pública e o novo contratualismo administrativo são dois movimentos presentes em diversos países ocidentais que retratam um novo eixo da dogmática do direito administrativo, o qual sinaliza novas rotas evolutivas do modo de administrar no Estado do século XXI. Tradicionalmente orientado pela lógica da autoridade, imposição e unilateralidade, o direito administrativo contemporâneo passa a ser permeado e combinado com a lógica do consenso, da negociação e da multilateralidade.

O modelo burocrático – baseado na hierarquia e racionalização legal das competências – passa a coexistir com outros modelos que prestigiam de modo mais acentuado a eficiência e resultados (gerencialismo) e também a democraticidade e legitimidade das relações jurídico-administrativas (nova governança pública e Administração pública paritária).

No campo normativo, como bases legais para a celebração de acordos administrativos, temos art. 5º, §6º, da Lei federal n. 7.347/85 e art. 116 da Lei federal n. 8.666/93; mais recentemente, numa perspectiva de autocomposição administrativa, os arts. 3º e 32 da Lei federal n. 13.140/15 e o art. 26 da LINDB, com as modificações da Lei federal nº 13.665/18.

No que diz respeito ao sistema de justiça brasileiro, "[h]oje em dia há um sistema multiportas, isto é, há mais de uma modalidade para a solução do conflito envolvendo a Administração. Isso porque o ordenamento jurídico coloca à disposição da Administração várias formas de solução de suas controvérsias, muitas vezes, de forma sucessiva".[6]

Em prol deste *sistema de justiça multiportas*, é seguro concluir que atualmente o contexto institucional – sobretudo, mas não somente, as controvérsias oriundas de contratos de concessão – é favorável à adoção de Meios Extrajudiciais de Solução de Conflitos (MESCs), quer por meio da mediação, quer por meio da arbitragem, ou ainda por negociação entre as partes e até mesmo pela instituição de um *Dispute Board*. É o que consta explicitamente no art. 3º, §3º, do Código de Processo Civil: "A conciliação, a mediação e outros métodos de solução consensual de conflitos deverão ser estimulados por juízes, advogados, defensores públicos e membros do Ministério Público, inclusive no curso do processo judicial".

Note-se que o ambiente jurídico-político-institucional contemporâneo brasileiro é abertamente propício à formação de consensos e acordos administrativos, assim como à obtenção de decisões tecnicamente mais qualificadas (por meio de arbitragem, por exemplo).

Assim, revela-se imprescindível enfrentar e desenvolver a figura do acordo administrativo em um quadrante dogmático que lhe seja próprio

---

[6] OLIVEIRA, Gustavo Justino de; ESTEFAM, Felipe Faiwichow. Curso prático de arbitragem administração pública. São Paulo: Thomson Reuters Brasil, 2019, p. 65.

– e não mais tomado emprestado do contrato administrativo – como uma categoria jurídica autônoma do direito administrativo brasileiro, a ele conferindo tratamento normativo e dogmático adequados.

Sem prejuízo de ainda serem apresentados como novidade, no Brasil os acordos administrativos como instrumentos de ação pública remontam ao menos ao Decreto-lei n. 200/67, na figura emblemática dos **convênios**, inicialmente previstos para selar entendimentos mantidos entre entes federativos e órgãos públicos entre si. De lá para cá, não somente os convênios tiveram ampliados seus usos – inclusive passando a disciplinar relações entre órgãos públicos e entes privados – como foram surgindo diversos outros tipos de acordos administrativos, nominados e inominados, endoprocessuais e endocontratuais, e geradores de direitos, deveres e obrigações entre órgãos e entes públicos entre si, ou entre estes e os particulares.

A despeito disso, e em que pese profícua e variada previsão legislativa já a partir de 1940 com os acordos expropriatórios, até os dias de hoje – Termos de Ajustamento de Conduta (TACs), Protocolos de Intenção, Contratos de gestão, Termos de Parceria, Acordos concorrenciais no âmbito do CADE, Acordos no âmbito de Agências Reguladoras, Acordos de leniência, Termos de fomento e de colaboração, Acordos no âmbito da mediação e da autocomposição administrativas – ainda pairam inúmeras dúvidas sobre os acordos administrativos.

É nesse viés que parece pertinente tentar construir uma *Agenda Investigativa Brasileira dos Acordos Administrativos*, e aqui enumeramos em caráter não exaustivo alguns dos tópicos e problemáticas que guardam identidade com o momento atual evolutivo e de institucionalização dos acordos administrativo no sistema administrativo pátrio, os quais são merecedores de reflexão e atenção pela doutrina:

a. Aplicabilidade subsidiária dos art. 104 e seguintes do NCC aos acordos administrativos? O acordo administrativo entre o direito público e o direito privado: emergência de uma racionalidade jurídico-normativa público-privada?

b. Processo Administrativo e a relevância contemporânea do acordo na resolução do litígio administrativo. Acordo administrativo, supremacia e indisponibilidade do interesse público: possibilidade e legalidade da transação no direito administrativo.

c. Coordenação, cooperação, colaboração e concertação administrativas: rumo à fungibilidade dos atos, contratos e acordos administrativos?
d. Existe "direito ao acordo administrativo"?
e. O acordo negociado e o acordo "por adesão": aproximação e distanciamento da dimensão jurídico-normativa vigente e da práxis nos acordos administrativos (*law on the books and law in action*).
f. A natureza jurídica dos acordos administrativos: acordos são contratos e contratos são acordos?
g. A procedimentalização, os *standards*, a legalidade e a consensualidade dos acordos administrativos.
h. O que fazer quando o "fiscalizador-controlador" assume a gestão pública no lugar do gestor?
i. O acordo administrativo "sitiado" e o problema da ineficiência e da responsabilização na Administração pelo Ministério Público e pelo TCU.
j. Multifuncionalidade dos acordos administrativos: acordos organizatórios, colaborativos e sancionatórios; acordos substitutivos, integrativos e alternativos.
k. Acordos formais e informais; acordos vinculantes e não-vinculantes; acordos endoprocessuais e endocontratuais; acordos autoexecutórios e acordos como títulos executivos extrajudiciais.
l. Acordos administrativos, negociação e teoria dos jogos.
m. Unicidade ou multiplicidade do regime dos acordos administrativos: a problemática do regime jurídico dos acordos administrativos.

3. Acordos administrativos no Brasil III: Prospecções normativas e novos enfrentamentos

No cenário normativo, algumas reflexões parecem-me pertinentes.

A *primeira reflexão*, refere-se à necessidade ou não da edição de uma Lei Geral de Acordos Administrativos (LGA).

No ambiente normativo hoje existente, temos algumas regras de índole mais geral, sobre competências para celebrar acordos administrativos, principalmente art. 5º, §6º, da Lei federal n. 7.347/85 e art. 116 da Lei federal n. 8.666/93; e conforme acima assinalamos, numa perspectiva mais intensa de autocomposição administrativa, os arts. 3º e 32 da Lei federal n. 13.140/15 e o art. 26 da LINDB, com as modificações da Lei federal nº 13.665/18. Estas regras de corte mais geral convivem com regras que integram regimes jurídico-normativos especiais de acordos administrativos, a exemplo do acordo de leniência (Lei federal nº 12.846/13), acordos antitruste (Lei federal nº 12.529/11), acordos urbanísticos (Lei federal nº 10.257/01 e 13.465/17), termos de compromisso e acordos de supervisão no BACEN e na CVM (Lei federal nº 13.506/17), entre outros.

Portanto, a reflexão que se deve fazer é indagar se esta coexistência de regras gerais e especiais, hoje em vigor, sobre acordos administrativos mostra-se adequada e suficiente para conferir estabilidade e segurança jurídica aos acordos administrativos, ou a existência de diretrizes normativas mais gerais seriam determinantes para elevar o grau de institucionalização e proteção dos efeitos jurídicos dos acordos administrativo, tanto para os privados destinatários desses efeitos, como para o gestor público, órgão ou ente público que firma esses acordos?

Uma *segunda reflexão* diz respeito à aplicabilidade de regras de direito privado[7] aos acordos administrativos. Poderíamos sustentar a aplicabilidade subsidiária, por exemplo, dos artigos 104 e seguintes do Código Civil aos acordos administrativos, o que em tese poderia ensejar a emergência de uma racionalidade jurídico-normativa público-privada desses acordos, ou prosseguiríamos buscando soluções para problemas relativos aos acordos administrativos exclusivamente a partir do racional de direito público? Diante de lacunas legislativas acerca do regime de acordos administrativos, obviamente, o ordenamento prevê o escalonamento específico do art. 4º da LINDB, mas isto seria suficiente e alinhado com o que se espera hoje dos acordos administrativos do cotidiano administrativo?

Uma *terceira reflexão*, seria a necessidade de se estabelecer um processo permanente de avaliação legislativa das regras referentes aos regimes especiais de acordos administrativos. Como a realidade dos acordos administrativos é extremamente dinâmica, e seus graus de institucionalidade na gestão pública variam muito – a depender da matéria objeto dos acordos, maturidade institucional do órgão público, etc – seria desejável sim ter um processo de avaliação legislativa desse regramento, com

---

[7] Sobre a temática, embora aplicada ao direito italiano, cf. NAPOLITANO, Giulio. La logica del diritto amministrativo. Bologna: Il Mulino, 2014.

o fito de aperfeiçoar constantemente estas regras – até como incentivo à maior celebração de acordos administrativos – a partir da verificação do grau de efetividade que tais regras acabam por engendrar no tempo.

Uma *derradeira reflexão* no campo normativo, diz respeito à pertinência de que, para conferir real efetividade aos incentivos legais para firmar acordos administrativos, por vezes tem-se como *conditio sine qua non* a necessidade de edição de regulamentos administrativos acerca de determinados tipos de acordos em determinadas áreas temáticas. Um bom exemplo da necessidade de acordo – ainda que a legislação não obrigue – é o uso da mediação no âmbito dos processos expropriatório, que pode redundar em acordos sobre as indenizações devidas aos particulares, nos termos da Lei federal nº 13.867/19.

Finalmente, como prospecção de *novos temas para uma Agenda Investigativa sobre Acordos Administrativos*, em uma linha mais pragmática, poderíamos enumerar de modo não exaustivo:

a) Agências Reguladoras e acordos administrativos: atuação especializada, mediação de conflitos e especificidades procedimentais;

b) A adesão dos interessados aos acordos firmados e a função de "precedente" dos acordos administrativos;

c) Confiança legítima, segurança jurídica, transparência e confidencialidade nos acordos administrativos: direitos e garantias dos partícipes, destinatários, terceiros interessados e cidadãos;

d) O pré-acordo: quais normas jurídicas disciplinam os diálogos público-privados mantidos entre os agentes públicos, os agentes econômicos e as organizações da sociedade civil?;

e) O pós-acordo: discricionariedade e autotutela administrativas: espaços, limites e efeitos do poder-dever de revisão dos acordos administrativos;

f) Anulação, revogação, resolução, rescisão e resilição dos acordos administrativos.

g) Atuação do Poder Judiciário e do TCU na revisão dos acordos administrativos: os limites revisionais e a invalidação dos acordos administrativos;

h) A reserva da Administração como limite revisional jurisdicional dos acordos administrativos;

i) O "mérito" da decisão administrativa como limite revisional do TCU; e

j) A transnacionalidade dos acordos administrativos.

4. O lugar dos acordos administrativos na dogmática contemporânea

A temática dos Acordos Administrativos representa algumas das características mais fortes do direito administrativo contemporâneo: o seu caráter pragmático, dinâmico, funcionalizado e voltado a encontrar soluções para que a gestão pública seja mais eficaz e resolutiva, assim como possa atuar sempre na prevenção de conflitos administrativos. Pretendemos avançar para um direito administrativo mais dialógico, negociado e paritário, e os acordos administrativos exercem um papel relevantíssimo nessa trajetória evolutiva.

Com efeito, são os acordos administrativos autênticos instrumentos de ação pública e categoria jurídica autônoma do direito administrativo brasileiro. Assim devem ser concebidos, compreendidos e propagados pela dogmática contemporânea, que deve buscar sua teorização e regime jurídico-normativo a partir de bases e referências precisas e adequadas, revelando-se imprescindível enfrentar e desenvolver a figura do acordo administrativo em um quadrante dogmático que lhe seja próprio – e não mais tomado emprestado do contrato administrativo – como uma categoria jurídica autônoma do direito administrativo brasileiro, a ele conferindo autônomo.

Nesse sentido, as reflexões contidas neste ensaio pretendem contribuir para a realização de um ajuste mais fino da Agenda Investigativa dos Acordos Administrativos, com a finalidade de melhor compreender o instituto enquanto categoria jurídica do direito administrativo brasileiro – seus contornos, funções, limites e extensão – identificando e sinalizando possíveis ajustes e/ou inovações legislativas para melhor proteção jurídica das posições e esferas jurídicas dos envolvidos, bem como aperfeiçoamento do ordenamento jurídico para conferir melhor segurança jurídica ao instituto como um todo.

Referências

AROSO DE ALMEIDA, Mario. Princípio da legalidade e boa administração: dificuldades e desafios. In: _____. *Teoria Geral do Direito Administrativo*: temas nucleares. Coimbra: Almedina, 2012. p. 33-75.

BRASIL. AGU. *Manual de negociação baseado na Teoria de Harvard*. Brasília: EAGU, 2017.

GUERRA, Sérgio; PALMA, Juliana Bonacorsi de. Art. 26 da LINDB: novo regime jurídico de negociação com a Administração Pública. *RDA*, ed. especial LINDB, nov. 2018. p. 135-169.

IBDEE. DELOITTE. *Orientações para celebração de acordos de colaboração por empresas*. Coord. VENTURINI, Otávio. Agosto 2018.

KIRKBY, Mark Bobela-Mota. *Contratos sobre o exercício de poderes públicos*. Coimbra: Coimbra Editora, 2011.

MEIRELLES, Hely Lopes. *Direito administrativo brasileiro*. 7ª ed. São Paulo: Revista dos Tribunais, 1979. p. 373.

NAPOLITANO, Giulio. *La logica del diritto amministrativo*. Bologna: Il Mulino, 2014.

NOAH, Lars. Administrative arm-twisting in the shadow of Congressional delegations of authority. *Wisconsin Law Review 1977*: 873-941.

OLIVEIRA, Gustavo Justino de (Coord.); BARROS FILHO, Wilson Accioli (Org.). *Acordos administrativos no Brasil: teoria e prática*. São Paulo: Almedina, 2020.

OLIVEIRA, Gustavo Justino de. "Convênio é acordo, mas não é contrato": contributo de Hely Lopes Meirelles para a evolução dos acordos administrativos no Brasil. In: JUSTEN FILHO, Marçal et. al. (Orgs.). *O Direito administrativo na atualidade*: estudos em homenagem ao centenário de Hely Lopes Meirelles (1917-2017), defensor do Estado de Direito. SP: Malheiros, 2017. p. 516-527.

OLIVEIRA, Gustavo Justino de. *Contrato de gestão*. São Paulo: RT, 2008. p. 252.

OLIVEIRA, Gustavo Justino de; ESTEFAM, Felipe Faiwichow. *Curso prático de arbitragem administração pública*. São Paulo: RT, 2019.

PALMA, Juliana Bonacorsi de. *Sanção e acordo na Administração Pública*. São Paulo: Malheiros, 2015.

SCHIEFLER, Gustavo H. C. Diálogos público-privados. Tese de Doutorado. USP, 2016.

5. A homologação judicial dos acordos coletivos no Brasil

Elton Venturi

Introdução

A recente implementação no Brasil do sistema de justiça multiportas desafia inúmeros e relevantes debates a respeito da adequada instrumentalização dos mecanismos "alternativos" de solução dos conflitos. Se, por um lado, a clássica atividade jurisdicional adjudicatória do Estado encontra-se densamente regulamentada e conta com precedentes que auxiliam sua compreensão, o mesmo não se pode afirmar relativamente à forma de ser da intervenção judicial no âmbito dos acordos.

Nesse sentido, o papel a ser desempenhado pelo Poder Judiciário revela-se verdadeiramente enigmático quando se trata de invocar sua atuação para a chancela de acordos envolvendo conflitos de massa, tendo por objetivo a proteção de interesses ou direitos difusos, coletivos e individuais homogêneos.

Se a necessidade de homologação judicial dos acordos coletivos parece ser indiscutível – ao menos quando a solução consensual implique eventual transação desses direitos –, obscuros ainda são os limites e os critérios a serem considerados pelos magistrados nessa tarefa.

1. A homologação judicial dos acordos envolvendo direitos patrimoniais disponíveis

Os acordos sempre constituíram, mundo afora, meio de prevenção ou de resolução de conflitos. O consenso dos interessados a respeito da melhor solução possível para evitar ou findar uma desavença, para além de representar natural empoderamento quanto à condução de suas vidas, juridicamente elimina eventual interesse na propositura ou na manutenção de uma ação judicial.[1]

Muito embora o CPC preveja que "a autocomposição obtida será reduzida a termo e homologada por sentença" (art. 334, §11), a rigor, as partes não são obrigadas a submeter à chancela jurisdicional os termos de acordos quando os conflitos envolverem disputas sobre direitos patrimoniais disponíveis.[2]

Assim sendo, um acordo sobre a totalidade do objeto litigioso, por si só, constitui fundamento suficiente para que o juiz extinga o processo sem resolução de mérito, caso as partes não tenham interesse na obtenção da sua homologação judicial.[3]

Mesmo que na maioria das vezes, por razões pragmáticas, a homologação judicial dos acordos nas ações individuais acabe sendo automaticamente procedida, é bom lembrar que não constitui condição de eficácia do negócio jurídico entabulado pelas partes[4] que, por diversas razões, podem não desejar sua submissão à chancela judicial. Assim acontece, por exemplo, quando pretendem as partes manter os termos ajustados em sigilo – o que contrastaria, em regra, com o princípio da ampla publicidade dos atos processuais.

---

[1] Conforme determina o art. 17 do CPC brasileiro, "Para postular em juízo é necessário ter interesse e legitimidade." Da mesma forma, o art. 485, VI estabelece que não haverá resolução do mérito quando o juiz "verificar ausência de legitimidade ou de interesse processual".

[2] Como ressalta GIDI, "o eventual acordo entre as partes em um processo é uma questão de ordem privada, de natureza contratual, e que não comporta a intervenção ou o controle do Estado". GIDI, Antônio. *A class action como instrumento de tutela coletiva dos direitos*. São Paulo: RT, 2007, p. 309. Por tal motivo, a *Rule* 41 (a) (1) das *Federal Rules of Civil Procedure* estabelece que, diante do acordo entre os litigantes, o processo individual deverá ser extinto independentemente de ordem judicial.

[3] O que pode ocorrer, *v.g*, quando houver desistência da ação devidamente homologada pelo juiz (CPC, 485, VIII).

[4] Como lembra DIDIER JR., Fredie. *Curso de direito processual civil*. 18ª ed. Salvador: Juspodivm, 2016, p. 745.

A eventual homologação judicial dos acordos nas ações individuais versando sobre direitos disponíveis, no sistema processual brasileiro desempenha dupla função: *i)* permite ao Poder Judiciário apreciar seus pressupostos formais de admissibilidade (capacidade e autonomia de vontade das partes, licitude do objeto e disponibilidade da pretensão de direito material) e *ii)* constitui o *status* de título executivo judicial,[5] qualificando a decisão homologatória da autocomposição, por ficção, à sentença de mérito[6] sujeita à formação da coisa julgada.[7]

Os parâmetros a serem observados para a homologação de acordos individuais, em resumo, assentam-se no art. 142 do CPC, segundo o qual "Convencendo-se, pelas circunstâncias, de que autor e réu se serviram do processo para praticar ato simulado ou conseguir fim vedado por lei, o juiz proferirá decisão que impeça os objetivos das partes, aplicando, de ofício, as penalidades da litigância de má-fé."[8]

É precisamente por força da verificação dessas funções eminentemente instrumentais extraídas da homologação dos acordos nas ações individuais que se consegue compreender o sentido e o alcance do pa-

---

[5] "Art. 515. São títulos executivos judiciais, cujo cumprimento dar-se-á de acordo com os artigos previstos neste Título: (...) II – a decisão homologatória de autocomposição judicial; III – a decisão homologatória de autocomposição extrajudicial de qualquer natureza; (...) § 2º A autocomposição judicial pode envolver sujeito estranho ao processo e versar sobre relação jurídica que não tenha sido deduzida em juízo."

[6] Conforme o art. 487, III, "b", do CPC, há decisão de mérito quando o juiz homologa a *transação*.

[7] Ainda subsiste dúvida a respeito da viabilidade de uma homologação judicial que não analisa o conteúdo de um acordo acarretar a incidência da coisa julgada material. Nesse sentido, já decidiu o STJ que "Ao homologar acordos extrajudiciais, o Poder Judiciário promove meramente um juízo de delibação sobre a causa. Equiparar tal juízo, do ponto de vista substancial, a uma sentença judicial seria algo utópico e pouco conveniente. Atribuir eficácia de coisa julgada a tal atividade implicaria conferir um definitivo e real a um juízo meramente sumário, quando não, muitas vezes, ficto. Admitir que o judiciário seja utilizado para esse fim é diminuir-lhe a importância, é equipará-lo a um mero cartório, função para a qual ele não foi concebido. (REsp 1184151/MS, Rel. Ministro Massami Uyeda, Rel. p/ Acórdão Ministra Nancy Andrighi, 3ª T., j. 15/12/2011, DJe 09/02/2012).

[8] Conforme assentado pelo Superior Tribunal de Justiça, o juiz somente deve recusar-se a homologar um acordo quando entender, "pelas circunstâncias do fato, ter objeto ilícito ou de licitude duvidosa; violar os princípios gerais que informam o ordenamento jurídico brasileiro (entre os quais os princípios da moralidade, da impessoalidade, da isonomia e da boa-fé objetiva); ou atentar contra a dignidade da justiça (AgRg no REsp. 1.090.695/MS, Rel. Min. Herman Benjamin, DJe 04.11.2009).

pel desempenhado pelo Poder Judiciário em tais casos. Para além de eventual (a critério do interesse das partes), o exercício da função jurisdicional é meramente formal, restringindo-se à verificação da obediência do devido processo legal em sentido exclusivamente procedimental.

2. A viabilidade de acordos envolvendo direitos indisponíveis transacionáveis

Diferentemente ocorre quando o conflito submetido à adjudicação estatal tem como objeto direitos que, por sua essência ou titularidade, suscitam especial proteção por parte do Estado. Nesse caso, sempre houve histórica rejeição ou forte desconfiança quanto às soluções consensuais, gerada a partir de uma disseminada e histórica premissa a respeito da imprescindibilidade da atuação estatal interventiva, por via do efetivo julgamento do mérito da demanda.

Tal ocorre, tradicionalmente, quando o interesse ou direito é qualificado como indisponível, ou seja, quando ao seu próprio titular não é dado sua livre disposição. Assim, pela lógica do sistema de justiça nacional, se não é possível ao titular da pretensão de direito material objeto do conflito dela dispor, por consequência, também não seria possível admitir-se soluções consensuais que implicassem verdadeira transação – vale dizer, a negociação que redundasse em recíprocas concessões das pretensões em debate.[9]

Como já apontamos outrora,[10] a inapropriada e automática correlação entre indisponibilidade e inegociabilidade (ou intransacionabilidade) corresponde a sofisma estigmatizado na cultura de diversos países de *civil law* que, justificado no interesse público à mais adequada proteção dos direitos indisponíveis (mesmo que contra a vontade de seus titulares) tem significado, pragmaticamente, a absoluta ausência de proteção adequada ou, em muitos casos, o puro e simples perecimento do interesse ou direito indisponível. Essa realidade é tão mais aparente e

---

[9] Como ilustração: "Em ações que versam sobre a responsabilidade civil do Estado por ato ilícito, não há necessidade de realização de audiência preliminar, já que o direito discutido é indisponível e, portanto, não é passível de transação." (REsp 819.734/RR, Rel. Min. Castro Meira, 2ª T., DJe 13/08/2008).

[10] VENTURI, Elton. Transação de direitos indisponíveis? *Revista de processo*, vol. 251. São Paulo: Revista dos Tribunais, 2016.

especialmente grave nos países cujos sistemas de justiça não garantem prestação jurisdicional efetiva e em tempo razoável.[11]

Dessa forma, pela lógica do descabimento de transações envolvendo direitos indisponíveis, e pela equivocada premissa de que os interesses coletivos automaticamente seriam indisponíveis, o tema referente à homologação judicial de acordos coletivos ainda não despertou grande interesse na doutrina nacional, a não ser pelas obras dedicadas à exploração comparada de modelos resolutórios nos países de *common law*.[12]

Todavia, na medida em que nos deparamos com uma crescente disseminação de soluções consensuais de conflitos coletivos (impulsionadas pela exsurgência do movimento de justiça multiportas no Brasil), e a partir do momento em que nosso ordenamento jurídico passa a autorizar expressamente o emprego de procedimentos de mediação de conflitos que envolvam direitos indisponíveis que admitam transação (art. 3º, caput, da Lei nº 13.140/2015), o estudo e a sistematização dos acordos coletivos e das balizas de seu controle jurisdicional tornam-se necessários e urgentes.

3. Os acordos coletivos envolvendo interesses ou direitos difusos, coletivos e individuais homogêneos

A histórica desconfiança que repele a autocomposição, ainda, não se limita aos conflitos envolvendo direitos indisponíveis. Ela igualmente

---

[11] Sensível em relação aos óbices opostos tradicionalmente contra soluções conciliadas envolvendo interesses coletivos, conclui Neil ANDREWS: "*Non è forse meglio che vi sia una qualche forma di giustizia consensuale, dotata dei caratteri della flessibilità e della pubblicità, piuttosto che il diritto formale ad un processo, in pratica però inibito da costi elevatissimi e dall'estremo tecnicismo richiesto per trattare controversie complesse che coinvolgono centinaia o perfino migliaia di persone? Si prendano in seria considerazione le riflessioni di Lord Brougham, un Lord Chancellor del diciannovesimo Secolo, pronunciate in Parlamento nel 1830 durante l'approvazione della legge istitutiva delle County Courts: "better something of justice than nothing – it may be slovenly justice, but as precious a thing is justice (...) I should rather even slovenly justice than the absolute, peremptory, and inflexible denial of"*. Controversie collettive, transazione e conciliazione in Inghilterra. *Revista de Processo*, vol. 169. São Paulo: Revista dos Tribunais, 2009, p. 62.

[12] Estudos referenciais sobre os acordos coletivos no sistema brasileiro podem ser conferidos nas obras de Antonio GIDI, em especial, *Rumo a um código de processo civil coletivo*. Rio de Janeiro: Forense, 2008, p. 266-281. Consulte-se, também, a fundamental coletânea coordenada por ZANETI JR, Hermes e CABRAL, Trícia Navarro Xavier. *Justiça multiportas*. 2ª ed. Salvador: Editora Juspodivm, 2018. Ainda, DIDIER JR., Fredie e ZANETI JR., Hermes. *Curso de direito processual civil*. 11ª ed. Salvador: Editora Juspodivm, 2017, p. 339-341.

ocorre quando da tentativa de resolução de casos relativos aos interesses ou direitos transindividuais (difusos e coletivos) e, muitas vezes, também nos conflitos envolvendo direitos individuais homogêneos patrimoniais, quando considerados de relevância social.[13]

Apesar de grande parte da doutrina e da jurisprudência qualificar tais direitos como indisponíveis, não parece razoável que a mera transindividualidade ou multitudinariedade da pretensão material conflituosa redunde no seu automático enquadramento como indisponível.[14]

Conceitualmente, as características ínsitas aos interesses ou direitos difusos e coletivos atrelam-se à sua transindividualidade e indivisibilidade. Essas características, contudo, não implicam necessariamente sua indisponibilidade e, consequentemente, intolerabilidade de sujeição a procedimentos de negociação, mediação ou conciliação que eventualmente conduzam à sua transação.[15]

A convicção de que os acordos são, desde sempre, a forma mais econômica e eficiente de se evitar ou resolver um conflito, não pode simplesmente deixar de ser considerada na perspectiva das pretensões individuais homogêneas de massa envolvendo, dentre outros, consumidores, contribuintes, trabalhadores, segurados da previdência social e servidores públicos. Da mesma forma, a lógica econômica dos acordos não pode ser ignorada quando se pensa na prevenção ou solução de conflitos que envolvam, v.g., o meio-ambiente, o patrimônio público, as

---

[13] Segundo orientação do STJ, "A relevância social pode ser objetiva (decorrente da própria natureza dos valores e bens em questão, como a dignidade da pessoa humana, o meio ambiente ecologicamente equilibrado, a saúde, a educação) ou subjetiva (aflorada pela qualidade especial dos sujeitos como um grupo de idosos ou de crianças, p. ex., ou pela repercussão massificada da demanda). (REsp 347.752/SP, Rel. Ministro Herman Benjamin, 2ª T., DJe 04/11/2009).

[14] Como bem destacado pelo Ministro BENJAMIN, "Homogeneidade e indisponibilidade não se confundem. Uma se refere à gênese causal da pretensão em juízo, a origem comum; a outra diz respeito à liberdade plena ou limitada do titular para se desfazer, total ou parcialmente, do bem jurídico em litígio. Existem interesses e direitos disponíveis que nem por isso deixam de ser homogêneos, como há interesses e direitos indisponíveis que também são homogêneos. No plano estritamente pragmático da gestão de conflitos individuais, o que recomenda a defesa judicial coletiva não é a indisponibilidade, mas a homogeneidade." (REsp 1444842/RJ, Rel. Min. Herman Benjamin, 2ª T., DJe 17/11/2016)

[15] Segundo anota Antônio GIDI, "Um direito não passa a ser indisponível simplesmente por ser difuso, coletivo ou individual homogêneo". *Rumo a um código de processo civil coletivo*. Rio de Janeiro: Forense, 2008, p. 275.

políticas públicas de saúde, segurança, educação e bem-estar social e a moralidade administrativa.[16]

Por óbvio, a admissão da autocomposição nos conflitos relativos aos direitos coletivos em sentido amplo suscita problemas de diversas ordens, derivados da complexidade da idealização e da implementação de um devido processo legal que legitime os acordos sob os pontos de vista social e jurídico.

Dentre os problemas que se apresentam à construção de um modelo de devido processo para os acordos podem ser destacados: *i)* a correta qualificação do conflito coletivo; *ii)* a identificação do grupo social titular da pretensão; *iii)* a adequação do(s) representante(s) do grupo para o procedimento resolutório escolhido; *iv)* a garantia da adequada oitiva dos membros e ou dos representantes do grupo social titular da pretensão; *v)* uma necessária fiscalização do sistema de justiça quanto à adequação, justiça e razoabilidade dos acordos coletivos.

O grande desafio a ser enfrentado pelos sistemas de justiça que, a exemplo do brasileiro, não possuem tradição na resolução consensual de conflitos que exijam uma intervenção estatal mais atenta (em especial, dos conflitos coletivos), é o da construção de um devido processo legal para os acordos.

4. O papel do Poder Judiciário diante dos acordos coletivos

Vencida a barreira da admissibilidade teórica das soluções autocompositivas dos conflitos relativos a interesses ou direitos transindividuais e individuais homogêneos, longo caminho há de ser trilhado para a construção do devido processo legal dos acordos coletivos.

Dentre vários aspectos, essa construção envolve a definição do papel a ser desempenhado pelo Poder Judiciário diante de tais acordos. Nesse sentido, uma primeira e prejudicial questão sobre o tema diz respeito à

---

[16] Admitindo, em maior ou menor grau, a possibilidade de transação envolvendo direitos coletivos, DIDIER JR, Fredie e ZANETI JR, Hermes. Justiça multiportas e tutela adequada em litígios complexos. *In: Justiça multiportas.* Salvador: Juspodivm, 2018, p. 40-41; GRAVONSKI, Alexandre. *Técnicas extraprocessuais de tutela coletiva.* São Paulo: Revista dos Tribunais, 2010, p. 160-168 e NERY, Ana Luíza Andrade. *Compromisso de ajustamento de conduta.* 2ª ed. São Paulo: Revista dos Tribunais, 2012, p. 151 e GIDI, Antonio. *Rumo a um código de processo civil coletivo.* Rio de Janeiro: Forense, 2008, p. 277-278.

necessidade da intervenção jurisdicional em sede de acordos coletivos – sobretudo quando qualificáveis como verdadeiras transações.

De fato, parece possível afirmar que ainda não há uma clara compreensão do sistema de justiça nacional a respeito da necessidade da homologação judicial de acordos envolvendo direitos transindividuais ou individuais homogêneos.

Tal indefinição ocorre, ao menos, por dois motivos: a falta de tradição dos acordos coletivos diante da cultura da adjudicação e a disseminada prática dos compromissos de ajustamento de condutas como instrumento extrajudicial de resolução dos conflitos coletivos que, em princípio, dispensa qualquer chancela judicial por não implicar autêntica transação.[17]

Os acordos nos processos judiciais brasileiros são pouco frequentes, como apontam os mais recentes dados oficiais.[18] Apesar de inexistirem dados precisos sobre o índice de autocomposição no âmbito das diversas ações coletivas, ninguém ousaria duvidar de que são expressivamente ainda inferiores.

Tal cenário acarreta fundadas dúvidas a respeito de qual seria precisamente o papel da intervenção jurisdicional diante de propostas de acordos nas demandas coletivas já instauradas. Dentre elas, exemplificamos: *a)* a homologação da proposta de acordo seria obrigatória para dar-lhe validade e eficácia?; *b)* a homologação do acordo seria necessária para a extinção da ação coletiva?; *c)* os critérios para a análise judicial chancelatória dos acordos coletivos seriam similares ou idênticos àqueles já seguidos pelo sistema de justiça nas demandas individuais?; *d)* a homologação se circunscreveria à verificação dos pressupostos formais de validade?; *e)* a intervenção judicial deveria ser mais ativa e vertical, no sentido de um verdadeiro escrutínio a respeito do próprio mérito do acordo coletivo, em prol da defesa dos interesses dos membros do grupo

---

[17] Conforme Antônio GIDI, "por uma deformação da nossa legislação, o tema dos acordos coletivos é debatido pela doutrina brasileira dentro do contexto limitado do compromisso de ajustamento de conduta", o que conduz à uma restritiva compreensão do tema. *Rumo a um código de processo civil coletivo*. Rio de Janeiro: Forense, 2008, p. 271.

[18] Segundo o relatório "Justiça em números", divulgado pelo CNJ no ano de 2019 refletindo dados levantados no ano anterior, a média geral de acordos nos processos cíveis ficou em 11,5%, sendo que as sentenças homologatórias de acordos representaram, em 2018, apenas 0,9% do total de processos julgados. https://www.cnj.jus.br/wp-content/uploads/conteudo/arquivo/2019/08/justica_em_numeros20190919.pdf) Acessado em 14/4/2020.

tutelado?; *f)* a manifestação de vontade das partes formais da relação processual bastaria para a chancela judicial ou os demais legitimados ativos para a tutela coletiva deveriam ser consultados?; *g)* para além da consulta dos representantes judiciais, os membros do grupo também deveriam ser de alguma forma ouvidos?; *h)* poderiam os membros do grupo optar por não aceitar o acordo? Quais as consequências disso?; *i)* a intervenção do Ministério Público seria obrigatória nos acordos coletivos, sob pena de nulidade?; *j)* seria admissível o acordo coletivo mesmo estando fundamentada a ação coletiva na inconstitucionalidade de lei ou ato normativo?; *k)* a decisão homologatória de acordos coletivos gera eficácia oponível *erga-omnes* ou *interpartes*? Sua abrangência poderia ser regional ou nacional?; *l)* a decisão homologatória de acordos coletivos pode gerar coisa julgada material?; *m)* a coisa julgada estaria condicionada à cláusula *rebus sic stantibus*?; *n)* quais são os meios impugnativos cabíveis para a revisibilidade da decisão homologatória?; *o)* seria possível liquidação e execução individual de um acordo coletivo inadimplido?; *p)* o objeto do acordo coletivo poderia transcender o objeto do processo coletivo dentro do qual será homologado?

As respostas para essas e tantas outras dúvidas que o sistema de justiça brasileiro já começa a enfrentar em tema de acordos coletivos serão gradativamente construídas, na medida da crescente provocação dos tribunais a respeito e do interesse da academia em explorá-los.

Por outro lado, se não há grande experiência do país quanto aos acordos judiciais em demandas coletivas, um instrumento extrajudicial de composição de conflitos coletivos vem sendo vastamente utilizado no Brasil desde 1990, parametrizando as soluções consensuais por iniciativa do Ministério Público e das pessoas jurídicas de direito público. Trata-se do Compromisso de Ajustamento de Condutas, inserido na Lei da Ação Civil Pública[19] e incorporado ao novo CPC de 2015.[20]

---

[19] "Art. 6º, §6º: Os órgãos públicos legitimados poderão tomar dos interessados compromisso de ajustamento de sua conduta às exigências legais, mediante cominações, que terá eficácia de título executivo extrajudicial".

[20] O art. 784, IV, do CPC qualifica como título executivo extrajudicial "o instrumento de transação referendado pelo Ministério Público, pela Defensoria Pública, pela Advocacia Pública, pelos advogados dos transatores ou por conciliador ou mediador credenciado por tribunal". Perceba-se que o CPC, diferentemente da LACP, expressamente conceitua o mecanismo como autêntica transação.

Segundo preponderante orientação doutrinária e jurisprudencial, o objetivo do compromisso de ajustamento de condutas seria restrito à regulação de comportamentos e eventuais sanções, aplicáveis convencionalmente a quem se imputa a prática ilegal e lesiva a qualquer interesse ou direito transindividual.[21] Dessa forma, o mecanismo serviria apenas a viabilizar

> garantia mínima em prol do grupo, classe ou categoria de pessoas atingidas, não pode[ndo] ser garantia máxima de responsabilidade do causador do dano, sob pena de admitirmos que lesados fiquem sem acesso jurisdicional.[22]

Enquanto instrumento inapto à realização de autênticas transações, não haveria, em princípio, qualquer imposição para que os termos de ajustamento de conduta firmados sejam submetidos à homologação judicial.[23] Uma tal iniciativa constituiria, por essa lógica, mera opção das partes a fim de lhes garantir as vantagens processuais decorrentes da criação de um título executivo judicial.[24]

---

[21] Nesse sentido, por todos, ver RODRIGUES, Geisa de Assis. *A ação civil pública e o termo de ajustamento de condutas.* Rio de Janeiro: Forense, 2002, p. 97.

[22] Nesse sentido, BUENO, Cássio Scarpinella. As class actions norte-americanas e as ações coletivas brasileiras: pontos para uma reflexão conjunta. *Revista de processo*, vol. 82, abr/1996, p. 92.

[23] A natureza não negocial do TAC restou reafirmada pela Resolução nº 179 do CNMP, no §1º do art. 1º: "Não sendo o titular dos direitos concretizados no compromisso de ajustamento de conduta, não pode o órgão do Ministério Público fazer concessões que impliquem renúncia aos direitos ou interesses difusos, coletivos e individuais homogêneos, cingindo-se a negociação à interpretação do direito para o caso concreto, à especificação das obrigações adequadas e necessárias, em especial o modo, tempo e lugar de cumprimento, bem como à mitigação, à compensação e à indenização dos danos que não possam ser recuperados".

[24] "O Termo de Ajustamento de Conduta é título executivo extrajudicial, conforme dispõe o art. 5º, § 6º, da Lei 7.347/1985, e o seu descumprimento permite ajuizar Ação de Execução. Contudo, o Ministério Público pode optar por homologar judicialmente o acordo entabulado no TAC, art. 475-N, V, do CPC, pois obterá título executivo judicial, instrumento mais célere e efetivo para a proteção dos direitos coletivos. É importante salientar que a elaboração do TAC não põe fim ao litígio, porque não afasta a obrigação do Poder Judiciário de homologar o termo assinado pelos interessados. Precedentes: AgRg no AREsp 248.929/RS, Rel. Ministro Herman Benjamin, 2ª T., DJe 5/8/2015; AgRg no AREsp 247.286/PB, Rel. Ministro Og Fernandes, 2ª T., DJe 5/12/2014) e REsp 1.150.530/SC, Rel. Ministro Humberto

Contudo, na medida em que o instrumento dos ajustamentos de conduta começa a ser gradativamente manipulado com o intuito de prevenir ou solucionar conflitos coletivos a partir de processos de negociação que implicam verdadeira transação das pretensões substanciais tuteladas, parece indiscutível a necessidade de uma diferenciada intervenção jurisdicional para sua validação e legitimação.

A necessidade de homologação judicial de transações coletivas resultantes de negociações empreendidas extrajudicialmente (mediante os compromissos de ajustamento de condutas) ou judicialmente (no âmbito de um processo coletivo já instaurado) deve ser compreendida a partir do interesse público existente na fiscalização do devido processo legal processual e substancial dessas soluções consensuais.

Em síntese, esse escrutínio jurisdicional se ocupará da verificação da adequada representatividade dos membros do corpo social titular da pretensão material por parte das instituições legitimadas envolvidas no acordo,[25] assim como da equanimidade do seu conteúdo.

5. Os critérios para a homologação judicial dos acordos coletivos: ponderação sobre justiça, razoabilidade e adequação

Assentada a conclusão da necessidade de intervenção judicial para a validade e legitimidade de acordos coletivos que impliquem transação dos interesses ou direitos em jogo, a preocupação subsequente volta-se à identificação de critérios a serem observados pelo Poder Judiciário.

Para tanto, não é possível um simples transplante dos pressupostos classicamente estabelecidos para a atuação jurisdicional chancelatória dos acordos individuais envolvendo direitos patrimoniais disponíveis, quando a intervenção estatal é caracterizada pela verificação formal da capacidade e livre manifestação de vontade das partes, da licitude do objeto e da inexistência de ofensa à ordem pública.

A homologação judicial de acordos coletivos, por outro lado, assume viés diferenciado e altamente complexo, invocando verdadeiro escrutínio jurisdicional a respeito do devido processo legal quanto à sua forma (procedimento) e ao seu conteúdo.

Martins, 2ª T., DJe 8/3/2010)". (REsp 1572000/SP, Rel. Ministro Herman Benjamin, 2ª T., j. 23/02/2016, DJe 30/05/2016).

[25] Sobre o papel judicial no controle da adequada representatividade, ver GIDI, Antônio. *A class action como instrumento de tutela coletiva dos direitos*. São Paulo: RT, 2007, p. 320 e seguintes.

Essa tarefa desafia, dentre outros pressupostos, uma necessária autocontenção do Poder Judiciário no intuito de preservar sua imparcialidade para a fiscalização do *due process*. Para tanto, não podem os juízes aos quais se atribui a missão homologatória assumir a condição de partícipes da mesa de negociação, situação que poderia indevidamente forçá-los a forçar a aceitação da proposta.[26]

A avaliação substancial do ajuste coletivo deve ser realizada de forma a se preservar, tanto quanto possível, a autonomia das partes proponentes envolvidas nas negociações. Nesse sentido, não é dado ao Poder Judiciário a imposição de alterações no conteúdo da proposta avaliada – o que transformaria a atuação chancelatória em autêntica adjudicação. No universo dos acordos, ao contrário da atividade jurisdicional adjudicatória, a função homologatória não implica substitutividade da vontade das partes pela vontade do Estado.[27]

Assim, *v.g.*, uma vez negada a homologação de um acordo coletivo considerado indevido, ao magistrado incumbiria tão somente devolver às partes as tratativas de negociação para que, eventualmente, nova proposta possa vir a ser por elas entabulada e novamente encaminhada à avaliação judicial.[28]

Os parâmetros da intervenção jurisdicional na aprovação de acordos coletivos desafiam, em última análise, os controversos limites da *judicial review*, sobretudo quando os magistrados se dispõem a averiguar se o conteúdo desses acordos se ajusta à garantia do devido processo legal em sentido substancial.[29]

---

[26] Conforme sustenta Schuck, Peter H. *The Role of Judges* in *Settling Complex Cases: The Agent Orange Example*, University of Chicago Law Review (1986), vol. 51, p. 361.

[27] Ainda segundo Schuck, nenhum acordo que tenha sido criado por obra quase que exclusivamente judicial pode ser considerado justo, razoável e adequado. *Idem*, p. 362.

[28] Dentre os princípios informadores do *judicial review* dos acordos coletivos, o *American Law Institute* sugere: "Um tribunal pode aprovar ou desaprovar uma proposta de acordo coletivo, porém, não pode, por conta própria, intervir no acordo para adicionar, excluir ou modificar qualquer de seus termos. O tribunal pode, contudo, informar as partes de que não aprovará o acordo até que algum termo seja corrigido conforme sua determinação". *The American Law Institute. Princípios do Direito – Processo Agregado.* (trad. Bruno Dantas). São Paulo: Revista dos Tribunais, 2017, p. 257.

[29] A respeito da doutrina da *substantive due process* e dos riscos que ela traz para a transformação do Poder Judiciário em um "super-Legislativo", Del Claro, Roberto. Devido processo substancial? In: *Estudos de direito processual – homenagem ao professor Egas Dirceu Moniz de Aragão*. (coord. Luiz Guilherme Marinoni). São Paulo: RT, 2005, p. 192-213.

E essa discussão ganha ainda maior complexidade nos sistemas de justiça nos quais se percebe notória tendência de disseminação de um ativismo judicial que, muitas vezes, obscurece a necessidade de uma autocontenção da atuação jurisdicional, sem a qual torna-se praticamente inviável a manutenção da estabilidade da interrelação entre os poderes do Estado, tanto quanto a preservação dos valores da liberdade e da autonomia das vontades.

Em que pese a inexistência de critérios pré-estabelecidos pelo ordenamento brasileiro para a homologação judicial de acordos coletivos, assim como a rara atuação dos tribunais nacionais sobre o tema, a antiga experiência dos países de *common law* – em especial a dos Estados Unidos da América – revela-se extremamente útil a informar possíveis caminhos a serem trilhados por nós. A história da gradativa implementação do controle jurisdicional dos acordos nas *class actions* demonstra precisamente a tentativa de equalização das fortes tensões econômicas, ideológicas, políticas e sociais que atuam sobre a resolução dos conflitos de massa.[30]

A regulamentação dos critérios para a homologação judicial dos acordos nas *class actions* norte-americanas somente ocorreu no ano de 2003, fruto de forte reação do sistema de justiça contra constantes abusos dos advogados, que transformaram os processos coletivos indenizatórios em negócio altamente lucrativo em termos de honorários, em prejuízo, muitas vezes, dos interesses dos milhares ou dos milhões de indivíduos por eles representados.[31]

Muito embora a redação original da regra 23 das Federal Rules *of Civil Procedure* já previsse que qualquer extinção de uma *class action* deveria necessariamente ser aprovada pela corte,[32] a reforma levada a efeito

---

[30] Sobre a função homologatória e revisional das cortes americanas sobre acordos coletivos, BRUMMER, Chris. *Sharpening the Sword: Class Certification, Appellate Review, and the Role of the Fiduciary Judge in Class Action Lawsuits*. Columbia Law Review, vol. 104, no. 4, 2004, pp. 1042–1071. JSTOR, www.jstor.org/stable/4099367. Acessado em 12/4/2020.

[31] Nesse particular, é interessante perceber como a predominância das soluções consensuais dos conflitos de massa nos Estados Unidos da América derivou de uma lógica econômica não exatamente relacionada à concretização de indenizações viabilizadas às vítimas pelos acordos, mas, antes disso, aos altos interesses financeiros das corporações processadas e dos advogados do grupo. Sobre o tema, GIDI, Antônio. *A class action como instrumento de tutela coletiva dos direitos*. São Paulo: RT, 2007, p. 245.

[32] 23 (e) SETTLEMENT, VOLUNTARY DISMISSAL, OR COMPROMISE. The claims, issues, or defenses of a certified class—or a class proposed to be certified for purposes of

em 2003 definiu como critérios para a aprovação judicial da proposta de acordos coletivos a sua justiça, razoabilidade e adequação.[33]

Nada obstante os graus de abstração e de generalidade contidos em tais critérios, ainda assim não deixam de constituir parâmetros fundamentais para uma intervenção jurisdicional essencialmente fiscalizatória das soluções consensualmente apresentadas ao escrutínio jurisdicional. Em última análise, fixam premissas para que os magistrados, em cada caso concreto, submetam as propostas de acordos coletivos a testes de ponderação pelos quais se afiram sua justiça, razoabilidade e adequação, tomando em consideração tanto o *procedimento* utilizado pelas partes, como o conteúdo substancial do ajuste.[34]

Para a execução dos referidos testes de ponderação, diversos são os fatores que podem ser utilizados pelo Poder Judiciário, em atenção, inicialmente, à necessidade de adequada justificação da discricionariedade judicial na homologação dos acordos coletivos. Ainda, a identificação dos fatores de ponderação se presta a sinalizar ao sistema de justiça – e, em especial, às Instituições responsáveis pela tutela dos interesses ou direitos transindividuais e individuais homogêneos de relevância social –, uma necessária e mínima previsibilidade da atuação jurisdicional, em homenagem à segurança jurídica e eficiência da proteção desses direitos.

6. Os fatores procedimentais e substanciais aplicáveis nos testes de ponderação

Ao se analisar a experiência da homologação das *class action settlements*, percebe-se que as diversas cortes estaduais e federais de apelação norte-americanas acabaram por estabelecer múltiplos *fatores* que as auxiliam na avaliação da justiça, razoabilidade e adequação das propostas. Eles instrumentalizam, em suma, os testes de ponderação que devem ser aplicados a toda e qualquer proposta de acordo coletivo.

---

settlement—may be settled, voluntarily dismissed, or compromised only with the court's approval.

[33] 23 (e)(2) Approval of the Proposal. If the proposal would bind class members, the court may approve it only after a hearing and only on finding that it is fair, reasonable, and adequate (...).

[34] Conforme RUBENSTEIN, William B. *The fairness hearing: adversarial and regulatory approaches*, 53 UCLA L. Rev., 2006, p. 1435, 1436-40, "the proposed settlement of a class action should trigger a two-part fairness hearing, involving both judicial assessment of the value of the claims and regulatory assessment of the process of settlement."

Dentre os fatores utilizados, destacam-se questões relacionadas à complexidade do conflito, aos seus custos e tempo de duração, a eventual ocorrência da adjudicação por via de um processo coletivo, aos riscos do sucesso da ação na demonstração da responsabilidade dos réus e dos danos causados, à probabilidade de um efetivo julgamento de procedência, às condições ou valores propostos pelo do acordo e à reação da classe e dos seus representantes relativamente aos termos do acordo.[35]

Todavia, a discricionariedade relegada às cortes para a idealização e utilização desses fatores, paradoxalmente, pode acarretar confusão e inconsistência do escrutínio jurisdicional da proposta vista em sua integralidade.[36] Como anota GIDI, a adequação de um acordo coletivo deve ser avaliada e comparada com as alternativas disponíveis.

Assim, uma proposta de acordo aparentemente inadequada pode se mostrar a melhor forma de tutelar os interesses do grupo em face da totalidade das circunstâncias envolvidas no caso concreto.[37]

Diante das sensíveis diferenças entre os sistemas de justiça do *common law* e do *civil law* – particularmente no que diz respeito à forma de intervenção judicial –, seria possível e pertinente que os critérios de justiça, razoabilidade e adequação fossem observados no Brasil para justificar os acordos coletivos? Teriam lugar, entre nós, similares testes de ponderação a serem aplicados por juízes e tribunais no desempenho de sua função homologatória?

[35] A respeito dos *standarts* utilizados como fatores de testes da *judicial review* dos *class action settlements*, MACEY, Jonathan R. and MILLER, Geoffrey P., Judicial Review of Class Action Settlements (September 2007). *NYU Law and Economics Research Paper* nº 07-34, p. 8. Disponível em: SSRN: https://ssrn.com/abstract=1017266 or http://dx.doi.org/10.2139/ssrn.1017266. No apêndice do texto, os autores reportam todos os fatores adotados pelas cortes federais norte-americanas (*federal circuits*).

[36] *Idem*. Como anotam MACEY e MILLER, há o risco de que um *check list* fechado acarrete omissão do Judiciário em analisar fatores não citados, assim como avaliar mecanicamente a proposta de acordo coletivo por via dos fatores fixados, deixando de avaliar a proposta de acordo como um todo. Assim, os fatores de testes levados a cabo pelas cortes norte-americanas poderiam fracassar, ora pela sua insuficiência, ora pela sua exorbitância, por sua eventual sobreposição e pela ausência de pesos predefinidos relativamente a cada um dos fatores levados em consideração.

[37] GIDI, Antônio. *A class action como instrumento de tutela coletiva dos direitos*. São Paulo: RT, 2007, p. 323.

Não parece existir razão lógica para respostas negativas a respeito de tais indagações. Todo o longo e debatido processo de construção do atual modelo de avaliação de acordos coletivos no sistema norte-americano não pode ser simplesmente por nós desprezado, por precipitadas justificativas centradas em suposta inviabilidade de interação entre os sistemas de justiça ou, pior, pela insensata insistência em se tentar redescobrir o fogo ou a roda.

Apesar de a convergência entre os sistemas de justiça ser uma realidade inegável e naturalmente decorrente do processo de globalização que afeta os meios de resolução de conflitos,[38] a compreensão de seus limites e consequências ainda demanda tempo.[39]

É evidente, por outro lado, que necessárias adaptações e inovações devem ser implementadas pelo sistema de justiça brasileiro nesse caminho. Basta lembrar, nesse sentido, que, entre nós, o movimento pela instauração da justiça multiportas – que aposta fortemente as soluções consensuais dos conflitos – não foi impulsionado pela mesma lógica mercantilista responsável pela transformação da adjudicação nos Estados Unidos da América, significativamente representada pela explosão dos acordos.[40]

Apenas como exemplo, a tutela coletiva dos direitos no Brasil não sofre do maior fator de desconfiança e de tensão geradas pelos acordos coletivos no sistema norte-americano das *class actions*, qual seja, a definição dos honorários advocatícios.

Isso ocorre, fundamentalmente, em função de uma antiga opção político-legislativa em se confiar a legitimação ativa para a promoção das ações coletivas a Instituições públicas (Ministério Público, Defensoria Pública e Advocacia Pública), que devem atuar, portanto, sem qualquer incentivo econômico subjacente. Mesmo quando as ações coletivas são promovidas por entidades privadas (associações civis e sindicatos), ainda

---

[38] Sobre o tema, CHASE, Oscar G. and WALKER, Janet. *Common Law, civil Law and the Future of Categories: An Introduction*. Chase, Oscar G., and Janet Walker, eds. Common Law, Civil Law and the Future of Categories. Markham, ON: LexisNexis, 2010.

[39] Conforme DONDI, Angelo; ANSANELLI, Vincenzo e COMOGLIO, Paulo. *Processo civil comparado: uma perspectiva evolutiva*. Trad. Luiz Guilherme Marinoni, Sérgio Cruz Arenhart e Daniel Mitidiero. São Paulo: Revista dos Tribunais, 2017, p. 48.

[40] Sobre o assunto, RESNIK Judith. *Managerial Judges, Jeremy Bentham and the Privatization of Adjudication, in Common Law, Civil Law and the Future of Categories*, at 205-224 (eds. Janet Walker and Oscar G. Chase, LexisNexis Canada, 2010), p. 207.

assim não há previsão do pagamento de qualquer prêmio financeiro pelo eventual sucesso da causa, sendo os honorários advocatícios, por sua vez, submetidos aos critérios de modicidade estabelecidos pelo código de processo civil.

Por outro lado, esse modelo de legitimação ativa acarreta outros e graves problemas que desafiam a aferição da justiça, razoabilidade e adequação de possíveis acordos coletivos negociados pelas referidas entidades.

Apenas para se dimensionar as possíveis questões que podem (ou devem) ser alvo do escrutínio judicial a respeito do papel desempenhado pelas Instituições legitimadas em tema de acordos coletivos, destacam-se: *i*) a existência de uma legitimação universal ou específica; *ii*) a pertinência temática da atuação institucional; iii) a sobreposição de legitimações concorrentes e disjuntivas; *iv*) a existência de controles institucionais internos aos quais as propostas de acordo sejam submetidas; *v*) o âmbito espacial de atuação institucional (local, regional ou nacional); *vi*) a legitimidade social da Instituição frente ao grupo social representado no acordo coletivo; *vii*) a implementação de prévios procedimentos administrativos que permitam informações adequadas ao grupo representado, bem como sua efetiva oitiva e participação na discussão e aprovação da proposta de acordo.

Muito embora todas essas questões possam ser confinadas ao pressuposto da adequada representatividade, parece inegável que constituem fatores específicos que devem instrumentalizar os testes de ponderação a respeito da justiça, razoabilidade e adequação dos acordos coletivos, sempre que submetidos à homologação judicial. E, assim como o tema da legitimação ativa para os acordos coletivos suscita uma multiplicidade de fatores a serem testados, tantos outros temas (processuais e substanciais) podem indicar novos fatores igualmente relevantes a serem considerados.

Conclusões

A homologação jurisdicional dos acordos envolvendo os direitos difusos, coletivos e individuais homogêneos deve ser compreendida como tarefa indispensável à preservação do interesse público na aferição dos aspectos procedimentais e substanciais mais relevantes. A análise judicial deve recair, assim, sobre a adequada representatividade do grupo social titular dos interesses ou direitos em jogo, assim como sobre a justiça, a razoabilidade e a adequação das soluções consensuais propostas.

Entretanto, no exercício dessa função chancelatória dos acordos coletivos, o Poder Judiciário não pode perder de vista a necessidade de se preservar, tanto quanto possível, a liberdade e a autonomia das vontades das partes envolvidas, sob pena de se transformar a fiscalização jurisdicional em verdadeira adjudicação estatal do conflito.

A adequada compreensão do sentido, dos limites, dos critérios e da forma pelos quais devem os acordos coletivos ser submetidos à fiscalização jurisdicional é indispensável à construção do devido processo legal das soluções consensuais dos conflitos de massa no Brasil.

Referências

ANDREWS, Neil. Controversie collettive, transazione e conciliazione in Inghilterra. *Revista de Processo*, vol. 169. São Paulo: Revista dos Tribunais, 2009.

BRUMMER, Chris. *Sharpening the Sword: Class Certification, Appellate Review, and the Role of the Fiduciary Judge in Class Action Lawsuits*. Columbia Law Review, vol. 104, no. 4, 2004, pp. 1042–1071. JSTOR, www.jstor.org/stable/4099367.

BUENO, Cássio Scarpinella. As class actions norte-americanas e as ações coletivas brasileiras: pontos para uma reflexão conjunta. *Revista de processo*, vol. 82. São Paulo: Revista dos Tribunais, 1996.

CHASE, Oscar G. e WALKER, Janet. *Common Law, civil Law and the Future of Categories: An Introduction*. Chase, Oscar G., and Janet Walker, eds. Common Law, Civil Law and the Future of Categories. Markham, ON: LexisNexis, 2010.

DEL CLARO, Roberto. Devido processo substancial? In: *Estudos de direito processual – homenagem ao professor Egas Dirceu Moniz de Aragão*. (coord. Luiz Guilherme Marinoni). São Paulo: Revista dos Tribunais, 2005.

DIDIER JR., Fredie. *Curso de direito processual civil*. 18ª ed. Salvador: Juspodivm, 2016.

DIDIER JR., Fredie e ZANETI JR., Hermes. Justiça multiportas e tutela adequada em litígios complexos. In: *Justiça multiportas*. 2ª ed. Salvador: Juspodivm, 2018.

_____. *Curso de direito processual civil*. 11ª ed. Salvador: Editora Juspodivm, 2017.

DONDI, Angelo; ANSANELLI, Vincenzo e COMOGLIO, Paulo. *Processo civil comparado: uma perspectiva evolutiva*. Trad. Luiz Guilherme Marinoni, Sérgio Cruz Arenhart e Daniel Mitidiero. São Paulo: Revista dos Tribunais, 2017.

GIDI, Antônio. *A class action como instrumento de tutela coletiva dos direitos*. São Paulo: Revista dos Tribunais, 2007.

_____. *Rumo a um código de processo civil coletivo*. Rio de Janeiro: Forense, 2008.

GRAVONSKI, Alexandre. *Técnicas extraprocessuais de tutela coletiva*. São Paulo: Revista dos Tribunais, 2010.

MACEY, Jonathan R.; MILLER, Geoffrey P. Judicial Review of Class Action Settlements (September 2007). *NYU Law and Economics Research Paper* nº 07-34. SSRN: https://ssrn.com/abstract=1017266 or http://dx.doi.org/10.2139/ssrn.1017266.

NERY, Ana Luíza Andrade. *Compromisso de ajustamento de conduta*. 2ª ed. São Paulo, Revista dos Tribunais, 2012.

RESNIK Judith. *Managerial Judges, Jeremy Bentham and the Privatization of Adjudication, in Common Law, Civil Law and the Future of Categories*. Ed. Janet Walker and Oscar G. Chase, LexisNexis, Canadá, 2010.

RODRIGUES, Geisa de Assis. *A ação civil pública e o termo de ajustamento de condutas*. Rio de Janeiro: Forense, 2002.

RUBENSTEIN, William B. *The fairness hearing: adversarial and regulatory approaches*, 53 UCLA L. Rev., 2006.

VENTURI, Elton. Transação de direitos indisponíveis? *Revista de processo*, vol. 251. São Paulo: Revista dos Tribunais, 2016.

ZANETI JR, Hermes e CABRAL, Trícia Navarro Xavier. *Justiça multiportas*. 2ª ed. Salvador: Editora Juspodivm, 2018.

6. Justiça consensual para as demandas coletivas

Juliana Loss de Andrade

Introdução

Não faz tanto tempo, talvez não mais do que duas décadas, falar sobre justiça implicava quase automaticamente falar de justiça estatal. Aliás, não só estatal, mas justiça adversarial, justiça heterocompositiva e justiça presencial.

Além desse giro na percepção de caráter mais operacional do processo de resolução de disputas, a própria natureza das demandas (inseparáveis que são da própria complexificação das relações sociais) de prioritariamente individuais abriram espaços cada vez mais relevantes às demandas de natureza coletiva. Para completar (e/ou complicar!) o cenário, soma-se em um paralelo e contínuo um fenômeno não tão recente, mas de uma profundidade ainda mais impactante que é paradoxo que marca o próprio direito contemporâneo, que por ir muito além da subsunção da norma, aventura-se a enfrentar não somente conflitos de normas, mas dedica-se hoje a endereçar paradoxos. Justamente aí florescem saídas jurídicas com base nos bons e velhos conhecidos campos da dialética, da teoria da argumentação, assim como da filosofia e da sociologia. Não fosse por isso, autores como Habermas, Alexy, Dowrkin, Rawls, Bauman, Boaventura de Sousa Santos e outros tantos não seriam tão marcantes na formação de juristas contemporâneos.

Este artigo tem a proposta de aprofundar dois aspectos dessas mudanças: consensualidade, demandas coletivas e encaixe desses elementos em um momento de revolução digital. O artigo problematiza a seguinte questão: em que medida as demandas coletivas no Brasil podem ser resolvidas através de uma justiça consensual? Para apimentar a questão, o artigo contorna também questões sobre como essa justiça consensual tende a se dar em nossa sociedade digital. O ordenamento jurídico brasileiro avançou significativamente com as novidades legislativas incorporadas recentemente em áreas tradicionalmente resistentes às transações extrajudiciais e as plataformas de *Online Dispute Resolution* (ODR) podem auxiliar bastante nesses procedimentos.

A primeira parte do trabalho apresenta uma análise quantitativa das demandas coletivas no Judiciário a partir dos dados levantados pelo Relatório analítico propositivo coordenado pelo Conselho Nacional de Justiça que investigou as ações coletivas no Brasil. Neste tópico, a pesquisa aborda o volume dessas ações na Justiça com referência no ano-base de 2018.

Em seguida, o estudo avança para tratar sobre os fundamentos legais que embasam o uso da consensualidade para a solução de conflitos coletivos. O último tópico é dedicado propriamente às ODRs e os benefícios que podem oferecer ao tratamento de disputas complexas e que envolvam um maior número de pessoas, órgãos ou atores.

O texto orienta-se em um levantamento bibliográfico sobre o tema com referências nacionais, sobretudo no que concerne aos dados relacionados às ações coletivas no Brasil, e internacionais para tratar sobre o conceito de ODR e sobre a experiência estrangeira.

1. Demandas coletivas no Judiciário

Uma taxonomia unificada desenvolvida pelo Conselho Nacional do Ministério Público e pelo Conselho Nacional de Justiça engloba as seguintes categorias de demandas coletivas: ação civil pública, ação popular, ação civil coletiva e ação de improbidade administrativa[1]. Essa classificação é artificial e foi criada por comissões específicas desses dois órgãos para conferir maior agilidade a esses processos e, consequentemente,

---

[1] CONSELHO NACIONAL DE JUSTIÇA. Consulta pública de classe. Disponível em <https://www.cnj.jus.br/sgt/consulta_publica_classes.php> acesso em 13 de maio de 2020.

facilitar o mapeamento e estudo dos mesmos[2]. Esta é a referência que embasa esta pesquisa.

Cada uma dessas ações tem uma proposta determinada de acordo com a lei. Dentre as demandas coletivas, a legislação mais antiga é a Lei nº 4.417 de 1965 que rege a ação popular, a qual é um instrumento voltado à proteção do patrimônio público para reparar um dano praticado. No que diz respeito ao direito material, a mesma costuma ter por objeto questões relacionadas às irregularidades em licitação e improbidade administrativa e pode ser proposta por qualquer cidadão.

A ação civil pública é regida pela Lei nº 7.347 de 1985, que prevê a possibilidade de ações que visem reparar ou prevenir danos causados ao meio ambiente, ao consumidor, a bens e direitos de valor artístico, estético, histórico, turístico e paisagístico, à ordem urbanística e a qualquer interesse difuso ou coletivo, por infração da ordem econômica e da economia popular, à honra e à dignidade de grupos raciais, étnicos ou religiosos e ao patrimônio público e social. O rol de legitimados a propor esta ação é também determinado por lei.

A ação civil de improbidade administrativa, por sua vez, tem em vista a aplicação de sanções aos agentes públicos nos casos de enriquecimento ilícito no exercício de mandato, cargo, emprego ou função na administração pública direta, indireta ou fundacional e também conta com um diploma normativo próprio, a Lei nº. 8.429 de 1992.

O Código de Defesa do Consumidor trata no capítulo II (artigos 91 e seguintes) sobre o procedimento das ações coletivas que pretendam proteger interesses individuais homogêneos do consumidor e confere legitimidade ativa para o Ministério Público, a União, os Estados, os Municípios e o Distrito Federal, as entidades e órgãos da Administração Pública, direta ou indireta, ainda que sem personalidade jurídica, desde que destinados à defesa dos interesses e direitos do consumidor e para as associações legalmente constituídas há pelo menos um ano, que também incluam entre seus fins institucionais a tutela consumerista.

A partir desta classificação é possível averiguar o volume dessas demandas coletivas no Judiciário. Somente no ano de 2018 (ano-base para

---

[2] CONSELHO NACIONAL DE JUSTIÇA. Cadastro único dará agilidade às ações coletivas, 9 de junho de 2011. Disponível em <https://www.cnj.jus.br/cadastro-unico-dara-agilidade-as-acoes-coletivas/> acesso em 11 de maio de 2020.

o relatório Justiça em Números de 2019), elas significaram 102.223 novas ações ajuizadas, sendo 15.994 ações civis de improbidade administrativa; 4.728 ações coletivas, 3.412 ações populares e 78.089 ações civis públicas, conforme o gráfico 1 abaixo.

GRÁFICO 1. Demandas Coletivas no Judiciário em 2019.

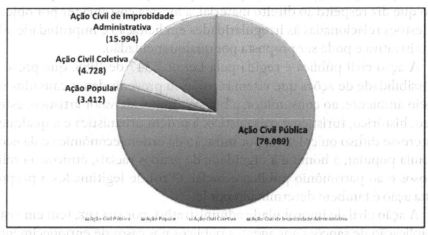

Fonte: Relatório Justiça em Números 2019

O CNJ aferiu também os principais assuntos debatidos nessas demandas coletivas, sendo eles: benefícios previdenciários, conflitos de competência, servidores públicos, expurgos inflacionários, saúde, consumidor, improbidade administrativa, ambiental, trabalhista, multas e provas.

A área de saúde revelou um outro dado importante na pesquisa: a maior parte das ações ajuizadas pelo Ministério Público diz respeito à satisfação de demandas pontuais. Assim, esses instrumentos que foram elaborados para provocar a reflexão sobre as políticas públicas de determinado setor acabaram sendo utilizados com propósitos imediatistas[3].

Além desse manejo para atender necessidades particulares, uma parcela considerável das ações civis públicas é utilizada como precedente

---

[3] CONSELHO NACIONAL DE JUSTIÇA. Justiça Pesquisa, 2ª edição. Ações coletivas no Brasil: temas, atores e desafios da tutela coletiva, 2018, p. 213. Disponível em <https://www.cnj.jus.br/wp-content/uploads/2011/02/799b01d7a3f27f85b334448b8554c914.pdf> acesso em 14 de maio de 2020.

para fundamentar a concessão de pedidos individuais. Isso foi particularmente detectado em relação aos temas de benefício previdenciário e expurgos inflacionários.

Ambas as estratégias são notadas com preocupação pelos pesquisadores na medida em que refletem um comportamento litigante – endossado pela jurisprudência – que reverbera em um caos jurisdicional com a proliferação de ações coletivas com vistas a ganhos individuais; e a distorção desses instrumentos voltados à defesa direitos coletivos em sentido estrito ou difusos de tal forma que prejudica a mobilização social e ganhos em larga escala[4]. Cabe ressalvar que este problema não aparece de maneira uniforme em todos os assuntos[5].

Este não foi o único ponto sensível percebido pela pesquisa em relações às demandas coletivas no Brasil. Uma fragilidade que ficou clara é a precariedade da estrutura judiciária para executar as medidas determinadas em sede de ações coletivas em sentido lato, sendo tal fato amplamente reconhecido pelos próprios magistrados[6].

Outro entrave chamou a atenção do CNJ descoberto através da pesquisa empírica foi a falta de familiaridade dos magistrados com questões relacionadas aos direitos coletivos e com os respectivos instrumentos de tutela desses direitos. Nesse sentido, cerca de 89,3% dos juízes[7] reconheceram a carência da formação da magistratura para lidar com a complexidade dessas matérias.

Além desses, algumas questões processuais foram apontadas como problemáticas, por exemplo, a controvérsia existente em torno da abrangência espacial da coisa julgada: alguns juízes entendem que as decisões só podem ser executadas em jurisdições diversas quando a sentença tiver alcance regional ou nacional; enquanto outros não fazem tal restrição.

Este panorama mostra o quanto o tratamento das demandas coletivas no Judiciário é permeado por desafios. A partir de uma perspectiva que pretende analisar outros cenários para a discussão deste assunto, os próximos tópicos têm a proposta de aprofundar o respaldo jurídico que

---

[4] Ibid., p. 214.
[5] Por exemplo, nos temas de ambiental e de improbidade administrativa, a tutela de interesses é marcadamente geral ou difusa.
[6] Para cerca de 95% dos magistrados ouvidos e 98,5% do total de entrevistados, a estrutura do Judiciário não é adequada em alguma medida (Ibid., p. 219).
[7] Ibid., p. 125.

existe para o uso da consensualidade e o quanto a *online dispute resolution* pode contribuir para a solução dessas questões.

2. Consensualidade e demandas coletivas

A primeira referência normativa de consensualidade nas ações coletivas foi na lei de ação civil pública através do termo de ajustamento de conduta, que foi inserido pelo Código de Defesa do Consumidor no artigo 5º, parágrafo 6º da Lei nº 7.347 de 1985.

O compromisso de ajustamento de conduta, à semelhança da conciliação, da mediação e da transação, equivale a um meio consensual e colaborativo de solução do conflito e pode ser firmado tanto na fase pré-processual quanto quando o litígio já estiver em curso. O Ministério Público tem uma posição relevante para a constituição desse documento, tendo em vista a reparação do dano e a tutela dos direitos, nos moldes do artigo 14 da Resolução nº 23 do Conselho Nacional do Ministério Público (CNMP).

A Lei nº 13.140/2015 (artigo 3º, parágrafo 2º e artigo 32, inciso III) deu um novo impulso à consensualidade nas demandas coletivas na medida em que tratou expressamente sobre a composição em direitos indisponíveis e promoveu o termo de ajustamento de conduta na resolução de conflitos no âmbito da Administração Pública; o qual já se anunciava pelo Código de Processo Civil em seu artigo 174, inciso III.

Recentemente, a legislação avançou ainda mais no sentido de admitir acordos mesmo em sede de improbidade administrativa. A Lei nº 13.964 de 2019 deu nova redação ao parágrafo 1º do artigo 17 para possibilitar a celebração de ajustes nas ações deste domínio.

Uma vez que a solução pela consensualidade está consolidada com respaldo normativo, um ponto de discussão que se abre diz respeito à homologação judicial dos acordos firmados nessas ações coletivas. Humberto Dalla Bernardina de Pinho[8] propõe a seguinte distinção: se o procedimento consensual se desenvolve por iniciativa de uma instituição pública (no âmbito das câmaras de prevenção e resolução de conflitos

---

[8] PINHO, Humberto Dalla Bernardina de. Acordos em litígios coletivos: limites e possibilidades do consenso em direitos transindividuais após o advento do CPC/2015 e da Lei de Mediação. *Revista Eletrônica de Direito Processual*, ano 12, volume 19, número 2, maio a agosto de 2018, pp. 139-140.

dos entes ou órgãos da Administração) e as partes alcançam um ajuste final, o mesmo produz efeitos imediatos, em razão do disposto no parágrafo 3º do artigo 32 da Lei nº 13.140/2015.

Por outro lado, a homologação judicial é uma *conditio sine qua non* quando o acordo é fruto de conciliação ou mediação em procedimento extrajudicial instaurado por instituição privada (associação de classe, por exemplo). Caso o trato ocorra no curso de ação coletiva, o autor entende que seria sempre necessária a homologação judicial.

Não obstante, afirma-se que o modelo brasileiro foi inspirado no *class action*[9] norte-americano. Nos EUA, o Regulamento Federal de Processo Civil estabelece que a homologação judicial é prevista para os acordos em sede de ações coletivas para ter efeito vinculante sobre as partes que não tiveram o seu *day in court*, ou seja, sobre os indivíduos que não trataram diretamente da questão mas que são afetados por ela[10]. Assim, para que o pacto gere efeitos que vinculem esses terceiros que não tiveram a oportunidade de participar de maneira mais ativa da discussão, o tribunal precisa homologá-lo.

Assim, a homologação tem um objetivo claro de funcionar como uma espécie de controle sobre os direitos dos sujeitos que estiveram ausentes na formação do acordo originado a partir de uma ação coletiva. Este ato do Tribunal se destina à análise de três elementos fundamentais do ajuste: *justiça, razoabilidade e adequação*.

---

[9] Cf. GIDI, Antonio. Class action in Brazil – a model for civil law countries. *The American Journal of Comparative Law*, v. 51, n. 2, 2003.
[10] Esta é regra contida no artigo 23 do Regulamento Federal de Processo Civil: As reclamações, questões ou defesas de uma classe certificada podem ser resolvidas, rejeitadas voluntariamente ou comprometidas apenas com a aprovação do tribunal. Os procedimentos a seguir se aplicam a uma proposta de acordo, demissão voluntária ou compromisso: (1) O tribunal deve encaminhar a notificação de maneira razoável a todos os membros da classe que estariam vinculados à proposta; (2) Se a proposta vincular membros da classe, o tribunal poderá aprová-la somente após uma audiência e constatando que é justa, razoável e adequada; (3) As partes que buscam aprovação devem apresentar uma declaração identificando qualquer acordo feito com relação à proposta; (4) Se a ação coletiva tiver sido previamente certificada de acordo com a Regra 23 (b) (3), o tribunal poderá se recusar a aprovar um acordo, a menos que ofereça uma nova oportunidade para solicitar exclusão a membros individuais da classe que tiveram uma oportunidade anterior de solicitar exclusão e não o fizeram; (5) Qualquer membro da classe pode opor-se à proposta se ela exigir aprovação do tribunal nos termos desta subdivisão (e); a objeção só pode ser retirada com a aprovação do tribunal (Tradução Livre da autora).

A justiça está associada à verificação das vantagens auferidas pelo grupo presente na negociação em relação aos que ficaram ausentes. A adequação e a razoabilidade são medidas a partir de uma ponderação entre os benefícios gerados com pelo pacto e as chances de êxito da demanda no judiciário; o que precisa ser analisado casuisticamente[11].

O entendimento que defende a homologação como uma regra para as ações coletivas sob o fundamento de que tratam, indistintamente, de direitos indisponíveis de certa forma vai de encontro à própria ideia de desjudicialização dessas demandas; o que justamente embasa o uso de métodos consensuais de solução de conflitos. Nesse sentido, a participação do Ministério Público, Defensoria e outros órgãos, ao menos na maior parcela dos casos, seria suficiente para garantir a proteção dos direitos de todos os atingidos e a apreciação do juiz seria somente para circunstâncias excepcionais. Deve-se, na medida do possível, evitar que o judiciário acabe adquirindo uma atuação quase notarial, desnecessária e burocratizada.

Além disso, a submissão indistinta dos acordos à esfera judicial esbarraria nos problemas já sinalizados de estrutura deficitária do judiciário para acompanhar essas questões e de insuficiência de domínio da magistratura para tratar dos temas relacionados às ações coletivas em razão da complexidade dos assuntos envolvidos e que não estão relacionados, exclusivamente, ao Direito.

Recentemente, a Lei nº 13.988 de 14 de abril de 2020, a qual trata da transação fiscal no âmbito federal deu mais um impulso à consensualidade para a solução de conflitos que envolvem a Administração Pública, em particular em uma área tradicionalmente resistente às vias alternativas ou adequadas de tratamento das disputas.

Esta lei segue a tendência de outras legislações no sentido de promover a desjudicialização em matéria de direito público. Neste caso, o foco voltado à cobrança de créditos públicos[12]. Uma das modalidades pre-

---

[11] Cf. KLONOFF, Robert. *Class Actions and Other Multi-Party Litigation in a Nutshell*. West Academic, 2017. Kindle's edition.

[12] RODRIGUES, Marco Antonio; PEPE, Rafael Gaia. Ela, a transação fiscal, vista por nós, advogados públicos. Jota, Opinião e Análise, Pandemia, 9 de maio de 2020. Disponível em <https://www.jota.info/opiniao-e-analise/colunas/tribuna-da-advocacia-publica/ela-a--transacao-fiscal-vista-por-nos-os-advogados-publicos-09052020> acesso em 16 de maio de 2020.

vistas de transação é a proposta individual (artigo 3º, inciso I), ou seja, a que se dá por iniciativa do devedor[13].

Uma outra contribuição importante da legislação e, neste aspecto, sem precedentes, foi a forma como tratou a responsabilidade pessoal do agente público que atua na celebração desses acordos. O artigo 29 dispõe que a responsabilização só ocorrerá nas hipóteses em que houver dolo ou fraude para obter vantagem indevida para si ou para outrem; e tem aplicação inclusive para os órgãos de controle externo.

Através deste dispositivo, o legislador conferiu uma blindagem aos advogados públicos que têm receio por enveredar por condutas consensuais tendo em vista um sistema fortemente punitivo e que dá pouca margem de manobra ao agente público, ainda que esteja imbuído da mais absoluta boa fé e esteja comprometido com soluções rápidas e eficientes em prol da Administração[14]. A preocupação em viabilizar a tomada de decisão ética, técnica, mas também eficiente, do Poder Público já constava da Lei de Introdução ao Direito Brasileiro desde 2010 ao prever em seu artigo 28 que "o agente público responderá pessoalmente por suas decisões ou opiniões técnicas em caso de dolo ou erro grosseiro".

Quanto à questão da homologação, a lei estabelece que o sujeito passivo deverá requerer a homologação judicial para os fins do disposto no artigo 515, incisos II e III do CPC. A interpretação que parece mais razoável é que o requerimento deva ser realizado caso as partes queiram conferir a natureza de título executivo judicial ao compromisso firmado. Não sendo essa a hipótese, o movimento do aparato judicial parece desnecessário.

Entretanto, cabe pontuar que tanto o Código de Processo Civil quanto a Lei de Mediação são firmes ao determinar a natureza de títulos executivos aos acordos firmados em sede extrajudicial, o que lhes confere a mesma segurança jurídica dos ajustes que passam por homologação. A diferença está, tão somente, no rito processual a ser seguido caso necessitem solicitar, em juízo, a execução do ajuste.

---

[13] Não obstante este grande avanço normativo, as outras três modalidades de transação previstas pelo legislador são de adesão, ou seja, não há espaço para a discussão das cláusulas propostas pelo Poder Público.

[14] Marco Antonio Rodrigues e Rafael Gaia Pepe celebram esta norma enquanto uma importante conquista institucional para a advocacia pública.
Idem.

Além disso, dois outros pontos são importantes de ser destacados: os advogados públicos atuam justamente para garantir o interesse público e, deste modo, não faz sentido alegar que para evitar que o mesmo seja preterido haveria necessidade de recorrer à intervenção do juiz. A segunda observação é quanto ao escopo da legislação, que pretende incentivar e dar um respaldo jurídico contundente à desjudicialização da transação fiscal. Sem embargo à importante preocupação com o resguardo do interesse público, tanto os textos normativos quanto as modernas interpretações do direito público indicam a necessidade de justificativa e apreciação da tomada de decisão não só quando há um acordo, mas também quando a Administração Pública ou o agente deixam de acordar, isto é, deixam de buscar a solução consensual. Em resumo, o não acordar também é decidir e, portanto, implica em igual atuação de satisfação ou não do interesse público.

3. *Online Dispute Resolution*

Este estudo parte de um conceito mais amplo de *online dispute resolution* que engloba a disponibilização de meios adequados de solução de conflitos via internet e permite a inserção de um terceiro para facilitar o diálogo entre os indivíduos e/ou grupos envolvidos. Esta corrente teórica referendada por Colin Rule[15] e Daniel Rainey[16] entende que o uso da tecnologia para comunicação entre as partes neste processo de tratamento consensual de disputas é suficiente para entendê-lo enquanto ODR.

Nesse sentido, a ODR é um termo amplo que engloba os métodos de *alternative dispute resolution* e que incorpora o uso da Internet, sites, comunicações por e-mail, mídia de *streaming* e outras tecnologias da informação como parte do processo de resolução de disputas[17].

---

[15] RULE, Colin. Is ODR ADR? A Response to Carrie Menkel-Meadow. *The International Journal of Online Dispute Resolution*, eleven International Publishing, 2017. Disponível em <http://www.colinrule.com/writing/ijodr.pdf> acesso em 16 de maio de 2020.

[16] Cf. WAHAB, Mohamed; KATSH, Ethan; RAINEY, Daniel. **Online Dispute Resolution: Theory and Practice: a treatise on technology and dispute resolution**. Eleven International Publishing, 2012.

[17] AMERICAN BAR ASSOCIATION. Addressing disputes in electronic commerce: final report and recommendations of the American Bar Association's Task Force on Electronic Commerce and Alternative Dispute Resolution, 2002. Disponível em <https://www.american-

A ODR oferece recursos que podem contribuir significativamente para a resolução de disputas em sede de ações coletivas. Em geral, essas demandas envolvem um conjunto numeroso de indivíduos de localidades distintas e, com isso, a reunião dessas pessoas costuma ser um processo difícil.

As demandas coletivas que, frequentemente, abrangem questões complexas podem atingir as pessoas ou grupos de maneira não uniforme; o que reforça a necessidade de escuta e participação de todos os afetados pelo dano objeto do conflito para entender os impactos em cada circunstância.

A tecnologia gera três efeitos positivos quanto a este cenário: ela permite que essas discussões sejam feitas remotamente já com o auxílio de um terceiro facilitador em plataformas seguras e, assim, as negociações conseguem avançar em um tempo mais célere e incluem mais pessoas no debate; o que confere ainda maior legitimidade às soluções construídas.

Nesse sentido, a ODR alarga a escala de um processo de tomada de decisões colaborativas e, por conseguinte, consensuais através do uso de recursos simples e bastante usuais do ponto de vista tecnológico. Até mesmo a legitimidade é impactada positivamente por essas ferramentas na medida em que permitem a inclusão de lideranças locais; o que também favorece, por consequência, o cumprimento dos acordos de maneira espontânea pelos indivíduos e/ou grupos que se compromissaram.

A utilização da ODR repercute também sobre os custos, visto que elimina a necessidade de deslocamento para reunião das partes e das autoridades públicas[18] (graças a recursos como videoconferência) e reduz os gastos com o processo tanto para os indivíduos quanto para o próprio Estado, à medida em que essas demandas consigam ser resolvidas extrajudicialmente.

A exequibilidade dos termos do ajuste é checada previamente pelo facilitador com as partes conjuntamente com os órgãos públicos engajados na composição da questão com o objetivo de aferir a possibilidade

---

bar.org/content/dam/aba/migrated/dispute/documents/FinalReport102802.pdf> acesso em 17 de maio de 2020.

[18] Cf. GUSTIN, Stephanie; DOLAN, Norman. Mobile Online Dispute Resolution Tools' Potential Applications for Government Offices. *International Journal of Online Dispute Resolution*, i.1, 2019. Disponível em <https://www.elevenjournals.com/tijdschrift/ijodr/2019/1/IJO-DR_2352-5002_2019_006_001_004> acesso em 16 de maio de 2020.

e viabilidade do cumprimento exato daquilo que ajustaram no prazo estabelecido.

A experiência estrangeira aponta bons avanços em relação à solução de demandas coletivas por ODR, notadamente no segmento de consumo. Na França, a <ActionCivile.com> foi a primeira plataforma de ações coletivas do país voltada especificamente para a defesa dos consumidores. O site permite que litigantes vítimas do mesmo litígio se registrem gratuitamente para participarem de mediações com um operador ou grupo de operadores econômicos: comércio eletrônico, bancos, seguros, telecomunicações, indústria, dentre outros[19].

Cabe ressaltar, porém, que não é preciso que existam plataformas específicas para cada segmento (por exemplo, ambiental, improbidade administrativa, dentre outros) de ação coletiva. A melhor proposta é aquela que oferece funcionalidades tecnológicas simples, acessíveis e que permita reunir e empoderar os indivíduos atingidos.

A tendência impulsionada pela própria conjuntura da pandemia é a de utilização cada vez mais frequente de ODR para solucionar conflitos coletivos, em especial, aqueles de maior complexidade que envolvem um número significativo de indivíduos em regiões distintas. A capacidade de reunião, otimização, adaptabilidade, agilidade e adequação de método oferecida pelas plataformas aliado à segurança dos sistemas são elementos que valorizaram neste tempo e já se mostram como indispensáveis para o tratamento dessas relações daqui por diante.

Conclusões

Os conflitos coletivos enfrentam uma série de dificuldades quando são submetidos ao Judiciário brasileiro, desde problemas estruturais até questões decorrentes da complexidade das matérias que envolvem a demanda. O próprio acompanhamento do cumprimento das decisões judiciais neste campo enfrenta inúmeros obstáculos.

Nos últimos anos, em especial, a partir da promulgação do Código de Processo Civil e da Lei de Mediação, uma série de novidades legislativas fundamenta e incentiva o uso da consensualidade para solução dessas demandas, nomeadamente, a lei nº 13.964 de 2019 que autorizou acordos em improbidade administrativa e a Lei nº 13.988 de 2020 que

---

[19] Mais informações em <https://www.litige.fr/actions> acesso em 17 de maio de 2020.

impulsionou a transação fiscal (área em que a Administração sempre se mostrou resistente a qualquer tratativa extrajudicial).

Uma questão decorrente da análise desse respaldo legal da consensualidade é a discussão quanto à necessidade de homologação dos acordos firmados em disputas coletivas. Mas a própria lógica de elaboração desses diplomas normativos responde a favor da desjudicialização o que, consequentemente, permite entender a homologação enquanto um ato excepcional.

Finalmente, no que respeita à operacionalização de canais de acesso à justiça – e em especial à justiça consensual coletiva – *online dispute resolution* contribui com a facilidade de reunião e participação das pessoas envolvidas no conflito, bem como com a redução dos custos inerentes ao processo. O uso de recursos tecnológicos favorece a composição da disputa e, assim, beneficia que as demandas coletivas sejam resolvidas com maior mobilização social, de uma forma mais célere, eficiente, menos custosa e sem necessidade de acionar o Judiciário.

Referências

AMERICAN BAR ASSOCIATION. Addressing disputes in electronic commerce: final report and recommendations of the American Bar Association's Task Force on Electronic Commerce and Alternative Dispute Resolution, 2002. Disponível em < https://www.americanbar.org/content/dam/aba/migrated/dispute/documents/FinalReport102802.pdf> acesso em 17 de maio de 2020.

CONSELHO NACIONAL DE JUSTIÇA. Consulta pública de classe. Disponível em <https://www.cnj.jus.br/sgt/consulta_publica_classes.php> acesso em 13 de maio de 2020.

CONSELHO NACIONAL DE JUSTIÇA. Cadastro único dará agilidade às ações coletivas, 9 de junho de 2011. Disponível em < https://www.cnj.jus.br/cadastro-unico-dara-agilidade-as-acoes-coletivas/> acesso em 11 de maio de 2020.

CONSELHO NACIONAL DE JUSTIÇA. Justiça Pesquisa, 2ª edição. Ações coletivas no Brasil: temas, atores e desafios da tutela coletiva, 2018, p. 213. Disponível em <https://www.cnj.jus.br/wp-content/uploads/2011/02/799b01d7a3f-27f85b334448b8554c914.pdf> acesso em 14 de maio de 2020.

GIDI, Antonio. Class action in Brazil – a model for civil law countries. *The American Journal of Comparative Law*, v. 51, n. 2, 2003.

GUSTIN, Stephanie; DOLAN, Norman. Mobile Online Dispute Resolution Tools' Potential Applications for Government Offices. *International Journal of Online Dispute Resolution*, i.1, 2019. Disponível em < https://www.elevenjournals.com/

tijdschrift/ijodr/2019/1/IJODR_2352-5002_2019_006_001_004> acesso em 16 de maio de 2020.

KLONOFF, Robert. *Class Actions and Other Multi-Party Litigation in a Nutshell*. West Academic, 2017. Kindle's edition.

PINHO, Humberto Dalla Bernardina de. Acordos em litígios coletivos: limites e possibilidades do consenso em direitos transindividuais após o advento do CPC/2015 e da Lei de Mediação. *Revista Eletrônica de Direito Processual*, ano 12, volume 19, número 2, maio a agosto de 2018, pp. 139-140.

RODRIGUES, Marco Antonio; PEPE, Rafael Gaia. Ela, a transação fiscal, vista por nós, advogados públicos. Jota, Opinião e Análise, Pandemia, 9 de maio de 2020. Disponível em <https://www.jota.info/opiniao-e-analise/colunas/tribuna-da-advocacia-publica/ela-a-transacao-fiscal-vista-por-nos-os-advogados-publicos-09052020> acesso em 16 de maio de 2020.

RULE, Colin. Is ODR ADR? A Response to Carrie Menkel-Meadow. *The International Journal of Online Dispute Resolution*, Eleven International Publishing, 2017. Disponível em < http://www.colinrule.com/writing/ijodr.pdf> acesso em 16 de maio de 2020.

WAHAB, Mohamed; KATSH, Ethan; RAINEY, Daniel. *Online Dispute Resolution*: Theory and Practice: a treatise on technology and dispute resolution. Eleven International Publishing, 2012.

7. *"Quo vadis, kompetenz-kompetenz!"*.
Dissecando a conduta do STJ no CC 151.130/SP

CLÁUDIO FINKELSTEIN
NAPOLEÃO CASADO FILHO
DANIEL MENDES BIOZA

Introdução

Há pouco mais de 8 anos, a comunidade internacional chamava o Brasil de *'Belle of the Ball'* da arbitragem internacional[1]. A pujança econômica do início do século XXI, cumulada com a declaração de constitucionalidade da Lei de Arbitragem e com a adoção da Convenção de Nova Iorque são frequentemente listadas como as principais razões para explicar o fenomenal crescimento experimentado pela arbitragem brasileira nos últimos anos[2].

Nesse sentido, muito se escreveu à época sobre a facilidade na homologação de sentenças arbitrais estrangeiras perante o STJ, no qual partes

---

[1] BOLTON, Clare. "Belle of the ball" in *Latin Lawyer*. 13 jan. 2012. Disponível em: https://latinlawyer.com/article/1091979/belle-of-the-ball (acesso em 10 abr. 2020).
[2] WALD, Arnoldo; GERDAU DE BORJA, Ana; DE MELO VIEIRA, María. "Brazil as "Belle of the Ball": The Brazilian Courts' Pro-Arbitration Stance (2011-2012)" in *The Paris Journal of International Arbitration*. N.2. Paris, 2013. pp. 381-396.

poderiam se valer de um *'one-shot procedure'*[3] para garantir uma execução expedita.

Não por acidente, o número de procedimentos deflagrados perante instituições arbitrais brasileiras experimentou uma íngreme curva ascendente desde 2002, com o CAM-CCBC registrando o início de 910 novos procedimentos arbitrais somente entre 2010 e 2018[4], e o Anuário da Arbitragem no Brasil – organizado pelo Centro de Estudos das Sociedades de Advogados (CESA) – relatando um total de 919 procedimentos em andamento em 2017.[5]

Como era de se esperar, essa explosão no número de casos trouxe consigo uma inevitável judicialização de procedimentos relacionados à arbitragem. Nessa toada, foram testados os limites de noções muito caras ao instituto da arbitragem, como o princípio da *kompetenz-kompetenz*.

Igualmente, algumas 'jabuticabas' também foram postas em prática, das quais destaca-se a aplicação do rito do conflito de competência, previsto no artigo 105(I)(d) da Constituição Federal, para autorizar o STJ a julgar conflitos positivos de competência entre tribunais arbitrais e o Poder Judiciário[6].

Em contemplação a esses – e outros – desenvolvimentos, foi publicado, em 29 de maio de 2019, um artigo no *Kluwer Arbitration Blog*. Nessa publicação, elogios foram tecidos à postura pró-arbitragem até então esboçada pelo STJ.

Uma ponderação, contudo, foi formulada:

> *The majority of legal scholars criticise this position, arguing that the "conflito de competência" works as a wrongful exception to the Kompetenz-Kompetenz rule,*

---

[3] Ross, Alison. "In praise of Brazilian enforcement" in *Latin Lawyer*. 29 mar. 2012. Disponível em: https://latinlawyer.com/article/1092294/in-praise-of-brazilian-enforcement (acesso em 10 abr. 2020).

[4] Estatísticas Gerais do CAM-CCBC. Disponível em: https://ccbc.org.br/cam-ccbc-centro--arbitragem-mediacao/sobre-cam-ccbc/estatisticas-gerais/ (acesso em 10 abr. 2020).

[5] Centro de Estudos das Sociedades de Advogados (CESA). *Anuário da Arbitragem no Brasil 2017*. Disponível em: http://www.cesa.org.br/media/files/CESAAnuariodaArbitragem2017.pdf (acesso em 10 abr. 2020).

[6] MILANI, Naíma Perrella. "Brazilian Readings on Compétence-Compétence: Missing the Wood for the Trees?", in *Kluwer Arbitration Blog*. 11 jun. 2013. Disponível em: http://arbitrationblog.kluwerarbitration.com/2013/06/11/brazilian-readings-on-competence-competence-missing-the-wood-for-the-trees/?doing_wp_cron=1589045455.0546269416809082031250 (acesso em 10 abr. 2020).

> since, in the end, the jurisdictional challenges are decided by the SCJ, a judicial body. Although I concur with this criticism, it is also important to highlight that the SCJ's case law has been broadly favourable to arbitration, confirming the jurisdiction of arbitral tribunals in nearly all cases.[7]

Até então, o STJ havia se mostrado como um dos órgãos adjudicativos mais favoráveis à arbitragem do mundo. A sua jurisprudência estava consolidando o princípio da *kompetenz-kompetenz* de maneira intensa, por vezes até comparável à experiência francesa. A expectativa geral era a de que, naturalmente, o instituto da arbitragem somente continuaria a prosperar no Brasil.

Não havia o que temer.

Ou, ao contrário, não houve o que temer... até o dia 27 de novembro de 2019, data na qual o STJ julgou o Conflito de Competência nº 151.130/SP.

Em uma canetada – ou oito, considerando que a Min. Rel. Nancy Andrighi restou vencida –, o STJ quebrou uma linha até então relativamente ininterrupta de boa convivência entre o judiciário e a arbitragem, decidindo que a União Federal não estava sob a jurisdição do Tribunal Arbitral na Arbitragem CAM-B3 nº 75/16, tampouco submetida ao artigo 58 do Estatuto Social da Petrobrás[8].

Ao meio de uma verdadeira pandemia argumentativa, foi possível identificar, em alguma medida, que o STJ entendeu que cláusula instituidora da disputa era manifestamente patológica, especificamente por (suposta e incorretamente) esbarrar nos seguintes principais blocos argumentativos: (i) inarbitrabilidade subjetiva da União Federal; (ii) não--submissão da União Federal à convenção de arbitragem; e (iii) inarbitrabilidade objetiva da matéria *sub judice*, i.e., conduta da União Federal enquanto acionista majoritária da Petrobrás.

Essa decisão, contudo, se deu por meio de uma nova relativização do princípio da *kompetenz-kompetenz*, especificamente em sua acepção negativa.

---

[7] MONTEIRO, André Luis. "The Kompetenz-Kompetenz Rule in Brazilian Arbitration Law" in *Kluwer Arbitration Blog*. 29 mai. 2019. Disponível em: http://arbitrationblog.kluwerarbitration.com/2019/05/29/the-kompetenz-kompetenz-rule-in-brazilian-arbitration-law/ (acesso em 10 abr. 2020).

[8] Disponível em: http://transparencia.petrobras.com.br/sites/default/files/Estatuto-Social--AGOE-27-Abril-2017-Portugues.pdf (acesso em 10 abr. 2020).

Tão crassa foi essa violação que ela se encontra 'expressa na própria Ementa do voto vencedor, proferido pelo Ministro Luis Felipe Salomão, como se vê na transcrição abaixo:

> 4. Em tal contexto, considerando a discussão prévia acerca da própria existência da cláusula compromissória em relação ao ente público – circunstância em que se evidencia *inaplicável a regra da "competência-competência"* – sobressai a competência exclusiva do Juízo estatal para o processamento e o julgamento de ações indenizatórias movidas por investidores acionistas da Petrobrás em face da União e da Companhia.[9]

Contudo, antes de adentrar o mérito deste trabalho, cabe ponderar brevemente o risco sistêmico dessa decisão.

Mais de 10% das empresas listadas na B3 são companhias de economia mista[10], sendo que dos *seis* possíveis segmentos de listagem na B3, *quatro* estabelecem como requisito obrigatório a inclusão de cláusula compromissória estatutária, vinculando disputas societárias a um procedimento arbitral conduzido de acordo com o Regulamento da Câmara de Arbitragem do Mercado (CAM-B3).[11]

É inegável, assim, a existência de um interessante (para se dizer o mínimo) mercado de arbitragens societárias envolvendo a Administração Pública. E seria uma pena se o até então crescente número de arbitragens envolvendo a Administração Pública[12] experimentasse prematuras reduções, causadas sobretudo pela postura protecionista à União recentemente adotada pelo STJ, como se o foro arbitral não estivesse apto e

---

[9] STJ. Conflito de Competência nº 151.130/SP, 2ª Seção, Voto – Min. LUIS FELIPE SALOMÃO, 27.11.2019, p. 2.

[10] Das 328 empresas com capital aberto na B3 – a despeito do segmento de governança –, identificam-se cerca de 38 são companhias de economia mista. Vide: http://www.b3.com.br/pt_br/market-data-e-indices/servicos-de-dados/market-data/consultas/mercado-a-vista/valor-de-mercado-das-empresas-listadas/bolsa-de-valores/ (acesso em 10 abr. 2020).

[11] Comparativo dos segmentos de listagem disponível em: http://www.b3.com.br/pt_br/produtos-e-servicos/solucoes-para-emissores/segmentos-de-listagem/sobre-segmentos-de--listagem/ (acesso em 10 abr. 2020).

[12] A título meramente exemplificativo, o CAM-CCBC registrou, até dezembro de 2018, 39 procedimentos envolvendo a Administração Pública, totalizando R$ 23 bilhões de reais. Ver: https://ccbc.org.br/cam-ccbc-centro-arbitragem-mediacao/sobre-cam-ccbc/estatisticas--gerais/ (acesso em 10 abr. 2020).

preparado para tratar de questões de qualquer natureza e que sofisticados investidores, nacionais ou estrangeiros, não tomassem conhecimento dessa decisão, com impactos a serem notados nas futuras decisões de investimentos desses em tais empresas.

É com base nesse espírito que esboçamos esta crítica.

Em prol da conveniência, os argumentos aqui tecidos serão distribuídos dentro dos seguintes tópicos: (1) uma breve conceituação do princípio da *kompetenz-kompetenz*; (2) os equívocos cometidos pelo STJ, sobretudo (2.1) ao determinar uma suposta inaplicabilidade do *kompetenz-kompetenz* pelo STJ, e (2.2) ao banalizar o conceito de 'manifesta patologia'.

1. *Kompetenz-Kompetenz*

O princípio da *kompetenz-kompetenz* é tido como um *"universally-recognized principle of international arbitration law"*[13], isto é, um dos elementos comuns centrais ao próprio conceito de 'arbitragem'.

Por assim ser, não é de se estranhar que a popularidade e adoção do princípio atinjam níveis verdadeiramente universais, podendo a *kompetenz-kompetenz* ser identificada em diversas leis de arbitragem[14], regulamentos institucionais[15] e convenções internacionais ao redor do mundo[16].

A Lei Modelo da UNCITRAL sobre Arbitragem Comercial Internacional, por exemplo, aborda a *kompetenz-kompetenz* em seu artigo 16(1), por meio da seguinte redação:

---

[13] BORN, Gary B. *International Commercial Arbitration*. 2. Ed. Kluwer Law International, 2014, p. 1051.
[14] A título exemplificativo, o princípio da *kompetenz-kompetenz* encontra-se expressamente plasmado no artigo 8º, parágrafo único, da Lei Brasileira de Arbitragem, no artigo 1.485 do Código de Processo Civil Francês, no artigo 186(1) da Lei Federal Suíça sobre Direito Internacional Privado, no artigo 3(1) da Lei de Arbitragem Internacional de Singapura, no artigo 34 da Lei de Arbitragem de Hong Kong, e no artigo 30 da Lei de Arbitragem Inglesa.
[15] Igualmente a título exemplificativo, faz-se referência ao artigo 4.5 do Regulamento de Arbitragem de 2012 do CAM-CCBC, ao artigo 6(5) do Regulamento de Arbitragem de 2017 da CCI, ao artigo 13.4 do Regulamento de Arbitragem de 2019 da CAMARB, ao artigo 19.1 das Regras de Arbitragem Administrada de 2018 da HKIAC, ao artigo 4 do Regulamento de Arbitragem de 2013 da FIESP/CIESP, ao artigo 23.1 das Regras de Arbitragem de 2014 da LCIA, e ao artigo 23(1) das Regras de Arbitragem da UNCITRAL.
[16] Artigo V(3) da Convenção Europeia sobre Arbitragem Comercial Internacional e artigo 41(1) da Convenção da ICSID, por exemplo.

Artigo 16. Competência do tribunal arbitral para decidir sobre a sua própria competência.
(1) O tribunal arbitral pode decidir sobre a sua própria competência, incluindo qualquer objeção relativa à existência ou validade da convenção de arbitragem. Para este efeito, uma cláusula compromissória que faça parte de um contrato é considerada como um acordo autônomo das demais cláusulas do contrato. A decisão do tribunal arbitral que considere nulo o contrato não implica *ipso jure* a nulidade da cláusula compromissória.[17]

A Lei Brasileira Arbitragem, por sua vez, traz consigo uma redação similar, no parágrafo único de seu artigo 8º, como se vê abaixo:

Art. 8º A cláusula compromissória é *autônoma* em relação ao contrato em que estiver inserta, de tal sorte que a nulidade deste não implica, necessariamente, a nulidade da cláusula compromissória.
Parágrafo único. *Caberá ao árbitro decidir* de ofício, ou por provocação das partes, as *questões acerca da existência, validade e eficácia da convenção de arbitragem* e do contrato que contenha a cláusula compromissória"

E mesmo na ausência de normas que expressamente contemplem o princípio, não é difícil identificar casos em que a *kompetenz-kompetenz* tenha sido avocada e declarada de maneira autônoma pelos árbitros. Sobretudo em disputas de natureza internacional, nas quais há omissões ou incertezas quanto à lei de regência da convenção de arbitragem, é comum que tribunais arbitrais adotem o chamado '*delocalised approach*'[18],

---

[17] Para uma versão em português da Lei Modelo da UNCITRAL, ver: http://www.cbar.org.br/leis_intern_arquivos/Lei_Modelo_Uncitral_traduzida_e_revisada_versao_final.pdf (acesso em 10 abr. 2020).

[18] Abordagem já popularizada na doutrina, como pode se notar em: BLESSING, Marc. "The Law Applicable to the Arbitration Clause and Arbitrability", in VAN DEN BERG, Albert (Ed.). *Improving the Efficiency of Arbitration and Awards: Forty Years of Application of the New York Convention*. ICCA Congress Series. Kluwer Law International, 1999, p. 172 / GAILLARD, Emmanuel; SAVAGE, John. *Fourchard Gaillard Goldman on International Commercial Arbitration*. Kluwer Law International, 1999, para. 436. Quanto à jurisprudência que reproduz essa abordagem, ver: França. *Court de Cassation*, 1ª Câmara de Direito Civil. *SOERNI v. ASB*. Decisão de 08.07.2009 / CCI. Procedimento Arbitral CCI nº 9987. *Dallah Real Estate and Tourism Holding Company v. Ministry of Religious Affairs, Government of Pakistan*. Sentença Arbitral Final de 23.06.2006.

inicialmente popularizado no caso *Saudi Arabia v. Arabian American Oil Company (Aramco)*[19].

Um exemplo do reconhecimento autônomo da existência – e pertinência – da *kompetenz-kompetenz* foi o caso *Texaco Overseas Petroleum Co. (TOPCO) v. Lybian Arab Republic*, uma das diversas disputas relacionadas à nacionalização – e consequente desapropriação – de investimentos estrangeiros pela República Árabe da Líbia.

Nesse caso, não havia qualquer previsão contratual expressa quanto à lei de regência da cláusula compromissória, de modo que o árbitro único se viu forçado, por remissão ao racional desenvolvido em *Aramco*, a se valer de normas e princípios gerais de direito internacional.

E com base nesse lastro, a seguinte conclusão foi atingida:

> *The arbitrator held that he did have such competence by virtue of a traditional rule followed by international case law and unanimously recognized by the writings of legal scholars. The arbitrator noted also that this rule had been adopted in a great number of international instruments.*[20]

Em suma, não é possível disputar a universalidade, tampouco a relevância, do princípio da *kompetenz-kompetenz*.

Sob uma perspectiva estritamente prática, por exemplo, a *kompetenz-kompetenz* se mostra como um pressuposto lógico fundamental para a declaração negativa de competência do tribunal arbitral. Era essa a lógica motriz em que John Locke se baseou ao redigir já em 1698 a primeira lei de arbitragem Britânica, numa jurisdição que muito pouco se valia de leis, mas sim das práticas e decisões reiteradas dos Tribunais.

Para Locke,

> *the foundation upon which it stood was the well-understood practice of consensual referrals of litigated cases to arbitration. Referrals, or "references," as they were called, had an important advantage that private arbitration lacked. When a reference was agreed to, the agreement was made a rule, that is, an order, of court. This made the arbitration agreement, and often the award as well, enforceable through the contempt power.*[21]

---

[19] SANDERS, Pieter (Ed.). *Yearbook Commercial Arbitration*. 4. Vol. ICCA & Kluwer Law International, 1979, p. 180.

[20] SANDERS, Pieter (Ed.). *Yearbook Commercial Arbitration*. 4. Vol. ICCA & Kluwer Law International, 1979, p. 179.

[21] "*Os fundamentos na qual se baseia a lei foi a já bem estabelecida prática consensual de encaminhar casos de litígios à arbitragem, este 'encaminhamento', como era chamado, tinha uma importante carac-*

Assim, podemos afirmar que a primeira legislação moderna foi erigida para criar o efeito negativo da *kompetenz-kompetenz*, exposta no artigo 8º da lei 9.307/96.

Afinal, se um árbitro carece de competência para apreciar e decidir sobre uma questão fática, sobre uma parte ou sobre uma matéria específica, qual seria o lastro para fundamentar a decisão que formalizaria essa carência de competência?

Não competisse essa decisão ao próprio árbitro, mesmo na hipótese de uma declaração negativa de competência arbitral, ainda haveria incerteza quanto à correta destinação da demanda – sem falar no risco de remissão à arbitragem por determinação judicial.

Enfim, em um primeiro momento, a extensão completa da *kompetenz--kompetenz* aparentaria ser tão intuitiva (e suficiente) quanto a seguinte frase: 'o árbitro é competente para julgar sobre a extensão de sua própria jurisdição'.

Essa máxima se esbarra, contudo, na vida *prática*, na qual frequentemente – seja por oportunismo, seja por discordâncias de boa-fé – partes são vistas submetendo disputas contendo convenções de arbitragem perante o judiciário.

Qual deveria, nessas instâncias, ser o comportamento das cortes nacionais?

Ou, ainda, qual deveria ser o comportamento das cortes caso uma parte busque a sua interferência em um procedimento arbitral atualmente em curso?

Para se obter uma resposta satisfatória a essas – e outras – indagações, seria necessário que o princípio da *kompetenz-kompetenz* apresentasse uma dimensão adicional. A mera afirmação de que 'compete ao árbitro decidir a sua competência' não é suficiente para elucidar pontos com consequências eminentemente práticas, tais como esses.

A solução, em um primeiro momento, foi o desdobramento dos efeitos produzidos pela *kompetenz-kompetenz* em duas esferas – uma *positiva*

---

terística que a arbitragem não possuía, quando tal encaminhamento era acordado, o contrato tornava-se uma regra, ou seja, uma ordem de um Tribunal. Isso fazia o contrato arbitral, assim como de sua sentença, obrigatória em face daquele poder desprezado" (tradução livre) in OLDHAM, James; KIM, Su Jim. "Arbitration in America: The Early History", in *Law and History Review*. 31. Vol, pp. 246 e seguintes. Disponível em: https://www.trans-lex.org/803000/_/historic-english-arbitration-act-1698/ (acesso em 10 abr. 2020).

e outra *negativa*. Em quase que um paralelo aos efeitos negativos e positivos da convenção de arbitragem, os efeitos positivos da *kompetenz-kompetenz* representam aquilo que já tratamos até aqui, de que compete ao árbitro decidir acerca de sua competência. Os efeitos negativos, por outro lado, são endereçados ao Poder Judiciário, ao Estado, e buscam restringir a capacidade de interferência judicial na determinação da competência arbitral sobre uma certa demanda.

Em um primeiro momento, constatada a existência de uma outra dimensão ao princípio da *kompetenz-kompetenz*, seria intuitivo buscar – como se fez quanto aos efeitos positivos – uma definição universal do escopo dos efeitos negativos, um elemento que fosse comum a todas as jurisdições que adotam e prestigiam o instituto da arbitragem.

Na prática, contudo, essa aparenta ser uma missão impossível, eis que não há um consenso universal quanto à densidade normativa desses efeitos negativos.

Há jurisdições nas quais as objeções à jurisdição e competência de tribunais arbitrais podem ser apresentadas tanto perante os tribunais em si, quanto perante o Poder Judiciário. É o caso, por exemplo, da China[22].

Indo um passo além, há jurisdições como os Estados Unidos da América[23]-[24], nas quais há determinadas hipóteses nas quais o poder judi-

---

[22] Artigo 20 da Lei Chinesa de Arbitragem: "*Se uma das partes litigantes se opuser à validade da convenção de arbitragem, ela poderá requisitar que a comissão de arbitragem tome uma decisão ou que **uma corte popular faça um julgamento a respeito**. Se um dos litigantes requerer que a comissão de arbitragem tome uma decisão a respeito da validade da convenção de arbitragem enquanto a outra parte requerer a uma corte popular um julgamento, **então a corte popular 'who should decide arbitrability' deverá realizar o julgamento.*"

[23] Suprema Corte dos Estados Unidos. *First Options of Chicago, Inc. v. Kaplan*. 514 U.S. (1995), paras. 944-945: "*...given the principle that a party can be forced to arbitrate only those issues it specifically has agreed to submit to arbitration, one can understand why courts might hesitate to interpret silence or ambiguity on the '"' point as giving the arbitrators that power, for doing so might too often force unwilling parties to **arbitrate a matter they reasonably thought a judge, not an arbitrator, would decide.*"

[24] Lei Federal de Arbitragem (*FAA*): "*Section 3.* [...] *the court in which such suit is pending, **upon being satisfied that the issue involved in such suit or proceeding is referable to arbitration** under such an agreement,* [...].
"*Section 4.* [...] *The court shall hear the parties, and upon being satisfied that the making of the agreement for arbitration or the failure to comply therewith is not in issue, the court shall make an order directing the parties to proceed to arbitration* [...] ***If the making of the arbitration agreement or the failure, neglect, or refusal to perform the same be in issue, the court shall proceed summarily to the trial thereof.***"

ciário pode tomar decisões quanto à jurisdição e competência de um dado tribunal arbitral, em detrimento do exame da questão pelos próprios árbitros.

Ainda, há jurisdições como a Inglaterra, nas quais, para além de permitirem decisões interlocutórias[25] por parte do poder judiciário quanto à jurisdição e competência do tribunal arbitral, também contemplam uma possível tutela judicial sobre decisões *negativas* de competência pelo tribunal arbitral[26], tutela esta cuja intensidade extrapola uma mera revisão e, em realidade, resulta na confecção de uma nova decisão pelo judiciário[27].

Os primeiros exemplos seriam instâncias em que há uma completa inexistência dos efeitos negativos da *kompetenz-kompetenz*. Os segundos, por sua vez, apresentariam alguma iteração 'mitigada' do princípio.

Existem ainda jurisdições que esboçam a intensidade máxima dos efeitos negativos da *kompetenz-kompetenz*, determinando que a intervenção do poder judiciário na determinação da competência do tribunal arbitral somente pode se dar: (i) por meio da ação anulatória de sentença arbitral, ou seja, em um momento posterior à conclusão da arbitragem (ou, pelo menos, posterior à prolação da sentença parcial de jurisdição)[28]; ou (ii) ante a constatação de uma convenção de arbitragem manifestamente patológica[29].

Nota-se, assim, que o conceito de efeitos negativos da *kompetenz-kompetenz* não corresponde a um 'imperativo categórico', por assim dizer, mas sim ao grau de autonomia que a arbitragem experimenta em uma dada jurisdição – ou, nas palavras de Emmanuel Gaillard, *"um dos prin-*

---

[25] Artigo 32(1) da Lei Inglesa de Arbitragem: *"The court may, on the application of a party to arbitral proceedings (upon notice to the other parties), **determine any question as to the substantive jurisdiction of the tribunal.**"*

[26] Artigo 67(1)(a) da Lei Inglesa de Arbitragem: *"A party to arbitral proceedings may (upon notice to the other parties and to the tribunal) apply to the court— challenging any award of the arbitral tribunal as to its substantive jurisdiction".*

[27] Alta Corte de Justiça. *People's Insurance Company of China, Hebei Branch v. Vysanthi Shipping Company.* [2003] EWHC 1655, para. 25: *"The Court is not in any way bound or limited to the findings made in the award or to the evidence adduced before the arbitrator; **it does not review the decision of the arbitrator but makes its own decision on the evidence before it.**"*

[28] GAILLARD, Emmanuel. "O Efeito Negativo da Competência-Competência", in *Revista Brasileira de Arbitragem.* 4. Vol. 24. Publicação. CBAr & IOB, 2009, p. 221, para. 4.

[29] Corte Francesa de Cassação. *Société Les Pains du Sud et autres v. Société Spa Tagliavini et autre.* 25.11.2008.

cipais indicadores da confiança real que os diferentes ordenamentos dispensam à arbitragem."[30]

E esta última posição, por meio da qual uma jurisdição esboça o máximo grau de confiança ao instituto da arbitragem, encontra o seu expoente mais bem estabelecido na França[31] – e, até bem recentemente, acreditava-se que esta era uma posição dividida também pelo Brasil.

Afinal, conforme afirmado na Introdução, a jurisprudência do STJ havia desenhado contornos robustos aos efeitos negativos da *kompetenz-kompetenz*, restringindo o recurso ao poder judiciário aos dois momentos acima referidos, quais sejam, a ação anulatória, nos termos do artigo 32 da Lei Brasileira de Arbitragem, e a constatação de patologia manifesta da convenção de arbitragem[32].

Ironicamente, o próprio Acórdão do STJ no CC nº 151.130/SP reconta um pouco a história do desenvolvimento dos efeitos negativos da *kompetenz-kompetenz* no Brasil, como se extrai dos seguintes trechos do voto-vencido da Ministra Nancy Andrighi:

> ... deve-se analisar se, na hipótese em julgamento, está-se diante de uma cláusula compromissória "patológica", a qual seria, *diante da jurisprudência deste STJ*, a única possibilidade de se reconhecer a competência do Poder Judiciário de forma prévia à manifestação do Tribunal Arbitral."[33]

> "Ao meio judicial de impugnação franqueado às partes, a Lei 9.307/96 denomina de "ação de declaração de nulidade de sentença arbitral", conforme prescreve seu art. 33, cujo ajuizamento deve ocorrer no prazo de até 90 (noventa) dias após o recebimento da notificação da sentença arbitral. No entanto, há exceções *apenas em hipóteses verdadeiramente fora de qualquer limite de razoabilidade.*[34]

---

[30] GAILLARD, Emmanuel. "O Efeito Negativo da Competência-Competência", in *Revista Brasileira de Arbitragem*. 4. Vol. 24. Publicação. CBAr & IOB, 2009, p. 233, para. 19.

[31] Artigo 1448 do Código de Processo Civil Francês: "*Lorsqu'un litige relevant d'une convention d'arbitrage est porté devant une juridiction de l'Etat, **celle-ci se déclare incompétente sauf si le tribunal arbitral n'est pas encore saisi et si la convention d'arbitrage est manifestement nulle ou manifestement inapplicable.*"

[32] STJ. REsp nº 1.602.076/SP, 3ª Turma, Rel. Min. NANCY ANDRIGHI, 15.09.2016.

[33] STJ. Conflito de Competência nº 151.130/SP, 2ª Seção, Relatório e Voto – Min. NANCY ANDRIGHI, 27.11.2019, p. 10.

[34] STJ. Conflito de Competência nº 151.130/SP, 2ª Seção, Relatório e Voto – Min. NANCY ANDRIGHI, 27.11.2019, p. 15.

E mesmo os votos vencedores – que terminaram por determinar a incompetência do juízo arbitral sobre a União Federal – reconheceram que esta era a métrica a ser adotada no caso.

É o que se vê, por exemplo, no seguinte trecho do voto do Ministro Marco Aurélio Bellizze:

> Conforme se demonstrará oportunamente, ainda que não se afigure adequado, em princípio, a promoção de medidas prévias antiarbitragem, em obséquio ao princípio da *kompetenz-kompetenz*, previsto no art. do art. [sic] 8º da Lei n. 9.307, a doutrina especializada, assim como *a jurisprudência desta Corte de Justiça*, as admite *excepcionalmente* e em tese, *sempre que restar absolutamente evidenciado*, *prima facie*, a inexistência, invalidade ou ineficácia da convenção de arbitragem (no caso, em relação à União Federal, alegadamente).[35]

É incontroverso que os efeitos negativos da *kompetenz-kompetenz* no Brasil são similares aos detectados na França, oferecendo restritas hipóteses para o judiciário se imiscuir na declaração de competência do árbitro – fato expressamente afirmado pelo próprio STJ, enquanto órgão que estabeleceu esses parâmetros, e amplamente noticiado pela doutrina[36].

Estabelecida, assim, essa premissa fundamental, passamos a adentrar o Acórdão do CC nº 151.130/SP em si – bem como os equívocos cometidos pelo STJ nessa oportunidade.

---

[35] STJ. Conflito de Competência nº 151.130/SP, 2ª Seção, Voto – Min. MARCO AURÉLIO BELLIZZE, 27.11.2019, p. 2.

[36] Doutrina esta que deixamos de analisar a fundo, por falta de espaço, mas as quais não poderíamos deixar de referenciar: SILVEIRA, Gustavo Scheffer da. "A sentença sobre a competência arbitral: natureza e regime de controle de anulação", in *Revista Brasileira de Arbitragem*. 16. Vol. 63. Publicação. CBAr & IOB, 2019, pp. 7-58 / CREMASCO, Suzana Santi. "O artigo 485, VII, do Novo Código de Processo Civil e o reconhecimento de competência pelo árbitro como pressuposto negativo no processo judicial", in *Revista Brasileira de Arbitragem*. 14. Vol. 53. Publicação. CBAr & IOB, 2017, pp. 7-24 / LESSA NETO, João Luiz. "A competência-competência no Novo Código de Processo Civil: decisão arbitral como pressuposto processual negativo", in *Revista Brasileira de Arbitragem*. 12.Vol. 48. Publicação. CBAr & IOB, 2015, pp. 22-38 / SPERANDIO, Felipe. "Kompetenz-Kompetenz in Brazil: alive and kicking", in *Kluwer Arbitration Blog*, 10 dez. 2013. Disponível em: http://arbitrationblog.kluwerarbitration.com/2013/12/10/kompetenz-kompetenz-in-brazil-alive-and-kicking/ (acesso em 10 abr. 2020).

2. Os equívocos do STJ

Na análise dos equívocos que levaram o STJ a violar a *kompetenz-kompetenz* no CC nº 151.130/SP, não se pode deixar de fazer referência às decisões proferidas pelo Tribunal Regional Federal nº 3 (TRF3), nos autos do Agravo de Instrumento nº 0023155-51.2016.403.0000, tampouco à decisão da 13ª Vara Cível da Seção Judiciária do Estado de São Paulo, nos autos da Ação Declaratória de Inexistência de Relação Jurídica nº 0025090-62.2016.403.6100.

Afinal, foi exclusivamente em razão das decisões proferidas pela Justiça Federal que se instaurou um conflito positivo de competência – de modo que, por inferência lógica, essas decisões também terminaram por violar a *kompetenz-kompetenz* em alguma medida.

E após considerar todos os argumentos suscitados nas decisões da Justiça Federal e do STJ, é possível identificar duas falhas centrais no comportamento do Poder Judiciário Brasileiro.

2.1. A não aplicação da *kompetenz-kompetenz*

De início, uma mera análise superficial nas decisões ora em comento revela que o Poder Judiciário passou pelas seguintes fases em seu processo deliberativo: em um primeiro momento, se esqueceu (ou até ignorava) do princípio da *kompetenz-kompetenz*; em um segundo, mostrou um breve lampejo de bom senso; mas, por fim, terminou por flagrantemente *relativizar* a *kompetenz-kompetenz*.

A hipótese do esquecimento, cumulada com possível desconhecimento, deflui da decisão da 13ª Vara Cível da Seção Judiciária do Estado de São Paulo, na qual o juízo de 1º grau não teceu *qualquer consideração* quanto à preferência lógico-temporal do tribunal arbitral na apreciação e decisão da extensão de sua jurisdição.

Em realidade, não se fez *qualquer referência* ao artigo 8º da Lei Brasileira de Arbitragem, preferindo o juízo insinuar – mas jamais afirmar – que a cláusula compromissória estatutária não seria suficientemente específica quanto aos limites de sua vinculação, em suposta contradição ao artigo 109, §3º, da Lei nº 6.404/76.

A decisão chegou a ponto de afirmar que *"a interpretação da cláusula em questão (art. 58 do Estatuto da Petrobrás)* [cláusula compromissória] *se mostra controversa"*, de reconhecer que *"para a sua apreciação, é imperiosa a observância do contraditório*" – e, ainda assim, terminou por decidir, *em sede de tutela de urgência* e *inaudita altera parte*, que a União Federal não estava sob a jurisdição arbitral[37].

Ou seja, a Justiça Federal de 1º grau sequer deu a oportunidade para que os requerentes da Arbitragem CAM-B3 nº 75/16 suscitassem a aplicabilidade do princípio da *kompetenz-kompetenz*, para que este fosse minimamente referenciado e ponderado na fundamentação.

O lampejo de bom senso, por sua vez, se deu em sede de Agravo de Instrumento, cuja decisão representou o primeiro (e único) momento em que a Justiça Federal *minimamente* aplicou de forma coerente a lei.

Fala-se 'minimamente' em razão do fato de que, novamente, a decisão em comento não fez qualquer referência ao artigo 8º da Lei Brasileira de Arbitragem, tampouco reconheceu *expressamente* a preferência temporal do Tribunal Arbitral – que, à época, sequer estava constituído – neste juízo de competência.

Porém, o Desembargador Relator reconheceu *implicitamente* que a impugnação da jurisdição arbitral dever-se-ia ocorrer em momento posterior à decisão do Tribunal Arbitral, isto é, por meio de ação anulatória:

> Tenha-se em vista, ademais, caso assim entenda, a sempre possibilidade da União Federal insurgir-se, *com base no artigo 32, da Lei de Arbitragem, contra a sentença arbitral*.[38]

Ou seja, ainda que indiretamente, o TRF3 minimamente reconheceu a prerrogativa do tribunal arbitral na declaração de sua competência. Nota-se, todavia, que não foi esse o motivo que o levou a reverter a decisão agravada; ao contrário, o juízo de 2º grau formou o seu entendimento por vislumbrar, *prima facie*, que não haveria qualquer plausibilidade por trás da noção de que a União Federal não estaria vinculada à cláusula compromissória.

Imperioso lembrar que, no começo de sua decisão, o Desembargador Relator já havia noticiado a sua percepção de que "[d]*e início, não excluo,*

---

[37] 13ª Vara Cível da Seção Judiciária do Estado de São Paulo, Ação nº 0025090-62.2016.403.6100, 19.12.2016.
[38] TRF3. Agravo de Instrumento nº 0023155-51.2016.403.0000, Decisão Monocrática em Liminar Recursal, Des. Rel. ANTONIO CEDENHO, 11.01.2017.

neste juízo perfunctório afeto a esta fase processual, a possibilidade de análise do Judiciário das questões vertidas na ação proposta."[39]

E foi exatamente isso que ele fez. O lampejo de bom senso e apreciação correta à técnica foi breve e mediante Embargos de Declaração, que foram recebidos com efeitos infringentes, a União Federal conseguiu reverter completamente a decisão inicial do TRF3.

A 'saída' utilizada pelo TRF3 em juízo de reconsideração mostra-se, sob uma perspectiva metodológica, completamente inadequada. Afinal, na decisão de reconsideração, o Desembargador Relator reitera, *ab initio*, que: "[é] *incontroversa a submissão da União Federal à cláusula compromissória.*"[40]

E deveria ter encerrado nessa passagem. Não havia mais nada a discutir após tal constatação.

Porém, o Desembargador Relator seguiu com sua segunda decisão, na qual teceu considerações (equivocadas) acerca dos escopos objetivo e subjetivo da cláusula compromissória.

Novamente, não se teceu qualquer referência à *kompetenz-kompetenz*. E, aqui, tem-se o momento a partir do qual o Poder Judiciário passou a ativamente relativizar o princípio.

Já em sede Conflito de Competência, o STJ continuou e intensificou essa relativização – e o fez em tremenda contradição, não somente com a sua consolidada jurisprudência, mas também com os próprios votos que (à época) compunham a tese vencedora.

Neste particular, em que pese a afirmação do Ministro Marco Aurélio Bellizze de que o princípio da *kompetenz-kompetenz* abarcaria o controle jurisdicional da convenção de arbitragem "excepcionalmente e em tese, *sempre que restar* absolutamente evidenciado, prima facie, *a inexistência, invalidade ou ineficácia da convenção*"[41], fato é que o Ministro Luis Felipe Salomão foi categórico ao afirmar, em sua ementa, que seria "*inaplicável a regra da 'competência-competência'*"[42].

---

[39] TRF3. Agravo de Instrumento nº 0023155-51.2016.403.0000, Decisão Monocrática em Liminar Recursal, Des. Rel. ANTONIO CEDENHO, 11.01.2017.
[40] TRF3. Agravo de Instrumento nº 0023155-51.2016.403.0000, Decisão Monocrática em Embargos de Delcaração, Des. Rel. ANTONIO CEDENHO, 20.01.2017.
[41] STJ. Conflito de Competência nº 151.130/SP, 2ª Seção, Voto – Min. MARCO AURÉLIO BELLIZZE, 27.11.2019, p. 2.
[42] STJ. Conflito de Competência nº 151.130/SP, 2ª Seção, Voto – Min. LUIS FELIPE SALOMÃO, 27.11.2019, p. 2.

Os motivos para essa suposta inaplicabilidade foram revelados mais adiante, especificamente nas seguintes passagens:

> Isso porque, no caso, há alegação de falta *de condição de existência da cláusula compromissória* a que se as suscitantes fundamentam sua pretensão e, nesse sentido, novamente rogando as mais respeitosas vênias, *a matéria deve ser submetida à deliberação da Jurisdição estatal.*[43]

Decerto, o voto do Ministro Luis Felipe Salomão foi, para além de contraditório, assustadoramente atécnico. Pode-se até afirmar, que o processo decisório foi político[44], como se num juízo de convicção íntima, o que não se deve esperar do STJ.

Ora, é justamente para autorizar que o tribunal arbitral examine as *condições de existência da cláusula compromissória* que a noção *kompetenz-kompetenz* existe.

A definição doutrinária mais elementar do princípio não deixa dúvidas de que se permite analisar todas as questões relativas à convenção:

> Consequência da autonomia da cláusula compromissória é a possibilidade de o próprio árbitro decidir acerca de qualquer controvérsia que diga respeito à convenção de arbitragem.[45]

Basta uma leitura rasa do Parágrafo Único do artigo 8º da Lei Brasileira de Arbitragem:

> Caberá ao árbitro decidir de ofício, ou por provocação das partes, as questões acerca da existência, validade e eficácia da convenção de arbitragem e do contrato que contenha a cláusula compromissória.

Esse equívoco conceitual seria justificado pela noção de que o princípio da *kompetenz-kompetenz* decorreria da convenção de arbitragem em si, como se nota no seguinte trecho do voto vencedor:

---

[43] STJ. Conflito de Competência nº 151.130/SP, 2ª Seção, Voto – Min. LUIS FELIPE SALOMÃO, 27.11.2019 p. 12.

[44] O voto vencedor, além de especular quanto a possíveis implicações de risco fiscal, afirma, a pg. 50 que há "menção, nos autos, de que o valor total ultrapassaria os 58 bilhões" como se o pedido obrigasse o Tribunal Arbitral ou que o pedido foi corretamente avaliado, o que em qualquer hipótese, numa análise jurídica, deveria ser irrelevante.

[45] CARMONA, Carlos Alberto. *Arbitragem e processo: um comentário à Lei nº 9.307/96.* 3. Ed. São Paulo: Atlas, 2009, p. 195.

A discussão, portanto, é anterior à própria ideia de *efetiva convenção* entre as partes, somente a partir do que, *de fato, convencionada a cláusula compromissória* e instalado o Juízo arbitral, este passa ser o juiz da causa, *inclusive para deliberar sobre sua própria competência* (aplicação da regra da "competência-competência").[46]

Evidente que essa noção é falsa.

Conforme restou evidente no Capítulo 1 deste trabalho, e como também é repisado pela doutrina, *a kompetenz-kompetenz decorre da lei aplicável* – seja ela o direito positivo de um certo Estado, ou noções gerais e costumeiras do direito arbitral internacional.

Caso contrário, seguindo a lógica do voto vencedor, toda e qualquer decisão de competência negativa proferida por um tribunal arbitral com base na existência de convenção seria nula – afinal, qual seria o lastro para essa decisão?

O STJ, nota-se, 'caiu' no paradoxo que informamos acima e ironicamente narrou a situação típica para a qual o princípio da *kompetenz-kompetenz* foi criado.

Houve, assim, uma relativização, uma violação *holística* da *kompetenz-kompetenz*.

Foram relativizados os seus efeitos negativos – afinal, inexistindo manifesta patologia, a decisão tecnicamente correta que o TRF3 deveria ter adotado, a qualquer momento, era justamente *a extinção da Ação de Declaração de Inexistência de Relação Jurídica*, em deferência temporal ao Tribunal Arbitral. E foram completamente desconhecidos os seus efeitos positivos, terminando o STJ por contradizer a própria *letra da lei*.

2.2. O (não tão elástico) conceito de 'manifesta patologia'

É razoável especular que a contradição acima noticiada – entre os votos dos Ministros Luis Felipe Salomão e Marco Aurélio Bellizze – tenha sido fruto de uma tentativa do segundo em cobrir as falhas do primeiro no que diz respeito à *kompetenz-kompetenz*.

Ao admitir a aplicabilidade do princípio e ainda contemplar os contornos dos seus efeitos negativos, o terceiro voto do STJ tentou transmi-

---

[46] STJ. Conflito de Competência nº 151.130/SP, 2ª Seção, Voto – Min. Luis Felipe Salomão, 27.11.2019, p. 13.

tir a imagem de que a decisão do CC nº 151.130/SP ainda estava 'dentro do jogo'. Isto é, que uma manifesta patologia teria sido identificada no artigo 58 do Estatuto da Petrobrás e que, em razão disso, não se estaria violando os efeitos negativos da *kompetenz-kompetenz*.

É curioso, contudo, que o STJ não tenha envidado quaisquer esforços na efetiva configuração da cláusula compromissória enquanto manifestamente patológica. Não se identifica qualquer 'subsunção', por assim dizer, que busque enquadrar a interpretação dispensada pelo STJ ao conceito de 'manifesta patologia'. Ao contrário, trata-se de um contorcionismo jurídico que evita a todo custo proceder uma interpretação sistêmica do instituto da arbitragem e sua principiologia básica.

Em realidade, sequer se buscou conceituar o que seria essa 'manifesta patologia', capaz de autorizar a atuação do Poder Judiciário nesse caso. O voto do Ministro Marco Aurélio Bellizze se restringe a citar o voto da Ministra Nancy Andrighi no REsp nº 1.602.076/SP e parafrasear o seu racional central.

Como se sabe, foi no julgamento desse Recurso Especial que o STJ parametrizou o controle judicial da competência arbitral 'fora' de uma ação anulatória:

> Levando em consideração todo o exposto, o Poder Judiciário pode, nos casos em que *prima facie* é identificado um compromisso arbitral *"patológico"*, *i.e., claramente ilegal*, declarar a nulidade dessa cláusula instituidora da arbitragem, independentemente do estado em que se encontre o procedimento arbitral.[47]

Por sua vez, o voto do Ministro Marco Aurélio Bellizze, em paráfrase a essa passagem, afirmou que a jurisdição estatal poderá excepcionalmente reconhecer a *"inexistência, invalidade ou ineficácia da convenção de arbitragem sempre que o vício que a inquina revelar-se, prima facie, clarividente."*[48]

Ora, *'prima facie'*, 'clarividente' e 'manifesta' são noções intercambiáveis, todas relacionadas a um algo que 'salta aos olhos', que é intuitiva e prontamente percebido.

---

[47] STJ. REsp nº 1.602.076/SP, 3ª Turma, Rel. Min. Nancy Andrighi, 15.09.2016, p.17.
[48] STJ. Conflito de Competência nº 151.130/SP, 2ª Seção, Voto – Min. Marco Aurélio Bellizze, 27.11.2019, p. 5.

E 'patologia' e 'vício', em turno, dizem respeito à ofensa ao ordenamento jurídico, à *ilegalidade* referida no voto do julgamento do REsp nº 1.602.076/SP.

Fora dos contornos do artigo 32 da Lei Brasileira de Arbitragem, seria este o limiar a ser atingido por uma convenção de arbitragem para que o Poder Judiciário pudesse declará-la nula.

Indaga-se: este limiar foi atingido pelo artigo 58 do Estatuto da Petrobrás?

É evidente que não.

Em breve resumo – pois não é esse o objeto do trabalho –, os supostos vícios identificados pelo STJ na cláusula compromissória dizem respeito: (i) à arbitrabilidade subjetiva da União Federal; (ii) ao escopo subjetivo da cláusula compromissória; e (iii) à arbitrabilidade objetiva dos pleitos veiculados na Arbitragem CAM-B3 nº 75/16.

Quanto ao primeiro argumento, há momentos em que a tese vencedora alega a inexistência de regramento legal que autorizasse o consentimento da União ao artigo 58 do Estatuto da Petrobrás – ao arrepio do quanto disposto no §1º do artigo 1º da Lei Brasileira de Arbitragem, cumulado com a Súmula 485 do STJ[49].

Quanto ao segundo argumento, há momentos em que se afirma que a redação da cláusula compromissória não teria delimitado a inclusão da União enquanto acionista majoritária em eventual arbitragem – apesar de sua redação fazer referência expressa a *"disputas ou controvérsias que envolvam a Companhia, seus acionistas, os administradores e conselheiros fiscais"*[50].

Quanto ao terceiro argumento, há momentos do Acórdão nos quais o STJ invoca o Parágrafo Único do artigo 58 do Estatuto da Petrobrás para afirmar que as deliberações da União, enquanto acionista majoritária, estariam fora do escopo objetivo de eventual arbitragem – apesar da redação deste mesmo Parágrafo Único excetuar da jurisdição arbitral tão somente aquelas deliberações *"que visem à orientação de seus negócios, nos termos do art. 238 da Lei nº 6.404, de 1976"*[51], quais sejam, as deliberações

---

[49] Súmula 485 – A Lei de Arbitragem aplica-se aos contratos que contenham cláusula arbitral, ainda que celebrados antes da sua edição.
[50] Op. Cit. n. 8.
[51] Ibidem.

destinadas a atender o *interesse público para o qual a companhia foi criada*[52]. Inclusive, o uso da expressão deliberações implica necessariamente em decisões tomadas pelos sócios em assembleia ou reunião sobre assuntos de interesse da sociedade, o que não foi alegado ter ocorrido nos casos em comento.

É de ressaltar que os autores não emitem, neste artigo, qualquer análise sobre se esses argumentos suscitados pelo STJ são ou não procedentes. Todavia, para fins de uma análise do cumprimento do princípio da *kompetenz-kompetenz*, basta que eles sejam *debatíveis*, isto é, que nenhum deles aponte uma *ilegalidade flagrante*.

E é exatamente isso que se tem na discussão em torno da cláusula compromissória instituidora da Arbitragem CAM-B3 nº 75/16.

A própria dinâmica judiciária que precedeu o CC 151.130/SP, bem como aquela que se assistiu ao longo do seu deslinde, escancara essa realidade: a decisão da 13ª Vara afirmou que a interpretação da cláusula "*se mostra controversa*"[53]; o TRF apresentou decisões diametralmente opostas em um espaço de *nove dias*[54]; e o STJ conseguiu produzir (à época da redação deste trabalho) *três votos distintos*, eis que os dois que albergaram a tese vencedora apresentam contradições tremendas entre si.

Não se busca aqui afirmar que a posição das requerentes da Arbitragem CAM-B3 nº 75/16 seja óbvia e intuitivamente verdadeira. Afirma-se muito menos: *não há manifesta patologia*.

E é exatamente por esse motivo que o STJ sequer tentou, de maneira séria, subsumir o caso à hipótese. Não era possível atingir o resultado que se atingiu sem esse grau de contorcionismo jurídico.

---

[52] Artigo 238 da Lei nº 6.404/1976: "*A pessoa jurídica que controla a companhia de economia mista tem os deveres e responsabilidades do acionista controlador (artigos 116 e 117), mas poderá orientar as atividades da companhia de modo a atender ao interesse público que justificou a sua criação*".

[53] 13ª Vara Cível da Seção Judiciária do Estado de São Paulo, Ação nº 0025090-62.2016.403.6100, 19.12.2016.

[54] TRF3. Agravo de Instrumento nº 0023155-51.2016.403.0000, Decisão Monocrática em Liminar Recursal, Des. Rel. ANTONIO CEDENHO, 11.01.2017 / TRF3. Agravo de Instrumento nº 0023155-51.2016.403.0000, Decisão Monocrática em Embargos de Declaração, Des. Rel. ANTONIO CEDENHO, 20.01.2017.

Conclusões

As restrições de escopo deste trabalho são realmente lamentáveis, pois há uma enorme gama de aspectos que ainda merecem ser tratados no CC 151.130/SP.

Certamente, novos escritos virão para esmiuçar, por exemplo, o mérito das considerações tecidas pelo STJ, tais como a leitura equivocada da exceção contida no Parágrafo Único do artigo 58 do Estatuto da Petrobrás, ou a desconsideração do §1º do artigo 1º da Lei Brasileira de Arbitragem no tocante à arbitrabilidade subjetiva da Administração Pública.

Em outra abordagem, o comportamento contraditório da União também é um terreno fértil a ser explorado. À título exemplificativo, se teve notícia de uma decisão do TRF4 que reconheceu a validade da mesma convenção de arbitragem contida no artigo 58 do Estatuto da Petrobrás em relação à União Federal[55]; igualmente, também se teve notícia de que a própria União Federal se valeu da existência do artigo 58 do Estatuto da Petrobrás como *matéria de defesa* em ação ajuizada perante o Juizado Especial Federal da 3ª Região[56].

Esse comportamento contraditório – embora amplamente noticiado pelas suscitantes no CC 151.130/SP –, sequer foram mencionadas pelo STJ.

Em todo caso, abordar inicialmente a violação da *kompetenz-kompetenz* se provou adequado, eis que foi possível diagnosticar a concepção dos equívocos nos quais o Poder Judiciário como um todo incorreu neste caso.

No mais, que este mergulho inicial sirva de alguma orientação. É a esperança dos autores que o resultado do CC 151.130/SP opere, tão somente, como um paradigma de como o Poder Judiciário *não* deve se relacionar com a arbitragem.

Que ele seja apenas uma 'jabuticaba' podre, reflexo das conturbações políticas do nosso presente, e que no futuro voltemos a ser a *'Belle of the Ball'*.

---

[55] TRF4. Apelação nº 5009846-10.2015.4.04.7201/SC, Rel. Des. Cândido Alfredo Silva Leal Junior, 15.12.2016.
[56] 1ª Vara do Juizado Especial Cível de Santo André – 3ª Região. Ação nº 0005413-1 12015403.6317, Juiz Federal Jorge Alexandre de Souza, 08.07.2016.

Referências

1ª Vara do Juizado Especial Cível de Santo André – 3ª Região. Ação nº 0005413-1 12015403.6317, Juiz Federal JORGE ALEXANDRE DE SOUZA, 08.07.2016.

13ª Vara Cível da Seção Judiciária do Estado de São Paulo, Ação nº 0025090-62.2016.403.6100, 19.12.2016.

Alta Corte de Justiça. *People's Insurance Company of China, Hebei Branch v. Vysanthi Shipping Company*. [2003] EWHC 1655.

BLESSING, Marc. "The Law Applicable to the Arbitration Clause and Arbitrability", in VAN DEN BERG, Albert (Ed.). *Improving the Efficiency of Arbitration and Awards: Forty Years of Application of the New York Convention*. ICCA Congress Series. Kluwer Law International, 1999.

BOLTON, Clare. "Belle of the ball" in *Latin Lawyer*. 13 jan. 2012. Disponível em: https://latinlawyer.com/article/1091979/belle-of-the-ball.

BORN, Gary B. *International Commercial Arbitration*. 2. Ed. Kluwer Law International, 2014.

CARMONA, Carlos Alberto. *Arbitragem e processo: um comentário à Lei nº 9.307/96*. 3. Ed. São Paulo: Atlas, 2009.

CCI. Procedimento Arbitral CCI nº 9987. *Dallah Real Estate and Tourism Holding Company v. Ministry of Religious Affairs, Government of Pakistan*. Sentença Arbitral Final de 23.06.2006.

Corte Francesa de Cassação. 1ª Câmara de Direito Civil. *SOERNI v. ASB*. Decisão de 08.07.2009.

Corte Francesa de Cassação. *Société Les Pains du Sud et autres v. Société Spa Tagliavini et autre*. 25.11.2008.

CREMASCO, Suzana Santi. "O artigo 485, VII, do Novo Código de Processo Civil e o reconhecimento de competência pelo árbitro como pressuposto negativo no processo judicial", in *Revista Brasileira de Arbitragem*. 14. Vol. 53. Publicação. CBAr & IOB, 2017, pp. 7-24 / Estatísticas Gerais do CAM-CCBC. Disponível em: https://ccbc.org.br/cam-ccbc-centro-arbitragem-mediacao/sobre-cam-ccbc/estatisticas-gerais/ (acesso em 10 abr. 2020)

Centro de Estudos das Sociedades de Advogados (CESA). *Anuário da Arbitragem no Brasil 2017*. Disponível em: http://www.cesa.org.br/media/files/CESAAnuariodaArbitragem2017.pdf (acesso em 10 abr. 2020).

GAILLARD, Emmanuel; SAVAGE, John. *Fourchard Gaillard Goldman on International Commercial Arbitration*. Kluwer Law International, 1999.

LESSA NETO, João Luiz. "A competência-competência no Novo Código de Processo Civil: decisão arbitral como pressuposto processual negativo", in *Revista Brasileira de Arbitragem*. 12.Vol. 48. Publicação. CBAr & IOB, 2015, pp. 22-38.

MILANI, Naíma Perrella. "Brazilian Readings on Compétence-Compétence: Missing the Wood for the Trees?", in *Kluwer Arbitration Blog*. 11 jun. 2013.

Disponível em: http://arbitrationblog.kluwerarbitration.com/2013/06/11/brazilian-readings-on-competence-competence-missing-the-wood-for-the-trees/?doing_wp_cron=1589045455.0546269416809082031250 (acesso em 10 abr. 2020).

MONTEIRO, André Luis. "The Kompetenz-Kompetenz Rule in Brazilian Arbitration Law" in *Kluwer Arbitration Blog*. 29 mai. 2019. Disponível em: http://arbitrationblog.kluwerarbitration.com/2019/05/29/the-kompetenz-kompetenz-rule-in-brazilian-arbitration-law/ (acesso em 10 abr. 2020).

OLDHAM, James; KIM, Su Jim. "Arbitration in America: The Early History", in *Law and History Review*. 31. Vol, pp. 241-266.

ROSS, Alison. "In praise of Brazilian enforcement" in *Latin Lawyer*. 29 mar. 2012. Disponível em: https://latinlawyer.com/article/1092294/in-praise-of-brazilian-enforcement (acesso em 10 abr. 2020).

SANDERS, Pieter (Ed.). *Yearbook Commercial Arbitration*. 4. Vol. ICCA & Kluwer Law International, 1979.

SILVEIRA, Gustavo Scheffer da. "A sentença sobre a competência arbitral: natureza e regime de controle de anulação", in *Revista Brasileira de Arbitragem*. 16. Vol. 63. Publicação. CBAr & IOB, 2019, pp. 7-58.

SPERANDIO, Felipe. "Kompetenz-Kompetenz in Brazil: alive and kicking", in *Kluwer Arbitration Blog*, 10 dez. 2013. Disponível em: http://arbitrationblog.kluwerarbitration.com/2013/12/10/kompetenz-kompetenz-in-brazil-alive-and-kicking/ (acesso em 10 abr. 2020).

TRF3. Agravo de Instrumento nº 0023155-51.2016.403.0000, Decisão Monocrática em Liminar Recursal, Des. Rel. ANTONIO CEDENHO, 11.01.2017.

TRF3. Agravo de Instrumento nº 0023155-51.2016.403.0000, Decisão Monocrática em Embargos de Declaração, Des. Rel. ANTONIO CEDENHO, 20.01.2017.

TRF4. Apelação nº 5009846-10.2015.4.04.7201/SC, Rel. Des. CÂNDIDO ALFREDO SILVA LEAL JUNIOR, 15.12.2016.

Suprema Corte dos Estados Unidos. *First Options of Chicago, Inc. v. Kaplan*. 514 U.S. (1995).

STJ. Conflito de Competência nº 151.130/SP, 2ª Seção, Rel. Min. NANCY ANDRIGHI, 27.11.2019.

STJ. REsp nº 1.602.076/SP, 3ª Turma, Rel. Min. NANCY ANDRIGHI, 15.09.2016.

WALD, Arnoldo; GERDAU DE BORJA, Ana; DE MELO VIEIRA, María. "Brazil as "Belle of the Ball": The Brazilian Courts' Pro-Arbitration Stance (2011-2012)" in *The Paris Journal of International Arbitration*. N.2. Paris, 2013. pp. 381-396.

8. Litígios entre privados em setores regulados

SOFIA MARTINS

Introdução

O papel do Estado tem vindo a sofrer uma enorme evolução nas últimas décadas no que respeita aos tradicionais serviços públicos económicos, sobretudo a partir dos anos '70 e 80' do século passado. Presentemente, em face dos movimentos de liberalização e privatização ocorridos, em lugar do Estado Social, dominante em grande parte do século XX em vários setores da Economia, passámos a ter um Estado Regulador em vários serviços essenciais para a vida em coletividade. Em consequência, passámos a ter múltiplas relações contratuais que anteriormente tinham como parte o próprio Estado mas que hoje se processam essencialmente entre privados, embora num ambiente fortemente regulado. Coloca-se assim a questão de saber se e em que medida a regulação pode interferir na resolução de litígios entre entidades privadas nesses setores. Com efeito, como referido por MARISA APOLINÁRIO[1],

    o novo Estado Regulador é mais do que um mero polícia da actividade dos particulares, estando antes vocacionado, através da sua acção, para

---

[1] APOLINÁRIO, Marisa. *O ESTADO REGULADOR: o novo papel do Estado. Análise da perspectiva da evolução recente do Direito Administrativo. O exemplo do sector da energia*. Dissertação submetida à Faculdade de Direito da Universidade Nova de Lisboa para atribuição do Grau de Doutor em Direito, especialidade de Direito Público, acessível em https://run.unl.pt/bitstream/10362/18556/1/Apolin%C3%A1rio_2013.pdf, p. 9.

orientar, influenciar, bem como condicionar a actividade económica dos agentes de mercado.

O presente texto pretende dar umas pistas para esta discussão.

1. Breve referência à evolução dos modelos de intervenção do Estado na economia

Na generalidade dos países da Europa Ocidental assistiu-se, nos últimos dois séculos, a vários modelos de organização do Estado e, consequentemente, da sua intervenção na economia.

A partir do final do século XVIII e até inícios do século XX, em que as preocupações nascidas da Revolução Francesa se prendiam essencialmente com o reconhecimento da liberdade, imperava assim o liberalismo económico. Estávamos perante o chamado Estado Liberal, caracterizado por uma intervenção mínima.

Durante o século XX, na sequência das preocupações originadas pela Revolução Industrial e bem assim pelas duas Guerras Mundiais, reclamava-se maior proteção por parte do Estado. Veio assim a impor-se o chamado Estado Social, cuja característica principal passava pela existência de um Estado omnipresente que intervinha em todas as áreas da vida dos particulares.

A partir da década de '70 do século passado, com as crises fiscais e petrolíferas, por um lado, e a evolução da tecnologia e a globalização, por outro, o Estado Social entrou em crise, deixando o Estado de ser encarado como o garante do bem-estar económico e social, com a consequente viragem para o mercado. Ao Estado Social veio, assim, a suceder um novo modelo de Estado – o chamado Estado Regulador[2].

Portugal não foi exceção a esta evolução. Após um período inicial após a Revolução de 25 de Abril de 1974, em que se assistiu a um modelo económico próximo do socialismo, com a nacionalização de variados setores da economia, no modelo económico atual domina a iniciativa privada, fruto dos movimentos de liberalização e de reprivatização de variadíssimos setores da economia desde finais do século passado. Fazendo de novo apelo às palavras de MARISA APOLINÁRIO[3],

---

[2] Idem, pp. 21 e ss..
[3] Idem, p. 144.

"afastados que estão princípios como o da socialização dos meios de produção e da apropriação colectiva dos principais meios de produção que visavam, em última análise, o controlo pelo Estado de sectores de actividade que lhe permitissem uma intervenção directa no processo económico, a nossa Constituição mostra-se hoje permeável a um modelo em que o Estado deixa de ser jogador para passar a ser, essencialmente, o árbitro do jogo (que é o mercado)".

Neste novo modelo, e em particular nos chamados serviços de interesse económico geral acima mencionados, designadamente os tradicionais serviços públicos económicos, como as telecomunicações ou a energia, a forma de intervenção do Estado é, hoje, por excelência, a regulação. Trata-se, no essencial, de serviços que têm em comum o facto de, por um lado, serem explorados a partir de uma rede e, por outro, o de assegurarem o fornecimento de bens e serviços essenciais para a coletividade[4].

2. A regulação: breve contextualização

Mas em que consiste, afinal, a regulação? No essencial, a mesma pode ser definida como "o estabelecimento e a implementação de um conjunto de regras específicas, necessárias ao funcionamento equilibrado de um determinado setor, em função do interesse público[5]".

Concretamente no que diz respeito aos setores de infraestruturas, tais como dos serviços de águas, resíduos, eletricidade, gás ou telecomunicações, estamos perante a chamada regulação vertical, na medida em que abrange um único setor. Isto sem prejuízo da coexistência deste tipo de regulação com a chamada regulação transversal, i.e. a que abrange todos os setores, como por exemplo a regulação na área da concorrência ou do ambiente[6].

A regulação poderá ainda ser social ou económica. Será social quando os seus objetivos são exteriores à atividade económica, como por exemplo quando o que está em causa é a preservação do ambiente ou a segurança, ou mesmo a proteção dos consumidores. Será económica quando

---

[4] Idem, pp. 170 e 171.
[5] MARQUES, Rui Cunha. *Regulação de Serviços Publicos*. Lisboa, Edições Sílabo, 2015, p. 29.
[6] Idem.

vise maximizar "o bem-estar social, induzindo as entidades gestoras a produzirem aquilo que é desejável, de forma a alcançar resultados óptimos no que concerne aos preços praticados, às quantidades produzidas e aos padrões de qualidade oferecidos"[7].

Existem diferentes tipos de sistemas de regulação: (i) a regulação estadual direta, assente na linha definida por cada Governo, levada a cabo essencialmente por este; (ii) a regulação estadual indireta, já com alguma autonomia, atribuições e meios próprios, normalmente levada a cabo por institutos públicos; (iii) a regulação por entidade independente, que se pretende isenta face ao poder político e aos interesses regulados, levada a cabo por autoridades reguladoras independentes; e (iv) por fim, a autorregulação, assente essencialmente no autogoverno e autodisciplina dos interessados, levada a cabo por organismos profissionais (privados, públicos ou mistos)[8].

A regulação surge com particular incidência – e por necessidade – nos serviços públicos de infraestruturas. Com efeito, estes são considerados, designadamente na Europa, como indústrias monopolistas, mais concretamente monopólios naturais, na medida em que nestes casos os custos de produção são inferiores no caso de um só produtor para um determinado espetro de procura[9]. Por outro lado, é também comum estes setores terem a propriedade da economia de escala, ou seja, quanto maior a procura, menores os custos unitários de produção[10]. Estas e outras características levam a que, em termos práticos, seja difícil a cada mercado suportar mais do que uma entidade gestora, com a consequente redução da possibilidade de concorrência (e autorregulação); daqui decorre a necessidade de proteção dos interesses dos consumidores, sobretudo no que diz respeito ao controlo de preços e qualidade do serviço[11].

Nestes serviços públicos de infraestruturas assumem relevância particular os chamados serviços de interesse económico geral, tais como os serviços de abastecimento de água, de fornecimento de eletricidade e as telecomunicações, por se tratar de serviços que satisfazem necessidades básicas da generalidade da população que são, nessa medida, fundamen-

---

[7] Idem.
[8] Idem, pp. 30 e 31.
[9] Idem, p. 40.
[10] Idem, p. 41.
[11] Idem, p. 42.

tais para promover a coesão económica e social, desempenhando ainda um papel fundamental nos vários setores da economia. Por essas razões, é fundamental a adoção de regras de boa conduta, tais como as de transparência na gestão, as relativas ao sistema tarifário e ao financiamento, as quais podem, não obstante, ser contraditórios entre si e, em particular, com a eficiência económica. A importância da regulação revela-se, assim, ainda maior neste tipo de serviços, considerados como autênticos direitos sociais, no sentido de tentar obter soluções de compromisso entre as obrigações destes serviços e a implementação de um mercado concorrencial[12].

Os principais objetivos da regulação podem, assim, ser sumariados como segue: (i) promoção da eficiência; (ii) proteção dos interesses dos consumidores quanto às obrigações dos serviços de interesse económico geral; (iii) segurança no autofinanciamento do serviço prestado; (iv) implementação das políticas definidas para o setor; e (v) segurança da robustez e sustentabilidade do serviço[13].

3. O exemplo português no setor da energia elétrica

Grande parte da literatura relacionada com arbitragem no setor energético prendese com as atividades de exploração e desenvolvimento de recursos que, por natureza, integram o domínio público estadual, pelo que os litígios que normalmente surgem envolvem habitualmente uma parte pública ou, no caso de atividades concessionadas, uma entidade que, podendo ter natureza privada, se encontra sujeita às regras do direito público.

No entanto, o setor da energia tem uma outra enorme componente, onde cada vez mais apenas intervêm privados. Isso é paradigmático, por exemplo, no caso da energia elétrica, nomeadamente no que respeita às atividades de interesse público geral. Efetivamente, o mercado da eletricidade envolve vários tipos de atividade de entre as quais avultam, enquanto atividades estruturantes: a de produção de energia elétrica, a de transporte da energia elétrica e a de distribuição dessa mesma energia elétrica.

---

[12] Idem, p. 44.
[13] Idem, pp. 48 e 49.

As empresas que atuam no âmbito destas atividades podem ser empresas públicas; mas muitas vezes são empresas privadas, podendo até ser empresas que originariamente eram públicas mas que passaram a ser privadas por força de políticas de reprivatização do setor entretanto postas em prática.

Estas atividades são naturalmente objeto de contratos vários, os quais muitas vezes contêm convenções de arbitragem.

Olhando para a evolução do setor em Portugal, e mais ou menos em linha com o que se passou na Europa Ocidental, temos que após um período de liberalização, durante a primeira metade do século XX, na sequência da Revolução de 25 Abril de 1974 o Estado nacionalizou[14] as sociedades que exploravam o serviço público de produção, transporte e distribuição de energia elétrica prevendo, concomitantemente, a respetiva reestruturação.

Foi então criada uma empresa pública, a EDP, que absorveu os ativos das empresas nacionalizadas e a quem foi atribuído, em regime de exclusividade, "o estabelecimento e a exploração do serviço público de produção, transporte e distribuição de energia elétrica no território do continente"[15], sendo considerada como um instrumento do Estado na "execução da política económica governamental" na medida em que as empresas públicas, "estando imperativamente sujeitas ao planeamento, permit[iam] que, por seu intermédio, o Governo disp[usesse] de um efectivo contrôle sobre a execução das políticas de investimento formuladas nos planos económicos nacionais"[16].

A reabertura ao setor privado de algumas atividades da cadeia de valor da eletricidade, concretamente as de produção e distribuição de energia elétrica, só viria a ocorrer em 1988[17]. Conforme se refere no preâmbulo do DL 449/88, de 4 de Novembro, "a integração de Portugal nas Comunidades Europeias obriga[va], cada vez mais, a posicionar a economia portuguesa num contexto que exced[ia] largamente as fron-

---

[14] Através do Decreto-Lei nº 205-G/75, de 16 de abril de 1975.
[15] Cfr. Decreto-Lei nº 205-G/75, de 16 de abril, e artigos 1º, nº 1, 2º nºs 1 e 3 e 5º do Decreto-Lei nº 502/76, de 30 de junho.
[16] Cfr. Preâmbulo do Decreto-Lei nº 260/76, de 8 de abril, que estabeleceu as Bases Gerais das Empresas Públicas.
[17] Com a publicação do Decreto-lei 449/88, de 10 de dezembro, que alterou a Lei nº 46/77, de 8 de julho, conhecida como Lei de Delimitação de Setores.

teiras nacionais" razão pela qual se passou a permitir "o acesso da iniciativa privada [...] a diversas atividades como o serviço de produção e distribuição de gás e energia elétrica para consumo público, [...]". Por outras palavras, veio-se permitir o acesso de entidades privadas às atividades de produção, transporte e distribuição de energia elétrica para consumo público.

Neste contexto de abertura do setor à iniciativa privada, a EDP foi transformada em sociedade anónima de capitais exclusivamente públicos por forma a adotar "um perfil jurídico-legal apto a proporcionar-lhe grande flexibilidade operacional em vários domínios [...]", sem que, contudo, o Estado tivesse de abdicar do controlo público da sua atividade.

Ainda no sentido da progressiva liberalização do setor foi aprovado o Decreto-Lei nº 99/91, de 2 de março, que viria "estabelecer os princípios gerais do regime jurídico do exercício das atividades de produção, transporte e distribuição de energia elétrica" com o expresso desígnio de criar condições para "dinamizar o processo de constituição de entidades produtoras e fornecedoras de energia elétrica". O referido DL 99/91[18] lançou as bases do regime que organizava o Sistema Elétrico Nacional (SEN) em dois sistemas coexistentes: o Sistema Elétrico de Abastecimento Público (SEP) – constituído pela Rede Nacional de Transporte de Energia Elétrica (RNT), explorada em regime de concessão de serviço público, e por entidades que, em regime contratual, se vinculam ao sistema, isto é os produtores e distribuidores vinculados, – e o Sistema Elétrico Independente (SEI) – constituído pelos titulares de licenças não vinculadas que pretendam exercer as atividades de produção, transporte ou distribuição de eletricidade, para uso próprio ou de terceiros, em regime de concorrência. A concessão da RNT foi então legalmente atribuída à EDP.

Em 1994 deu-se início a um processo de cisão da EDP que originou várias sociedades vocacionadas exclusivamente para uma das atividades de cadeia de valor do setor elétrico, integralmente detidas pela EDP. Uma dessas sociedades foi a REN, concessionária da Rede Nacional de Transporte (RNT) e responsável pela gestão do SEP.

---

[18] Posteriormente confirmado no Decreto-Lei nº 182/95, de 27 de julho.

No contexto do processo de liberalização do setor elétrico foi posteriormente aprovado o programa de privatizações para 1996-1997[19], que deu início ao processo de reprivatização da EDP. O capital da REN manteve-se, no entanto, maioritariamente detido pelo Estado.

Entretanto, em 1995 foi dado mais um passo no sentido do aprofundamento da liberalização do setor elétrico: através dos Decretos-Lei nºs 182/95 a 188/95, todos de 27 de Julho, o legislador antecipou a concretização das orientações traçadas pela Diretiva nº 96/92/CE do Parlamento Europeu e do Conselho, de 1 de Dezembro de 1996, que estabeleceu regras comuns para o mercado interno da eletricidade, introduzindo significativas alterações na disciplina das atividades de produção, transporte e distribuição de energia elétrica com o propósito de criar um mercado concorrencial de eletricidade, condição *sine qua non* para a efetiva implementação de um mercado interno da Energia.

O DL 182/95 estabeleceu as bases da organização do SEN e os princípios que regiam as atividades de produção, transporte e distribuição de energia elétrica, mantendo, em termos gerais, a matriz delineada pelo DL 99/91, designadamente no que concerne ao desdobramento do SEN no SEP e num sistema de mercado, agora designado Sistema Elétrico Não Vinculado (SENV).

Foi então criada uma entidade reguladora – a ERSE[20] –, por forma a acautelar a criação de "condições que assegur[assem] uma coexistência equilibrada e transparente entre os sistemas". A ERSE assumiu competências de natureza regulatória em matérias como a proteção dos consumidores, a regulação de preços, o relacionamento entre os agentes do setor e a promoção da concorrência.

Entretanto, em outubro de 2000 teve lugar a 4ª Fase de Reprivatização da EDP, na sequência da qual o Estado passou a deter uma posição minoritária naquele grupo empresarial. Entendeu todavia o Estado que o capital da concessionária da RNT (i.e., a REN) deveria continuar a ser maioritariamente detido pelo Estado, razão pela qual o Decreto-Lei

---

[19] Através da Resolução do Conselho de Ministros nº 21/96, de 5 de março.
[20] Originariamente a ERSE, criada pelo Decreto-Lei nº 187/95, de 27 de julho, era a Entidade Reguladora do Sector Elétrico pois apenas regulava este setor; no entanto, a partir de 2002, com a aprovação do Decreto-Lei nº 97/2202, de 12 de abril, passou a regular também setor do gás natural, alterando a sua denominação para Entidade Reguladora dos Serviços Energéticos.

nº 198/2000, de 24 de agosto[21], veio assegurar a manutenção da concessionária da RNT na esfera pública, consagrando em diploma legislativo que a maioria do capital social da entidade concessionária da RNT seria detido por entes públicos.

O aprofundamento da liberalização do setor viria, todavia, a determinar significativas e mais profundas vicissitudes. Em 2003[22] foram aprovadas as "orientações da política energética portuguesa", no sentido de liberalizar o mercado da eletricidade através, designadamente, da concretização do mercado europeu da energia que passaria, numa primeira fase, pelo aprofundamento do mercado ibérico de eletricidade (MIBEL) e da promoção da concorrência no setor. Assumiu-se então o propósito de criar as condições necessárias à implementação de um verdadeiro mercado de eletricidade onde a eletricidade deixaria de ser adquirida aos produtores pelo operador da RNT e passaria a ser vendida diretamente no mercado.

Entretanto, as Diretivas do chamado Segundo Pacote Energético – Diretivas 2003/54/CE e 2003/55/CE do Parlamento Europeu e do Conselho de 26 de junho de 2003 – vieram determinar a adoção pelos Estados-Membros de um conjunto de normas destinadas a promover a realização de um mercado interno da energia plenamente operacional e concorrencial, designadamente através de um acesso às redes não discriminatório, transparente e a preços justos.

Paralelamente, no período compreendido entre 2007 e 2014 a REN foi também objeto de um processo de reprivatização. Num primeiro momento[23], foi decidido proceder à reprivatização de parte do capital, deixando-se, todavia, claro que o Estado asseguraria a manutenção de uma posição maioritária[24]. Todavia, em 2011[25] o Estado Português

---

[21] Que alterou o artigo 19º do DL 182/95.

[22] Através da Resolução Conselho de Ministros nº 63/2003, de 18 de maio.

[23] No programa de privatizações para 2006-2007, aprovado pela Resolução do Conselho de Ministros nº 24/2006, de 28 de fevereiro.

[24] "No que respeita ao subsector eléctrico e face à relevância do interesse público envolvido, o Governo deve assegurar o controlo da REN – Rede Eléctrica Nacional, S. A. (REN), continuando a justificar-se a manutenção de uma participação maioritária no seu capital. Todavia, tendo em conta o interesse desta empresa para a prossecução dos objectivos acima enunciados, os efeitos positivos sobre a sua própria eficiência e a sua relevância para a dinamização do mercado de capitais, o Governo procederá à privatização parcial da REN através de uma operação de dispersão de capital em mercado regulamentado".

[25] Com a aprovação do Decreto-Lei nº 106-B/2011, de 3 de novembro.

decidiu proceder à alienação de ações representativas de uma percentagem não superior a 19% do capital social, reduzindo a sua participação a 11%, passando a REN a ser maioritariamente detida por acionistas privados. Finalmente[26], o Estado Português procedeu à alienação das participações remanescentes.

Assim, presentemente, a REN – Operador da Rede de Transporte de Eletricidade e de Gás Natural – é uma empresa totalmente privada.

Os produtores de eletricidade – também entidades privadas – podem celebrar contratos bilaterais com clientes finais ou com comercializadores de eletricidade[27], em regime de livre concorrência[28], os quais, nos termos da legislação em vigor, têm de ser executados tendo em conta, *inter alia*, o cumprimento das obrigações de serviço público plasmadas na lei.

As atividades de transporte, distribuição e comercialização de eletricidade – exercidas também por entidades privadas – estão sujeitas a regulação, nomeadamente pela ERSE[29], a qual tem competência, *inter alia*, para emitir decisões vinculativas sobre todas as empresas que atuam no âmbito do SEN[30].

Entre as atribuições da ERSE consta a de assegurar a existência de condições que permitam a obtenção do equilíbrio económico e financeiro por parte das atividades dos setores regulados exercidos em regime de serviço público, quando geridas de forma adequada e eficiente[31], tendo ainda competência, designadamente, regulamentar[32], em concreto no que diz respeito ao regulamento de relações comerciais[33]

---

[26] Na sequência da Resolução do Conselho de Ministros nº 32/2014, de 3 de novembro.
[27] Cfr. art. 19º do DL 29/2006.
[28] Cfr. art. 4º, nº 4, do DL 29/2006. As atividades de transporte e distribuição processam-se em regime de concessão de serviços público, em exclusivo – cfr. art. 4º, nº 5, do DL 29/2006.
[29] Cfr. art. 57º do DL 29/2006.
[30] Cfr. art. 58º do DL 29/2006.
[31] Cfr. art. 3º, al. b), dos Estatutos da ERSE (Decreto-Lei nº 97/2002, de 12 de abril, conforme sucessivamente alterado).
[32] Cfr. Art. 9º dos Estatutos da ERSE.
[33] Que estabelece, designadamente, as regras de funcionamento das relações comerciais entre os vários intervenientes no SEN bem como as regras aplicáveis à escolha de comercializador e funcionamento dos mercados de energia elétrica – cfr. art. 77º do DL 29/2006.

e ao regulamento tarifário³⁴. Quanto a este, deve o mesmo obedecer a um princípio de proteção dos clientes face à evolução das tarifas, assegurando, simultaneamente, o equilíbrio económico e financeiro às atividades exercidas em regime de serviço público em condições de gestão eficiente³⁵.

Ainda nos termos da lei aplicável ao setor, é permitida a resolução de litígios entre entidades concessionárias de serviços públicos e demais intervenientes do SEN por recurso à arbitragem, prevendo-se, no entanto, que as decisões dos tribunais arbitrais são recorríveis para os tribunais judiciais³⁶. No que diz respeito a litígios entre entidades meramente privadas, aplicar-se-á o critério geral de arbitrabilidade constante da Lei de Arbitragem Voluntária (LAV)³⁷.

O que vem de se descrever quanto ao setor da energia elétrica é apenas e tão só um exemplo, já que, em Portugal, vários outros setores sofreram evoluções semelhantes, como seja, por exemplo, o caso do setor das telecomunicações e do setor financeiro: em ambos os casos passou--se de um monopólio estatal para um regime de liberalização, sujeito a regulação por entidades reguladoras independentes: a Autoridade Nacional de Comunicações (ANACOM), no caso das telecomunicações, e o Banco de Portugal, a Comissão do Mercado de Valores Mobiliários e a Autoridade de Supervisão de Seguros e Fundos de Pensões, no caso do setor financeiro.

No plano da regulação transversal merece naturalmente referência a Autoridade da Concorrência, que tem poderes transversais sobre toda a economia no que diz respeito à aplicação das regras de concorrência, em coordenação com os demais órgãos de regulação setorial.

---

[34] Que estabelece, designadamente, os critérios e métodos para a formulação de tarifas – cfr. art. 77º do DL 29/2006.
[35] Cfr. Art. 61º do DL 29/2006.
[36] Cfr. art. 74º do DL 29/2006.
[37] Lei nº 63/2011, de 14 de Dezembro. Nos termos do art. 1º, qualquer litígio respeitante a interesses de natureza patrimonial pode ser cometido pelas partes, mediante convenção de arbitragem, à decisão de árbitros. De relevar que para contratos celebrados antes da entrada em vigor deste lei aplica-se o regime supletivo da lei anterior no que diz respeito à possibilidade de recurso da sentença arbitral, nos termos da qual o recurso era sempre permitido a não ser que expressamente afastado pelas partes.

4. A atividade regulada como um limite à autonomia privada

Aqui chegados, cumpre então tentar compreender em que medida esta forte regulação pode levantar especiais problemas para tribunais arbitrais chamados a decidir litígios relacionados com contratos celebrados entre entidades privadas (ou em contratos originariamente celebrados entre uma entidade pública e uma entidade privada mas que entretanto passaram a ter apenas duas partes privadas), sujeitas a forte regulação.

Tratando-se de contratos entre entidades privadas, dir-se-ia que os mesmos estão sujeitos ao princípio da autonomia privada e que, nessa medida, as partes são livres de fixar as condições contratuais que entre si devem vigorar. E que, portanto, um tribunal arbitral chamado a decidir o litígio terá apenas de ter em atenção o que resultou do contratado entre as partes para apurar a eventual responsabilidade contratual a que as partes estão sujeitas.

Mas será exatamente assim nestes casos? Será que não entram nestas relações jurídicas de direito privado outros interesses que têm necessariamente de ser acautelados, e que se sobrepõem à vontade das partes?

No direito português vigora, como em tantos outros, o princípio da liberdade contratual, plasmado no artigo 405º do Código Civil, e nos termos do qual *"Dentro dos limites da lei*, as partes têm a faculdade de fixar livremente o conteúdo dos contratos, celebrar contratos diferentes dos previstos neste código ou incluir nestes as cláusulas que lhes aprouver" (itálico nosso).

Da mera leitura do preceito resulta desde logo claro que a liberdade contratual se encontra sujeita a limitações. E, de acordo com a doutrina e com a jurisprudência nacionais, esses limites podem ser encontrados, por exemplo, no princípio geral da boa fé plasmado no artigo 762º, nº 2, na proibição do abuso de direito plasmada no artigo 334º ou na proibição de contrariedade à ordem pública, plasmada no artigo 282º, nº 1, todos do Código Civil.

Veja-se, neste sentido, o Acórdão do Supremo Tribunal de Justiça de 28 de outubro de 1993[38], onde se pode ler o seguinte:

> [...] a regra da livre fixação do conteúdo dos contratos está sujeita a limitações, com vista a assegurar a lisura e a correcção com que as partes

---
[38] Acessível em www.dgsi.pt com o nº de processo 084138.

devem agir na preparação e na execução dos contratos, a garantir a justiça real, comutativa nas relações entre as partes, a proteger a parte económica, social ou intelectualmente mais fraca, a preservar princípios fundamentais ou valores essenciais à vida de relação e imanentes ao ordenamento jurídico e formando as traves mestras em que se alicerça a ordem económica e social (Antunes Varela, Das Obrigações em Penal, 7 edição, Volume I, 257, Hermich E. Horster, Teoria geral do Direito Civil, 59 e seguintes; Almeida Costa, Direito das Obrigações, 4 edição, 199 e 200, Baptista Machado, obra dispersa, Volume I, 642 e seguintes).

[...]

Segundo o disposto no n. 2 do artigo 762 do Código Civil, as partes devem proceder de boa fé, tanto no cumprimento da obrigação como no exercício do direito correspondente; por outro lado, nos termos do artigo 334 do mesmo Código, é ilegítimo o exercício de um direito, quando o titular exceda manifestamente os limites impostos pela boa fé.

Nos termos de qualquer destes dois preceitos, agir de boa fé é agir com diligência, zelo e lealdade correspondente aos legítimos interesses da contraparte, é ter uma conduta honesta e consciensiosa, uma linha de correcção e probidade, a fim de não prejudicar os legítimos interesses da contraparte, é não proceder de modo a alcançar resultados opostos aos que uma consciência, razoável poderia tolerar, é não proceder de modo a impor sacrifícios intoleráveis à contraparte (Antunes Varela Colectânea de Jurisprudência, 1986, Tomo III, 13; Almeida Costa, Ob. Cit., 92 e 93; 845 e 846; Vaz Serra, Boletim do Ministério da Justiça 74, 45).

[...]

Claro que o exercício ilegítimo de um direito determina a nulidade, nos termos gerais do artigo 294 do Código Civil (Pires de Lima e Antunes Varela, Ob. cit., Notas ao artigo 334).

De harmonia com o disposto no n. 2 do artigo 280 do Código Civil, é nulo o negócio contrário à ordem pública, ou ofensivo dos bons costumes.

Por ordem pública, deve entender-se o conjunto de princípios fundamentais imanentes ao ordenamento jurídico em que se alicerça a ordem económica e social, cuja prevalência interessa ao Estado e à sociedade e que devem sobrepor-se à vontade individual e são por ela inderrogáveis (Batista Machado, ob. cit., 642 e 643; Mota Pinto, teoria geral do Direito Civil, 1973, 646.

E contra a ordem pública estão as cláusulas "amordaçantes", ou seja, "aquelas que limitam desmesuradamente (excessiva e irrazoavelmente) a liberdade pessoal ou económica de uma das partes, contendem com a "liberdade de consciência, das pessoas ou sujeitam estas a sacrifícios de todo irrazoáveis (injustificado) ou inexigíveis, ou a vinculação de todo incompatíveis com uma vontade racional" (Baptista Machado, Ob. Cit., 644).

Em face das considerações que acima se fizeram a respeito do papel do Estado Regulador, parece-nos, pois, que a relação contratual entre entidades privadas no âmbito de setores regulados, principalmente nos setores de interesse económico geral, não pode deixar de levar em conta os princípios estruturantes do setor em causa, subjacentes aos quais estão razões de interesse público. Mais: em determinadas situações, tais razões poderão até eventualmente levar a que estipulações contratuais entre privados possam ter de ser limitadas, designadamente (mas não só) por razões de ordem pública.

Com efeito, tratando-se de setores de serviços de atividade de interesse público geral, as normas imperativas e bem assim os princípios estruturantes do sistema não podem deixar de impactar na interpretação e aplicação do direito das obrigações, mesmo em litígios entre privados. Não nos podemos esquecer que a interpretação das declarações negociais[39], partindo da letra do contrato, deve sempre ter em conta os elementos histórico, teleológico e sistemático, devendo considerar a letra do contrato, as circunstâncias de tempo, lugar e outras que tenham precedido ou sejam contemporâneas da celebração do negócio, o próprio tipo negocial em causa, a lei e os usos e costumes[40]. E, acrescentamos, questões de ordem pública, em linha com a jurisprudência acima citada.

Conforme acima se referiu, e tomando por base o exemplo do setor elétrico, mesmo a atividade de produção de eletricidade, que se processa hoje, genericamente, em regime de livre concorrência, está limitada pelo cumprimento de obrigações de serviços público. Assim, a liberdade contratual das entidades privadas neste setor – como noutros – não poderá deixar de se encontrar limitada quer pelos princípios que

---

[39] Cfr artigos 236º e ss. do Código Civil.
[40] FERNANDES, Luís Carvalho. *Teoria geral do Direito Civil*. *II*. 5 ed. Almedina. 2010.

norteiam a livre concorrência, quer pelas eventuais obrigações de serviço público que sobre as partes possam impender.

Conclusões

Como se deixou exposto a título introdutório, o presente texto pretende apenas deixar algumas pistas sobre se e em que medida a regulação pode interferir na resolução de litígios entre entidades privadas.

A principal conclusão a reter é a de que, nos setores regulados, *maxime* nos setores de interesse económico geral, o decisor arbitral não pode ater-se apenas ao clausulado contratual, tendo um especial dever de ter em atenção eventuais questões de ordem pública que possam limitar a autonomia contratual das partes no caso concreto.

A missão do tribunal arbitral é a de julgar de acordo com o direito constituído[41]. Mas o direito constituído não é apenas o direito das obrigações, incluindo também, e sobretudo no caso dos setores regulados, as normas e princípios de direito regulatório que possam impactar nas relações de direito privado. O ambiente regulatório não pode deixar de ser visto como uma condicionante exógena mas indispensável na interpretação e execução dos contratos. Um tribunal arbitral que não considere o contexto regulatório corre o risco de não interpretar adequadamente o contrato e a vontade das partes aquando da sua celebração e enquanto instrumento regulador da sua execução.

Referências

APOLINÁRIO, Marisa. O Estado Regulador: o novo papel do Estado. *Análise da perspectiva da evolução recente do Direito Administrativo. O exemplo do sector da energia.* Dissertação submetida à Faculdade de Direito da Universidade Nova de Lisboa para atribuição do Grau de Doutor em Direito, especialidade de Direito Público, acessível em https://run.unl.pt/bitstream/10362/18556/1/Apolin%-C3%Alrio_2013.pdf.

FERNANDES, Luís Carvalho. *Teoria geral do Direito Civil.* II. 5 ed. Almedina. 2010.

MARQUES, Rui Cunha. *Regulação de Serviços Publicos.* Lisboa, Edições Sílabo, 2015.

---

[41] Com exceção naturalmente daqueles casos em que lhe sejam cometidos poderes para decidir segundo a equidade.

9. Entre a norma e a prática: desafios na redação da cláusula de mediação em contratos administrativos

DANIELA MONTEIRO GABBAY
RICARDO YAMAMOTO

Introdução

A possibilidade de utilização da mediação pela Administração Pública[1] é uma realidade, e, além de ser vista como uma boa prática de governança administrativa[2], já conta com amparo expresso da Lei n. 13.140/2015 ("Lei de mediação"), além de outras normas nos âmbitos federal, estadual e municipal.

---

[1] Este artigo será publicado pelos autores em duas obras coletivas: (i) NOLASCO, Rita Dias; AVILA, Henrique; WATANABE, Kazuo e NAVARRO, Trícia (Org.) sobre "Desjudicialização, Justiça Conciliativa e Poder Público", pela Escola da Advocacia-Geral da União na 3a Região em parceria com o Conselho Nacional de Justiça e CEBEPEJ e (ii) TONIN, Mauricio Morais; MOREIRA, António Júdice; NASCIMBENI, Asdrubal Franco, BEYRODT, Christiana, sobre "Mediação e arbitragem na administração pública", pela Editora Almedina (ambos no prelo).

[2] Nesse sentido, vide Di Salvo, Silvia Helena Picarelli Gonçalves Johnsom. A Mediação na Administração Pública Brasileira: o Desenho Institucional e Procedimental. São Paulo: Almedina, 2018. EIDT, Elisa Berton. Solução de conflitos no âmbito da administração pública e o marco regulatório da mediação: da jurisdição a novas formas de composição. Santa Cruz do Sul: Essere nel mondo, 2017 e SOUZA, Luciane Moessa de. "Resolução de conflitos envolvendo o Poder Público: caminhos para uma consensualidade responsável e eficaz", In GABBAY, Daniela Monteiro; TAKAHASHI, Bruno (Coord.). *Justiça Federal: inovações nos mecanismos consensuais de solução de conflitos*. Brasília: Gazeta Jurídica, 2014, pp. 189-207.

A mediação e os demais métodos consensuais de solução de conflitos[3] podem se aplicar em diversos contextos: em relações contratuais e extracontratuais; em disputas que envolvem políticas públicas, como é o caso de Câmaras de Mediação que atuam na área da saúde[4]; em gestão estratégica de litígios em massa, quando o Poder Público atua como grande litigante, como se dá nas execuções fiscais e em disputas previdenciárias; entre órgãos da própria Administração Pública, ou em casos que envolvam diretamente o jurisdicionado, de forma individual ou coletiva, dentre outros formatos e possibilidades.

As vantagens da mediação se apresentam principalmente quando ela incide sobre relações continuadas, pois nesses casos os conflitos são vistos como uma oportunidade de melhorar a relação e criar valor a partir de um método consensual que, com auxílio de terceiro, buscará resultados de ganho mútuo a partir dos interesses envolvidos, facilitando a comunicação e um bom fluxo de informação que permitam a construção colaborativa de uma solução, com compromissos vistos como legítimos por ambas as partes.

A consensualidade na Administração Pública[5] revela uma prática estratégica de boa gestão, embora haja alguns desafios relacionados à expo-

---

[3] Neste artigo consideramos especialmente três métodos consensuais: a negociação, a mediação e a conciliação. Enquanto a primeira não conta com um terceiro, sendo feita diretamente entre as partes, a mediação e conciliação contam com a presença de um terceiro, sendo que se positivou no Brasil a diferença entre elas a partir do papel desse terceiro e da natureza da relação entre as partes: enquanto a mediação é aplicável a relações continuadas e com um terceiro que atua como facilitador, na conciliação não necessariamente há vínculo anterior entre as partes, e o papel do terceiro é avaliativo (cf. art. 165, § 2º e 3º do Código de Processo Civil)

[4] Nesse sentido, vale destacar a iniciativa da Procuradoria Geral do Estado do Rio de Janeiro, que criou em 2013 a Câmara de Resolução de Litígios de Saúde. Vide mais infos em https://pge.rj.gov.br/mais-consenso/camara-de-resolucao-de-litigios-de-saude-crls. Acesso em 10/05/2020. Um outro exemplo é a Câmara de Indenização criada pela Defensoria Pública após o acidente do metrô em São Paulo, em 2007, para fins de negociação de indenizações. Mais detalhes em http://www.premioinnovare.com.br/praticas/indenizacoes-extrajudiciais-relacionadas-ao-acidente-do-metroem-sao-paulo-2546/. Para um maior aprofundamento sobre o tema, vide também GABBAY, Daniela Monteiro; CUNHA, Luciana Gross (Coord.) *O Desenho de Sistemas de Resolução Alternativa de Disputas para Conflitos de Interesse Público*. Série Pensando o Direito, n. 38/2011.

[5] Sobre o tema, vide PALMA, Juliana. Atuação administrativa consensual: estudo dos acordos substitutivos no processo administrativo sancionador. 2010. Dissertação. Mestrado em Direito do Estado. Faculdade de Direito, Universidade de São Paulo, São Paulo, 2010.

sição do gestor público que a utiliza, cuja alçada muitas vezes demanda autorizações normativas específicas para participar das mediações, sob pena de responsabilidade pessoal pelas leis de responsabilidade fiscal e de improbidade administrativa[6]. Há também desafios relacionados ao procedimento da mediação, quando envolve a Administração Pública, como em relação à publicidade e isonomia[7], especialmente quando os métodos consensuais são aplicados em larga escala pelo Poder Público como grande litigante[8]. Isso porque o tratamento igualitário daqueles que se encontram em situação semelhante depende da publicidade do resultado da mediação a terceiros, mesmo que a confidencialidade do procedimento e das informações trocadas nas sessões de mediação realizadas seja preservada.

O presente artigo visa tratar especificamente da mediação em contratos administrativos, com foco nos desafios existentes na redação da cláusula de mediação. Os contratos públicos são um campo relevante para os métodos consensuais[9], considerando que em muitos deles já há

---

[6] Nesse sentido, o art. 40 da Lei de Mediação dispõe que "os servidores e empregados públicos que participarem do processo de composição extrajudicial do conflito, somente poderão ser responsabilizados civil, administrativa ou criminalmente quando, mediante dolo ou fraude, receberem qualquer vantagem patrimonial indevida, permitirem ou facilitarem sua recepção por terceiro, ou para tal concorrerem".

[7] Sobre isonomia, entende Bruno Megna que uma das formas de se garanti-la é com "a previsão de parâmetros de alçada para cada espécie de casos, desde que, é claro, a tarifação não seja rígida ao ponto de causar injustiça em face do caso concreto". MEGNA, Bruno Lopes. A Administração Pública e os meios consensuais de solução de conflitos ou "enfrentando o Leviatã nos novos mares da consensualidade". Revista da Procuradoria Geral do Estado de São Paulo, São Paulo, n. 82:1-30, jul./dez. 2015, p. 14.

[8] Esse é o caso da transação por adesão, prevista no art. 35 da Lei de Mediação. Sobre a mediação utilizada pelo Poder Público como grande litigante na Justiça Federal, vide TAKAHASHI, Bruno; ALMEIDA, Daldice; GABBAY, Daniela e ASPERTI, Maria Cecília. Manual de mediação e conciliação na Justiça Federal. Brasília: Conselho da Justiça Federal, 2019. Disponível em https://www.cjf.jus.br/cjf/corregedoria-da-justica-federal/centro-de-estudos-judiciarios-1/publicacoes-1/outras-publicacoes/manual-de-mediacao-e-conciliacao-na-jf-versao-online.pdf e GABBAY, Daniela Monteiro; TAKAHASHI, Bruno (Coord.). *Justiça Federal: inovações nos mecanismos consensuais de solução de conflitos*. Brasília: Gazeta Jurídica, 2014.

[9] Maurício Morais Tonin ressalta que os contratos administrativos constituem um campo extremamente rico para negociar conflitos, pois a Administração possui milhares de contratos e em todos eles existem direitos e deveres a serem observados pelo ente público e pelo contratado, cuja inobservância pode gerar conflitos que podem ser solucionados por acordo, e até mesmo uma controvérsia sobre a interpretação de cláusulas do contrato pode ser

a opção pela arbitragem como método extrajudicial de solução de conflitos, mas muito pouco se tem refletido sobre as escolhas que podem estar refletidas nas cláusulas de mediação e no seu eventual escalonamento com outros métodos de solução de conflitos.

Muito embora o número de casos de mediação envolvendo o Poder Público nas Câmaras Privadas ainda não seja significativo[10], em uma análise de aproximadamente uma centena de contratos públicos de parcerias público-privadas e concessões nas esferas municipal (restrita ao Município de SP), estadual e federal[11], verificamos que, de um modo geral, a inserção de cláusula de mediação vem crescendo em contratos mais recentes, especialmente após o advento da Lei de Mediação.

O artigo traz à tona quais são as escolhas que vêm sendo feitas nas cláusulas de mediação e as analisa a partir das boas práticas e dos principais referenciais normativos existentes sobre o tema.

1. Mediação e Administração Pública: o que dizem as leis

A Lei de Mediação (arts. 32 a 40), juntamente com o Código de Processo Civil de 2015 (art. 174), foram marcos legais bastante relevantes sobre a possibilidade de os órgãos da Administração Pública direta e indireta da União, dos Estados, do Distrito Federal e dos Municípios submeterem seus conflitos à mediação.

---

objeto de negociação. Cf. TONIN, Mauricio Morais. Mediação e Administração Pública: A Participação Estatal como Parte e como Mediador de Conflitos, In: Asdrubal Franco Nascimbeni; Maria Odete Duque Bertasi; Ricardo Borges Ranzolin. (Org.). Temas de Mediação e Arbitragem III. 3ed.São Paulo: Lex Editora S.A., 2019, v. 3, p. 171-204.

[10] Conforme levantamento realizado pela autora, as Câmaras não apontam muitos casos de mediação envolvendo o Poder Público, sendo a CCI quem apontou haver duas a três partes estatais por ano em mediações, somando 15 de 2012 a 2017. Nesse sentido, vide artigo GABBAY, Daniela Monteiro. *Mediação empresarial em números: onde estamos e para onde vamos*, que considerou dados sobre a mediação institucional de janeiro de 2012 a dezembro de 2017, publicado no JOTA e disponível em https://www.jota.info/paywall?redirect_to=//www.jota.info/opiniao-e-analise/artigos/mediacao-empresarial-em-numeros-onde-estamos-e-para-onde-vamos-20042018. Acesso em 21/05/2019.

[11] A pesquisa foi realizada em cláusulas de solução de controvérsias de mais de uma centena de contratos (ou minutas de contratos) de parcerias público-privadas no setor de infraestrutura: concessões comuns, administrativas ou patrocinadas do Governo Federal (União), disponibilizados nos sítios eletrônicos de suas agências regulatórias, bem como de alguns Estados (principalmente São Paulo, Rio de Janeiro, Minas Gerais, Bahia, Pernambuco, Paraná e Espírito Santo), do Distrito Federal e do Município de São Paulo.

Já no início da Lei de Mediação, logo após o artigo sobre os princípios orientadores do procedimento[12], o art. 3º determina que "pode ser objeto de mediação o conflito que verse sobre direitos disponíveis ou sobre direitos indisponíveis que admitam transação".

Em alinhamento com o que diz a lei, Bruno Megna destaca a possibilidade jurídica de a Administração Pública praticar atos consensuais, sendo que a questão mais desafiadora está no "como fazer" e não na possibilidade de fazê-lo, exsurgindo-se a importância da processualidade administrativa. Nesse sentido, os princípios da isonomia, impessoalidade, economicidade e transparência se colocam como grandes desafios[13]. Nas palavras do autor:

> Esta processualidade, consciente de seu papel de funcionar como meio de ouvir e dialogar com o administrado, é pedra angular a partir de que se constrói a 'administração consensual'. É o que permite assegurar a impessoalidade, oferecendo possibilidades isonômicas aos administrados; a publicidade, com o registro dos atos passíveis de controle externo; a eficiência, produzindo resultados mais racionais, com menos custos e maior chance de alcançar seus objetivos; a moralidade, por propiciar um ambiente probo, razoável e cooperativo para a formação do consenso; a legalidade, por viabilizar a efetiva concretização das finalidades do ordenamento jurídico que são, enfim, a realização do interesse público."[14]

Muito do que se aplica à confidencialidade do procedimento de arbitragem pode ser aproveitado nos procedimentos de mediação, ainda que esses últimos sejam mais orais e informais. Nesse sentido, vale observar que embora o art. 2º, §3º da Lei nº 9.307/1996 (Lei da Arbitragem), incluído pela Lei nº 13.129/2015, exija que se observe o princípio da *publicidade* quando os procedimentos arbitrais envolverem entes da Administração Pública, vedando a *confidencialidade* ou o sigilo, tanto a

---

[12] Princípios da imparcialidade do mediador; isonomia entre as partes; oralidade; informalidade; autonomia da vontade das partes; busca do consenso; confidencialidade; e boa-fé.
[13] MEGNA, A Administração Pública cit, p. 10.
[14] MEGNA, A Administração Pública cit, p. 15.

doutrina[15] como algumas câmaras de arbitragem[16] e decretos estaduais[17] que regulamentaram o tema dispuseram que isso não significa que todos os atos, audiências e documentos do procedimento arbitral deverão ser divulgados publicamente, senão aqueles que possibilitem o exercício pleno e efetivo da fiscalização pelos órgãos de controle, como as sentenças arbitrais (parciais ou finais) e os documentos que sejam reputados essenciais para tal finalidade, na medida de cada caso.

No caso do procedimento de mediação[18], a publicidade do acordo, cujos termos costumam ser incorporados ao contrato pela via de aditivos, não significa que não possa haver confidencialidade acerca das informações e documentos trocados nas sessões de mediação, sendo

---

[15] Cf. CARMONA, Carlos Alberto. Arbitragem e administração pública – primeiras reflexões sobre a arbitragem envolvendo a administração pública. In: Revista Brasileira de Arbitragem, Ano XIII, nº 51, jul-set/2016, p. 20.

[16] O Centro de Arbitragem da Câmara de Comércio Brasil-Canadá (CAM-CCBC) editou a Resolução Administrativa nº 15/2016 (disponível em: <https://ccbc.org.br/cam-ccbc-centro-arbitragem-mediacao/resolucao-de-disputas/resolucoes-administrativas/ra-15-2016-publicidade-em-procedimentos-com-a-adm-publica-direta/>, acesso em 13.05.2020), dispondo ser as partes que deverão decidir, no Termo de Arbitragem, qual o âmbito do sigilo, quais as informações e documentos e por qual modo deverão ser disponibilizados. Por sua vez, a Câmara de Comércio Internacional (CCI) divulgou um relatório em 2012 (revisado em 2017) denominado "Arbitration Involving States and State Entities under the ICC Rules of Arbitration" (disponível em: <https://www.iccwbo.be/wp-content/uploads/2012/03/20151001-Comission-Report-State-and-Arbitration.pdf>, acesso em 11.01.2018), no qual consta que as partes poderão tecer acordos sobre o nível de transparência a ser adotado, por exemplo, quanto às alegações submetidas pelas partes ou às sentenças.

[17] O Decreto nº 46.245/2018 do Estado do Rio de Janeiro prevê, em seu art. 13, que os atos do processo arbitral (petições, laudos periciais e decisões dos árbitros) serão públicos, entretanto "a audiência arbitral respeitará o princípio da privacidade, sendo reservada aos árbitros, secretários do tribunal arbitral, partes, respectivos procuradores, testemunhas, assistentes técnicos, peritos, funcionários da instituição arbitral e demais pessoas autorizadas pelo tribuna arbitral" (§3º) e ressalvando as hipóteses legais de sigilo, de segredo de justiça, e segredo industrial decorrentes de exploração direta de atividade econômica pelo Estado ou por pessoa física ou entidade privada que tenha qualquer vínculo com o Poder Público.

[18] O Regulamento de Mediação da CAM-CCBC, de 2016, dispõe em seu item 1.1.1. que, havendo a participação da Administração Pública direta ou indireta, as regras do regulamento serão adaptadas conforme seja necessário para atender às exigências legais, sujeitas à aprovação do Presidente da CAM-CCBC.

relevante tratar dessa questão no início do procedimento, especialmente no termo de mediação[19].

O artigo 32 da Lei de Mediação prevê a possibilidade de a União, os Estados, o Distrito Federal e os Municípios criarem câmaras de prevenção e resolução administrativa de conflitos, no âmbito dos respectivos órgãos da Advocacia Pública, onde houver, com competência para dirimir conflitos entre órgãos da Administração Pública ou em casos de controvérsia entre particular e pessoa jurídica de direito público.

Esse artigo legal ditou certa tendência na criação de Câmaras Próprias de Mediação, seguindo o exemplo da já existente Câmara de Conciliação e Arbitragem da Administração Federal ("CCAF"), no âmbito da Advocacia Geral da União, antes mesmo dos novos marcos legais[20]. Esse foi o caso da Câmara de Mediação de São Paulo e do Pernambuco, previstas respectivamente pela Lei Municipal n. 17.324/2020 e Lei Complementar 417/2019. Deve-se ter cuidado, contudo, com o desenho do procedimento destas câmaras para legitimar e criar confiança na adesão à mediação pelo contratante privado, sem permitir que o Advogado Público atue ao mesmo tempo com o chapéu de parte e de mediador.[21]

Embora o art. 33 da Lei de Mediação preveja que enquanto não forem criadas as câmaras de mediação pelo Poder Público, os conflitos poderão ser dirimidos pela mediação fora delas, entende-se que as Câmaras da Administração Pública não devem obstar a escolha de outras Câmaras Privadas de Mediação e Arbitragem, pois muitas vezes há

---

[19] Nesse sentido, destacam TAKAHASHI, ALMEIDA, GABBAY e ASPERTI que nos procedimentos consensuais com o Poder Público haveria maior grau de publicidade quanto aos resultados (p. ex., termo de acordo e sentença homologatória), dando-se maior peso à confidencialidade durante e em relação ao ocorrido na sessão de conciliação ou mediação. Enfim, diante de tantas nuances, mostra-se fundamental que o terceiro facilitador deixe claro, logo no início da sessão, quais são os limites da confidencialidade, para que os participantes não sejam surpreendidos no futuro com a revelação de algo que achavam ser confidencial. Cf. Manual de mediação e conciliação na Justiça Federal cit, p. 32.

[20] Embora essa Câmara se aplique predominantemente a conflitos que envolvem controvérsia jurídica entre órgãos ou entidades de direito público que integram a administração pública federal, e não entre particular e Poder Público.

[21] Sobre os desafios no desenho institucional destas Câmaras, vide Di Salvo, Silvia Helena Picarelli Gonçalves Johonsom. A Mediação na Administração Pública Brasileira: o Desenho Institucional e Procedimental. São Paulo: Almedina, 2018.

inclusive incentivos financeiros para a realização dos procedimentos de mediação na mesma Câmara onde seria realizada a arbitragem[22].

Na cidade de São Paulo, vale uma referência à recente Lei Municipal nº 17.324/2020 que instituiu a Política de Desjudicialização no âmbito da Administração Pública Municipal Direta e Indireta, cujo artigo 6º dispõe que os entes públicos poderão prever cláusula de mediação nos contratos administrativos, convênios, parcerias, contratos de gestão e instrumentos congêneres.

Além de determinar a previsão contratual de mediação, a lei também autoriza o Poder Executivo Municipal a criar, por decreto, a Câmara de Prevenção e Resolução Administrativa de Conflitos no Município de São Paulo – vinculada à Procuradoria Geral do Município (PGM), nos termos do art. 32 da Lei de Mediação.

2. Redação da cláusula de mediação: o que dizem as boas práticas

É muito comum se dizer em relação à redação de cláusulas de solução de conflitos que *"one size does not fit all"* e que, a depender do caso concreto, as escolhas devem ser customizadas. Mas há parâmetros normativos e boas práticas a serem considerados para essas escolhas, que muitas vezes constam de sugestões em cláusulas-modelo das Câmaras de Mediação e Arbitragem, e que, especialmente em disputas envolvendo a Administração Pública, devem ser consideradas a partir das especificidades dos litígios envolvendo o Poder Público.

Em recente levantamento empírico que considerou dados sobre a mediação institucional de janeiro de 2012 a dezembro de 2017 em três Câmaras de Mediação e Arbitragem, constatou-se que a maior parte dos casos de mediação analisados na pesquisa decorreram de previsão contratual (cláusula escalonada de mediação e arbitragem). Contudo, também se percebeu como uma tendência a escolha pela mediação após o conflito, sem a previsão da mediação em cláusula no contrato, o que se

---

[22] Esse é o caso do CAM-CCBC, onde a resolução n. 36/2019 determina que em caso de início de arbitragem após a mediação, haverá desconto de 100% da taxa de administração paga para a mediação, desconto que será aplicado quando do pagamento das custas do procedimento arbitral. Esse desconto passa a ser de 50% quando as partes solicitarem, durante o trâmite de procedimento arbitral, a sua suspensão para dar início a um procedimento de mediação.

verificou em parte expressiva dos casos no CAM-CCBC e na Câmara do CIESP-FIESP[23]:

	Centro de Arbitragem e Mediação da CCBC	Câmara de Conciliação, Mediação e Arbitragem CIESP/FIESP	Câmara de Comércio Internacional
A mediação decorre de cláusula contratual (cláusula escalonada Med-Arb)?	Isso ocorreu em aproximadamente 53% dos casos. Nos demais, as partes optaram pela mediação sem essa previsão no contrato.	31% dos casos, em que houve juntada do contrato, tinham cláusula Med-Arb. Nos demais as partes solicitaram o início da Mediação sem cláusula no contrato.	Em 2016, 72% dos requerimentos de mediação apresentados continham uma cláusula CCI med-arb no contrato. De 2012 a 2016, em 32% dos casos houve requerimento de mediação sem cláusula.

Várias escolhas são possíveis na cláusula de mediação, e as mais importantes recaem sobre: ser a mediação facultativa ou obrigatória, neste último caso com ou sem cláusula penal em face do não comparecimento; haver ou não um prazo de duração da mediação, ainda que prorrogável; a forma de indicação do mediador; a confidencialidade do procedimento; e a alocação de custos.

O art. 22 da Lei de Mediação traz o mínimo que deve conter a cláusula contratual de mediação:

(i) Prazo mínimo e máximo para a realização da primeira reunião de mediação, contado a partir da data de recebimento do convite;
(ii) Local da primeira reunião de mediação;
(iii) Critérios de escolha do mediador ou equipe de mediação;
(iv) Penalidade em caso de não comparecimento da parte convidada à primeira reunião de mediação.

É bastante comum esses itens serem substituídos pela adesão ao regulamento de uma Câmara de Mediação, no caso de mediação institucional, no qual constem critérios claros especialmente para a escolha do mediador (o que é essencial para o início do procedimento de mediação)[24].

---

[23] Cf. Mediação empresarial em números: onde estamos e para onde vamos cit.
[24] Nesse sentido, dispõe o art. 22, § 1º que "A previsão contratual pode substituir a especificação dos itens acima enumerados pela indicação de regulamento, publicado por instituição

O § 2º do art. 22 da Lei de mediação dispõe ainda que, não havendo previsão contratual completa, deverão ser observados os seguintes critérios para a realização da primeira reunião de mediação:
(i) prazo mínimo de dez dias úteis e prazo máximo de três meses, contados a partir do recebimento do convite;
(ii) local adequado a uma reunião que possa envolver informações confidenciais;
(iii) lista de cinco nomes, informações de contato e referências profissionais de mediadores capacitados; a parte convidada poderá escolher, expressamente, qualquer um dos cinco mediadores e, caso a parte convidada não se manifeste, considerar-se-á aceito o primeiro nome da lista;
(iv) o não comparecimento da parte convidada à primeira reunião de mediação acarretará a assunção por parte desta de cinquenta por cento das custas e honorários sucumbenciais caso venha a ser vencedora em procedimento arbitral ou judicial posterior, que envolva o escopo da mediação para a qual foi convidada.

Quando a mediação envolve a Administração Pública, deve-se atentar especialmente para a questão da (i) indicação do mediador; (ii) publicidade de eventual acordo; e (iii) antecipação de despesas.

A indicação do mediador é elemento essencial para o início do procedimento e para a sua legitimação pelas partes envolvidas. É bastante comum haver a atuação de um único mediador nas mediações institucionais[25], e a troca de listas de nomes é uma prática recorrente para se chegar à indicação do mediador do caso.

Quando a co-mediação é apropriada, no caso de disputas que envolvem múltiplas áreas de conhecimento, o co-mediador costuma ser indicado pelo mediador e não pelas partes, pois a sinergia entre os mediadores é muito importante para a qualidade do procedimento. Assim, é arriscada tanto a previsão de que cada uma das partes indicará um mediador (para co-mediação) quanto a de que esses dois mediadores indicarão um terceiro para formar um painel de mediadores.

---

idônea prestadora de serviços de mediação, no qual constem critérios claros para a escolha do mediador e realização da primeira reunião de mediação".

[25] Cf. Mediação empresarial em números: onde estamos e para onde vamos cit.

Pode atuar como mediador qualquer pessoa capaz que tenha a confiança das partes e seja capacitada para fazer a mediação. O ideal é deixar a escolha do mediador ao campo da autonomia da vontade das partes, e a troca de listas auxilia na escolha de um nome em comum. A indicação do mediador pela Câmara deve ser residual, caso as partes não cheguem a um consenso sobre a indicação do mediador, e não a forma principal de indicação, como previsto no art. 25 da Lei Municipal nº 17.324/2020, que diz que a Câmara de Resolução de Conflitos da Administração do Município de SP indicará, para cada processo em que couber a mediação, um mediador para conduzir o procedimento.

Outro cuidado relevante é não restringir a escolha à uma lista de mediadores de Procuradores e Advogados Públicos, sendo facultado a escolha de mediadores que estejam fora da lista. É muito importante que essa escolha seja livre, e muitas vezes as partes se orientam pela experiência prévia e perfil do mediador. Também é relevante que o mediador não possa atuar como árbitro no mesmo procedimento, caso haja cláusula escalonada, o que é essencial para garantir sua imparcialidade e independência, resguardando qualquer conflito de interesse e a higidez tanto do procedimento de mediação quanto do arbitral.

Sobre a publicidade da mediação que envolve o Poder Público, a cláusula e o termo de mediação podem deixar claro que ela se aplica apenas no caso de advento de acordo, sendo possível haver confidencialidade em relação ao conteúdo das sessões de mediação realizadas, tal como exposto acima.

Por fim, vale tratar dos custos da mediação, para depois analisar o adiantamento e pagamento de despesas quando o procedimento envolve a Administração Pública. Os custos da mediação em uma Câmara Privada consistem normalmente em: taxa de registro que acompanha o requerimento de mediação, despesas e taxas administrativas pagas à instituição e honorários do mediador. Os custos costumam ser pagos antecipadamente, com a instauração da mediação, mas no caso de mediação envolvendo a Administração pode haver problemas em relação à disponibilidade de recursos públicos em caixa para a efetivação de tal adiantamento.

No caso de procedimentos arbitrais envolvendo entes públicos, estes geralmente dispõem em seus contratos (com suporte em algumas leis e decretos) que todas as custas e despesas com a contratação de câmaras arbitrais e árbitros deverão ser antecipadas pelos contratantes privados ou pela parte que tiver a iniciativa do procedimento, uma vez que alegam que os órgãos estatais estão sujeitos a restrições orçamentárias e diversas exigências de ordem administrativa, burocrática e financeira. Portanto, seriam necessários pedidos de dotação orçamentária e obediências aos prazos legais para obter recursos disponíveis para arcar com os custos da arbitragem[26]. Na mediação, ainda que os custos possam ser substancialmente inferiores[27] aos de um procedimento arbitral sujeito à instrução probatória e exercício de jurisdição, alguns órgãos públicos também já estão prevendo em contrato a transferência deste ônus para os contratantes privados.

No que se refere à escolha das Câmaras e dos mediadores, não há na lei de regência critérios ou parâmetros específicos para o seu exercício quando se tratar de um ente da Administração Pública. Como veremos adiante, alguns órgãos públicos direcionam a mediação para as suas próprias câmaras de solução de conflitos administrativos (quando existem), por meio da redação de cláusulas contratuais. Algumas destas cláusulas, por outro lado, permitem que se utilize de câmaras privadas apenas em caso de não instalação ou funcionamento das câmaras vinculadas ao Poder Público.

É possível que, se houver o incremento da prática da mediação por intermédio de câmaras privadas, os entes da Administração Pública prevejam alguma espécie de cadastramento prévio das mesmas, à semelhança do que já vem sendo praticado nas arbitragens público-privadas pelos órgãos públicos federais e dos Estados de São Paulo, Rio de Janeiro e Minas Gerais[28]. Uma vez cadastradas pelos órgãos públicos, as câma-

---

[26] Para uma análise mais pormenorizada sobre os ônus do pagamento das custas de arbitragem com o Poder Público, confira-se: YAMAMOTO, Ricardo. Arbitragem e Administração Pública: uma análise das cláusulas compromissórias em contratos administrativos. Dissertação de Mestrado apresentada à Escola de Direito de São Paulo da Fundação Getulio Vargas, S. Paulo, 2018, p. 80 e segs.

[27] Cf. Mediação empresarial em números: onde estamos e para onde vamos cit.

[28] Este cadastramento prévio feito pelas Procuradorias Gerais dos Estados ou pela Advocacia Geral da União costuma exigir, com maior ou menor rigor, a demonstração dos requisitos legais para a prestação dos serviços, como a notória especialização, a comprovação de experiências anteriores, preços competitivos, aparato ou estrutura física e técnica para sediar e registrar as audiências, por exemplo. Vide YAMAMOTO, Ricardo. *Op cit*, p. 74.

ras privadas poderiam ser livremente escolhidas pelas partes quando do surgimento de um conflito apto a ser mediado.

3. Desafios na redação da cláusula de mediação: o que dizem os contratos públicos

A partir da pesquisa realizada, notou-se que quando nos contratos públicos há alguma previsão de resolução de disputas pela via da mediação, geralmente a cláusula não contém uma redação adequada do procedimento a ser adotado, por vezes apenas se referindo, de forma genérica, à sua possível utilização para solucionar eventuais controvérsias, ou mesmo plasmando escolhas normalmente realizadas na arbitragem (como a composição de um painel de mediadores, sendo cada um indicado por uma parte, e um terceiro pelos dois mediadores) e no *dispute board* (com propostas ou pareceres técnicos não vinculantes dos mediadores).

A cláusula de mediação frequentemente aparece combinada com outros mecanismos de solução de controvérsias, como a negociação direta, a solução por via de comitê de prevenção e solução de disputas (*"dispute boards"*) ou a arbitragem. Porém, não é incomum alguns destes meios aparecerem combinados sem a previsão de mediação.

Verifica-se, ainda, que por vezes alguma menção genérica à mediação aparece incidentalmente dentro de uma cláusula de solução de disputas por outros meios, como, por exemplo, uma comissão técnica.

Como alguns entes públicos apresentam maior detalhamento das escolhas nas cláusulas de mediação inseridas em seus contratos, no item seguinte as cláusulas foram separadas segundo o maior ou menor grau de detalhamento do procedimento de mediação, suas escolhas e especificidades.

4. Cláusulas com detalhamento do procedimento de Mediação

4.1. Prefeitura do Município de São Paulo

A Prefeitura do Município de São Paulo costuma utilizar-se com frequência, em seus contratos de parcerias, de cláusulas escalonadas prevendo a solução de divergências por mediação, ou por um comitê de prevenção e solução de disputas[29], ou por arbitragem.

A maioria das cláusulas de mediação dos contratos firmados pela Prefeitura de São Paulo faz referência à Câmara de Prevenção e Resolução Administrativa de Conflitos no Município de São Paulo vinculada à PGM/SP[30], prevendo também um comitê de solução de disputas ou arbitragem a ser conduzida no CAM-CCBC. Assim, por exemplo, são as cláusulas do contrato de concessão do Mercado Municipal de Santo Amaro (assinado em 28.08.2019), bem como as minutas dos contratos da PPP dos Piscinões (2020), da concessão dos Cemitérios e Crematórios Públicos (2020), da concessão dos Terminais de Ônibus (2020), da PPP de Iluminação Pública (2019), da concessão onerosa do Autódromo de Interlagos (2019), e da concessão do Mercado Municipal Paulistano (2019).

Nestas cláusulas, além da escolha da Câmara da PGM/SP, determina-se que o mediador deverá obrigatoriamente ser um integrante da carreira de Procurador do Município, nos termos do regulamento da câmara[31], o que restringe a autonomia da vontade das partes na escolha do mediador e pode gerar menor legitimidade do procedimento, haja vista que o Município (ou ente da Administração Indireta a ele vinculado) é uma das partes do conflito a ser mediado.

Quanto ao procedimento de mediação, a cláusula prevê que ele terá início mediante a comunicação por escrito, de qualquer uma das partes, endereçada à outra(s) parte(s) e à câmara, delimitando o objeto da controvérsia sobre a interpretação ou execução do contrato e indicando, desde logo, o seu representante na mediação. A outra parte deverá,

---

[29] Há, inclusive, uma Lei Municipal nº 16.873/2018, que dispõe especificamente sobre os *"dispute boards"*, regulamentando a instalação de Comitês de Prevenção e Solução de Disputas em contratos administrativos continuados celebrados pela Prefeitura de São Paulo.

[30] Criada pelo artigo 33 do Decreto Municipal nº 57.263, de 29 de agosto de 2016.

[31] O Regulamento da Câmara de Resolução de Conflitos da Administração do Município de SP, instituído pela Portaria PGM nº 26, de 22.11.2016, determina a obrigatoriedade da participação de um integrante da carreira de Procurador do Município como mediador, em seu art. 2º, inciso III. Por sua vez, o § 7º do mesmo artigo dispõe que os interessados podem sugerir ao Coordenador Geral do Consultivo a designação de mediadores especializados, devendo responsabilizar-se pelos seus custos, todavia sem prejuízo da já referida participação obrigatória de integrante da carreira de Procurador do Município, prevista no inciso III do mesmo artigo.

então, indicar o seu respectivo representante em um prazo máximo de 15 (quinze) dias, sob pena de a mediação ser considerada prejudicada.

O mesmo sucederá se o requerimento da parte for rejeitado pela câmara ou, ainda, se as partes não chegarem a uma solução amigável no prazo de até 60 (sessenta) dias a contar do pedido de instauração do procedimento. Prejudicado o procedimento de mediação, qualquer das partes poderá submeter a controvérsia ao Comitê de Prevenção e Solução de Disputas, ou dar início a um procedimento arbitral. Por outro lado, caso as partes cheguem a um acordo dentro do prazo assinalado, este poderá ser incorporado ao contrato mediante a assinatura de termo aditivo.

Os membros da Câmara de Solução de Conflitos da Administração Municipal deverão proceder com informalidade, oralidade, imparcialidade do mediador e pela busca pelo consenso, aplicando-lhes, no que couber, o disposto no Capítulo I, da Lei nº 13.140/2015 e no Capítulo III, da Lei nº 9.307/1996, que trata da arbitragem.

Esta cláusula aparece ligeiramente modificada nos contratos da Concessão do Estádio do Pacaembu (assinado em 16.09.2019) e do 1º Lote de Parques Municipais (assinado em 20.12.2019), e na minuta de contrato da Concessão do Parque Municipal da Chácara do Jockey (2019), com o acréscimo da previsão de que, caso a Câmara de Solução de Conflitos da Administração Municipal da PGM/SP ainda não esteja em funcionamento ou instaurada, a mediação será instaurada perante o CAM-CCBC, conforme as regras de seu regulamento.

Por fim, observe-se que as cláusulas de mediação nas minutas dos contratos da Concessão de Pátios e Guinchos (2019, com licitação suspensa) e da Concessão Onerosa dos Estacionamentos rotativos (2019) são quase idênticas às anteriores, porém sem a previsão de combinação com a solução por "*dispute boards*".

4.2. Governo do Estado de São Paulo

Há, também, uma cláusula bem detalhada de mediação no âmbito do Governo do Estado de São Paulo, no contrato de Concessão Patrocinada (PPP) da Linha 4 – Amarela do Metrô de São Paulo, firmado em 29.11.2006.

Em linhas gerais, o procedimento é bem semelhante ao descrito acima nas cláusulas de mediação dos contratos da Prefeitura do Município de

São Paulo, inclusive quanto aos prazos assinalados. As únicas peculiaridades da cláusula do contrato da Linha 4 – Amarela do Metrô/SP são: (i) a previsão expressa de cabimento da mediação para discussões envolvendo o equilíbrio econômico-financeiro do contrato; (ii) após a indicação, pelas partes, de seus respectivos representantes no comitê de mediação, estes escolherão, em comum acordo, um terceiro membro; (iii) após analisar os documentos e evidências trazidas pelas partes, o comitê apresentará uma proposta de solução amigável (não vinculante para as partes), sendo que estas poderão optar por submeter a controvérsia a um juízo arbitral ou ao Poder Judiciário; (iv) não há previsão de solução de controvérsias por *"dispute boards"*.

4.3. Governo do Estado da Bahia

Localizamos dois contratos de parceria com cláusulas de mediação bem detalhadas firmadas pelo governo baiano. Um deles é o Contrato de Concessão Administrativa para a construção e operação do sistema de disposição oceânica do Jaguaribe (firmado em 27.12.2006), cuja cláusula de mediação tem disposições e prazos quase idênticos ao contrato da Linha 4 – Amarela do Metrô de São Paulo.

O outro, substancialmente diferente, é o contrato de Concessão Administrativa para a gestão dos serviços de diagnósticos por imagem na rede pública de saúde (assinado em 02.01.2015), que oferece a mediação e a arbitragem como meios de solução de disputas.

Uma comissão de mediação será formada, em até 30 (trinta) dias a partir da comunicação da controvérsia, para emitir pareceres fundamentados para a solução de divergências de natureza técnica ou econômico-financeira na execução do contrato. A comissão será constituída por quatro membros com conhecimento aprofundado na matéria da divergência, sendo dois deles indicados pelo Estado da Bahia (um dos quais deverá ser integrante do quadro permanente de servidores do Estado), um deles indicado pela concessionária, e um membro indicado em comum acordo pelas partes (dentre dois nomes indicados por cada parte).

Após a constituição da comissão de mediação, a parte solicitante fará uma solicitação de pronunciamento da comissão à parte reclamada, que responderá com suas alegações no prazo de 15 (quinze) dias. Recebidas as alegações das partes pela comissão, esta terá o prazo de 30 (trinta) dias para emitir seu parecer, podendo tal prazo ser excepcionalmente prorrogado, de forma justificada.

O parecer da comissão deverá ser aprovado pela maioria de votos, sendo que os dois membros indicados pelo Estado terão direito, em conjunto, a um único voto. Todas as despesas com a formação da comissão serão arcadas exclusivamente pela concessionária, com exceção da remuneração eventualmente devida aos membros indicados pelo Estado.

A mediação será considerada prejudicada caso a comissão não apresente a solução amigável no prazo de 60 (sessenta) dias a contar do pedido de instauração do procedimento, ou se uma das partes se recusar a participar, deixando de indicar seu representante no prazo máximo de 15 (quinze) dias.

A decisão da comissão será vinculante para as partes, até que sobrevenha decisão arbitral ou judicial sobre a divergência, e será incorporada ao contrato por meio de termo aditivo.

4.4. Governo do Estado de Minas Gerais

O Estado de Minas Gerais também possui uma cláusula de mediação com um bom nível de detalhamento do procedimento, e que geralmente aparece combinada com a solução de conflitos por via de negociação direta ou arbitragem.

A mediação poderá ser instaurada para a solução de divergências de natureza técnica, acerca da interpretação ou execução do contrato, inclusive aquelas relacionadas à recomposição do equilíbrio econômico-financeiro. Os prazos e demais peculiaridades do procedimento são quase idênticas àqueles descritos na cláusula do contrato da Linha 4 – Amarela do Metrô de SP, com proposta de solução não vinculante para as partes, que poderão submeter a controvérsia ao juízo arbitral ou ao Poder Judiciário.

Esta cláusula foi encontrada nos contratos da PPP de Resíduos Sólidos em Belo Horizonte (assinado em 03.07.2014), da PPP da Arena Independência (assinado em 14.03.2012), da PPP do Estádio Mineirão (assinado em 21.12.2010), das PPP UAI – Unidades de Atendimento Integrado Fases 2 e 3 (assinados em 10.12.2014), e na minuta de contrato da PPP Rota das Grutas (2014).

5. Cláusulas de mediação sem procedimento detalhado

5.1. União Federal

Em pesquisa realizada nos contratos de concessões aeroportuárias federais no âmbito da Agência Nacional de Aviação Civil (ANAC), não constatamos previsão de mediação nos instrumentos oriundos das rodadas de concessão até 2017. A partir de tal ano, foi incluído um dispositivo bastante genérico dispondo que a ANAC poderá regulamentar a possibilidade de submissão de litígios, controvérsias ou discordâncias relativas aos direitos patrimoniais disponíveis a arbitragem ou a outros mecanismos alternativos de solução de controvérsias, nos termos da Lei nº 13.448, de 05 de junho de 2017. Assim consta nas minutas dos contratos de concessões dos Aeroportos de Fortaleza, Florianópolis, Porto Alegre e Salvador.

No setor de energia, no âmbito de atuação da Agência Nacional de Energia Elétrica (ANEEL), não localizamos nenhuma cláusula de mediação nos contratos de concessão para geração de energia hidrelétrica analisados, muito embora alguns deles tragam a possibilidade de arbitragem.

No setor de transportes ferroviários e rodoviários, em que pese os contratos antigos de concessão firmados pela Agência Nacional de Transportes Terrestres (ANTT) não terem cláusula de mediação, a minuta de contrato de Concessão Rodoviária da BR-116 e BR-101 RJ/SP (2020) dispõe que a parte interessada poderá solicitar a instauração do processo de mediação que será conduzida pela Advocacia Geral da União (AGU), nos termos do art. 32 da Lei nº 13.140/2015. A cláusula também afirma que o processo de mediação será considerado sigiloso desde o protocolo do pedido, conforme art. 30 da lei e que a mediação será encerrada findo o prazo de 30 (trinta) dias contados da assinatura do termo de mediação pelas partes, salvo disposição em contrário no termo de mediação ou acordo no curso do procedimento.

O mesmo ocorreu no setor de óleo e gás, no qual os contratos de concessão firmados pela Agência Nacional do Petróleo, Gás Natural e Biocombustíveis (ANP) não traziam mediação nas rodadas anteriores, panorama que se alterou a partir de 2017.

A minuta de contrato da 15ª Rodada de Concessão de Exploração dispôs, pela primeira vez, que *"as partes poderão, mediante acordo por escrito e a qualquer tempo, submeter a disputa ou controvérsia a mediação de entidade habilitada para tanto, nos termos de seu regulamento e conforme a legislação aplicável".* Vale ressaltar que esta cláusula de solução de controvérsia combina a conciliação, mediação, a utilização de perito independente e, por fim, a arbitragem. A cláusula foi mantida idêntica na minuta para os contratos da 16ª Rodada de Concessão de Exploração, da 6ª Rodada de Concessão de Partilha de Produção e da Partilha de Produção do Excedente da Cessão Onerosa (2019).

5.2. Governo do Estado de São Paulo

A grande maioria dos contratos administrativos no âmbito do Governo do Estado de São Paulo não traz uma descrição detalhada do procedimento de mediação, mas contém apenas uma menção genérica acerca de sua possibilidade[32]. Dentro da cláusula de solução de divergências por negociação direta ou por uma junta técnica, há um item dizendo que *"a autocomposição do conflito ainda poderá ocorrer perante Câmara de Prevenção e Resolução Administrativa de Conflitos ou por Mediação, nos termos da Lei n° 13.140/2015".*

São assim os seguintes contratos analisados: minuta de contrato de concessão das Rodovias do Lote Litoral (ARTESP/2019), minuta de contrato da concessão do trecho norte do Rodoanel (ARTESP/2017), minuta de contrato de concessão Caminhos do Mar – Parque Estadual Serra do Mar (2019), minuta de contrato de concessão rodoviária do Lote Piracicaba-Pindorama (ARTESP/2019), minuta de contrato de concessão da Fábrica de Hemoderivados do Instituto Butantã (2018), contrato de concessão do Parque Capivari (assinado em 04.04.2019), contrato de concessão do Parque Estadual Campos do Jordão (assinado em 04.04.2019), minuta de contrato de concessão do Parque Estadual da Cantareira (2018), minuta de contrato da concessão da Linha 15 – Prata (Monotrilho) do Metrô (anulada – 2018), minuta de contrato de concessão das Linhas 8 e 9 – CPTM (2019), minuta de contrato de concessão de Ônibus Metropolitano – EMTU (2017), contrato de concessão rodoviária Entrevias (ARTESP – assinado em 06.06.2017), minuta de

---

[32] Exceção é o contrato de PPP da Linha 4 – Amarela do Metrô de São Paulo (2006), que contém uma cláusula com procedimento de mediação mais detalhado e minucioso, já analisada.

contrato da concessão Rodovia dos Calçados (ARTESP/2016), contrato de concessão dos Aeródromos (assinado em 24.07.2017), minuta de contrato de concessão das Linhas 5 – Lilás e 17 – Ouro do Metrô (2017).

Há, ainda, dois contratos em que aparecem referências à mediação quando a solução de controvérsias está submetida a uma comissão técnica, sem deixar muito claro se se trata de verdadeira mediação ou uma confusão de terminologia. Em tais cláusulas, é dito que quando não forem cumpridos os prazos relativos à nomeação de representante na comissão técnica e à apresentação de solução amigável pela comissão técnica, a "mediação" estaria prejudicada. São assim os contratos da PPP do Sistema Produtor São Lourenço (SABESP/2012) e da PPP SPAT – Sistema Produtor Alto Tietê (SABESP – assinado em 18.06.2008).

5.3. Governo do Estado da Bahia

Nos contratos de parceria celebrados pelo Governo da Bahia, também há um, da PPP do Hospital do Subúrbio (assinado em 28.05.2010), em que há uma referência à mediação dentro do mecanismo de solução de controvérsias por uma comissão técnica, como se fossem uma coisa única. A cláusula menciona que a mediação será considerada prejudicada se a solução amigável não for apresentada pela Comissão Técnica, no prazo máximo de 60 (sessenta) dias a contar do pedido de instauração do procedimento, ou se a parte se recusar a participar do procedimento, não indicando seu representante no prazo máximo de 15 (quinze) dias.

Por sua vez, no contrato de Concessão Hospitalar do Instituto Couto Maia (2013) há uma previsão de constituição, por indicação das partes, de uma comissão de mediação para a solução de controvérsias de natureza técnica ou econômico-financeira, na fase de execução das obras e na fase da oferta e gestão dos serviços não assistenciais. Não há outros pormenores procedimentais na cláusula.

5.4. Governo do Distrito Federal

Pelo menos três minutas de contratos de PPPs do Distrito Federal, a do Estádio Antonio Otoni Filho e ginásio de esportes – Guará/DF (2017), do Kartódromo do DF (2017), e do Centro de Convenções Ulysses Guimarães (2016), contêm uma cláusula idêntica, dentro do mecanismo de solução amigável de conflitos. A cláusula prevê a negociação direta das partes, porém acresce que no processo de solução amigável, as partes poderão contar com o apoio técnico de um mediador designado de comum acordo para auxiliá-las no processo de negociação. Há, ainda, a previsão de solução por comitê técnico ou por arbitragem.

5.5. Governo do Estado de Minas Gerais

Em duas minutas de contratos do Governo de Minas Gerais, da PPP das escolas da rede pública (2017) e da PPP da Iluminação Pública de Belo Horizonte (2016), também ocorre uma mistura entre a mediação e a solução por comissão técnica. Do mesmo modo como vimos em alguns contratos dos Estados de São Paulo e Bahia, na descrição dos procedimentos de resolução de controvérsias por uma comissão técnica, há referência de que se esta não apresentar uma solução amigável no prazo máximo de 60 (sessenta) dias a contar do pedido de instauração, ou se a parte se recusar a participar do procedimento, deixando de indicar seu representante em 15 (quinze) dias, a "mediação" será considerada prejudicada.

5.6. Governo do Estado do Rio de Janeiro

Nas minutas de dois contratos de parceria do governo carioca, a PPP do Estádio do Maracanã (2009) e a PPP da Revitalização da Região Portuária – "Porto Maravilha" (2010), há previsão de mediação dentro da cláusula que dispõe sobre os modos de resolução amigável de disputas, que conta ainda com peritagem técnica e arbitragem.

Em caso de disputas ou controvérsias oriundas do contrato, ou decorrentes de sua interpretação e execução, as partes se reunirão e buscarão dirimi-las amigavelmente, convocando, sempre que necessário, suas instâncias diretivas com poderes para compor-se ou recorrendo, de mútuo acordo, a processo de mediação. Não há, entretanto, qualquer disposição a respeito de procedimento ou câmara de mediação.

Conclusões

O artigo verificou são as escolhas que vêm sendo feitas nas cláusulas de mediação inseridas atualmente nos contratos administrativos, a partir das boas práticas e dos principais referenciais normativos existentes sobre o tema.

Como vimos, a prática de incluir a cláusula de mediação nos contratos celebrados pelos entes da Administração Pública ainda é razoavelmente incipiente, mas vem crescendo nas contratações mais recentes, especialmente após o advento da Lei nº 13.140/2015. É relevante observar que, mesmo quando inexiste a cláusula de mediação em determinado contrato público, isso não impede a instauração de um procedimento de mediação por escolha consensual das partes, após o advento do conflito.

Apurou-se que quando nos contratos públicos há alguma previsão de resolução de disputas pela via da mediação, geralmente a cláusula não contém uma redação adequada do procedimento a ser adotado, por vezes apenas se referindo, de forma genérica, à sua possível utilização para solucionar eventuais controvérsias, sem trazer a forma de indicação do mediador, ou mesmo plasmando escolhas normalmente realizadas na arbitragem (como a composição de um painel de mediadores, cada um indicado por uma parte, e um terceiro pelos dois mediadores) e do *dispute board* (como pareceres técnicos não vinculantes).

Quando incluída a cláusula de mediação, ela frequentemente aparece combinada com outros meios extrajudiciais de solução de controvérsias, como a negociação direta, a solução por via de comitê de prevenção e solução de disputas (*"dispute boards"*) ou a arbitragem, embora nem sempre o escalonamento entre esses métodos esteja bem definido na cláusula.

Com relação às escolhas feitas nas cláusulas de mediação, percebemos que elas frequentemente dispõem sobre prazos para indicação de mediadores pelas partes (geralmente, de quinze dias) e para a obtenção de uma solução consensual para o litígio (na maioria dos casos, de sessenta dias). Caso não sejam observados tais prazos, ou alguma das partes se recuse a participar das sessões de mediação, geralmente os procedimentos são encerrados e as controvérsias poderão ser submetidas a juízo arbitral ou ao Poder Judiciário.

Em algumas cláusulas mais detalhadas, há disposições sobre o modo de escolha e número de mediadores, às vezes sendo exigido que sejam procuradores integrantes dos quadros das carreiras da advocacia pública. Poucas cláusulas adotam a mediação institucional e indicam alguma câmara específica para a administração do procedimento de mediação, com exceção dos contratos da Prefeitura Municipal de São Paulo, que elegem a câmara de resolução de conflitos com a administração vinculada à própria Procuradoria Geral do Município.

O ideal seria deixar a escolha do mediador no campo da autonomia da vontade das partes, e a troca de listas de mediadores auxilia nessa escolha. A indicação de um nome pela Câmara deve ser residual, caso as partes não cheguem a um consenso sobre a indicação do mediador, e não a forma principal de indicação.

Outro cuidado relevante é não restringir a escolha a uma lista de mediadores de Procuradores e Advogados Públicos, sendo facultado a escolha de mediadores que estejam fora da lista. É muito importante que essa escolha seja das partes, que muitas vezes se orientam pelo perfil do mediador e experiência prévia na área da disputa. Também é relevante que o mediador não possa atuar como árbitro no mesmo procedimento, caso haja cláusula escalonada, o que é essencial para garantir sua imparcialidade e independência, resguardando qualquer conflito de interesse e a higidez tanto do procedimento de mediação quanto do arbitral.

Não foram encontradas disposições nas cláusulas de mediação sobre o local das reuniões de mediação, nem tampouco cláusulas penais que estipulem alguma multa ou penalidade em caso de não comparecimento da parte convidada à primeira reunião de mediação. Também não houve estipulações contratuais a respeito de a mediação ser obrigatória ou facultativa, ou sobre a publicidade de eventuais acordos obtidos, sendo disposto apenas que estes serão incorporados ao contrato pela via de termos aditivos.

Apenas uma entre todas as cláusulas analisadas, elaborada pelo Governo da Bahia, dispunha sobre o ônus de pagamento e de eventual adiantamento das custas e despesas da mediação, atribuindo-o ao contratante privado. Todas as demais cláusulas simplesmente silenciam a respeito de como serão arcados os custos e despesas inerentes ao procedimento de mediação, nem sobre as câmaras privadas que podem ser escolhidas para tanto.

Em decorrência do silêncio das partes em relação a alguns aspectos essenciais à mediação, e desde que não haja pactos entre as partes após o início do procedimento ou a indicação de um regulamento para as mediações institucionais, podem ser aplicados os critérios supletivos estabelecidos no parágrafo 2º do art. 22 da Lei de Mediação a respeito do local das sessões, do critério para indicação de mediadores, ou mesmo de penalidade para o não comparecimento de uma parte à primeira reunião de mediação.

A adoção da mediação em contratos administrativos é uma prática em construção, por isso é natural haver desafios na redação das cláusulas de mediação, sendo o objetivo deste artigo contribuir para a análise crítica das escolhas refletidas nessas cláusulas a partir de boas práticas e referenciais normativos sobre a mediação.

Referências

CARMONA, Carlos Alberto. "Arbitragem e administração pública – primeiras reflexões sobre a arbitragem envolvendo a administração pública". In: *Revista Brasileira de Arbitragem*, Ano XIII, nº 51, jul-set/2016.

DI SALVO, Silvia Helena Picarelli Gonçalves Johonsom. *A Mediação na Administração Pública Brasileira*: o Desenho Institucional e Procedimental. São Paulo: Almedina, 2018.

EIDT, Elisa Berton. *Solução de conflitos no âmbito da administração pública e o marco regulatório da mediação*: da jurisdição a novas formas de composição. Santa Cruz do Sul: Essere nel mondo, 2017.

GABBAY, Daniela Monteiro. *Mediação empresarial em números: onde estamos e para onde vamos*, que considerou dados sobre a mediação institucional de janeiro de 2012 a dezembro de 2017, publicado no JOTA e disponível em https://www.jota.info/paywall?redirect_to=//www.jota.info/opiniao-e-analise/artigos/mediacao-empresarial-em-numeros-onde-estamos-e-para-onde-vamos-20042018.

GABBAY, Daniela Monteiro; TAKAHASHI, Bruno (Coord.). *Justiça Federal: inovações nos mecanismos consensuais de solução de conflitos*. Brasília: Gazeta Jurídica, 2014.

GABBAY, Daniela Monteiro; CUNHA, Luciana Gross (Coord.) *O Desenho de Sistemas de Resolução Alternativa de Disputas para Conflitos de Interesse Público*. Série Pensando o Direito, n. 38/2011.

MEGNA, Bruno Lopes. A Administração Pública e os meios consensuais de solução de conflitos ou "enfrentando o Leviatã nos novos mares da consensualidade". Revista da Procuradoria Geral do Estado de São Paulo, São Paulo, n. 82:1-30, jul./dez. 2015.

PALMA, Juliana. Atuação administrativa consensual: estudo dos acordos substitutivos no processo administrativo sancionador. 2010. Dissertação. Mestrado em Direito do Estado. Faculdade de Direito, Universidade de São Paulo, São Paulo, 2010.

SOUZA, Luciane Moessa de. "Resolução de conflitos envolvendo o Poder Público: caminhos para uma consensualidade responsável e eficaz", In GABBAY, Daniela

Monteiro; TAKAHASHI, Bruno (Coord.). *Justiça Federal: inovações nos mecanismos consensuais de solução de conflitos*. Brasília: Gazeta Jurídica, 2014.

TAKAHASHI, Bruno; ALMEIDA, Daldice; GABBAY, Daniela e ASPERTI, Maria Cecília. Manual de mediação e conciliação na Justiça Federal. Brasília: Conselho da Justiça Federal, 2019. Disponível em https://www.cjf.jus.br/cjf/corregedoria-da-justica-federal/centro-de-estudos-judiciarios-1/publicacoes-1/outras-publicacoes/manual-de-mediacao-e-conciliacao-na-jf-versao-online.pdf.

TONIN, Mauricio Morais. Mediação e Administração Pública: A Participação Estatal como Parte e como Mediador de Conflitos, In: Asdrubal Franco Nascimbeni; Maria Odete Duque Bertasi; Ricardo Borges Ranzolin. (Org.). *Temas de Mediação e Arbitragem III*. 3ed.São Paulo: Lex Editora S.A., 2019, v. 3.

YAMAMOTO, Ricardo. Arbitragem e Administração Pública: uma análise das cláusulas compromissórias em contratos administrativos. Dissertação de Mestrado apresentada à Escola de Direito de São Paulo da Fundação Getulio Vargas, São Paulo, 2018.

10. A regulamentação da utilização da arbitragem pela Administração Pública no Brasil: questões polêmicas

Mauricio Morais Tonin

Introdução

A utilização da arbitragem para solução de conflitos contratuais pela Administração Pública no Brasil tem crescido cada vez mais. Apesar de várias leis específicas preverem essa possibilidade há décadas[1], foi com a alteração na Lei de Arbitragem (LA) promovida pela Lei nº 13.129/2015 que o número de casos realmente aumentou.

Com o surgimento das disputas e a atuação na prática, diversas questões precisaram ser regulamentadas no âmbito administrativo, visando dar segurança jurídica ao administrador público e ao parceiro privado. Em razão disso, foi produzida legislação por entes federados dispondo sobre a arbitragem envolvendo a Administração Pública direta e indireta. Algumas previsões, naturalmente, têm gerado controvérsia.

---

[1] A possibilidade de utilização da arbitragem pela Administração já estava expressamente prevista em diversos dispositivos legais desde o século passado, tais como: art. 11 do Decreto-Lei nº 1.312/74 (operações do Tesouro Nacional com organismos financiadores internacionais); art. 23-A da Lei nº 8.987/95 (contrato de concessão de serviço público); art. 11, inc. III, da Lei nº 11.079/04 (contratos de PPP – parcerias público-privadas); e art. 62, § 1º, da Lei nº 12.815/2013 (contratos relativos ao setor portuário).

Neste estudo, pretende-se analisar criticamente os principais temas polêmicos dos regulamentos da União e dos Estados de São Paulo, Rio de Janeiro, Minas Gerais e Pernambuco.

1. A alavancagem promovida a partir da Lei nº 13.129/2015

A Lei Federal nº 9.307/96 prevê em seu art. 1º, *caput*, desde a sua publicação, que as pessoas capazes de contratar poderão valer-se da arbitragem para dirimir litígios relativos a direitos patrimoniais disponíveis. Para parte da doutrina[2], esta previsão já era suficiente para abranger a Administração Pública (arbitrabilidade subjetiva), na medida em que é pessoa capaz de contratar, assim como qualquer pessoa física ou jurídica da iniciativa privada que atenda aos requisitos da lei civil.

Não obstante, havia certa insegurança jurídica a esse respeito em razão de posições doutrinárias[3] e jurisprudenciais – sobretudo do Tribunal de Contas da União[4] – em sentido contrário. Diante disso, o legislador entendeu por bem incluir os §§ 1º e 2º ao artigo 1º da LA, através da Lei

---

[2] Cite-se Selma Lemes (LEMES, Selma Ferreira. *Arbitragem na administração pública*. São Paulo: Quartier Latin, 2007, pp. 130-134). Sobre este assunto, data de 1973 a primeira análise do Supremo Tribunal Federal relativa ao tema, no conhecido "caso Lage" (STF, Agravo de Instrumento n. 52.181, Relator Ministro Bilac Pinto, julgado em 14.11.73). Neste julgado, o STF assentou ser possível à União submeter questão que possa ser objeto de transação à solução arbitral.

[3] Carlos Alberto de Salles defendia, antes da Lei nº 13.129/15, que a arbitragem não poderia ocorrer em qualquer hipótese, mas somente nas previstas em lei (SALLES, Carlos Alberto de. *Arbitragem em Contratos Administrativos*. Rio de Janeiro: Forense, 2011, p. 111). Por outro lado, Celso Antônio Bandeira de Mello sustenta a inconstitucionalidade da participação estatal em arbitragens. Segundo este autor, é inadmissível que se possa afastar o Poder Judiciário quando em pauta interesses indisponíveis, como o são os relativos ao serviço público. Igualmente, ao lecionar sobre a parceria público-privada (PPP) regida pela Lei nº 11.079/2004, afirma o autor que, quando estejam em causa interesses concernentes a serviços públicos, que são indisponíveis, não se admite que "simples árbitros" disponham sobre essa matéria litigiosa, pois ofenderia o papel constitucional do serviço público e a própria dignidade que o envolve (BANDEIRA DE MELLO, Celso Antônio. *Curso de Direito Administrativo*. 31. ed. São Paulo: Malheiros, 2014, p. 734 e 806).

[4] O Tribunal de Contas da União – TCU se posicionou de forma restritiva à utilização da arbitragem para solução de litígios envolvendo a Administração Pública em várias ocasiões: Decisão 286/93, TC 008.217/93-9; Decisão 188/95, TC 006.098/93-2; Acórdão 584/2003, TC 005.250/2002-2; Acórdão 587/2003, TC 004.031/2003-0; Acórdão 1.271/05, TC 005.123/2005-4; Acórdão 537/2006, entre outros.

nº 13.129/15, tornando explícito aquilo que já era implícito[5]. Se havia alguma dúvida acerca da possibilidade de utilização da arbitragem pela Administração Pública, ela foi resolvida.

A Lei nº 13.129/15 igualmente acrescentou que a arbitragem que envolva a administração pública será sempre de direito e respeitará o princípio da publicidade, o que também já era aplicável, neste caso por força da Constituição Federal de 1988.

A partir daí, houve uma expansão da previsão de cláusulas arbitrais em contratos de grandes obras públicas, concessões e permissões da prestação de serviços públicos e parcerias público-privadas – também impulsionada pelo crescimento do investimento no setor de infraestrutura, resultado de boas modelagens de projetos –, cujos conflitos normalmente complexos e de grande repercussão econômica são adequados à solução pela arbitragem.[6]

Com o aumento dos casos e a atuação pela advocacia pública, surgiram diversas questões que necessitaram de regulamentação no âmbito administrativo. Em geral, andaram bem os entes que editaram os regulamentos, podendo-se afirmar que houve muito mais acertos do que erros, gerando maior *segurança jurídica* aos *players* da arbitragem, nacionais e internacionais que realizam investimento no Brasil e celebram contratos com o Poder Público em diversos setores.

Em decorrência da pandemia da COVID-19, é certo que a regulamentação será muito importante para nortear as inúmeras arbitragens que serão instituídas para definir as responsabilidades e as consequências jurídicas e econômicas nos contratos impactados.

---

[5] Art. 1º. As pessoas capazes de contratar poderão valer-se da arbitragem para dirimir litígios relativos a direitos patrimoniais disponíveis.
§ 1º A administração pública direta e indireta poderá utilizar-se da arbitragem para dirimir conflitos relativos a direitos patrimoniais disponíveis.
§ 2º A autoridade ou o órgão competente da administração pública direta para a celebração de convenção de arbitragem é a mesma para a realização de acordos ou transações.
[6] A Lei Federal nº 13.303/2016, que dispõe sobre o estatuto jurídico da empresa pública, da sociedade de economia mista e de suas subsidiárias, no âmbito da União, dos Estados, do Distrito Federal e dos Municípios, também conhecida como a Lei das Estatais, previu no artigo 12, parágrafo único, que a sociedade de economia mista poderá solucionar, mediante arbitragem, as divergências entre acionistas e a sociedade, ou entre acionistas controladores e acionistas minoritários, nos termos previstos em seu estatuto social. Ou seja, o legislador também possibilitou a arbitragem para dirimir conflitos societários envolvendo a Administração Pública.

2. Os regulamentos sobre a utilização da arbitragem pela Administração Pública

O primeiro regulamento específico sobre a utilização da arbitragem pela Administração Pública foi do Estado de Minas Gerais, antes mesmo da alteração da Lei de Arbitragem pela Lei nº 13.129/15. A Lei Estadual de Minas Gerais nº 19.477, de 12/01/2011 (lei mineira), permite ao Estado e órgãos e entidades das administrações estaduais direta e indireta a opção pela arbitragem para solução de conflitos relativos a direito patrimonial disponível, oriundos de contrato, acordo ou convênio.

Após a Lei nº 13.129/15, a União editou o Decreto nº 8.465/15, que dispôs sobre os critérios de arbitragem para dirimir litígios no âmbito do setor portuário, posteriormente revogado.

Ainda em 2015, o Estado de Pernambuco editou a Lei nº 15.627, de 28/10/15, que dispõe sobre a adoção do juízo arbitral para a solução de litígio em que o Estado e entidades da Administração Indireta sejam partes (lei pernambucana).

O Estado do Rio de Janeiro, em 20/02/2018, valeu-se do Decreto nº 46.425 para regulamentar a adoção da arbitragem para dirimir os conflitos que envolvam o Estado do Rio de Janeiro ou suas entidades (decreto fluminense).

Já o Estado de São Paulo publicou, em 01/08/2019, o Decreto nº 64.356, que dispõe sobre o uso da arbitragem para resolução de conflitos em que a Administração Pública direta e suas autarquias sejam parte (decreto paulista).

Em seguida, foi publicado pela União o Decreto nº 10.025, de 23/09/19, que dispõe sobre a arbitragem para dirimir litígios que envolvam a administração pública federal nos setores portuário e de transporte rodoviário, ferroviário, aquaviário e aeroportuário (decreto federal). Tal ato revogou o Decreto nº 8.465/15, acima mencionado.

Nota-se que alguns entes federativos preferiram regulamentar o tema por lei e outros por decreto. Não se vislumbra óbice à regulamentação por ato infralegal do Chefe do Poder Executivo, já que a arbitragem está prevista em lei federal com eficácia nacional. Contudo, sem dúvida a previsão legal confere maior legitimidade e segurança ao administrador público.

A seguir, a legislação em comento será analisada em seus pontos controversos mais importantes.

3. Questões polêmicas

Alguns temas regulamentados pela legislação mencionada têm gerado discussão entre os estudiosos e operadores da arbitragem no País. Em razão da limitação deste estudo, serão abordados sucintamente apenas os seguintes temas: (i) definição de direito patrimonial disponível (arbitrabilidade objetiva); (ii) indicação do árbitro; (iii) escolha do órgão arbitral institucional; (iv) pagamento das despesas da arbitragem; e (v) publicidade.

3.1. Direitos patrimoniais disponíveis (arbitrabilidade objetiva)

É provável que o tema mais relevante sobre arbitragens envolvendo a Administração Pública seja o relativo aos direitos patrimoniais disponíveis estatais, mais especificamente a identificação da arbitrabilidade das controvérsias entre o poder público e o parceiro privado.

A distinção entre a indisponibilidade do interesse público e a disponibilidade de direitos patrimoniais já está bem clara. Dispor de direito patrimonial não é, necessariamente, um ato contrário ao interesse público. Na verdade, pode representar justamente a consecução do interesse público.

Porém, se por um lado o legislador reconheceu com a Lei nº 13.129/15 que a administração pública possui, sim, direitos patrimoniais disponíveis, por outro lado não os definiu. Essa tarefa ficou a cargo dos operadores do direito.[7] A questão impacta na discussão sobre a quem cabe

---

[7] Em outras oportunidades acadêmicas, sustentamos que "é possível definir *direito patrimonial disponível da Administração Pública* o bem dominical, suscetível de valoração econômica e que possa ser livremente negociado por seus titulares, ou seja, objeto de contratação. *A contrario sensu*, se houver, no caso concreto, previsão legal acerca da afetação de bens ou inalienabilidade de bens e direitos por parte da Administração, tais bens e direitos não poderão constituir-se em objeto de acordos ou contratos administrativos que visem à sua disposição, logo são indisponíveis. Considerando, porém, que a lei prevê a possibilidade de os bens pertencentes às pessoas jurídicas de direito privado da Administração Pública (empresas públicas e sociedades de economia mista) não serem considerados dominicais (art. 99, p. ú., primeira parte, Código Civil), e que também são bens públicos aqueles que, embora não pertencentes a uma pessoa jurídica de direito público, estejam afetados à prestação de um serviço público, são direitos patrimoniais disponíveis das empresas estatais, nesta hipótese, todos aqueles que, por serem suscetíveis de valoração econômica, integram o patrimônio dessas pessoas e que podem ser livremente negociados por seus titulares, exceto aqueles que estejam afetados à prestação de um serviço público" (Cf. TONIN, Mauricio

fazer a análise jurisdicional da arbitrabilidade desses conflitos, se aos próprios árbitros – pelo princípio competência-competência previsto no art. 8º, parágrafo único da Lei de Arbitragem – ou ao Poder Judiciário.[8]

A esse respeito, a lei mineira apenas prevê a possibilidade de adesão do juízo arbitral para a solução dos conflitos relativos aos direitos patrimoniais disponíveis, sem defini-los ou apresentar hipóteses de cabimento. O mesmo ocorre com o a lei pernambucana e o decreto paulista.

Por outro lado, o decreto fluminense dispõe que se entende por conflitos relativos a direitos patrimoniais disponíveis as controvérsias que possuam natureza pecuniária e que não versem sobre interesses públicos primários (art. 1º, p.ú.).

Tal conceito, que encontra respaldo em doutrina especializada[9], mostra-se pouco útil por inexistir critério objetivo que permita, com

Morais. *Arbitragem, Mediação e Outros Métodos de Solução de Conflitos Envolvendo o Poder Público*. São Paulo: Almedina, 2019, pp. 142-143). A esse respeito, ver também: TONIN, Mauricio Morais. *Direito Patrimonial Disponível da Administração Pública: Tentativa de Definição*. Revista Brasileira de Arbitragem – RBA, v. 15, n. 59, jul-set 2018, pp. 61-79.

[8] Por este motivo, vários conflitos de competência têm surgido no Superior Tribunal de Justiça para que se defina qual o órgão competente para julgar a causa a partir da análise da arbitrabilidade do litígio (art. 105, I, "d" da CF), conforme CC 106.121/AL e CC 111.230/DF (STJ). Pelo princípio da competência-competência, a competência do árbitro abrange a decisão sobre sua própria capacidade de julgar, sobre a extensão de seus poderes e sobre a arbitrabilidade da controvérsia. Assim, o Judiciário deve se abster de rever a decisão arbitral até a fase de impugnação ou execução do laudo arbitral, nos termos do art. 20, § 2º, c.c. art. 33, caput e §§ da LA.

[9] LEMES, Selma Ferreira, cit., p. 130. Em sentido semelhante estão Joaquim de Paiva Muniz e João Marçal Rodrigues Martins da Silva, que ainda sustentam: "Esclareça-se que compete ao árbitro, e não ao Poder Público, reconhecer um ato como de interesse público primário ou secundário, ou como ato de império o ou de gestão, para fins de se determinar a arbitrabilidade da disputa. Vale dizer, não basta o Poder Público classificar a matéria como interesse público primário ou como ato de império para que o conflito dela decorrente torne-se inarbitrável, até porque o ato do ente público pode ter sido proferido com desvio de poder. Dessa forma, cumpre ao árbitro avaliar a qualificação que o Poder Público atribuiu ao seu ato e verificar se, no cerne, atine interesse primário ou secundário, ato de império ou ato de gestão, de sorte a avaliar a arbitrabilidade. Caso contrário, haveria desequilíbrio entre as partes, pois o Poder Público poderia, de má-fé, alegar a inarbitrabilidade de seu ato em defesa na arbitragem, sempre que tivesse posição jurídica fraca" (MUNIZ, Joaquim de Paiva; MARTINS DA SILVA, João Marçal Rodrigues. *Arbitragem com entes públicos: questões controvertidas*. In *Arbitragem e Administração Pública: Temas Polêmicos* (Coord. MUNIZ, Joaquim de Paiva; BONIZZI, Marcelo José M.; FERREIRA, Olavo A. V. Alves), Ribeirão Preto: Migalhas, 2018, p. 154).

relativa margem de segurança jurídica, diferenciar interesses públicos primários de secundários[10]. Ademais, não é sempre que o interesse da Administração (secundário) será necessariamente patrimonial, nem necessariamente disponível.

Já o decreto federal prevê em rol exemplificativo três controvérsias sobre direitos patrimoniais disponíveis, quais sejam: (i) as questões relacionadas à recomposição do equilíbrio econômico-financeiro dos contratos; (ii) o cálculo de indenizações decorrentes de extinção ou de transferência do contrato de parceria; e (iii) o inadimplemento de obrigações contratuais por quaisquer das partes, incluídas a incidência das suas penalidades e o seu cálculo (art. 2º, p.ú.). Tal previsão é semelhante à do art. 31, § 4º, da Lei Federal nº 13.448/2017 (Lei de Relicitação)[11], que dispõe acerca das regras para prorrogação e Relicitação dos contratos de parcerias firmados nos termos do Programa de Parcerias de Investimentos (PPI) nos setores rodoviário, ferroviário e aeroportuário.

Essa prática é mais recomendável, pois deixa claro os conflitos que serão levados à arbitragem, sem obstar outros temas, por se tratar de indicação exemplificativa.[12] Além disso, nada impede – ao contrário, recomenda-se – que a cláusula compromissória contenha previsão mais

---

[10] Não há qualquer correlação entre disponibilidade ou indisponibilidade de direitos patrimoniais estatais e disponibilidade ou indisponibilidade do interesse público. Este foi o entendimento do Superior Tribunal de Justiça no julgamento do Conflito de Competência nº 139.519-RJ, no final de 2017. O voto vencedor da Ministra Regina Helena Costa bem ressaltou a diferença entre a indisponibilidade do interesse público e a disponibilidade de direito da Administração Pública.

[11] Art. 31. As controvérsias surgidas em decorrência dos contratos nos setores de que trata esta Lei após decisão definitiva da autoridade competente, no que se refere aos direitos patrimoniais disponíveis, podem ser submetidas a arbitragem ou a outros mecanismos alternativos de solução de controvérsias. (...)

§ 4º Consideram-se controvérsias sobre direitos patrimoniais disponíveis, para fins desta Lei:

I – as questões relacionadas à recomposição do equilíbrio econômico-financeiro dos contratos;

II – o cálculo de indenizações decorrentes de extinção ou de transferência do contrato de concessão; e

III – o inadimplemento de obrigações contratuais por qualquer das partes.

[12] Sobre o tema, MUNIZ e MARTINS DA SILVA: "Deve-se, ainda, interpretar-se amplamente, ou mesmo em alguns casos aceitar de plano, a arbitrabilidade de litígios, quando existe legislação específica autorizando arbitragem para aquela atividade envolvendo entes públicos. (...) Ou seja, apenas hipóteses excepcionalíssimas podem gerar a não arbitrabilidade em situações nas quais há permissivo legal, pois a autorização do legislador já descortina que, em

detalhada, com as hipóteses de cabimento de arbitragem específicas àquela relação contratual[13], além das hipóteses de inadmissibilidade deste método, quando caberá às partes submeter eventual conflito ao Poder Judiciário.

3.2. Indicação do árbitro

Uma das grandes vantagens da arbitragem é a escolha pelas partes daqueles que irão decidir o mérito do conflito e dizer quem tem razão.

As regras para nomeação dos árbitros estão definidas nos arts. 13 e seguintes da Lei de Arbitragem. Deve o árbitro ser pessoa capaz e que tenha confiança das partes. Ter a confiança não implica em atuar como representante da parte no tribunal arbitral. A única expectativa que a parte pode ter em relação ao árbitro que nomeou se relaciona à condução da arbitragem com competência, imparcialidade e independência, dedicando-se à avaliação minuciosa das provas e argumentos das partes, decidindo de acordo com a lei.[14]

---

regra, as matérias contratadas mostram-se arbitráveis" (MUNIZ, Joaquim de Paiva; MARTINS DA SILVA, João Marçal Rodrigues. cit., p. 154/155).

[13] A esse respeito, Felipe Estefam sustenta que a Administração está obrigada a especificar e demarcar, por meio de uma operação cognitiva e interpretativa, as matérias do caso concreto que expressam a arbitrabilidade objetiva. Afirma o autor: "Disso, o efeito que se extrai é o que denominamos de *princípio da especificação material da arbitragem*, o qual obriga a Administração a explicitar, na cláusula arbitral, os direitos patrimoniais disponíveis do caso concreto, mediante a especificação das matérias do contrato que são arbitráveis. O propósito principal da operação é dar determinabilidade à cláusula arbitral e, via oblíqua, segurança jurídica à relação. Cumpre registrar que se pode decidir que apenas parcela das matérias arbitráveis sejam incluídas na cláusula arbitral (cláusula parcial). Isso porque a LA permite (e não obriga) que as matérias arbitráveis sejam dirigidas à arbitragem. Em cláusulas deste tipo, o *princípio da especificação material da arbitragem* deve ser entendido como a obrigação de especificar, na cláusula arbitral, as matérias arbitráveis que 'serão' objeto da arbitragem, comportando o panorama geral de assuntos que atraem o fórum arbitral. Por fim, é factível que outras matérias contratuais arbitráveis venham, posteriormente, a ser desvendadas e encaminhadas à arbitragem, assim como propugna a supramencionada segunda teoria [a cláusula arbitral deve densificar os direitos patrimoniais disponíveis da arbitragem, mas há de ter uma finalidade exemplificativa e ilustrativa]. Para tanto, é preciso que a cláusula arbitral possibilite se firmar posterior convenção arbitral, com o desígnio de ampliar e atualizar as matérias a serem destinadas à arbitragem" (ESTEFAM, Felipe Faiwichow. *Cláusula arbitral e administração pública*. Rio de Janeiro: Lumen Juris, 2019, pp. 148-149).

[14] A Lei de Arbitragem prevê que o árbitro, no desempenho de sua função, deverá proceder com imparcialidade, independência, competência, diligência e discrição (art. 13, § 6º). A lei

Os regulamentos das câmaras de arbitragem normalmente dispõem que, após iniciado o procedimento com o requerimento de arbitragem, cada uma das partes indicará um árbitro, cabendo aos indicados, ou à câmara, eleger o terceiro árbitro, que presidirá o tribunal arbitral.[15]

Quando a indicação de árbitro ocorre pela Administração Pública, ela precisa vir acompanhada de uma motivação mínima que a justifique. A escolha do árbitro deverá se pautar por critérios objetivos e subjetivos, considerando a expertise do indicado no objeto litigioso.

A esse respeito, os regulamentos paulista e fluminense se limitaram a prever que o árbitro não poderá possuir interesse direto ou indireto no resultado da arbitragem, devendo revelar eventual prestação de serviço que o coloque em conflito de interesses com a Administração Pública (arts. 10 e 11 e arts. 11 e 12, respectivamente).

Já as leis mineira e pernambucana acrescentaram que para o exercício da função de árbitro é preciso deter conhecimento técnico compatível com a natureza do contrato (art. 5º, inc. II, e art. 4º, inc. II, respectivamente). O mesmo ocorreu com o decreto federal, que prevê que o árbitro deve deter conhecimento compatível com a natureza do litígio (art. 12, inc. II).

Como se observa, nenhum dos regulamentos ora em exegese prevê o procedimento para indicação do árbitro pela administração, nem a quem cabe esta decisão. A melhor prática sugere que *a decisão pela escolha do profissional deve se dar em processo administrativo perante o órgão de advocacia pública, devidamente motivada com base na experiência profissional,*

---

impede de atuar como árbitros as pessoas que, segundo a regência do processo civil comum, estariam em situação de suspeição ou impedimento (art. 14). De modo muito similar ao que está no Código de Processo Civil, abre também caminho para a recusa do árbitro pela parte e para a abstenção a ser declarada por ele próprio, sendo esse um dever do profissional nomeado para atuar como tal. O dever de revelação é exaltado pela doutrina sempre em nome da boa-fé, indispensável na arbitragem, de forma que, na dúvida, é melhor que o árbitro revele todo e qualquer contato que tenha tido com o caso ou com as partes. Tal conduta também gera segurança para o árbitro, que afastará a possibilidade de ser responsabilizado em razão de ter julgado processo em que era parcial ou dependente.

[15] O art. 12 do regulamento de arbitragem da CCI (Câmara de Comércio Internacional) e os itens 4.4 e 4.9 do regulamento de arbitragem da CAM-CCBC (Câmara de Comércio Brasil-Canadá), por exemplo, assim dispõem, sendo que no caso da CCI a indicação do terceiro árbitro, em regra, será pela Corte, enquanto no caso da CCBC a indicação do terceiro árbitro, em regra, será pelos árbitros indicados pelas partes.

produção acadêmica e análise curricular, demonstrada a compatibilidade com a natureza do litígio. O ideal é que vários nomes sejam considerados e, se possível, também justificado por que não foram indicados, ao final, para o caso concreto.[16]

Logo, trata-se de decisão discricionária da administração, não sendo cabível a licitação pública ou o cadastramento de árbitros para atuarem nas arbitragens.[17]

3.3. Escolha do órgão arbitral institucional

As partes podem convencionar em realizar a arbitragem através de uma câmara institucional ou através de um tribunal "ad hoc". Percebe-se a tendência, tanto no âmbito da arbitragem público-privada, como da arbitragem comercial, de utilização da arbitragem institucional.[18]

Conforme ressaltam Joaquim de Paiva Muniz e João Marçal Rodrigues Martins da Silva, as custas da entidade administradora e os honorários dos árbitros baseiam-se geralmente em tabela de preços pré-fixados, aplicáveis em regra a todos os usuários, que variam conforme o valor da causa. Com isso, a Administração Pública sabe, de antemão, quais os preços relativos das instituições administradoras, assim como conhece a reputação e qualidade de cada uma dessas entidades.[19]

Atualmente, praticamente não se debate mais a aplicabilidade da Lei nº 8.666/93, a Lei Geral de Licitações, para a contratação de órgão institucional de arbitragem pela Administração Pública. Isso porque está superada a tese da necessidade de se licitar a entidade encarregada de

---

[16] Não é prática incomum a realização de entrevistas com candidatos a árbitros. O que se espera dos entrevistadores –do setor público e do privado – e dos entrevistados é a adoção de condutas éticas, sendo defeso tratar especificamente do caso concreto e o adiantamento de possível entendimento do candidato sobre o desfecho da arbitragem.

[17] Há quem defenda, no entanto, que para arbitragens com a Administração Pública seja feito um cadastro de árbitros, com a finalidade de garantir alguns atributos do árbitro. Neste caso, a escolha das partes ficaria limitada aos árbitros cadastrados (Cf. ESTEFAM, Felipe Faiwichow. cit., p. 70).

[18] Não se recomenda que entes públicos participem de arbitragem "ad hoc", pois esse tipo de procedimento não institucional acarretaria problemas práticos, como a necessidade de negociação dos honorários dos árbitros e as formalidades para o seu pagamento. Ademais, melhor que se atribua a algum órgão o poder decisório sobre certas questões procedimentais, tais como julgamento de impugnação de árbitros.

[19] MUNIZ, Joaquim de Paiva; MARTINS DA SILVA, João Marçal Rodrigues. cit., p. 161.

conduzir o procedimento arbitral, ou de se aplicar a hipótese de inexigibilidade de licitação, por notória especialização.[20] Em suma, a Lei nº 8.666/93 não se aplica, pois a relação constituída entre as partes litigantes, de um lado, e a câmara, de outro, não configura uma relação de prestação de serviços na forma regulamentada pela referida lei.[21]

Por outro lado, o fato de existirem várias câmaras institucionais no mercado, capazes de conduzir as arbitragens com competência, requer a motivação da escolha de uma delas pela Administração Pública, como ocorre com qualquer decisão administrativa.

Diante disso, visando conferir possibilidade de participação às melhores câmaras e conferir segurança jurídica ao administrador público perante os órgãos de controle, uma solução encontrada foi a *realização de cadastramento prévio* dos órgãos institucionais arbitrais que atendam a determinados requisitos objetivos.[22] [23]

---

[20] Previsão para contratação direta de serviços técnicos profissionais especializados, nos termos do art. 25, inc. II e § 1º da referida lei.

[21] Neste sentido: JUSTEN FILHO, Marçal. *Administração Pública e Arbitragem: o vínculo com a câmara de arbitragem e os árbitros*. Informativo Justen, Pereira, Oliveira e Talamini, Curitiba, nº 110, abril de 2016, disponível em https://www.justen.com.br/newsletters/110/, acesso em 02/04/2020. Afirma o autor: "A não configuração da arbitragem como um contrato conduz à impertinência das regras da Lei nº 8.666 atinentes à licitação. Também conduz à inaplicabilidade dos conceitos fundamentais relativos à contratação direta. Não estão presentes os requisitos para licitação nas hipóteses de escolha de árbitros e câmara de arbitragem. Mas isso não decorre da subsunção do caso ao art. 25 da Lei nº 8.666. A razão fundamental para não ser aplicada a licitação consiste em que a arbitragem não é um contrato e os árbitros não são contratados pela Administração Pública" (p. 30).

[22] Sobre o tema, MUNIZ e MARTINS DA SILVA: "Para evitar abusos, melhor seria, de um lado, que cada ente público fixasse critérios objetivos de contratação e instituição administradora, que previssem alto nível de reputação e experiência. Isso poderia resultar, inclusive, em lista de entidades arbitrais pré-selecionadas. De outro lado, as partes privadas deveriam ser ouvidas na escolha da entidade administradora para cada contrato específico, uma vez que se trata de elemento relevante do negócio jurídico" (MUNIZ, Joaquim de Paiva; MARTINS DA SILVA, João Marçal Rodrigues. cit., p. 162).

[23] Por outro lado, Marçal Justen Filho acredita que o credenciamento pode gerar efeitos muito mais desastrosos. Sustenta o administrativista: "o problema produzido pelo credenciamento é a ausência de possibilidade de seleção fundada em critérios específicos, especialmente a avaliação fundada em razões diferenciadas. Há o enorme risco de admissão de credenciamento a sujeitos que dispõem de documentos de habilitação exigidos, mas que não se encontram em condições de desempenho satisfatório" (JUSTEN FILHO, Marçal, cit., p. 34).

A lei mineira simplesmente estabelece que o juízo arbitral será sempre instituído por meio de órgão arbitral institucional, inscrito no Cadastro Geral de Fornecedores de Serviços do Estado, preferencialmente com sede no Estado. A lei pernambucana, de forma similar, dispõe que o juízo arbitral será instituído exclusivamente por meio de órgão arbitral institucional, preferencialmente com sede no Estado.[24]

Já o decreto fluminense dispõe que a arbitragem instituir-se-á exclusivamente por meio de órgão arbitral institucional, cabendo à Procuradoria Geral do Estado cadastrar os órgãos arbitrais institucionais.[25]

Por outro lado, tanto o decreto paulista quanto o decreto federal preveem que a arbitragem será preferencialmente institucional, podendo, justificadamente, ser constituída arbitragem "ad hoc". Ambos os regulamentos, assim como o do Estado do Rio de Janeiro, estabelecem a utilização de um cadastro de câmaras arbitrais que cumpram requisitos mínimos, a ser realizado pelas respectivas advocacias públicas.[26][27]

---

[24] O art. 6º da lei pernambucana prevê que a câmara deverá (i) estar regularmente constituída por, pelo menos, 5 (cinco) anos, (ii) estar em regular funcionamento como instituição arbitral, e (iii) ter reconhecida idoneidade, competência e experiência na administração de procedimentos arbitrais.

[25] O decreto fluminense prevê no art. 14 que o órgão arbitral institucional, nacional ou estrangeiro, deverá ser previamente cadastrado junto ao Estado do Rio de Janeiro e atender aos seguintes requisitos: (i) disponibilidade de representação no Estado do Rio de Janeiro; (ii) estar regularmente constituído há, pelo menos, cinco anos; (iii) estar em regular funcionamento como instituição arbitral; e (iv) ter reconhecida idoneidade, competência e experiência na administração de procedimentos arbitrais, com a comprovação na condução de, no mínimo, quinze arbitragens no ano calendário anterior ao cadastramento.

[26] O art. 15 do decreto paulista prevê que poderá ser incluída no cadastro da Procuradoria Geral do Estado a câmara arbitral, nacional ou estrangeira, que atender ao menos aos seguintes requisitos: (i) apresentar espaço disponível para a realização de audiências e serviços de secretariado, sem custo adicional às partes, na cidade sede da arbitragem; (ii) estar regularmente constituída há, pelo menos, cinco anos; (iii) atender aos requisitos legais para recebimento de pagamento pela Administração Pública; e (iv) possuir reconhecida idoneidade, competência e experiência na administração de procedimentos arbitrais com a Administração Pública. O parágrafo único do artigo dispõe que o Procurador Geral do Estado poderá, mediante resolução, estabelecer critérios adicionais para o cadastramento de câmaras arbitrais, considerando a experiência decorrente de procedimentos arbitrais enfrentados, e criar mecanismo de avaliação e exclusão do cadastro.

Já estão cadastradas perante a PGE-SP as seguintes instituições: CAM-AMCHAM, CAM-CCBC, CAMARB, CIESP/FIESP e CCI (informação obtida na página http://www.pge.sp.gov.br/Portal_PGE/Portal_Arbitragens/paginas/ em 23/05/2020).

O credenciamento de câmaras também está previsto em lei, no âmbito da Lei de Relicitação dos contratos de parceria nos setores rodoviário, ferroviário e aeroportuário da administração pública federal (art. 31, § 5º, da Lei Federal nº 13.448/2017).[28]

Uma vez realizado o cadastro, remanesce a questão da escolha da câmara que conduzirá a arbitragem para o caso de surgir o conflito. Uma opção – que parece ser a mais adequada – é fazer constar da cláusula compromissória que o requerente da arbitragem escolherá uma das câmaras cadastradas, no momento do requerimento da arbitragem[29]. Outra solução é a cláusula compromissória já definir o órgão institucional dentre os cadastrados, devendo a indicação ser devidamente justificada. Uma terceira opção é deixar a escolha ao vencedor da licitação, no momento da assinatura do contrato, dentre aquelas cadastradas, que passará a constar da cláusula compromissória[30].

Por fim, esclareça-se que não se confunde cadastramento de órgãos arbitrais com cadastramento de árbitros para atuarem em arbitragens público-privadas. Isso porque, com relação à indicação dos árbitros, prevalece o critério do art. 13 da Lei de Arbitragem, acima comentado (item 3.3).

---

[27] O art. 10 do decreto federal prevê que o credenciamento da câmara arbitral será realizado pela Advocacia-Geral da União e dependerá do atendimento aos seguintes requisitos mínimos: (i) estar em funcionamento regular como câmara arbitral há, no mínimo, três anos; (ii) ter reconhecidas idoneidade, competência e experiência na condução de procedimentos arbitrais; e (iii) possuir regulamento próprio, disponível em língua portuguesa. O dispositivo prevê, ainda, que o credenciamento consiste em cadastro das câmaras arbitrais para eventual indicação futura em convenções de arbitragem e não caracteriza vínculo contratual entre o Poder Público e as câmaras arbitrais credenciadas. Prevê, por fim, que a Advocacia-Geral da União disciplinará a forma de comprovação dos requisitos e poderá estabelecer outros para o credenciamento das câmaras arbitrais.

[28] § 5º Ato do Poder Executivo regulamentará o credenciamento de câmaras arbitrais para os fins desta Lei.

[29] Essa foi a opção do decreto paulista (art. 7º). Já o decreto federal estabelece que se a câmara arbitral não for definida previamente, a cláusula compromissória deverá estabelecer o momento, o critério e o procedimento de escolha da câmara arbitral dentre aquelas credenciadas (art. 5º, § 2º).

[30] Essa foi a opção do decreto fluminense (art. 8º).

3.4. Pagamento das despesas da arbitragem

Os regulamentos da utilização da arbitragem público-privada também estabeleceram a forma de pagamento dos custos da arbitragem.

Diferentemente do que ocorre com o processo judicial[31], a Fazenda Pública não possui gratuidade das custas e despesas da arbitragem. Não obstante, a Administração Pública pode incluir em seus contratos com cláusula compromissória disposição no sentido de que, se os entes privados forem os requerentes da arbitragem, eles deverão adiantar a integralidade das custas da entidade arbitral, dos honorários dos árbitros e da provisão de despesas, ficando sujeitos a reembolso, caso os requerentes privados se sagrem vencedores da demanda.[32]

A esse respeito, o decreto fluminense prevê que as despesas com a realização da arbitragem serão adiantadas pelo contratado quando for ele o requerente do procedimento arbitral, incluídos os honorários dos árbitros, eventuais custos de perícias e demais despesas com o procedimento (art. 9º).

Com previsão semelhante, o decreto paulista dispõe que a convenção de arbitragem conterá a previsão de adiantamento das despesas pelo

---

[31] A Fazenda Pública está dispensada do pagamento de *custas* e *emolumentos judiciais*, que ostentam natureza tributária (taxa), mas não está liberada do dispêndio com as *despesas em sentido estrito*, que se destinam a remunerar terceiras pessoas acionadas pelo aparelho judicial, no desenvolvimento da atividade do Estado-juiz (ex. honorários do perito e o transporte do oficial de justiça e a postagem de comunicações processuais). Porém, ao final, se for vencida, a Fazenda Pública terá que arcar com as custas e emolumentos judiciais, exceto se a União tiver convênio com o Estado onde tramitou a ação para liberá-la de tal despesa, ou se a causa tiver tramitado na Justiça Federal, onde há isenção de custas à União, Estados, Municípios, Territórios, Distrito Federal e respectivas autarquias e fundações (art. 4º, inc. I da Lei nº 9.289/96). Por fim, a União, Estados, DF, Municípios, respectivas autarquias e o Ministério Público são isentos de preparo nos recursos, nos termos do art. 1007, § 1º, do CPC, tendo o CPC expressamente dispensado também do porte de remessa e retorno (Cf. CUNHA, Leonardo Carneiro da. *A Fazenda Pública em Juízo*. 13. ed. Rio de Janeiro: Forense, 2016, pp. 117-121 e 145).

[32] MUNIZ, Joaquim de Paiva; MARTINS DA SILVA, João Marçal Rodrigues. cit., p. 158. Esclarecem os autores que essa sistemática de antecipação de pagamentos também é adotada por diversos regulamentos de câmaras arbitrais para arbitragens em geral. Se uma das partes não paga as custas e honorários que lhe cabe, a outra poderá fazê-lo justamente para impedir a suspensão do procedimento.

requerente da arbitragem (art. 4º, § 1º, item 5). Esta parece ser a solução mais adequada.[33]

A lei mineira, em sentido distinto, dispõe que despesas com arbitragem, taxa de administração da instituição arbitral, honorários de árbitros e peritos e outros custos administrativos serão adiantadas pelo contratado quando da instauração do procedimento arbitral (art. 11).[34]

Na mesma linha, o decreto federal e a lei pernambucana preveem que as custas e as despesas relativas ao procedimento arbitral serão antecipadas pelo contratado e, quando for o caso, restituídas conforme deliberação final em instância arbitral, em especial as custas da instituição arbitral e o adiantamento dos honorários arbitrais (arts. 9º e 7º, respectivamente).[35]

Não obstante, o fato de a Administração Pública estar sujeita a restrições orçamentárias e a regras rígidas para realização de despesas não a torna uma hipossuficiente, incapaz de gastar dinheiro público com procedimentos arbitrais aos quais está vinculada. Pelo contrário, o Poder Público deve agir com responsabilidade e prever no orçamento anual recursos para futuras arbitragens, suplementando as dotações se for necessário.[36]

---

[33] A esse respeito, sustenta Felipe Estefam: "no plano das análises abstratas, esta posição é razoável, tanto mais porque sempre haverá razões para que a Administração busque não antecipar custas, como a de que se encontra vinculada ao orçamento para realizar despesas, e o particular, da mesma maneira, sempre buscará justificar a sua indignação com a antecipação das custas, quer baseando-se em crises econômicas, quer argumentando o risco de ter que se submeter ao regime dos precatórios para reaver quantias despendidas que lhe devem ser reembolsadas" (ESTEFAM, Felipe Faiwichow, cit., p. 73/74).

[34] Conforme informação fornecida pelos representantes da CAMARB no evento VI Colóquio de Direito Administrativo, realizado na Faculdade de Direito da USP em 24/11/2015, os contratos administrativos estão sendo empenhados com o valor das despesas arbitrais incluídas no preço do serviço e, caso seja instaurada a arbitragem, ocorre o pagamento ao contratado mediante a comprovação da realização da despesa. Se não houver arbitragem, o saldo do empenho é cancelado ao final do contrato.

[35] Sobre o tema, o Município de São Paulo prevê na Lei nº 16.703/2017 – que disciplina as concessões e permissões de serviços, obras e bens públicos que serão realizadas no âmbito do Plano Municipal de Desestatização (PMD) – que o contrato ou outro ajuste firmado para execução do PMD poderá prever o dever de o parceiro privado contratar procedimento arbitral e arcar com suas custas e despesas, devendo essas, quando for o caso, ser ressarcidas conforme posterior deliberação final em instância arbitral.

[36] MUNIZ, Joaquim de Paiva; MARTINS DA SILVA, João Marçal Rodrigues. cit., p. 159. Concluem os autores: "ainda mais absurdo seria, por exemplo, a parte privada responsabilizar-se

a) Honorários advocatícios

Dentre as despesas com arbitragem, merecem destaque os honorários advocatícios. Diversamente da sucumbência prevista no processo civil (art. 85 do CPC/15), não há menção expressa à sua imposição ao vencido na arbitragem. Porém, conforme alerta Francisco José Cahali, este custo, sem dúvida, integra a abrangente referência às "custas e despesas" com a arbitragem.[37]

Desta forma, segundo o autor, salvo convenção ou regulamento da câmara em contrário, deve o árbitro também estabelecer na sentença a condenação ao pagamento da verba honorária em favor do vencedor. Pode ocorrer, também, de as partes preverem o reembolso ao vencedor das despesas que teve com seu advogado. Mais comuns são as cláusulas nas quais cada parte arcará com os honorários de seu advogado.[38]

Neste sentido, na arbitragem privado-privado, é natural que cada parte contrate os seus advogados, sejam internos do departamento jurídico da própria empresa, sejam externos de escritórios de advocacia especializados em arbitragem. Esta segunda opção, mais comum, ocorre por contratação de serviços específicos para defesa na arbitragem, mediante pagamento de honorários. São os honorários contratuais.

Por outro lado, na arbitragem público-privado isso não ocorre com a parte estatal, especialmente no caso das pessoas jurídicas de direito público, que se valem da advocacia pública para se defender no processo arbitral. Como se sabe, os advogados públicos não percebem honorários contratuais, por possuírem uma relação estatutária com o poder público, como servidores públicos concursados, nos termos dos arts. 37, inc. II, 39, 131 e 132 da Constituição Federal. Assim, *não há que se falar em honorários contratuais*. Consequentemente, não há hipótese, na arbitragem público-privado, de previsão de reembolso dos honorários con-

---

totalmente pelo custo de prova solicitada apenas pelo ente estatal, tal como uma determinada perícia ou a oitiva de certa testemunha localizada em outra cidade. Isso incentivaria fenômeno designado de 'risco moral' (*moral hazard*), que ocorre quando um agente pauta sua conduta de forma pouco eficiente, aproveitando-se de benefício contratual" (idem).

[37] CAHALI, Francisco José. *Curso de arbitragem: mediação: conciliação: resolução CNJ 125/2010*. 6. ed. São Paulo: Editora Revista dos Tribunais, 2017, p. 283.

[38] Ibidem. Cahali afirma que o tribunal arbitral pode decidir como entender mais adequado, totalmente desvinculado dos critérios impostos pela legislação processual (incidência sobre o proveito econômico do vencedor), embora possam eles servir de parâmetro a ser ponderado na deliberação.

tratuais por parte do vencido ao vencedor, já que seria aplicável somente a uma das partes, o que denota o caráter anti-isonômico da cláusula.

De outra parte, sem previsão na LA acerca dos honorários de sucumbência na arbitragem, é fundamental que os entes federados legislem a esse respeito para que essa cláusula possa ser inserida em convenções de arbitragem e em termos de arbitragem (ou atas de missão). Isso porque se trata de cláusula onerosa que não beneficia o ente público, mas apenas os seus advogados, em caso de vitória, mas atinge o erário em caso de derrota[39]. Assim, sem lei ou decreto, torna-se desaconselhável prever o pagamento de honorários advocatícios de sucumbência na arbitragem.

O decreto federal, a esse respeito, dispõe que na hipótese de condenação em honorários advocatícios, serão observadas as regras estabelecidas no art. 85 do CPC, excluído o ressarcimento, por quaisquer das partes, de honorários contratuais (art. 9º, § 6º). Já o decreto paulista prevê que as convenções de arbitragem deverão prever a vedação de condenação da parte vencida ao ressarcimento dos honorários advocatícios contratuais da parte vencedora, aplicando-se por analogia o regime de sucumbência do CPC (art. 4º, § 1º, item 7). Em sentido semelhante, o decreto fluminense estabelece a que a sentença arbitral deverá excluir os honorários advocatícios contratuais da condenação, devendo atribuir à parte vencida a responsabilidade pelo pagamento dos honorários de sucumbência, cuja fixação sujeitar-se-á aos critérios do artigo 85 do Código de Processo Civil para as causas em que for parte a Fazenda Pública (art. 16, *caput* e parágrafo único).

As leis mineira e pernambucana, por sua vez, não possuem previsão a respeito de honorários advocatícios.

Para se evitar dúvida, convém que se estabeleça previsão a respeito na ata de missão, ou termo de arbitragem, se em outra fonte (convenção de arbitragem ou regulamento da câmara) a matéria não tiver sido especificada.

---

[39] Frise-se que nem todas as carreiras de advocacia pública distribuem aos seus advogados e procuradores os valores recebidos a título de honorários advocatícios de sucumbência. Cada ente prevê em legislação específica a forma de remuneração dos advogados públicos, havendo grande variedade entre União, Estados, Distrito Federal e Municípios.

3.5. Publicidade

A previsão de publicidade na LA gera muitos questionamentos na prática.

Em primeiro lugar, com o devido respeito às opiniões em contrário, é importante notar que a publicidade prevista no art. 2º, § 3º da Lei de Arbitragem não é a publicidade dos arts. 5º, incisos XIV e XXXIII, e 37, caput, da Constituição Federal, que denotam a transparência inerente à Administração Pública[40]. Trata-se, isto sim, da publicidade do processo, prevista nos arts. 5º, inc. LX[41], e 93, inc. IX[42], da CF/88. Isso porque a Lei de Arbitragem é uma lei sobre direito processual, não sobre direito administrativo.

Portanto, diferentemente do que alguns autores[43] e algumas câmaras de arbitragem têm defendido, *a publicidade é do processo arbitral e não da*

---

[40] Art. 5º Todos são iguais perante a lei, sem distinção de qualquer natureza, garantindo-se aos brasileiros e aos estrangeiros residentes no País a inviolabilidade do direito à vida, à liberdade, à igualdade, à segurança e à propriedade, nos termos seguintes:
XIV – é assegurado a todos o acesso à informação e resguardado o sigilo da fonte, quando necessário ao exercício profissional;
XXXIII – todos têm direito a receber dos órgãos públicos informações de seu interesse particular, ou de interesse coletivo ou geral, que serão prestadas no prazo da lei, sob pena de responsabilidade, ressalvadas aquelas cujo sigilo seja imprescindível à segurança da sociedade e do Estado;
Art. 37. A administração pública direta e indireta de qualquer dos Poderes da União, dos Estados, do Distrito Federal e dos Municípios obedecerá aos princípios de legalidade, impessoalidade, moralidade, publicidade e eficiência e, também, ao seguinte: (...)
[41] Art. 5º (...)
LX – a lei só poderá restringir a publicidade dos atos processuais quando a defesa da intimidade ou o interesse social o exigirem;
[42] Art. 93. Lei complementar, de iniciativa do Supremo Tribunal Federal, disporá sobre o Estatuto da Magistratura, observados os seguintes princípios:
IX – todos os julgamentos dos órgãos do Poder Judiciário serão públicos, e fundamentadas todas as decisões, sob pena de nulidade, podendo a lei limitar a presença, em determinados atos, às próprias partes e a seus advogados, ou somente a estes, em casos nos quais a preservação do direito à intimidade do interessado no sigilo não prejudique o interesse público à informação;
[43] Nesse sentido, Caio Cesar Vieira Rocha: "questão interessante, ainda sem solução definitiva, é sobre a quem cabe o dever de publicidade: se ao ente público envolvido, ou à própria instituição arbitral (ou árbitros). A nosso ver, cabe à Administração divulgar a existência das arbitragens e suas decisões, não recaindo tal ônus sobre os árbitros ou sobre a instituição arbitral que a processa, já que esta é, via de regra, instituição privada, a despeito de exercer função pública. O dever de publicidade é da Administração, e não das partes privadas com ela envolvidas" (ROCHA, Caio Cesar Vieira. *Em torno da arbitragem público-privada: notas sobre*

atuação estatal na arbitragem. Isto posto, cabe à câmara – assim como cabe ao Poder Judiciário no caso dos processos judiciais, inclusive entre particulares –, e não à parte estatal, dar publicidade do procedimento arbitral e dos atos processuais praticados pelas partes, reservado o sigilo de documentos e informações decorrente de previsão legal.[44]

O decreto federal seguiu essa linha ao prever que, exceto se houver convenção entre as partes, caberá à câmara arbitral fornecer o acesso às informações sobre o processo de arbitragem (art. 3º, inc. IV e p.ú.).

Já o decreto paulista dispõe que os atos do procedimento arbitral serão públicos, ressalvadas as hipóteses legais de sigilo ou segredo de justiça, cabendo à Procuradoria Geral do Estado disponibilizar os atos do procedimento arbitral na rede mundial de computadores (art. 12). O decreto fluminense possui previsão semelhante, porém estabelece que a Procuradoria Geral do Estado disponibilizará os atos do processo arbitral mediante requerimento de eventual interessado (art. 13). A lei mineira estabelece que a arbitragem deverá ser instaurada mediante processo público (art. 6º), enquanto a lei pernambucana não possui previsão específica sobre a publicidade.

Assim, mais adequada foi a solução dada pela União. Ora, se nos processos judiciais os interessados não se valem da LAI – Lei de Acesso à Informação perante a Fazenda Pública para obter informações processuais, não faz sentido que esse mecanismo seja adotado nos processos arbitrais.

Todavia, não se espera que uma arbitragem, por ser procedimento conduzido perante instituição privada, possua o mesmo grau de publicidade de um processo judicial. A privacidade não se confunde com confidencialidade, razão pela qual não se deve imaginar que qualquer pessoa poderia comparecer à instituição, a qualquer momento, para tirar cópia dos autos. Não obstante, ao menos as informações essenciais da arbitragem deverão estar disponíveis na página da instituição na internet,

---

aspectos do procedimento arbitral. In *Arbitragem e Administração Pública: Temas Polêmicos* (Coord. MUNIZ, Joaquim de Paiva; BONIZZI, Marcelo José M.; FERREIRA, Olavo A. V. Alves), Ribeirão Preto: Migalhas, 2018, p. 79).

[44] Este também parece ser o entendimento de Francisco José Cahali: "temos para nós, como referido, que a publicidade deve ser ampla, tal qual se tem no Judiciário, com total transparência, e acesso de qualquer pessoa ao conteúdo do procedimento. E assim, caberá também à Instituição, disponibilizar estas informações aos interessados" (*Op. cit.*, p. 433).

podendo cópias de documentos, peças e atos processuais não sigilosos serem disponibilizadas mediante requerimento dos interessados, devidamente identificados.

Conclusões

Com o crescimento das cláusulas compromissórias e, consequentemente, das arbitragens envolvendo a Administração Pública, surgiram diversas questões que necessitaram de regulamentação no âmbito administrativo. Em geral, andaram bem os entes que editaram regulamentos, seja por lei ou por decreto, gerando maior segurança jurídica.

Não obstante, alguns temas regulamentados têm gerado discussão entre os estudiosos e operadores da arbitragem. No presente estudo, pretendeu-se abordar objetivamente alguns desses temas a partir da análise comparativa da legislação da União e dos Estados de São Paulo, Rio de Janeiro, Minas Gerais e Pernambuco, sugerindo-se as melhores soluções para cada tema.

É importante que todos os entes federativos que possuam cláusulas compromissórias em contratos públicos – ou que as pretendam convencionar no futuro – estabeleçam a regulamentação sobre arbitragem, cabendo aos que já regulamentaram o tema não deixar de aprimorar continuamente os seus respectivos regulamentos.

Isso se mostra ainda mais relevante diante da pandemia do novo coronavírus que, além das consequências sanitárias gravíssimas e milhares de vítimas, atingiu inúmeros contratos públicos, de forma que a regulamentação será importante para nortear as muitas arbitragens que serão instituídas para definir as responsabilidades e as consequências jurídicas e econômicas decorrentes.

Referências

BANDEIRA DE MELLO, Celso Antônio. *Curso de Direito Administrativo*. 31. ed. São Paulo: Malheiros, 2014.

CAHALI, Francisco José. *Curso de arbitragem: mediação: conciliação: resolução CNJ 125/2010*. 6. ed. São Paulo: Editora Revista dos Tribunais, 2017.

CUNHA, Leonardo Carneiro da. *A Fazenda Pública em Juízo*. 13. ed. Rio de Janeiro: Forense, 2016.

ESTEFAM, Felipe Faiwichow. *Cláusula arbitral e administração pública*. Rio de Janeiro: Lumen Juris, 2019.

JUSTEN FILHO, Marçal. *Administração Pública e Arbitragem: o vínculo com a câmara de arbitragem e os árbitros*. Informativo Justen, Pereira, Oliveira e Talamini, Curitiba, nº 110, abril de 2016, disponível em https://www.justen.com.br/newsletters/110/, acesso em 02/04/2020.

LEMES, Selma Maria Ferreira. *Arbitragem na administração pública*. São Paulo: Quartier Latin, 2007.

MUNIZ, Joaquim de Paiva; MARTINS DA SILVA, João Marçal Rodrigues. *Arbitragem com entes públicos: questões controvertidas*. In *Arbitragem e Administração Pública: Temas Polêmicos* (Coord. MUNIZ, Joaquim de Paiva; BONIZZI, Marcelo José M.; FERREIRA, Olavo A. V. Alves), Ribeirão Preto: Migalhas, 2018, pp. 149-171.

ROCHA, Caio Cesar Vieira. *Em torno da arbitragem público-privada: notas sobre aspectos do procedimento arbitral*. In *Arbitragem e Administração Pública: Temas Polêmicos* (Coord. MUNIZ, Joaquim de Paiva; BONIZZI, Marcelo José M.; FERREIRA, Olavo A. V. Alves), Ribeirão Preto: Migalhas, 2018, pp. 63-91.

SALLES, Carlos Alberto de. *Arbitragem em Contratos Administrativos*. Rio de Janeiro: Forense, 2011.

TONIN, Mauricio Morais. *Arbitragem, Mediação e Outros Métodos de Solução de Conflitos Envolvendo o Poder Público*. São Paulo: Almedina, 2019.

_____. *Direito Patrimonial Disponível da Administração Pública: Tentativa de Definição*. Revista Brasileira de Arbitragem – RBA, v. 15, n. 59, jul-set 2018, pp. 61-79.

11. Breve análise dos meios alternativos de solução de conflitos envolvendo a Administração Pública no Brasil e em Portugal

MARCELO JOSÉ MAGALHÃES BONIZZI
MARCUS VINICIUS ARMANI ALVES

Introdução

O presente artigo procura analisar o fenômeno e a utilização de mecanismos alternativos de solução de litígios envolvendo a administração pública brasileira e a portuguesa, trazendo hipóteses de similitude e de afastamento dos modelos. Por fim, busca apontar perspectivas de uso de tais mecanismos.

O tema em testilha aponta a necessidade de analisar ainda que brevemente dois movimentos ligados intimamente aos mecanismos de solução alternativa de controvérsias (MASCs), e em especial, como eles vem sendo interpretados no campo da administração pública.

O primeiro movimento, no que tange aos ADRs (ou MASCs no Brasil), tem como pedra fundamental a célebre *Pound Conference* realizada em 1976 quando Professor Frank Sander expôs o trabalho *Varieties of dispute processing* (Variedades do processamento de conflitos), bem como trouxe a lume o conceito do Tribunal Multiportas – modelo multifacetado de resolução de conflitos. Em suma, o modelo proposto seria de *adequação do litígio às soluções apropriadas,* levando-se em conta a natureza da disputa, relacionamento entre as partes, valor na disputa, custo na resolução da disputa, velocidade na resolução da disputa. Outro elemento importante da proposta de Sander dizia respeito à criação de centros de resolução de litígios num primeiro momento *court connected*, ou seja, ligado ao Tribunal, o que em um segundo momento evoluiu para centros autônomos de resolução de conflitos.[1]

Um segundo movimento a ser analisado, e intimamente ligado às formas alternativas de solução de controvérsias diz respeito ao *Access to Justice Project*, movimento surgido no pós-Segunda Guerra Mundial, sobretudo com os estudos de Mauro Cappelletti e Bryant Garth, que capitanearam o Projeto Florença[2]. Ele é encarado como um movimento social, mas a expressão *acesso à justiça* tem interpretações que vão além da sociologia jurídica, inspirando inclusive análises econômicas do direito. Em se tratando de verdadeiro movimento mundial, a pesquisa envolveu a contribuição de diversas culturas jurídicas, ganhando força no Brasil com a Constituição de 1988. Sistematizando o estudo, os autores acabam por definir as "ondas" do acesso à justiça. A proposta da primeira onda seria conferir à população carente o acesso à justiça.[3] No Brasil, ocorreu o movimento em prol da criação das defensorias públicas[4], cuja implementação somente veio a ocorrer com a constitucionalização na CF de 1988.

A segunda onda do movimento de acesso à justiça seria o movimento em prol do acesso coletivo por meio da tutela jurídica a direitos difusos

---

[1] SANDER, Frank E. A. The multi-door courthouse: settling disputes in the year 2000. *Barrister*, ABA Young Lawyers Division, v. 3, No. 18, Summer 1976.

[2] O nome Projeto Florença se deve ao fato de Mauro Cappelletti ser professor do Departamento de Direito Processual de Florença e, dessa forma, o relatório geral (*Access to justice*: the worldwide movement to make rights effective: a general report) acabou por ser resumido em duas expressões: *acesso à justiça* e *Projeto Florença*.

[3] "A primeira onda de acesso à Justiça nos países ocidentais envolveu os hipossuficientes." (MENDES, Aluisio Gonçalves de Castro; SILVA, Larissa Clare Pochmann da. Acesso à justiça: uma releitura da obra de Mauro Cappelletti e Bryant Garth a partir do Brasil 40 anos depois. *Quaestio Iuris*, Rio de Janeiro, v. 8, n. 3, p. 1.831).

[4] "Programas de assistência jurídica e defensoria pública adequados e eficientes devem ser disponibilizados para promover assistência e aconselhamento as pessoas que não podem arcar com os gastos da litigância ou se defenderem em um processo." (DAKOLIAS, Maria. *O setor judiciário na América Latina e no Caribe*: elementos para reforma. Tradução: Sandro Eduardo Sardá. Washington, D.C.: Banco Mundial, 1996).

e coletivos.[5] A terceira onda, que interessa ao presente estudo, diz respeito ao movimento de acesso à justiça por meio de uma mudança de paradigma, afastando-se do conceito de que a justiça não somente seria obtida por meio do Poder Judiciário, mas envolvendo também advogados, partes e o conjunto de instituições, pessoas, mecanismos e procedimentos, na busca de uma solução mais moderna para os conflitos.

Ganha, portanto, especial relevo, o estudo dessa terceira onda, eis que o fenômeno da ineficácia estatal brasileira e portuguesa[6] no enfrentamento da litigiosidade existente entre o cidadão e o Estado, e a busca de uma solução mais adequada permeiam e afligem ambas comunidades jurídicas.

No que tange o Brasil, os números surpreendem, e especificamente no Estado de São Paulo, a quantidade de processos cíveis não tributários propostos contra a Administração Pública Direta impressiona. Segundo dados oficiais, em 2014 ingressaram 55.544 processos novos; em 2015, 64.972; em 2016, 122.938; em 2017, 235.062; em 2018, bateu-se o recor-

---

[5] "A segunda onda renovatória versou sobre o problema da representação dos interesses difusos. A concepção tradicional do processo civil não deixava espaço para a proteção dos direitos difusos e torna latente a preocupação com uma representatividade adequada, já que não haveria participação individual na demanda e a noção de coisa julgada necessitava ser redimensionada (CAPPELLETTI; GARTH, 2002, p. 50). A pesquisa constatou que, embora seja a principal forma de proteção dos direitos difusos e coletivos, a atuação governamental, especialmente nos países de common law, não tinha sido capaz de fazê-lo (CAPPELLETTI; GARTH, 2002, p. 51).). Defendeu Cappelletti a necessidade de adequação do processo e dos institutos processuais às novas exigências." (MENDES, Aluisio Gonçalves de Castro; SILVA, Larissa Clare Pochmann da. Acesso à justiça: uma releitura da obra de Mauro Cappelletti e Bryant Garth a partir do Brasil 40 anos depois, cit., p. 1.831-1.832).

[6] Nesse sentido destacam-se diversas obras no Brasil: SADEK, M. T. (org.). Acesso à Justiça. Fundação Konrad Adenauer, 2001. SILVA, José Afonso de. Curso de Direito Constitucional Positivo. São Paulo, Malheiros, 2006. WATANABE, Kazuo. Participação e Processo. São Paulo, Revista dos Tribunais, 1988. . "Cultura da Sentença e Cultura da Pacificação", in Estudos em Homenagem à Professora Ada Pellegrini Grinover. São Paulo, DPJ, 2010.Em Portugal: CARDOSO, Ana Carolina Veloso Gomes. Acesso à justiça em Portugal: vias alternativas de solução de conflitos. Revista do Tribunal Superior do Trabalho, Porto Alegre, RS, v. 68, n. 1, p. 74-84, jan./mar. 2002. 7 BEZERRA, Paulo. O acesso aos direitos e à justiça: um direito fundamental. Separata do Boletim da Faculdade de Direito. N.81. Coimbra 2005. CANOTILHO, J.J. Gomes, MOREIRA, Vital. Constituição da República Portuguesa. Lei do Tribunal Constitucional. 8ª edição. Coimbra Editora. 2005. SANTOS, Boaventura Sousa. O acesso ao direito e à Justiça: um direito fundamental em questão. Coimbra 2002.

de, com 319.576, o que indica que o número provável do ano de 2019 passou de 400 mil processos novos.[7]

Em Portugal, por sua vez, aponta João Luis Mota de Campos, ex Secretário da Justiça de Portugal, que o Tribunal Administrativo e Fiscal, similar em competência às varas especializadas da Fazenda Pública brasileira, não funcionariam de forma adequada. Ademais, conclui que a reforma administrativa que criou tais tribunais fracassou e aponta:

> Segundo as últimas estatísticas disponíveis de 2016, ou seja, 12 anos depois de a reforma entrar em vigor, a situação era a seguinte: ao nível da matéria administrativa o número de processos entrados em 2016 foi de 9.604 e o número de processos findos de 8.826. A 31 de dezembro de 2016 o número de processos administrativos pendentes era de 22.696. Ao nível da matéria fiscal, o número de processos entrados foi de 16.445 e o número de processos findos de 20.222. A 31 de dezembro de 2016 o número de processos fiscais pendentes era de 49.820[8] [9].

Em 2018, nos tribunais administrativos e fiscais de 1ª instância, o número total de processos entrados foi de 24.382 e o número total de processos findos de 27.055. A 31 de dezembro de 2018 o número de processos pendentes nestes tribunais era de 68.77. Ao nível da matéria administrativa o número de processos entrados foi de 9.487 e o número de processos findos de 10.227. A 31 de dezembro de 2018 o número de processos administrativos pendentes era de 22.775. Por seu turno, ao nível da matéria fiscal, o número de processos entrados foi de 14.895 e o número de processos findos de 16.828. A 31 de dezembro de 2018 o número de processos fiscais pendentes era de 45.998.[10]

---

[7] Dados fornecidos pela Subprocuradoria Geral do Contencioso da Procuradoria Geral do Estado de São Paulo. ALVES, Marcus Vinicius Armani. *A Fazenda Pública no sistema multiportas*. Doutorado (Doutorado em Direito) – Faculdade de Direito da Universidade de São Paulo, São Paulo, 2020, p. 57-60.
[8] Boletim De Informação Estatística 49. Estatísticas da Justiça – Movimento processual nos administrativos e fiscais de 1ª instância, 2016.
[9] CAMPOS, João Luis Mota de. *Acabe-se com os tribunais administrativos, já! Observador.pt, de 16 fev 2019*. Disponível em: https://observador.pt/opiniao/acabe-se-com-os-tribunais-administrativos-ja-. Acesso em: 10 maio. 2020.
[10] Boletim De Informação Estatística Abril de 2019 Número 63. Estatísticas da Justiça – Movimento processual nos administrativos e fiscais de 1ª instância, 2018: https://estatisticas.justica.gov.pt/sites/siej/ptt/Destaques/20190430_D63_TAF_MovimentoProcessos_2018.pdf

Por tudo isso, a análise da modelagem brasileira e portuguesa de solução de conflitos envolvendo a administração pública, bem como hipóteses de aproximação e distanciamento destes dois países ganham especial relevo no presente estudo.

1. Modelagem brasileira e portuguesa de solução de conflitos envolvendo a administração pública

O modelo brasileiro de solução de conflitos envolvendo a administração pública vem se esgotando no decorrer dos anos. Como visto, os dados estatísticos que envolvem o Estado de São Paulo são preocupantes.

Pode-se indicar uma série de causas pelos quais a litigiosidade vem aumentando, dentre elas: a ausência portas administrativas de solução de demandas; o advento da Constituição de 1988 e a constitucionalização de diversas garantias individuais e uma gama de políticas públicas judicializadas para sua efetivação; a crença na indisponibilidade de direitos e bens públicos, impossibilitando a Fazenda Pública de celebrar acordos o que corrobora que todas as questões envolvendo a administração pública devam ser judicializadas e decidas por um juiz togado; a não utilização de instrumentos de resolução de conflitos em massa, tais como o incidente de resolução de conflitos e o incidente de resolução de demandas repetitivas (IRDR); a falta de vontade política em resolver conflitos, postergação de pagamento de condenação da administração bem como a falta de orçamento e, por fim, a cultura do litígio tanto da advocacia pública como da advocacia privada.

No Estado de São Paulo, no ano de 2019, conforme dados oficiais analisados[11], dos seis assuntos com maior incidência de litigiosidade envolvendo a administração pública paulista, o que representaria um universo de cerca de 200 mil ações, apontou-se que quatro delas envolviam empregados públicos, servidores públicos e suas gratificações, e pagamento de conversão de planos econômicos. Além disso, tais matérias, quando judicializadas versariam sobre questões de direito, sendo julgadas diretamente, sem necessidade de ampla dilação probatória. E mais, eram matérias tipicamente relativas a direitos disponíveis, pois versavam

---

[11] ALVES, Marcus Vinicius Armani. *A Fazenda Pública no sistema multiportas*. Doutorado (Doutorado em Direito) – Faculdade de Direito da Universidade de São Paulo, São Paulo, 2020, p.57-60.

sobre cobrança de valores atrasados, pagamentos corretos, pagamentos a inativos etc. Outros dois assuntos que representaram cerca de 50 mil processos envolviam fornecimento de fármacos e questões ligadas a perda ou suspensão de licença para dirigir, ou seja, matérias que poderiam ser resolvidas pela via administrativa, e não judicial.

A par disso, estagnada, a administração pública brasileira aparenta uma certa irresignação frente a mudança de paradigmas de solução de conflitos, preferindo adotar a antiga modelagem de ganha *vs* perde, em detrimento da moderna fórmula de ganhos múltiplos e soluções consensualmente construídas. A nítida opção pela resolução de conflitos quase que de forma exclusiva pelo Poder Judiciário acaba por completar o quadro de ineficácia, demora e baixa qualidade da resposta dada ao administrado na solução de seus conflitos. O resultado prático é o acúmulo de processos e o crescimento da demanda.

Os instrumentos jurídicos já estão presentes no ordenamento brasileiro, seja por meio do novo CPC[12], da Lei de Mediação[13] e da Lei de Arbitragem[14], constituindo-se um quadro de múltiplas possibilidades de solução de conflitos ao lado da própria jurisdição estatal. Dessa forma, do ponto de vista legal, já existe o conforto legal que permite a utilização de tais métodos. A aplicação de tais métodos quando a administração pública é parte interessada já é amplamente reconhecida e aceita na

---

[12] CPC: "Art. 334. Se a petição inicial preencher os requisitos essenciais e não for o caso de improcedência liminar do pedido, o juiz designará audiência de conciliação ou de mediação com antecedência mínima de 30 (trinta) dias, devendo ser citado o réu com pelo menos 20 (vinte) dias de antecedência. § 1º. O conciliador ou mediador, onde houver, atuará necessariamente na audiência de conciliação ou de mediação, observando o disposto neste Código, bem como as disposições da lei de organização judiciária."

[13] Lei n. 13.140/2015: "Art. 32. A União, os Estados, o Distrito Federal e os Municípios poderão criar câmaras de prevenção e resolução administrativa de conflitos, no âmbito dos respectivos órgãos da Advocacia Pública, onde houver, com competência para: I – dirimir conflitos entre órgãos e entidades da administração pública; II – avaliar a admissibilidade dos pedidos de resolução de conflitos, por meio de composição, no caso de controvérsia entre particular e pessoa jurídica de direito público; III – promover, quando couber, a celebração de termo de ajustamento de conduta."

[14] Lei n. 9.307/96: "Art. 1º. As pessoas capazes de contratar poderão valer-se da arbitragem para dirimir litígios relativos a direitos patrimoniais disponíveis. § 1º A administração pública direta e indireta poderá utilizar-se da arbitragem para dirimir conflitos relativos a direitos patrimoniais disponíveis. (Incluído pela Lei nº 13.129, de 2015)."

doutrina e jurisprudência[15], superando-se antigo empecilho, quando do advento da lei de arbitragem justamente quanto à arbitrabilidade objetiva e subjetiva, por parte da administração pública.[16]

A par dessa legislação, ressalta-se que, no ano de 2010, o Conselho Nacional de Justiça, acabou por protagonizar o papel de indutor da adoção de MASCs, por meio da Resolução n. 125 do CNJ, instituindo *a política judiciária nacional de tratamento dos conflitos de interesses, tendente a assegurar a todos o direito à solução dos conflitos por meios adequados à sua natureza e peculiaridade*, reconhecendo a necessidade de se cultivar novas formas de resolução de conflitos.

Especificamente no que tange a Administração Pública, a recente reforma na Lei de Introdução às Normas do Direito Brasileiro (LINDB) realizada pela Lei n. 13.655/2018, introduziu o novel artigo 26, um verdadeiro marco legal para acordos administrativos. Trata-se em apertada síntese de *cláusula geral de acordos administrativos* com amplitude de duas ordens: a escolha de mecanismos alternativos de solução de controvérsias ou o acordo resolutivo da própria controvérsia.[17]

Por fim, outro aspecto relevante e de profunda transformação na possibilidade de adoção de meios alternativos de solução de controvérsias

---

[15] Desde os idos de 2003, Ada Grinover já defendia a possibilidade da Administração Pública valer-se da arbitragem, nos termos do texto original da lei de arbitragem: "não deve pairar qualquer dúvida quanto a admissibilidade da arbitragem envolvendo a Administração, e com maior certeza, órgãos da Administração indireta" (GRINOVER, Ada Pelegrini. Arbitragem e prestação de serviços públicos. *Revista de Direito Administrativo*, Rio de Janeiro, n. 233, p. 385, jul./set. 2003). Quanto à questão da arbitrabilidade subjetiva, anterior ao advento da reforma da lei de arbitragem temos também posição de Carmen Tiburcio (TIBURCIO, Carmen. A arbitragem envolvendo a administração pública: RESP n. 606345/RS: jurisprudência comentada. *Revista de Direito do Estado*, Rio de Janeiro, Renovar, v. 2, n. 6, p. 341-350, abr./jun. 2007).

[16] SOBRE O TEMA: KLEIN, Aline Licia, A arbitragem nas concessões de serviço público, in *Arbitragem e poder público*, cit., p. 63-109; PEREIRA, Cesar Augusto Guimarães. Arbitragem e a administração pública na jurisprudência do TCU e do STJ. In: PEREIRA, Cesar Augusto Guimarães; TALAMINI, Eduardo (Orgs.). *Arbitragem e poder público*. São Paulo: Saraiva, 2010. p. 136; TALAMINII, Eduardo. Sociedade de economia mista. Distribuição de gás. Disponibilidade de direitos. Especificidades técnicas do objeto litigioso. Boa-fé e moralidade administrativa. *Revista de Arbitragem e Mediação*, São Paulo, Revista dos Tribunais, v. 2, n. 5, p. 135-154, abr./jun. 2005.

[17] ALVES, Marcus Vinicius Armani. *A Fazenda Pública no sistem multiportas*. Doutorado (Doutorado em Direito) – Faculdade de Direito da Universidade de São Paulo, São Paulo, 2020, p.57-60.

envolvendo a administração pública brasileira reside na previsão da Lei de Mediação que em seu art. 3º, trouxe a possibilidade da mediação ter como objeto conflito que verse sobre direitos disponíveis ou sobre *direitos indisponíveis que admitam transação*. Neste caso, o acordo decorrente do consenso das partes envolvendo direitos indisponíveis, mas transigíveis, deve ser homologado em juízo, exigida a oitiva do Ministério Público.

Trata-se de importante avanço ao ampliar a possibilidade de acordos, inclusive para direitos indisponíveis[18]. Do ponto de vista doutrinário, sempre procurou-se classificar direitos aptos a algum grau de acordo com a Administração Pública conforme sua natureza: direitos patrimoniais, direitos transmissíveis, direitos disponíveis e direitos envolvendo a contratualidade administrativa[19]. Há ainda a clássica divisão da disponibilidade e, portanto, a possibilidade de acordos, segundo se tratar de interesses primários ou secundários da Administração.[20]

O modelo português de solução de conflitos envolvendo a administração traz, conforme os ditames da Constituição portuguesa, uma nítida opção pela *jurisdição administrativa*. Por sua vez, cabe à *jurisdição comum* todas as outras matérias, cível e criminal, com estrutura e funcionamento independente. A jurisdição comum em termos gerais aproxima-se em muito ao modelo de jurisdição una do direito brasileiro. Ademais, é conformada por juízes de primeiro grau, tribunais judiciais e um Supremo Tribunal de Justiça.

No que tange a jurisdição administrativa, cumpre destacar o funcionamento dos Tribunais Administrativos e Fiscais (TAF) competente nos termos do art. 212, n 3º da Constituição portuguesa para o julgamento das ações e recursos contenciosos que tenham *por objeto dirimir os litígios emergentes das relações jurídicas administrativas e fiscais*. Tal como a justiça comum, a justiça administrativa também possui uma instância máxima, o Supremo Tribunal Administrativo, o órgão superior da hierarquia dos

---

[18] TONIN, Mauricio Morais. Mediação e administração pública: a participação estatal como parte e como mediador de conflitos. *In*: NASCIMBENI, Asdrubal Franco; BERTASI, Maria Odete Duque; RANZOLIN, Ricardo Borges. (org.). *Temas de mediação e arbitragem III*. 3. ed. São Paulo: Lex Editora, 2019. p. 185.

[19] OLIVEIRA, Gustavo Henrique Justino de. A arbitragem e as parcerias público-privadas. In: SUNDFELD, Carlos Ari (Coord.). *Parcerias público-privadas*. 2. tiragem. São Paulo: Malheiros, 2007. p. 567-606

[20] MELLO, Celso Antonio Bandeira de. *O conteúdo jurídico do princípio da igualdade*. 2. ed. São Paulo: Revista dos Tribunais, 1984.p.55.

tribunais administrativos e fiscais, sem prejuízo da competência própria do Tribunal Constitucional. O Presidente do Supremo Tribunal Administrativo é eleito de entre e pelos respetivos juízes.

A Lei de Organização do Sistema Judiciário prevê nos termos do art. 145 da LOSJ o Supremo Tribunal Administrativo (STA) como superior instância, os tribunais centrais administrativos como tribunais recursais (TCAN no Porto e TCAS em Lisboa), e a primeira instância formada pelos TAF (tribunais administrativos de círculo e tribunais tributários). O funcionamento dos tribunais de primeira instância administrativa é regulamentada pela Lei nº 13/2002, chamado de Estatuto dos TAF (ETAF).

O código de Processo nos Tribunais Administrativos, Lei n. 15/2002 regulamenta o procedimento para os processos que envolvam a administração pública. Trata-se na verdade de um verdadeiro código que estabelece desde tutelas antecipadas, até mesmo a ações específicas como a ação administrativa.[21] Aplica-se subsidiariamente o CPC português.

A reforma do contencioso administrativo no ano de 2004, trouxe algumas importantes inovações como a regulação da arbitragem administrativa e a possibilidade de criação de centros de arbitragem. Especificamente no que tange a arbitragem fiscal, inexistente no direito brasileiro, o estatuto jurídico encontra-se previsto no Decreto-Lei nº 10/2011 que disciplina o *Regime Jurídico da Arbitragem em Matéria Tributária (RJAMT)*. *Trata-se de um meio alternativo de resolução jurisdicional de conflitos em matéria tributária por definição legal*. Sua competência compreende a apreciação das seguintes pretensões: a) A declaração de ilegalidade de actos de liquidação de tributos, de autoliquidação, de retenção na fonte e de pagamento por conta, b) A declaração de ilegalidade de actos de fixação da matéria tributável quando não dê origem à liquidação de qualquer tributo, de actos de determinação da matéria colectável e de actos de fixa-

---

[21] Art. 31. 1 – Seguem a forma da ação administrativa, com a tramitação regulada no capítulo III do presente título, os processos que tenham por objeto litígios cuja apreciação se inscreva no âmbito da competência dos tribunais administrativos e que nem neste Código, nem em legislação avulsa sejam objeto de regulação especial, designadamente: a) impugnação de atos administrativos; b) Condenação à prática de atos administrativos devidos, nos termos da lei ou de vínculo contratualmente assumido; k) Responsabilidade civil das pessoas coletivas, bem como dos titulares dos seus órgão ou respetivos trabalhadores em funções públicas, incluindo ações de regresso; l) Interpretação, validade ou execução de contratos; m) A restituição do enriquecimento sem causa, incluindo a repetição do indevido.

ção de valores patrimoniais Ademais, os tribunais arbitrais decidem de acordo com o direito constituído, sendo vedado o recurso à equidade.

De acordo com o decreto, em se tratando de arbitrabilidade subjetiva e objetiva, os tribunais arbitrais funcionam no Centro de Arbitragem Administrativa[22], e a vinculação da administração tributária à jurisdição dos tribunais constituídos depende de portaria dos membros do Governo responsáveis pelas áreas das finanças e da justiça, que estabelece, designadamente, o tipo e o valor máximo dos litígios abrangidos.[23]

2. Aproximação e distanciamentos dos modelos brasileiro e português

a) Da necessidade de ampliação de portas para resolução de conflitos.
Os dados coletados no presente trabalho mostram que a opção por centralizar a solução de conflitos em portas únicas, ou limitar o acesso da população a utilização de uma multiplicidade de formas de solução de litígios envolvendo a administração pública vem sendo um empecilho ao acesso à justiça, bem como tensiona a relação em o Estado e o cidadão.

Da mesma forma que no Brasil, a não utilização ou baixa adesão a mecanismos de solução de alternativa de conflitos envolvendo a administração acaba por abarrotar o judiciário anualmente com milhares de processos, muitas vezes de igual matizes. De igual maneira, em Portugal é o TAF que sofre com os mesmos problemas[24].

---

[22] Existem inúmeros centros de arbitragem autorizados em Portugal e podem ser consultados no sítio da Direção-Geral da Política de Justiça, órgão responsável pelo credenciamento e autorização de funcionamento. Disponível:https://dgpj.justica.gov.pt/Resolucao-de-Litigios/Arbitragem/Centros-de-Arbitragem-autorizados. Acesso 10 de maio de 2020. SOUSA, José Manuel Lopes de, "Breve nota sobre a implementação da arbitragem em matéria tributária", in Newsletter do CAAD, Outubro de 2011, disponível em http://www.cadd.org.pt/content/show/id/34/s/3, Acesso em 10 de Maio de 2020.

[23] Sobre o tema Ana Francisco desenvolve trabalho específico enfrentando a questão do CAAD. Francisco., Ana Mafalda Costa. *A Arbitragem Tributária*. Dissertação (Dissertação de Mestrado). Universidade Católica Portuguesa Centro Regional do Porto. 2012. Destaca-se ainda obra de Ana Prestelo como monografia específica sobre o tema. OLIVEIRA, Ana Perestrelo, "Da arbitragem administrativa à arbitragem fiscal: notas sobre a introdução da arbitragem em meteria de impostos", in Mais Justiça Administrativa e Fiscal, org. Nuno de Villa--Lobos e Mónica Brito Vieira, Coimbra Editora, 2010.

[24] Aponta criticamente João Luis Mota de campos: *"Note-se aliás que na maior parte dos casos em que está em causa a impugnação de um acto administrativo, não há qualquer julgamento ou instru-*

Aqui os resultados dessa política de gerenciamento de processos são idênticos e se resume a morosidade, ineficiência e um grau de satisfação muito baixo com o serviço prestado.

b) *Conciliação e mediação envolvendo a Administração Pública no Brasil e Portugal*
Do ponto de vista legal, o direito brasileiro já conta com mecanismos jurídicos aptos a submeter a administração pública a uma proposta consensual de resolução de conflitos. Aqui ganha relevo aqueles mecanismos já apontados como no Novo Código de Processo Civil, a Lei de Mediação, a Lei de Arbitragem, a Resolução nº 125/10 do CNJ e o recém introduzido art. 26 da LINDB. Do ponto de vista dogmático existe um amplo conforto doutrinário de que soluções de ganhos múltiplos trariam resultados como incremento no acesso à justiça, a realização mais célere de direitos constitucionalmente garantidos, eficácia e qualidade nas prestações públicas. Apresenta-se fundamental a identificação da tipologia do conflito, o que pode levar ao estabelecimento da forma mais adequada de solução de conflitos. Nesse sentido a conciliação, a mediação e a arbitragem começam a ter espaço para determinados tipos de litígios. Para tanto, necessário haver algum grau de processualização pela Administração, em expediente interno para escolha, a fim de seguir os parâmetros da boa administração.[25]

ção processual por mínima que seja: os juízes decidem apenas com base nos documentos juntos ao processo, sobrevalorizando sempre o chamado «processo administrativo» junto pela Administração Pública aos autos, do qual deveriam constar todas as peças escritas e informações de serviço respeitantes ao caso, mas do qual apenas constam as informações que a Administração entende por bem dar ao tribunal.Nestas condições o milagre é quando se consegue uma sentença justa!Em matéria de providências cautelares, brutalmente restringidas pelo Decreto-Lei nº 214-G/2015, de 02 de Outubro, da responsabilidade da ex-Ministra da Justiça Paula Teixeira da Cruz autora da mais infeliz e desnecessária alteração da Lei de Processo nos Tribunais Administrativos, nenhum dos tempos processuais previstos é respeitado, conhecendo-se casos em que uma intimação para protecção de direitos, liberdades e garantias, que deveria ser decidida num tempo muito curto (10 dias para ouvir a entidade requerida e imediata decisão) demora mais de um ano... Tudo dito sobre a protecção dos tais direitos, liberdades e garantias!Em suma, o sistema não funciona, é caro, denega os direitos dos cidadãos e dá, de facto, à Administração Pública uma franquia para a ilegalidade." (CAMPOS, João Luis Mota de. Acabe-se com os tribunais administrativos, já! Observador.pt, de 16 fev 2019. Disponível em: https://observador.pt/opiniao/acabe-se-com-os-tribunais-administrativos-ja-. Acesso em: 10 maio. 2020).
[25] CASSESE, Sabino, Tendenze e problemi del diritto ammnistrativo. *Rivista Trimestrale di Diritto Pubblico*, Milano, Giuffrè, n. 4, p. 901-912, 2004.

Por outro lado, parece claro que problemas de ordem política e financeira parecem conduzir o administrador público brasileiro em sentido contrário. Não é por outro motivo que, a exemplo da experiência paulista, a Lei nº 17.205/09 houve por bem reduzir o valor do limite a ser pago pelo regime de requisição de pequeno valor, levando milhares de credores à fila de precatórios judiciais. O fundamento contábil, móvel do projeto de lei, seria a queda da arrecadação associada ao crescimento dos credores. É de se perceber a perversa matemática estatal, eis que, se de um lado existe a possibilidade de queda de arrecadação tributária, fruto da atual crise econômica causada pela Pandemia do COVID-19, elemento de certa forma intangível, de outro, o aumento de credores fruto de condenações em processos judiciais, poderia ser evitado e é plenamente previsível.

Nesse ponto, vale lembrar que o sistema brasileiro de pagamento de condenações judiciais tem por fundamento o disposto no art. 100 da Constituição da República. Esse sistema permite à Administração Pública inserir esses pagamentos na lei orçamentária anual, de maneira que o credor só receba no ano seguinte ao da requisição, através de um sistema conhecido como "precatório". O maior defeito desse sistema, como é notório em terras brasileiras, é que alguns entes públicos demoram mais de vinte longos anos para efetuar tais pagamentos, sem que disso decorra qualquer tipo de sanção por tal descaso com o cumprimento de ordens judiciais. É evidente que essa possibilidade termina por desestimular a adoção de meios alternativos de solução de litígios, pois o administrador público pode, de uma certa maneira, optar por postergar quase que indefinidamente o pagamento.

A opção pelo distanciamento dos meios alternativos de solução de litígios, para além de desperdiçar recursos públicos importantes com o pagamento de juros e de outros encargos, como o próprio custo do processo, também é um fator de forte descrédito da estrutura estatal, pois o administrador público deveria dar exemplo de ética e jamais resistir ao pagamento de dívidas reconhecidas judicialmente. Aliás, o administrador público tem o dever de buscar a solução mais eficiente possível para cada um dos litígios que lhe for apresentado, caso contrário deveria responder por improbidade administrativa. De nada adianta, por exemplo, insistir numa tese que já foi rejeitada pelo Poder Judiciário milhares de vezes. Nesse contexto, a adoção de meios alternativos é praticamente uma obrigação para o administrador público.

Por sua vez, o direito português embora possua uma legislação própria sobre mediação, qual seja, a Lei nº 29/2013, que estabelece os princípios gerais aplicáveis ao instituto quando realizado em Portugal, bem como os regimes jurídicos da mediação civil e comercial, dos mediadores e da mediação pública, acabou sendo um diploma tímido e limitado. A Lei nº 29/2013 previu normas de mediação civil e comercial, e ainda mediação pré-judicial. Ademais a lei previu a exclusão mediação familiar, laboral e penal, o que segundo Catia Marques Cebola "numa tentativa de evitar uma contradição com as regras em vigor para os sistemas públicos nestas matérias"[26].

No regramento específico para direito civil e comercial, o art. 11º da Lei nº 29/2013, previu que a hipótese de cabimento da mediação estaria restrita a litígios que respeitem a interesses de natureza patrimonial. Assim, conclui a autora que "não revestindo cariz pecuniário, apenas poderão ser objeto de mediação direitos controvertidos relativamente aos quais possam as partes celebrar transação".

> Dessa forma estariam excluídos direitos indisponíveis, bem como as questões respeitantes a negócios jurídicos ilícitos, nos termos do art. 1249º do CC. Não se acolheu, desta forma, o critério da indisponibilidade de direitos, adotado pela Diretiva 2008/52/CE, bem como pela maioria dos Estados membros[27], consagrando-se, em termos similares, a solução vertida na Lei nº 63/2011, de 14 de dezembro, em sede de arbitragem[28].

---

[26] Segundo a autora: "Não se refere, todavia, a sistemas de mediação vigentes em âmbitos específicos, como a mediação de consumo, ou a atividade exercida pelo mediador do crédito, que pelas suas especificidades tem um enquadramento legal autónomo que pode agora estar em dissonância com o prescrito na atual Lei de mediação. Sobre esta questão vejam-se os pareceres à Proposta de Lei de Mediação da Direção-geral do Consumidor e da CMVM, disponíveis no seguinte endereço eletrónico, acedido em 17 de maio de 2013, Revista Brasileira de Direito. (CEBOLA, Cátia Marques. Regulamentar a Mediação: um olhar sobre a nova Lei de Mediação em Portugal. Revista Brasileira de Direito, 11(2): p.61, jul.-dez. 2015).

[27] A autora vale-se da expressão mediabildiade a par da arbitrabilidade. (CEBOLA, Cátia Marques. Regulamentar a Mediação: um olhar sobre a nova Lei de Mediação em Portugal. Revista Brasileira de Direito, 11(2): p.61, jul.-dez. 2015).

[28] Sobre a arbitrabilidade na nova Lei nº 63/2011, veja-se, entre outros, AA.VV. (2012). Lei de Arbitragem Voluntária Anotada, 1ª ed., Almedina, pp. 15-17. CEBOLA, Cátia Marques. Regulamentar a Mediação: um olhar sobre a nova Lei de Mediação em Portugal. Revista Brasileira de Direito, 11(2): p.61, jul.-dez. 2015.

Por fim, a Lei de Mediação portuguesa tratou dos sistemas públicos de mediação, ou seja, uma tentativa de uniformizar práticas, a par da existência de câmaras públicas de mediação em sistemas de específicos, em direito de família, do trabalho e penal.

Note-se, contudo, que o modelo português poderia de certa forma ter ampliado o modelo de mediação pública para litígios envolvendo a administração pública, abrindo dessa forma mais uma porta de resolução de conflitos.

c) *Arbitragem envolvendo a administração pública no Brasil e Portugal*

A arbitragem envolvendo a administração pública brasileira surge num cenário de pressões de investidores nacionais e internacionais, bem como de diretrizes do Banco Mundial, ante um cenário de aumento de complexidade das demandas estatais, sobretudo nos contratos de PPP e de financiamento de infraestrutura. A busca de soluções rápidas e especializadas, ainda que de custo elevado, mas que garantissem segurança e o afastamento de influências dos tribunais locais foram determinantes na sua consolidação do instituto jurídico. Como uma porta alternativa à jurisdição, a arbitragem apresenta vantagens como: escolha de árbitros altamente especializados na matéria em litígio; possibilidade de escolha do direito aplicável; flexibilidade de procedimento; escolha de câmaras consagradas.

A reforma da Lei de brasileira de arbitragem por meio da Lei n. 13.129/2015, afastou quaisquer dúvidas sobre a possibilidade de a Administração Pública valer-se da arbitragem como forma de resolução de conflitos[29] e, ainda, esclareceu de forma textual o permissivo deferido, demonstrando inclusive o papel da autoridade responsável, que teria competência legal para celebração do negócio jurídico arbitral.

Quanto à *adequação* do uso da arbitragem por parte da administração pública, a doutrina vem apontando os seguintes requisitos: i) custo do processo arbitral *vs.* custo do processo judicial; ii) fator temporal, ou seja, duração do processo arbitral em relação ao processo judicial;

---

[29] Defendendo o cabimento da arbitragem para a Fazenda Pública, antes da reforma da Lei de Arbitragem: BONIZZI, Marcelo José Magalhães. Breve análise sobre a arbitragem em conflitos que envolvem o Estado. *Revista da Procuradoria Geral do Estado de São Paulo*, v. 75, p. 13-20, jan./jun. 2012.

iii) fator estratégico, como, por exemplo, imposição do sistema creditício internacional; e iv) especialidade dos árbitros para a solução de casos de grande complexidade.

Por ser um negócio jurídico processual típico, com forma prescrita na Lei de Arbitragem, há previsão da matéria arbitrável, restando que somente pode versar sobre direitos patrimoniais disponíveis.[30] No que tange à Administração Pública há elementos específicos, como a questão da autorização administrativa e a vedação da confidencialidade, o uso do direito e idiomas nacionais. Como norma de caráter geral e de aplicação indistinta, tanto aos particulares como à Administração Pública, pairaram dúvidas na doutrina, quanto à necessidade de regulamentar a matéria.[31]

No âmbito estadual, o Estado do Rio de Janeiro publicou o Decreto n. 46.245/2018, que regulamentou a arbitragem nos conflitos envolvendo o Estado do Rio de Janeiro e as entidades da Administração Pública estadual indireta, relativos a direitos patrimoniais disponíveis, nos termos da Lei n. 9.307/96.[32] Especificamente no Estado de São Paulo, o Decreto n. 64.356, de 31 de julho de 2019, regulamentou o uso da arbitragem para a resolução de conflitos em que a Administração Pública direta e suas autarquias sejam parte, dispondo sobre o emprego,

---

[30] Segundo Eros Grau, no âmbito da Administração, se a matéria pode ser objeto de contrato, ou seja, se é *contratável*, então é matéria *arbitrável* (GRAU, Eros Roberto. Arbitragem e contrato administrativo. *Revista Trimestral de Direito Público*, São Paulo, n. 32, p. 20, 2000).

[31] Conforme aponta Carlos Alberto de Salles, quanto à contratação de instituições arbitrais: "A escolha de uma instituição arbitral em determinado contrato administrativo e respectivo edital, de igual forma, não impõe maiores dificuldades. Não se verifica, também a esse propósito, necessidade de procedimento licitatório. Na verdade, na simples e prévia indicação de uma entidade arbitral no contrato sequer se cogita de um vínculo obrigacional com a entidade. Por outro lado, o momento de escolha da entidade antecede à eclosão de uma solução conflitiva e consequente necessidade da arbitragem. Na ausência de uma regulamentação administrativa a respeito, parece prudente que a autoridade administrativa faça um prévio credenciamento das entidades disponíveis, preferindo aquelas que atuem sem finalidade lucrativa." (SALLES, Carlos Alberto de. *A arbitragem em contratos administrativos*. Rio de Janeiro: Forense; Método: São Paulo, 2011, p. 280).

[32] Decreto n. 46.245/2018: "Art. 1º. [...] Parágrafo único – Entende-se por conflitos relativos a direitos patrimoniais disponíveis as controvérsias que possuam natureza pecuniária e que não versem sobre interesses públicos primários". Assim, o próprio decreto tenta resolver o que seriam direitos patrimoniais disponíveis, referidos na lei, valendo-se da expressão "natureza pecuária" e afastando desde logo os "interesses públicos primários".

no âmbito da Administração Pública direta e autárquica, da arbitragem como meio de resolução de conflitos relativos a direitos patrimoniais disponíveis.

A fim de se determinar a adequação do uso da arbitragem no Estado de São Paulo o decreto estabeleceu os seguintes critérios: i) a especialidade da matéria, ou ii) o valor do contrato[33-34], cabendo à autoridade responsável pela assinatura do instrumento obrigacional decidir a respeito da utilização da cláusula compromissória, salvo quando houver pronunciamento de órgão colegiado competente para traçar diretrizes do contrato, optando pelo emprego da cláusula. Ademais, optou-se pelo uso preferencial de arbitragem institucional, podendo, justificadamente, ser constituída arbitragem *ad hoc*. Para tanto, a autoridade responsável pela assinatura do instrumento obrigacional, ou o órgão colegiado competente conforme o caso, deverá apresentar justificativa, devendo ser ouvida a PGE-SP.[35]

A doutrina arbitral é praticamente unânime em apontar a vantagem da arbitragem institucional. A segurança jurídica e a agilidade do procedimento, frente à suposta economia e falta de segurança do procedimento *ad hoc*, acabam por compensar os gastos da arbitragem institucional; além disso, questionamentos jurídicos acerca da administração do litígio[36] podem ser superados pelo uso de uma câmara consagrada.

Por sua vez a arbitragem em Portugal tem seu principal avanço com reforma do contencioso administrativo no ano de 2004 que trouxe al-

---

[33] Decreto n. 64.356/2019: "Art. 2º. Os instrumentos obrigacionais celebrados pela Administração Pública direta e suas autarquias poderão conter cláusula compromissória, em razão de sua especialidade."

[34] O decreto carioca especificou também: "Art. 3º. Os contratos de concessão de serviços públicos, as concessões patrocinadas e administrativas e os contratos de concessão de obra poderão conter cláusula compromissória, desde que observadas as normas deste Decreto. § 1º. Poderá, ainda, conter cláusula compromissória qualquer outro contrato ou ajuste do qual o Estado do Rio de Janeiro ou suas entidades façam parte e cujo valor exceda a R$ 20.000.000,00 (vinte milhões de reais). § 2º. Independentemente de previsão no contrato ou no edital de licitação, as partes poderão firmar compromisso arbitral para submeter as divergências à arbitragem no momento de surgimento do litígio, respeitados os critérios objetivos deste artigo e as demais disposições do presente Decreto."

[35] No decreto carioca, optou-se pela via institucional: "Art. 2º. A arbitragem instituir-se-á exclusivamente por meio de órgão arbitral institucional."

[36] CARMONA, Carlos Alberto. *Arbitragem e processo*: um comentário à Lei nº 9.307/96. 2. ed., rev., atual. e ampl. São Paulo: Atlas, 2007, p. 118-130.

gumas importantes inovações como a regulação da arbitragem administrativa e a possibilidade de criação de centros de arbitragem. Uma característica importante é o fato de que cabe ao Estado autorizar toda a arbitragem institucionalizada, nos termos do Decreto-Lei nº 425/86[37]. Embora exista essa aparente confusão entre o Estado e a câmara[38] eis que existe a possibilidade da administração criar câmara públicas ou mesmo financiar câmara privadas garantindo assim custas competitivas[39], o que no direito brasileiro faria pouco sentido.

[37] Art. 1º 1 – As entidades que, no âmbito da Lei nº 31/86, de 29 de Agosto, pretendam promover, com carácter institucionalizado, a realização de arbitragens voluntárias, devem requerer ao Ministro da Justiça autorização para a criação dos respectivos centros. 2 – No requerimento referido no número anterior as entidades interessadas devem expor circunstanciadamente as razões que justificam a sua pretensão, delimitando o objecto das arbitragens que pretendem levar a efeito.

[38] Aponta sobre o tema Ana Paula Z. Carvalhal. *Centros de Arbitragem Permanentes: Por último, o artigo 187º CPTA possibilita que o Estado venha a autorizar a instalação de centros de arbitragem permanentes com competência para composição de litígios no âmbito das matérias referentes a contratos, responsabilidade civil da administração, funcionalismo público, sistemas públicos de proteção social e urbanismo. Estabelece que a vinculação de cada ministério à jurisdição desses centros dependerá de Portaria conjunta do Ministro da Justiça e do ministro da tutela, com a especificação do tipo e do valor máximo dos litígios abrangidos. Ainda, possibilita que tais centros recebam funções de conciliação, mediação ou consulta no âmbito de procedimentos de impugnação administrativa. A primeira questão que se coloca é saber se os centros de arbitragem permanentes integram ou não a estrutura da justiça administrativa. Vieira de Andrade entende que os referidos Centros integram-se nos instrumentos e formas de composição não jurisdicional de conflitos, cuja criação é admitida pelo artigo 202º, nº 4, d Constituição 83, estando excluídos da justiça administrativa. Argumenta o autor que a arbitragem institucionalizada, prevista no artigo 38 da Lei de Arbitragem Voluntária e regularizada pelo Decreto-Lei nº 425/86, não tem sido constituída não como tribunais, mas como centros que prestam serviços de arbitragem. Em sentido contrário, Mário Aroso de Almeida é da opinião de que o Código tem em vista a institucionalização da arbitragem, e não a criação de mecanismos para-judiciais de resolução de litígios em sede administrativa ou de uma ordem particular de tribunais estaduais de intervenção necessária na resolução de todos os litígios. A leitura do artigo também não deixa claro se a instalação desses centros dependerá de lei especial, ou se deverá obedecer as normas do Decreto-Lei nº 425/86, que veio a regular o artigo 38º da LAV (Arbitragem Institucionalizada).* CARVALHAL. Ana Paula Z. *A Arbitragem Administrativa Em Portugal.* Revista FMU Direito. São Paulo, ano 24, n. 33, p.16, 2010.

[39] É o caso do Centro de Arbitragem Administrativa, uma das principais câmaras administrativas de Portugal, privada e sem fins lucrativos. *O CAAD é um centro de arbitragem institucionalizada e caráter especializado, criado pelo* **Despacho nº 5097/2009**, *de 27 de janeiro, do Secretário de Estado da Justiça, alterado pelo* **Despacho nº 5880/2018**, *de 1 de junho, da Secretária de Estado da Justiça. No CAAD podem ser resolvidos litígios de Direito público nas áreas administrativa e também tributária. Na área administrativa, o CAAD é competente para constituir tribunais arbitrais para o julgamento de litígios que tenham por objeto quaisquer matérias jurídico-administrativas, envolvendo*

MEDIAÇÃO E ARBITRAGEM NA ADMINISTRAÇÃO PÚBLICA

Além das matérias tributárias, os conflitos em tese arbitráveis são aqueles decorrentes das matérias típicas do contencioso administrativo como o funcionalismo público e contratos públicos, sendo este o principal objeto da arbitragem. Especificamente quanto aos contratos administrativos, a previsão do uso da arbitragem encontra previsão no artigo 180[40], bem como no artigo 476[41], ambos do Código de Contratos

entidades pré-vinculadas, como é o caso dos Ministérios da Justiça, da Cultura, da Educação e de várias instituições do ensino superior, ou entidades que não estejam pré-vinculadas ao CAAD, mediante a outorga de compromisso arbitral. Na área tributária, o Regime Jurídico da Arbitragem Tributária (RJAT), aprovado pelo **Decreto-Lei nº 10/2011***, de 20 de janeiro, prevê a possibilidade de resolução, pela via arbitral, de litígios que importem a apreciação da legalidade de atos tributários. A Autoridade Tributária e Aduaneira pré vinculou-se à arbitragem tributária sob a égide do CAAD, o que significa a previsão de um verdadeiro direito de acesso à arbitragem por parte dos contribuintes em processos até aos dez milhões de euros. Portugal dispõe hoje da legislação mais avançada de arbitragem em matéria de Direito público, num percurso legislativo iniciado em 2004, com a Reforma do Contencioso Administrativo e que teve como etapas fundamentais a criação do Centro de Arbitragem Administrativa, em 2009, e a concretização, em 2011, de um regime inovador de arbitragem tributária.* Fonte https://www.caad.org.pt/

[40] TÍTULO VIII Tribunais arbitrais e centros de arbitragem – Artigo 180º – Tribunal arbitral 1 – Sem prejuízo do disposto em lei especial, pode ser constituído tribunal arbitral para o julgamento de: a) Questões respeitantes a contratos, incluindo a anulação ou declaração de nulidade de atos administrativos relativos à respetiva execução; b) Questões respeitantes a responsabilidade civil extracontratual, incluindo a efetivação do direito de regresso, ou indemnizações devidas nos termos da lei, no âmbito das relações jurídicas administrativas; c) Questões respeitantes à validade de atos administrativos, salvo determinação legal em contrário; d) Questões respeitantes a relações jurídicas de emprego público, quando não estejam em causa direitos indisponíveis e quando não resultem de acidente de trabalho ou de doença profissional. 2 – Quando existam contrainteressados, a regularidade da constituição de tribunal arbitral depende da sua aceitação do compromisso arbitral. 3 – A impugnação de atos administrativos relativos à formação de contratos pode ser objeto de arbitragem, mediante previsão no programa do procedimento do modo de constituição do tribunal arbitral e do regime processual a aplicar, que, quando esteja em causa a formação de algum dos contratos previstos no artigo 100º, deve ser estabelecido em conformidade com o regime de urgência previsto no presente Código para o contencioso pré-contratual.

[41] Artigo 476º Resolução alternativa de litígios 1 – O recurso à arbitragem ou a outros meios de resolução alternativa de litígios é permitido, nos termos da lei, para a resolução de litígios emergentes de procedimentos ou contratos aos quais se aplique o presente Código. 2 – Quando opte pela sujeição dos litígios a arbitragem, a entidade adjudicante prevê obrigatoriamente: a) A aceitação, por parte de todos os interessados, candidatos e concorrentes, da jurisdição de um centro de arbitragem institucionalizado competente para o julgamento de questões relativas ao procedimento de formação de contrato, de acordo com o modelo previsto no anexo xii ao presente Código, do qual faz parte integrante, a incluir no programa do procedimento; b) A necessidade de aceitação, por parte do cocontratante, da jurisdição

Públicos, Decreto Lei 18/2008. Neste caso, nota-se a preocupação do código em estabelecer recurso ao tribunal administrativo, tirado contra a sentença arbitral, em causas de elevador valor.[42]

Vislumbrando um empecilho ao avanço da arbitragem administrativa em matéria de contratos administrativos em Portugal, aponta Clarissa Sampaio Silva[43] uma acentuada preocupação na revisão dos julgados por parte dos tribunais, em relação aos julgados das câmaras arbitrais. Essa desconfiança, poderia ser ilidida restando assim necessária uma reforma legislativa unificada da temática da arbitragem voluntária "o que inspirou a elaboração, por parte de um Grupo de Trabalho instituído pelo Conselho Regional de Lisboa da Ordem dos Advogados, de proposta de projeto de Lei da Arbitragem Administrativa Voluntária"[44].

do centro de arbitragem institucionalizado para a resolução de quaisquer conflitos relativos ao contrato, de acordo com o modelo previsto no anexo xii, a incluir no caderno de encargos e no contrato; c) O modo de constituição do tribunal e o regime processual a aplicar, por remissão para as normas do regulamento do centro de arbitragem institucionalizado competente, de acordo com o modelo previsto no anexo xii. 3 – A resolução de litígios por meio de arbitragem em tribunais arbitrais não integrados em centros de arbitragem institucionalizados só pode ser determinada numa das seguintes situações: a) Quando, face à elevada complexidade das questões jurídicas ou técnicas envolvidas, ao elevado valor económico das questões a resolver, ou à inexistência de centro de arbitragem institucionalizado competente na matéria, seja aconselhável a submissão de eventuais litígios à jurisdição de tribunal arbitral não integrado em centro de arbitragem institucionalizado; b) Quando o processo arbitral previsto nos regulamentos do respetivo centro de arbitragem institucionalizado não se conforme com o regime de urgência previsto no Código do Processo nos Tribunais Administrativos para os contratos por ele abrangidos; c) Quando se demonstre que a utilização de um centro de arbitragem institucionalizado teria como consequência uma resolução mais morosa do litígio; d) Quando se demonstre que a utilização de um centro de arbitragem institucionalizado teria como consequência um custo mais elevado para as entidades adjudicantes ou contraentes públicos. 4 – Se se optar pela submissão de litígio a tribunal arbitral não integrado em centro de arbitragem institucionalizado, a entidade contratante deve elaborar uma avaliação de impacto dos custos que tal opção importa, designadamente quanto aos honorários de árbitros e advogados, taxas, custas e outras despesas. 5 – Nos litígios de valor superior a (euro) 500 000, da decisão arbitral cabe recurso para o tribunal administrativo competente, nos termos da lei, com efeito meramente devolutivo.

[42] Art 476 -5 .Nos litígios de valor superior a (euro) 500 000, da decisão arbitral cabe recurso para o tribunal administrativo competente, nos termos da lei, com efeito meramente devolutivo.
[43] SILVA, Clarissa Sampaio. *Desjudicialização Na Resolução De Conflitos Com A Administração Pública: Comparações Entre Brasil E Portugal*.RJLB, Ano 6 (2020), nº 1 p.43.
[44] SILVA, Clarissa Sampaio. *Desjudicialização Na Resolução De Conflitos Com A Administração Pública: Comparações Entre Brasil E Portugal*.RJLB, Ano 6 (2020), nº 1 p.43.

Conclusões

Sendo essas as principais considerações na análise da modelagem dos meios de solução de controvérsias envolvendo a administração pública brasileira e portuguesa, que enfrentam à sua maneira problemas parecidos no que tange a concentração em poucos mecanismos de solução de controvérsias.

A experiência internacional, por outro lado mostra que os movimentos de acesso à justiça, e o mecanismos multiportas, bem como o uso de MASCs são aplicáveis inclusive à administração pública e podem ser utilizados na busca de uma justiça administrativa mais célere e eficiente com um maior grau de participação social e ganhos múltiplos.

Referências

ALVES, Marcus Vinicius Armani. *A Fazenda Pública no sistema multiportas*. Doutorado (Doutorado em Direito) – Faculdade de Direito da Universidade de São Paulo, São Paulo, 2020.

BEZERRA, Paulo. O acesso aos direitos e à justiça: um direito fundamental. Separata do Boletim da Faculdade de Direito. N.81. Coimbra 2005.

BONIZZI, Marcelo José Magalhães. Breve análise sobre a arbitragem em conflitos que envolvem o Estado. *Revista da Procuradoria Geral do Estado de São Paulo*, v. 75, p. 13-20, jan./jun. 2012.

CAMPOS, João Luis Mota de. *Acabe-se com os tribunais administrativos, já! Observador.pt*, de 16 fev 2019. Disponível em: https://observador.pt/opiniao/acabe-se-com-os-tribunais-administrativos-ja-. Acesso em: 10 maio. 2020.

CANOTILHO, J.J. Gomes, MOREIRA, Vital. Constituição da República Portuguesa. Lei do Tribunal Constitucional. 8ª edição. Coimbra Editora. 2005. SANTOS, Boaventura Sousa. O acesso ao direito e à Justiça: um direito fundamental em questão. Coimbra 2002.

CARDOSO, Ana Carolina Veloso Gomes. Acesso à justiça em Portugal: vias alternativas de solução de conflitos. Revista do Tribunal Superior do Trabalho, Porto Alegre, RS, v. 68, n. 1, p. 74-84, jan./mar. 2002.

CARMONA, Carlos Alberto. *Arbitragem e processo: um comentário à Lei nº 9.307/96*. 2. Ed., Rev., Atual. E Ampl. São Paulo: Atlas, 2007.

CARVALHAL. Ana Paula Z. *A Arbitragem Administrativa Em Portugal*. Revista FMU Direito. São Paulo, ano 24, n. 33, p.16, 2010.

CAPPELLETTI, Mauro; GARTH, Bryant. *Acesso à justiça*. Tradução: Ellen Gracie Northfleet. Porto Alegre: Sergio Antonio Fabris Editor, 1988.

CASSESE, Sabino, Tendenze e problemi del diritto ammnistrativo. *Rivista Trimestrale di Diritto Pubblico*, Milano, Giuffrè, n. 4, p. 901-912, 2004.

CEBOLA, Cátia Marques. *Regulamentar a Mediação: um olhar sobre a nova Lei de Mediação em Portugal*. Revista Brasileira de Direito, 11(2): p.61, jul.-dez. 2015.

DAKOLIAS, Maria. *O setor judiciário na América Latina e no Caribe*: elementos para reforma, cit., p. DAKOLIAS, Maria. *O setor judiciário na América Latina e no Caribe*: elementos para reforma. Tradução: Sandro Eduardo Sardá. Washington, D.C.: Banco Mundial, 1996.

FRANCISCO, Ana Mafalda Costa. *A Arbitragem Tributária*. Dissertação (Dissertação de Mestrado). Universidade Católica Portuguesa Centro Regional do Porto, 2012.

GRAU, Eros Roberto. Arbitragem e contrato administrativo. *Revista Trimestral de Direito Público*, São Paulo, n. 32, p. 20, 2000.

GRINOVER, Ada Pelegrini. Arbitragem e prestação de serviços públicos. *Revista de Direito Administrativo*, Rio de Janeiro, n. 233, p. 385, jul./set. 2003.

KLEIN, Aline Licia, A arbitragem nas concessões de serviço público, in *Arbitragem e poder público*, cit., p. 63-109; PEREIRA, Cesar Augusto Guimarães. Arbitragem e a administração pública na jurisprudência do TCU e do STJ. In: PEREIRA, Cesar Augusto Guimarães; TALAMINI, Eduardo (Orgs.). *Arbitragem e poder público*. São Paulo: Saraiva, 2010. p. 136; TALAMINI, Eduardo. Sociedade de economia mista. Distribuição de gás. Disponibilidade de direitos. Especificidades técnicas do objeto litigioso. Boa-fé e moralidade administrativa. *Revista de Arbitragem e Mediação*, São Paulo, Revista dos Tribunais, v. 2, n. 5, p. 135-154, abr./jun. 2005.

MELLO, Celso Antonio Bandeira de. *O conteúdo jurídico do princípio da igualdade*. 2. ed. São Paulo: Revista dos Tribunais, 1984.

MENDES, Aluisio Gonçalves de Castro; SILVA, Larissa Clare Pochmann da. Acesso à justiça: uma releitura da obra de Mauro Cappelletti e Bryant Garth a partir do Brasil 40 anos depois. *Quaestio Iuris*, Rio de Janeiro, v. 8, n. 3, p. 1.827-1.858, 2015.

OLIVEIRA, Gustavo Henrique Justino de. A arbitragem e as parcerias público-privadas. In: SUNDFELD, Carlos Ari (Coord.). *Parcerias público-privadas*. 2. tiragem. São Paulo: Malheiros, 2007. p. 567-606.

OLIVEIRA, Ana Perestrelo, "Da arbitragem administrativa à arbitragem fiscal: notas sobre a introdução da arbitragem em meteria de impostos", in Mais Justiça Administrativa e Fiscal, org. Nuno de Villa-Lobos e Mónica Brito Vieira, Coimbra Editora, 2010.

SADEK, M. T. (org.). *Acesso à Justiça*. Fundação Konrad Adenauer, 2001.

SALLES, Carlos Alberto de. *A arbitragem em contratos administrativos*. Rio de Janeiro: Forense; Método: São Paulo, 2011.

SANDER, Frank E. A. The multi-door courthouse: settling disputes in the year 2000. *Barrister*, ABA Young Lawyers Division, v. 3, No. 18, Summer 1976.

SILVA, Clarissa Sampaio. *Desjudicialização Na Resolução De Conflitos Com A Administração Pública: Comparações Entre Brasil e Portugal*. RJLB, Ano 6 (2020), nº 1 p. 43.

SILVA, José Afonso da. *Curso de Direito Constitucional Positivo*. São Paulo, Malheiros, 2006.

TIBURCIO, Carmen. A arbitragem envolvendo a administração pública: RESP n. 606345/RS: jurisprudência comentada. *Revista de Direito do Estado*, Rio de Janeiro, Renovar, v. 2, n. 6, p. 341-350, abr./jun. 2007.

TONIN, Mauricio Morais. Mediação e administração pública: a participação estatal como parte e como mediador de conflitos. *In*: NASCIMBENI, Asdrubal Franco; BERTASI, Maria Odete Duque; RANZOLIN, Ricardo Borges. (org.). *Temas de mediação e arbitragem III*. 3. ed. São Paulo: Lex Editora, 2019. pp. 171-204.

WATANABE, Kazuo. *Participação e Processo*. São Paulo, Revista dos Tribunais, 1988.

_____. "Cultura da Sentença e Cultura da Pacificação", in Estudos em Homenagem à Professora Ada Pellegrini Grinover. São Paulo, DPJ, 2010.

12. O uso da mediação e arbitragem nas desapropriações

Francisco Maia Neto

Introdução

A desapropriação é a forma como o poder público, ou seus delegados, de maneira compulsória, adquirem o domínio de um bem pertencente a um particular, sendo considerada por muitos como o mais grave mecanismo de intervenção do estado no direito de propriedade.

Necessariamente esta transferência é feita por meio de uma indenização que represente uma compensação a mais justa possível. Portanto, quando não existe acordo quanto ao valor, o conflito segue via judicial, situação que, a partir da publicação da Lei 13.867/19, pode ser alterada, abrindo possibilidade da utilização de mecanismos extrajudiciais de solução de conflitos, notadamente a mediação e a arbitragem.

1. O instituto da desapropriação

O significado da palavra desapropriação origina-se do latim, cuja etimologia deriva dos elementos morfológicos a seguir indicados:
   a) des – prefixo que apresenta ideia de afastamento;
   b) a – que indica passagem de estado;
   c) ção – sufixo formador de nomes de ação;
   d) própria – do latim *proprius*, ou seja, pertencente a.

Por definição, de forma bastante simplificada e objetiva, podemos caracterizar este instituto como um procedimento pelo qual o poder público, permissionários ou concessionários de serviços públicos, adquirem compulsoriamente a propriedade de um bem, mediante o pagamento de uma justa indenização, sob o fundamento da utilidade pública, necessidade pública ou interesse social, assim entendidos:

Indenização: compensação devida a alguém de maneira a anular ou reduzir um dano.

Utilidade pública: situação onde se mostra conveniente a transferência da propriedade privada para a Administração Pública, sem ser imprescindível, mas apenas oportuna e vantajosa para o interesse coletivo.

Necessidade pública: caracterizada por uma situação de urgência, que enseja a transferência de bens particulares para o domínio do Poder Público.

Interesse social: hipótese cujo objetivo é a melhoria da vida em sociedade, buscando a redução das desigualdades, ocorrendo quando as circunstâncias impõem a distribuição ou o condicionamento da propriedade para seu melhor aproveitamento em benefício da coletividade.

O fundamento legal para a instituição da desapropriação tem amparo na nossa lei maior, a Constituição Federal de 1988, mais precisamente em seu artigo 5º, inciso XXIV. Entretanto, sua regulamentação está no Decreto-Lei 3.365/41, que é a lei geral da desapropriação no Brasil, sendo importante frisar que só a União pode tratar da matéria que discipline o instituto da desapropriação.

A prerrogativa de promover desapropriações é dos entes públicos, União, Estados, Municípios, Distrito Federal e Territórios, e também particulares, concessionários de serviços públicos e estabelecimentos de caráter público ou que exerçam funções delegadas de poder público, mediante autorização expressa, constante de lei ou contrato, enquanto podem ser objeto de desapropriações, bens, materiais ou imateriais, corpóreos ou incorpóreos, móveis ou imóveis, enquanto aqueles pertencentes aos Estados, Municípios, Distrito Federal e Territórios poderão ser desapropriados pela União, e os dos Municípios pelos Estados, mas desde que exista autorização legislativa.

O procedimento da desapropriação possui uma fase declaratória, que consiste na declaração de utilidade pública, onde o bem é individualizado e a finalidade tem que ser explicitada; e de uma fase executiva, que pode ser extrajudicial – se concluída por acordo, ou judicial, quando transcorre juízo, segundo os dispositivos do Código de Processo Civil (C.P.C). Neste último caso, ocorrendo quando não houver acordo, sendo que a ação de desapropriação seguirá seu ritmo normal.

2. O novo diploma legal

A Lei 13.867/19 foi publicada em 29 de agosto de 2019, trazendo importantes alterações no Decreto-Lei 3.365/41, conhecido como Lei de Desapropriação, especialmente na hipótese de o expropriado discordar do valor ofertado a título de indenização.

Ao introduzir dois novos artigos no diploma legal original, a nova legislação traz, como primeira alteração no rito desapropriatório, a obrigatoriedade de notificar o proprietário sobre o valor da oferta de indenização, de acordo com os preceitos a seguir discriminados.

> Art. 10-A. O poder público deverá notificar o proprietário e apresentar-lhe oferta de indenização.
> § 1º A notificação de que trata o caput deste artigo conterá:
> I – cópia do ato de declaração de utilidade pública;
> II – planta ou descrição dos bens e suas confrontações;
> III – valor da oferta;
> IV – informação de que o prazo para aceitar ou rejeitar a oferta é de 15 (quinze) dias e de que o silêncio será considerado rejeição;"
> Na sequência, prevê que a aceitação da oferta resultará na realização do acordo, com a transferência do bem e, na hipótese contrária, diante da rejeição da oferta, o poder público deverá iniciar o processo judicial, com o ajuizamento da respectiva ação.
> "§ 2º Aceita a oferta e realizado o pagamento, será lavrado acordo, o qual será título hábil para a transcrição no registro de imóveis.
> § 3º Rejeitada a oferta, ou transcorrido o prazo sem manifestação, o poder público procederá na forma dos arts. 11 e seguintes deste Decreto-Lei.

A principal novidade surge no segundo artigo introduzido na primitiva legislação, que dá ao particular a possiblidade de optar pela solução extrajudicial, por meio da mediação ou da arbitragem, que deverá ser processada pela via institucional, segundo os parâmetros ditados no respectivo dispositivo legal.

> Art. 10-B. Feita a opção pela mediação ou pela via arbitral, o particular indicará um dos órgãos ou instituições especializados em mediação ou arbitragem previamente cadastrados pelo órgão responsável pela desapropriação.
>
> § 1º A mediação seguirá as normas da Lei 13.140, de 26 de junho de 2015 e, subsidiariamente, os regulamentos do órgão ou instituição responsável.
>
> § 2º Poderá ser eleita câmara de mediação criada pelo poder público, nos termos do art. 32 da Lei 13.140, de 26 de junho de 2015.
>
> § 3º (VETADO).
>
> § 4º A arbitragem seguirá as normas da Lei 9.307, de 23 de setembro de 1996, e, subsidiariamente, os regulamentos do órgão ou instituição responsável.

3. A solução convencional de conflitos pela via judicial.

Em todos os setores da economia, verifica-se que o crescimento da judicialização dos conflitos vem sendo apontado como um dos grandes problemas que o país enfrenta, sendo que os motivos usualmente indicados como causa para esta indesejável realidade sejam a insegurança jurídica decorrente do excesso de leis, a aplicação bem sucedida do Código de Defesa do Consumidor, aliado à privatização de serviços e à concentração bancária e comercial, e o aumento real do salário mínimo, conjugado aos programas de transferência de renda.

Ocorre que, paralelamente ao aumento da demanda, não obstante aos inúmeros esforços empreendidos nos últimos anos, tais como o aumento da estrutura dos tribunais ou a evolução tecnológica implementada nestes órgãos, a capacidade estatal para solução de conflitos não foi capaz de absorver a crescente demanda, que se refletiu nas estatísticas divulgadas pelo anuário *Justiça em Números*, elaborado pelo Conselho Nacional de Justiça (CNJ)[1].

---

[1] PODER JUDICIÁRIO. Conselho Nacional de Justiça. *Justiça em números*. Brasília, 2019. Disponível em: <https://www.cnj.jus.br/wp-content/uploads/conteudo/arquivo/2019/08/justica_em_numeros20190919.pdf>. Acesso em: 4 mar. 2020.

Este anuário, no ano de 2019, apontou um número próximo de oitenta milhões de ações em andamento e um índice de congestionamento de 67,00%, cujo custo para o estado brasileiro foi de 1,1% (um vírgula um por cento) do Produto Interno Bruto (PIB), enquanto a matéria publicada no jornal *Valor Econômico* mostra que os gastos das empresas com ações em 2015 foram da ordem de 2% (dois por cento) de suas receitas, valor superior a 124 bilhões de reais[2].

Mesmo neste quadro desalentador, talvez em decorrência de uma herança cultural, que enxerga no Poder Judiciário o único caminho para solução dos litígios, as pessoas ainda relutam em procurar outras vias. Tal situação faz com que este círculo vicioso resulte em um aumento crescente de ações judiciais.

Neste quadro adverso, o jurisdicional, ao longo do processo judicial, defronta-se com o sofrimento temporal, pois não sabe quando irá findar a demanda, o financeiro, devido aos inúmeros gastos requeridos em todas as instâncias, e o psicológico, de conviver com a indefinição do resultado da ação judicial.

Ainda assim, o ajuizamento da ação no foro estatal é o mais requisitado para a imensa maioria dos litígios no país, ou também em diversas situações, por ser o melhor caminho possível, embora a cada dia surjam opções novas, que permitem a abertura de outras portas para a solução de litígios – como é o caso da legislação ora analisada.

4. A solução de conflitos pela via extrajudicial

Em função do quadro anteriormente descrito, que resulta na notória morosidade para a solução de conflitos, especialistas defendem a necessidade de novos caminhos para enfrentar esta situação, onde os denominados Métodos Extrajudiciais de Solução de Conflitos (MESC) surgem como mais adequados, ao propiciarem aos litigantes a possibilidade de uma decisão célere e técnica para a resolução dos conflitos, tendo em vista a possibilidade das partes elegerem especialistas para auxiliar ou decidir o conflito.

Esta difícil realidade levou os operadores do direito a debaterem e sugerirem iniciativas que propiciassem a modernização do Poder Judiciário, o que incluiria a sua própria reforma, a criação de Centros de

---

[2] BAETA, *Jornal Valor Econômico*, 2016.

Conciliação e a implementação do processo eletrônico, dentre outras. Além disso, no ano de 1996, surgiu a primeira iniciativa parlamentar de implementação dos Métodos Extrajudiciais de Solução de Conflitos (MESC), com a publicação da Lei 9.307/96, que viabilizou a introdução da arbitragem comercial em nosso sistema jurídico.

Após este marco inicial, que foi o grande condutor para o crescimento do movimento de desjudicialização dos conflitos no país, surgiram iniciativas diversas, inclusive por parte da Ordem dos Advogados do Brasil (OAB), grande incentivadora dos denominados meios alternativos ou adequados. Este fato, acabou culminando com a criação pelo Poder Judiciário, no ano de 2006, da Semana Nacional da Conciliação[3], representando um esforço nacional dos próprios magistrados para a autocomposição na solução de conflitos.

Na sequência desse esforço crescente foram criadas iniciativas parlamentares para a introdução da Mediação em nosso sistema jurídico, culminando com a sanção presidencial da Lei 13.140/15, denominada como Lei de Mediação.

Os mecanismos de solução de conflitos podem ser divididos em dois grupos: os autocompositivos, com características cooperativas, e os heterocompositivos, com características decisórias. Figuram no primeiro grupo a negociação, cuja sistemática é direta entre as partes; a mediação e a conciliação, cujos processos são conduzidos por terceiros. No segundo grupo, aparecem a arbitragem, cuja natureza é voluntária, e a jurisdição estatal, de submissão compulsória.

Esta diferenciação levou-nos a idealizar uma figura metafórica que denominamos Pirâmide da Solução de Conflitos que tem, em sua base, a negociação, passando, logo em seguida, pela mediação, conciliação e arbitragem e, findando no topo, com o Poder Judiciário (Figura 1), sendo o o único que pode, coercitivamente, dar eficácia às decisões originárias dos demais métodos.

Além disso, ao nos deslocarmos da base para o topo da pirâmide, à medida que se sucedem os diversos mecanismos, cresce a intervenção

---

[3] A última Semana Nacional de Conciliação foi realizada no período de 4 a 8 de novembro de 2019, estando em sua XIV edição. "A campanha em prol da conciliação, implementada anualmente pelo Conselho Nacional de Justiça, abrangeu processos que tramitam em 1º e 2º graus." Disponível em: <https://www.tjsc.jus.br/web/conciliacao-e-mediacao/semana--nacional-da-conciliacao>. Acesso em: 22 abr. 2020.

de terceiros, aumenta o formalismo, acirra-se a litigiosidade e o processo tende a se tornar mais duradouro.

FIGURA 1: Pirâmide da Solução de Conflitos.

Fonte: MAIA NETO, 2014. p. 26.

5. A mediação como forma de resolução de conflitos

A mediação é um meio extrajudicial autocompositivo de solução de solução de conflitos, cujo objetivo é permitir que, de modo consensual, as partes previnam ou solucionem seus conflitos, sendo exercida por terceiros, neutro e imparcial, escolhido ou aceito pelas partes, denominado mediador, que atua com um facilitador, pois não é ele que decide, mas ambas as partes.

O dispositivo legal que rege o instituto é a Lei 13.140/15, conhecida como Lei de Mediação, traz as seguintes disposições comuns ao procedimento de mediação: 1) advertência às partes quanto às regras de confidencialidade, 2) possibilidade de participação de mais de um mediador, 3) hipótese de suspensão de processo judicial ou arbitral se as partes decidirem submeter-se à mediação, 4) possibilidade de o mediador reunir-se isoladamente com cada parte, além de lhe poder solicitar todas as informações que entender necessárias, 5) previsão do encerramento do procedimento a ser feito, mediante assinatura do termo final que, na hipótese de acordo, constitui título executivo extrajudicial, podendo ainda ser homologado em juízo, tornando-se, então, título executivo judicial.

Quanto à mediação extrajudicial, esta inicia-se com um convite às partes para a abertura do procedimento, enfatizando as regras que deverão constar na eventual cláusula contratual que determinará este caminho, assim como os requisitos quando não houver previsão contratual completa e a determinação de suspensão de processo arbitral ou judicial, caso haja o compromisso de mediação. Importante destacar que a presença do advogado não é obrigatória, quando as duas partes dispensarem. Entretanto, esse procedimento não é aconselhável pois, como é sabido, a participação de um advogado garante segurança jurídica ao procedimento.

Na mediação judicial, por sua vez, consta previsão legal para os tribunais criarem "centros judiciários de solução consensual de conflitos, responsáveis pela realização de sessões e audiências de conciliação e mediação, pré-processuais e processuais, e pelo desenvolvimento de programas destinados a auxiliar, orientar e estimular a autocomposição"[4]. Para este tipo de procedimento, os mediadores não estão sujeitos à prévia aceitação, mas se submetem às hipóteses de impedimento e suspeição, sendo obrigatória a presença dos advogados e defensores públicos. Devendo o juiz marcar audiência de mediação que, em caso de acordo, resultaria no arquivamento do processo e, se a mesma ocorresse antes da citação do réu, não seriam cobradas as devidas custas finais.

A Lei de Mediação dedica ainda um tópico específico à confidencialidade do procedimento, que protege toda e quaisquer informações relativas ao procedimento, não podendo ser reveladas sequer em eventual processo judicial posterior. No caso de uma prova apresentada em desacordo com este dispositivo, a mesma não poderá ser admitida, sendo as únicas exceções, a renúncia das partes (exigência da lei), necessidade de cumprimento de acordo obtido na mediação, ocorrência de crime de ação pública e informações solicitadas pela administração tributária.

Outro importante avanço é a previsão legal da possibilidade de utilização da mediação pela administração pública, nos três níveis de governo, fato, que certamente, irá interferir nas ações do mercado imobiliário com as autoridades governamentais, o que ainda dependerá de regulamentação, mas que já traz, por exemplo a possibilidade da adesão em casos idênticos.

---

[4] Artigo 24 da Lei 13.140/15.

6. A solução extrajudicial pela sentença arbitral

A arbitragem foi o primeiro dos mecanismos extrajudiciais de conflitos a ganhar uma legislação própria no país, o que fez com que o instituto apresentasse significativo crescimento nos anos seguintes, não obstante pairar sobre ele a insegurança jurídica nos cinco primeiros anos de vigência, decorrente da arguição de inconstitucionalidade da Lei 9.307/96 originou-se de um Agravo Regimental em Sentença Estrangeira, proveniente do Reino da Espanha, e submetido a julgamento pelo Supremo Tribunal Federal.

Felizmente, a maioria dos Ministros componentes de nossa Corte Suprema decidiu por sua constitucionalidade, traçando o destino da lei, uma vez ter ficado claro, na firmeza do posicionamento e profundidade de argumentos, que o Judiciário não é afastado, como pretendido na referida ação. Ao contrário, a arbitragem não dispensa a proteção do Judiciário naquilo em que é necessário, o qual poderá ser convocado para resolver incidentes processuais, julgar e decidir eventual irregularidade formal da sentença arbitral e, principalmente, promover a execução da decisão dos árbitros.

Usualmente convencionada antes do surgimento do litígio, por meio de um pacto contratual, configurado pela cláusula compromissória, a arbitragem também pode ser escolhida para resolver litígios não decorrentes de uma relação contratual formal, como no caso das desapropriações, ou mesmo naqueles com cláusula de foro estatal, desde que haja concordância recíproca das partes.

Trata-se, assim, de um processo por meio do qual os conflitos são decididos por um julgador da livre escolha das partes, denominado árbitro, ou por um conjunto deles, sempre em número ímpar, formando um tribunal arbitral, cuja decisão não está sujeita a recursos e constitui-se título executivo judicial.

A arbitragem versa sobre direito patrimonial disponível, sendo permitido seu uso pela administração pública, segundo os ditames da lei específica, e é definida pela convenção de arbitragem (cláusula compromissória ou compromisso arbitral). Neste caso, o único requisito exigido pelas partes é que sejam civilmente capazes, o mesmo acontecendo com os árbitros, que devem gozar da confiança das partes, sendo que, normalmente, a escolha recairá sobre um especialista na matéria.

Muito se discute sobre a conveniência da adoção deste mecanismo para solução de litígios, existindo aqueles que o defendem e outros que colocam em dúvida sua utilização. Entretanto, existe uma convergência entre os defensores sobre as vantagens que a utilização da arbitragem traz às partes em litígio, o que procuraremos sintetizar a seguir:

Rapidez: talvez a mais festejada das qualidades da arbitragem, uma vez que ela reúne as condições para superar a ampla possibilidade de recursos e a sobrecarga da justiça estatal, o que resulta em morosidade da máquina judiciária estatal.

Economia: elimina muitas das despesas existentes na justiça estatal, às quais tomam vulto em função dos diversos recursos processuais disponíveis e acabam por estender o prazo para decisão do litígio.

Sigilo: somente as partes em litígio podem autorizar que o processo torne-se público, preservando as informações reservadas de maneira exclusiva.

Redução das formalidades: o procedimento arbitral é um processo absolutamente desburocratizado, onde são dispensados os formalismos próprios do processo judicial.

Autonomia da vontade: as partes em litígio convencionam com liberdade a forma como se processará o julgamento, se de direito ou equidade.

Finalmente, a sentença arbitral produz os mesmos efeitos da justiça estatal, tratando-se de um título executivo judicial, que pode ser levado ao judiciário para sua execução, não estando sujeito a recurso, salvo no caso para esclarecimento dos árbitros. Neste caso, o judiciário não atua sobre o mérito da decisão, somente o fará nos casos de nulidade, que deverão estar expressamente previstos em lei.

Por esta razão, a utilização da sentença arbitral em processos expropriatórios mostra-se extremamente oportuna e eficaz, não só como forma de desjudicialização de conflitos, desonerando o Poder Judiciário, mas também como forma de justiça social, pois a morosidade tem sido um dos maiores, senão o maior, entrave à reposição patrimonial do cidadão.

7. O uso da avaliação neutra como instrumento auxiliar nos processos resolutivos

Uma das ferramentas mais importantes para os métodos extrajudiciais de solução de conflitos é a Avaliação Neutra, uma das modalidades que, embora ainda incipiente, tem ganhado espaço e conta com a simpatia dos litigantes e operadores dos MESC – Mecanismos Extrajudiciais de Solução de Conflitos.

Originária da cultura norte-americana, esta modalidade é indicada para orientar as partes em uma solução consensual do conflito, preferencialmente antes de ser tomado outro caminho para resolução da controvérsia, ou quando as negociações chegam a um impasse, seja em razão da natureza técnica da matéria ou pela relutância das partes em não alterarem suas posições.

Para tanto, as partes elegem, em conjunto, um profissional, preferencialmente especialista da matéria em discussão que, após uma vistoria, análise dos documentos e a explanação das partes, emitirá um parecer técnico no qual deverá explorar de forma objetiva e conclusiva as causas e responsabilidades sobre os principais pontos da controvérsia, sempre focado na forma de resolver a disputa, principalmente nos pontos convergentes da discussão.

Trata-se de um método simples e relativamente rápido que, devido à autoridade e respeitabilidade do avaliador neutro e independente, confere segurança e respaldo às partes para a tomada de decisões, tornando-as defensáveis contra críticas posteriores.

No entanto, o parecer emitido não é vinculante e nem tem força adjudicatória. Por esta razão, sua finalidade precípua é orientar uma resolução consensual, o que exige interesse e maturidade negocial entre as partes na solução de conflitos. Todavia, não havendo entendimento entre as partes, o parecer técnico ainda pode ser aproveitado, posteriormente, como uma prova técnica bilateral, eventualmente vindo a substituir a necessidade de uma perícia, caso a disputa seja levada à decisão judicial ou arbitral, para o caso da hipótese de não haver confidencialidade no procedimento.

Por se tratar de uma modalidade ainda embrionária, inexiste normatização quanto ao procedimento a ser adotado, o que exige o cuidado das partes na definição do escopo, das etapas e do prazo no momento da contratação do profissional. Isso é feito com o intuito de garantir o contraditório e de afastar questionamentos posteriores.

Por esta razão, nossa experiência com este método sugere que a proposta de honorários do avaliador neutro seja apresentada após a definição do escopo da avaliação, que deve ser definida previamente pelas partes, em conjunto, por meio da proposição de quesitos que irão nortear as etapas da Avaliação Neutra.

Formalizada a definição do nome que irá emitir o parecer, cabe às partes enviar cópia de todos os documentos que entendam ser necessários para a análise do litígio.

No entanto, não há de se falar em preclusão dessa etapa, sendo permitido ao avaliador neutro solicitar, a qualquer momento, a complementação de informações com documentos que julgue pertinente. Após o recebimento dos documentos, o procedimento deve seguir com a apresentação individualizada das alegações pelas partes, com duração pré-estabelecida. Este contato propicia ao avaliador maior proximidade com a matéria debatida, permitindo a ele entender os ensejos de forma idêntica, além de alinhar as expectativas de cada uma das partes, o que vem a favorecer a elaboração de um parecer independente que, efetivamente, esclareça o imbróglio.

Na sequência, cabe ao avaliador neutro elaborar, dentro do prazo previamente acordado, o parecer preliminar, opinando tecnicamente sobre a matéria em litígio, onde serão destacados elementos relevantes para a formação de suas convicções.

Em função de eventuais erros, omissões ou contradições, à semelhança do que ocorre nas perícias, após apresentação do parecer provisório, cabe às partes apresentar eventuais comentários e solicitações de esclarecimentos, que deverão ser respondidos pelo avaliador dentro do prazo acordado, quando será então emitido o parecer definitivo.

Cabe destacar que as solicitações de esclarecimentos devem ater-se a aclarar dúvidas surgidas quanto ao parecer técnico preliminar e devem, necessariamente, ser restritas ao conteúdo do trabalho apresentado, não devendo conter fatos novos sobre matérias não suscitadas anteriormente, para que não fuja do escopo previamente definido em conjunto pelas partes.

Para evidenciar eventual revisão ao parecer preliminar, em decorrência da pertinência dos esclarecimentos solicitados, o parecer definitivo deve conter os quesitos de esclarecimento, devidamente respondidos, indicando eventuais alterações realizadas no parecer.

Por fim, o parecer definitivo deverá ser acompanhado por mídia digital contendo a identificação estruturada de todos os documentos apresentados pelas partes, bem como a memória de cálculo dos estudos executados, planilhas e todas as demais informações úteis não discriminadas e possíveis de serem obtidas e de interesse ao estudo realizado. Isso servirá para balizar as negociações, decorrentes do processo de mediação, permitindo a orientação do órgão responsável pela desapropriação e o expropriado, na busca do justo valor de indenização.

8. A prova pericial arbitral

Na hipótese de opção pela via arbitral, o árbitro deverá ser auxiliado por um perito, haja vista que a matéria central da controvérsia é de cunho técnico, pautada, principalmente, na determinação do justo valor da indenização pela transferência do bem expropriado.

A prova técnica na arbitragem está prevista no artigo 22 da Lei 9.307/96, conhecida como Lei de Arbitragem, onde encontramos o seguinte[5]:

> Art. 22. Poderá o árbitro ou o tribunal arbitral tomar o depoimento das partes, ouvir testemunhas e determinar a realização de perícias ou outras provas que julgar necessárias, mediante requerimento das partes ou de ofício.

Nesse sentido, verificamos que a perícia encontra-se agrupada aos outros meios de prova admitidos, compreendendo prova documental, testemunhal, gravações e a prova técnica pericial que, além de ser uma iniciativa das partes, poderá ser determinada de ofício pelo árbitro ou pelo tribunal arbitral.

Não existe qualquer tipo de rigidez no procedimento, ou seja, as regras são definidas entre as partes e o tribunal arbitral, que podem ser previstas inclusive no termo de arbitragem. Os árbitros orientam e coordenam o procedimento a ser adotado e, diante da multiplicidade de formas, demonstram a ausência de qualquer tipo de vinculação a um regramento específico, especialmente ao Código de Processo Civil – o que sintoniza com o espírito investigativo que impera na arbitragem.

A primeira questão que deve ser abordada quando se fala em realização da prova pericial da arbitragem, especialmente para aqueles que

---

[5] Art. 22 da Lei de Arbitragem.

possuem uma prática na perícia judicial, toda estruturada nos procedimentos ditados no Código de Processo Civil, é que esta representa uma quebra de paradigma, uma vez que ela não segue os ditames do CPC, muito embora as questões principiológicas mantenham-se, tais como os procedimentos usuais para condução de uma prova técnica no processo judicial.

Inicialmente, devemos observar que o momento de realização da prova pode não ser o mesmo nos dois processos pois, na arbitragem, ela mostra-se flexível, não sendo, necessariamente, realizada anteriormente a uma audiência de instrução. Podendo, inclusive, ocorrer primeiro a audiência com oitiva de testemunha e depoimento das partes e, em seguida, a partir dos elementos colhidos na audiência, seja determinada a realização da prova pericial, que pode ser executada por diversas modalidades. Ao contrário do CPC, onde elas restringem-se basicamente ao sistema de nomeação do perito e indicação dos assistentes técnicos, não obstante existir a possibilidade de pequenas variações, com baixíssima utilização na prática.

Uma das modalidades para realização da prova pericial na arbitragem é a apresentação de laudos periciais unilaterais pelas partes, onde usualmente se estabelece que o profissional que irá elaborar o laudo unilateral tenha independência em relação à parte que o contratou.

Após a entrega deste trabalho é comum que se faça a abertura de cada um deles para o profissional indicado pela outra parte, objetivando a elaboração de pareceres opositores pelos mesmos profissionais que apresentaram os trabalhos iniciais, o que é conhecido como análise cruzada. Dessa análise, a partir dos pontos de divergências, especialmente quando se mostram antagônicos, o tribunal pode fazer a nomeação de um terceiro perito, exatamente para dirimir questões pontuais divergentes ou esclarecer pontos obscuros estabelecidos pelos próprios árbitros.

Na sequência, pode ocorrer uma audiência objetivando interrogar os peritos que elaboraram os laudos unilaterais, sendo que a mesma poderá ser anterior à elaboração de um terceiro laudo, que daria causa à necessidade de intervenção deste novo perito, dito desempatador, ou pode ocorrer após a realização do laudo analítico dos outros dois, o que resultaria até mesmo na oitiva desses três profissionais.

Uma questão ainda polêmica é a possibilidade de análise técnica pelos próprios árbitros, quando possuem formação profissional na área objeto da demanda, se eles podem interpretar e decidir sobre esses trabalhos técnicos ou mesmo se podem dispensar a prova pericial, haja vista que o árbitro é especialista no assunto objeto do conflito em discussão.

Uma corrente defende a dispensa da nomeação do perito quando se tratar de árbitro único, uma vez que este, sendo detentor do conhecimento técnico, poderia analisar a questão técnica e julgar o caso. A outra corrente entende que seria possível somente no tribunal arbitral, uma vez que, neste caso, haveria outros dois para analisar o que o árbitro especialista apresentou como conclusão sobre a questão técnica submetida a análise.

Além disso, não podemos dispensar a possibilidade de realização da inspeção arbitral, que pode ser isolada. Neste caso, os árbitros poderiam realizar o trabalho de campo na companhia de um perito ou se entendessem que seria viável uma análise do local pelo próprio tribunal. Portanto, somente após essa situação decidir pela realização ou não da prova pericial.

Por derradeiro, como consequência natural, existe a forma convencional, consagrada no CPC, onde o próprio tribunal nomeia um técnico e as partes indicam assistentes técnicos, sem execução de um outro trabalho anteriormente, prática que vem sendo utilizada com maior ocorrência.

Neste caso, recomenda-se que o tribunal arbitral oportunize a participação das partes na definição do nome do profissional, que será nomeado perito, seja por lista referenciais ou outras formas de escolhas múltiplas consagradas na prática. Em situações como esta, a única sugestão que temos ouvido é que haja, por parte do tribunal, o disciplinamento da prova pericial como um todo, visando suprir eventuais lacunas do regulamento de arbitragem do órgão onde se processa a arbitragem. Procurando, assim, maior celeridade à fase de perícia, especialmente em se tratando de uma controvérsia usual em desapropriações, que se encontra centrada na definição do valor da indenização.

Conclusões
A aplicação da mediação e da arbitragem nas desapropriações

Não restam dúvidas quanto à oportunidade da recente alteração da Lei de Desapropriação, cujo texto de 1941 exige constantes modernizações, por meio da publicação da Lei 13.867/19, que introduziu a possiblidade do uso da mediação e arbitragem, além de outras alterações de natureza procedimental na sistemática expropriatória.

Inicialmente, o poder público deverá iniciar a interlocução com o expropriado por meio de uma oferta do valor de indenização, onde deverá constar não só a quantia pretendida como pagamento, mas também o ato de declaração de utilidade pública, planta ou descrição do bem e a previsão do prazo de quinze dias para aceitar ou rejeitar a oferta.

Neste prazo caberá ao particular aceitar a oferta e firmar o acordo, rejeitá-la ou silenciar-se, o que ensejará a ação judicial pelo ente público ou a indicação de um órgão para iniciar uma mediação ou uma arbitragem.

Dessa forma, fica claro, pelo estabelecido no novo diploma legal, que o poder público, diante da rejeição da oferta ou do silêncio, deverá iniciar a ação judicial. Quanto ao particular, surge a possibilidade de escolha por um desses dois mecanismos extrajudiciais de solução de conflitos, alterando significativamente o texto original da Lei de Desapropriação.

Estas novidades apresentam-se extremamente saudáveis para garantir segurança jurídica, eficácia e celeridade ao processo expropriatório, que mostrar-se-á mais transparente e, certamente, resultará em contrapartidas mais justas aos proprietários afetados por desapropriações.

Referências

ANDRADE, Letícia Queiroz de. Desapropriação, aspectos gerais. *Enciclopédia Jurídica da PUCSP*. São Paulo: PUC São Paulo, 2017. Disponível em: <https://enciclopediajuridica.pucsp.br/verbete/113/edicao-1/desapropriacao---aspectos-gerais>. Acesso em: 20 abr. 2020.

BAETA. Zínia. Gastos de empresas com ações chegam a R$ 124 bi. *Jornal Valor Econômico*, Caderno Valor: Legislação & Tributos. São Paulo, 2016.

INSTITUTO BRASILEIRO DE AVALIAÇÕES E PERÍCIAS DE MINAS GERAIS. Avaliação neutra: nova forma de resolução de conflitos. *Revista Técnica*, Belo Horizonte: ed. 4, p. 18-19, 2018.

MAIA NETO, Francisco. A *prova pericial* no *Processo Civil* e na *Arbitragem*. 4. ed. Belo Horizonte: Editora RTM, 2019.

_____. A quarta onda dos métodos extrajudiciais de solução de conflitos. In: *Temas de Mediação e Arbitragem II*. 1. ed. Porto Alegre: Editora LEX, 2018.

_____. Diferentes formas de se lidar com uma controvérsia. In: MOTTA JÚNIOR A. M. et al. *Manual de mediação de conflitos para advogados*: escrito por advogados, 4. ed. Brasília, 2014. p. 26-28. Disponível em: <http://camc.oabrj.org.br/camc/home/download/manual_mediacao.pdf>. Acesso em 20 abr. 2020.

Moya, Renato. Desapropriação. *Jusbrasil*, 2015. Disponível em: <https://renatomoya.jusbrasil.com.br/artigos/243230833/desapropriacao>. Acesso em: 20 abr. 2020.

Pereira, Cesar. Desapropriação e arbitragem: lei 13.867. *Migalhas*, set. 2019. Disponível em: <https://www.migalhas.com.br/depeso/310114/desapropriacao-e-arbitragem-lei-13867>. Acesso em: 20 abr. 2020.

Poder Judiciário. Conselho Nacional de Justiça. *Justiça em números*. Brasília, 2019. Disponível em: <https://www.cnj.jus.br/wp-content/uploads/conteudo/arquivo/2019/08/justica_em_numeros20190919.pdf>. Acesso em: 4 mar. 2020.

Rede De Ensino Luiz Flavio Gomes. *Qual a diferença entre necessidade pública, utilidade pública e interesse social?* 2009. Disponível em: <https://lfg.jusbrasil.com.br/noticias/1067678/qual-a-diferenca-entre-necessidade-publica-utilidade-publica-e-interesse-social>. Acesso em: 20 abr. 2020.

MOYA, Renato. Desapropriação. Jusbrasil, 2015. Disponível em: <https://renato-moya.jusbrasil.com.br/artigos/243230833/desapropriacao>. Acesso em: 20 abr. 2020.

PEREIRA, Cesar. Desapropriação e arbitragem: lei 13.867. Migalhas, set. 2019. Disponível em: <https://www.migalhas.com.br/depeso/310114/desapropriacao-e-arbitragem-lei-13867>. Acesso em: 20 abr. 2020.

PODER JUDICIÁRIO. Conselho Nacional de Justiça. Justiça em números. Brasília, 2019. Disponível em: <https://www.cnj.jus.br/wp-content/uploads/conteudo/arquivo/2019/08/justica_em_numeros20190919.pdf>. Acesso em: 4 mar. 2020.

REDE DE ENSINO LUIZ FLÁVIO GOMES. Qual a diferença entre necessidade pública, utilidade pública e interesse social? 2009. Disponível em: <https://lfg.jusbrasil.com.br/noticias/1002678/qual-a-diferenca-entre-necessidade-publica-utilidade-publica-e-interesse-social>. Acesso em: 20 abr. 2020.

13. Arbitragem tributária no Brasil: aprendendo com a experiência pioneira em Portugal

ROBERTO PASQUALIN

"Querem, mas não sabem como, ou sabem, mas não querem?..."
C.C., médico e filósofo em São Paulo (1941-1981)

Introdução

Sob a inspiração das indagações acima, aceitei fazer breves reflexões sobre o que está no título deste artigo, a convite dos quatro coordenadores dessa obra coletiva, António, Christiana, Franco e Mauricio, os quais admiro.

O objeto deste apanhado de ideias é, mais uma vez, o tema da necessidade e da oportunidade de implantar no Brasil a arbitragem privada como uma terceira via para solução adequada de litígios em matéria tributária entre fisco e contribuintes.

Tributarista e arbitralista que sou, o tema é para mim recorrente. Tenho há anos a convicção de que, tal qual água em pedra dura, voltar ao mesmo tema deve resultar que se furem as maiores pedras que travam esse caminho. Pedras duras que não têm permitido a implantação da arbitragem tributária por aqui, como vejo, são a ignorância técnica, a resistência política e o medo de aceitar mudanças. Queremos a arbitragem tributária no Brasil e não sabemos como implantá-la? Ou sabemos, mas não queremos?...

Houve oportunidades para implantá-las, mas nunca foram além de valiosos estudos acadêmicos e de projetos de lei que não vingaram. Talvez bater na mesma tecla ajude chegar à hora disso mudar.

Reflexões: sabem e não querem?

Antes de entrar no objeto propriamente dito deste artigo peço um instante para uma reflexão que aparentemente nada tem a ver com o tema escolhido. Explico. O convite para participar desta obra coletiva me foi feito antes do momento que vivemos neste início de 2020. Está sendo escrito em plena pandemia e estará sendo lido, espero, já ultrapassada – e o comportamento da sociedade, modificado, fio de ligação com o tema do artigo.

Por primeiro, um lugar comum. Absolutamente imprevisível até há poucos meses, esta nova doença é espetacularmente impactante, pela velocidade e extensão da contaminação, pelo sofrimento e morte dos infectados, pelo isolamento dos que procuram não se infectar, pela insuficiência da estrutura hospitalar para atender os doentes, pelo despreparo dos governos para enfrentar sua gravidade, por vezes desprezada... Será ainda mais impactante pela paralisia da economia mundial: cortam-se empregos, deixa-se de produzir, descumprem-se contratos, adiam-se impostos, desorganiza-se a vida em sociedade, teme-se uma judicialização intensa.

Por segundo, um outro lugar (in)comum: o despertar de sentimentos nobres de ajuda, de solidariedade, de admiração, de paciência, de respeito e de humildade ante tão impressionante situação. Surgem mudanças de comportamento social e na maneira de fazer diferente o que se fazia anteriormente. Todos torcem para que esse despertar do lado humano do ser humano continue presente no convívio em sociedade quando a pandemia passar... Sabemos que é bom, queremos que continue.

Até quando?

Acontece que a humanidade já experimentou esse despertar em outras pandemias, em muitas guerras, em outras calamidades. Os sentimentos nobres que também afloraram nessas ocasiões, a memória curta do ser humano fez adormecer o que a calamidade despertou. O egocentrismo voltou a ser o padrão e, com ele, a litigiosidade.

Assim será mais esta vez?!... Queremos conviver em paz? Vimos que, sim, que soubemos como! Até quando será mais calamidades para despertar o bem viver? Até quando a sociedade viverá em litígio ao invés de em paz?...

1. Desenvolvimento

Litígios continuam, o Direito cura
Volto à indagação inicial. A humanidade quer viver em paz, mas não sabe como? Ou sabe, mas não quer?... Enquanto permanecer esse dilema, a sociedade continuará condenada a viver com o litígio. É o que a história mostra.

Enquanto assim é, os litígios deixaram de ser resolvidos pela força bruta e construiu-se o Direito. Sim, o Direito que, em sua concepção mais ampla é 'a disciplina da convivência humana, que promove o 'viver honestamente', o 'não prejudicar o outro', o 'atribuir a cada um o que é seu'. É o Direito que faz justiça para restabelecer o bem conviver. E para fazer justiça, alguém diz o Direito a aplicar.

Justiça estatal e justiça privada
Dizer o Direito na solução dos litígios é preferencialmente, quando não exclusivamente, reservado ao judiciário estatal – assim o próprio Direito disciplina. A evolução da civilização mostrou que não apenas o órgão impessoal do Estado pode dizer o Direito. Viu-se que também podem dizer o Direito as próprias pessoas que convivem em sociedade – árbitros privados escolhidas livremente pelas partes em litígio, através da arbitragem., que dizem o Direito e fazem justiça. Praticada com sucesso no Brasil por particulares, empresas e a administração pública, a arbitragem privada se consolidou como instituto célere, eficaz e adequado para dizer o Direito e solucionar litígios.

Encerro aqui esta reflexão, caro leitor. A sociedade brasileira quer a justiça privada para resolver seus litígios, no caso, os em matéria tributária, e não sabe como implantá-la? Ou sabe, mas não faz?...

Em Portugal, se faz...
Pretendo discorrer brevemente sobre o Direito que pode disciplinar a arbitragem tributária no Brasil, aprendendo de quem a faz: a experiência de Portugal, em que lei especial autorizou a implantação da arbi-

tragem tributária portuguesa, em 2011, paralela e complementarmente à justiça estatal.

Analisando o cenário da época, a jurista portuguesa Maria Da Conceição Oliveira criticou a (quase) exclusividade da justiça estatal em Portugal por não seguir a tendência dos países europeus de usarem métodos extra judiciais:

> .... a Justiça [em Portugal] está cometida, quase exclusivamente, aos tribunais, contrariamente à tendência generalizada de desenvolvimento de meios extrajudiciais para a resolução [de conflitos]...[1]

Manuel Fernando dos Santos Serra manifestou-se no mesmo sentido:

> ... uma maior abertura a meios alternativos ... é vital para o reequilíbrio do nosso sistema de justiça [e] não pode deixar de estender-se aos meios alternativos de caráter jurisdicional, designadamente a arbitragem ... confiada ao árbitro, que profere verdadeiras sentenças, com caráter obrigatório e exequibilidade não dissemelhante das proferidas pelos tribunais."[2]

Também José-Miguel Júdice deu importante depoimento sobre natureza jurisdicional da arbitragem tributária praticada em Portugal através do Centro de Arbitragem Administrativa (o "CAAD"), com competência exclusiva para administrar o dizer o Direito nas arbitragens portuguesas em matéria tributária. Esse reconhecimento foi feito pelo Tribunal de Justiça Europeu. Segue o trecho de José-Miguel:

> *Three years after the entry into force of the Portuguese Tax Arbitration Regime, the European Court of Justice finally issued a groundbreaking decision regarding*

---

[1] OLIVEIRA, Maria da Conceição, "Mediação e Arbitragem no Roteiro da "Boa Administração" – A Experiência Portuguesa no Contexto Europeu", *in* "Mais Justiça Administrtiva e Fiscal, Arbitragem, organizada por Nuno de Villa-Lobos et al, ed. Wolters Kluwer Portugal e Coimbra Editora, 1ª ed., Novembro 2010.

[2] SERRA, Manuel Fernando dos Santos, "Arbitragem Administrativa em Portugal: Evolução Recente e Perspectivas", *in* "Mais Justiça Administrtiva e Fiscal, Arbitragem, organizada por Nuno de Villa-Lobos et al, ed. Wolters Kluwer Portugal e Coimbra Editora, 1ª ed., Novembro 2010. Júdice, José Miguel e Castilho, Luis, "What Can we Infer from the Ascendi Case?", Kluwer Arbitration Blog – Latest Entries, posted 19 Oct 2014.

the long standing question of whether the Tax Arbitral Court (the "CAAD") is a true 'jurisdictional body' ... *[an] arbitration tribunal dealing with tax issues [that] should be considered a court or tribunal of a member State" [of the EU]* ... *"... the recent decision of the Court has the virtue of ... erasing any doubts that might still endure regarding the jurisdictional nature of the tax arbitral tribunals.*

Arbitragem tributária: sabe-se como; por que não?

A arbitragem comercial privada está consolidada no Brasil e é cada vez mais utilizada para solucionar rápida e adequadamente litígios de várias naturezas, inclusive com a administração pública. A Lei Brasileira de Arbitragem de 1996 foi bem aceita pela sociedade e confirmada pela jurisprudência de nossos tribunais. Atualizada em 2015, é hoje garantia de segurança jurídica e importante fator de promoção de um melhor ambiente de negócios no Brasil. Mas houve resistências em sua implantação.

Nuno de Villas-Boas, presidente do CAAD, se referiu a essa resistência, que também aconteceu em Portugal. É a seguinte sua reflexão:

> Se a novidade suscita curiosidade, também gera incerteza, tensão e, por vezes, até suspeição; ... a falta de precedentes a nível nacional e internacional levantou naturais reservas na comunidade jurídica [portuguesa e] a decisão de avançar [com a implantação da arbitragem tributária] envolvia riscos numa área muito sensível. Receios havia de que se tornasse uma justiça elitista, pouco transparente e que não viesse resolver por si só as pendências dos tribunais tributários... No entanto, o funcionamento da arbitragem tributária tem vindo a dissipar tais receios, sendo cada vez mais vista como uma alternativa sólida e eficaz, com aplicação estrita da lei... À medida que o funcionamento da arbitragem foi sendo conhecida pelos contribuintes, a tendência de crescimento é [em 2012] cerca de 5 vezes superior à registrada no ano de arranque [2011]. Espera-se que a tendência de crescimento se mantenha em 2013, com o contributo de todos os envolvidos, nomeadamente do fisco, dos contribuintes e dos árbitros. Espera-se ainda que a replicação da experiência portuguesa a nível internacional venha a ser uma realidade."[3]

---

[3] VILLAS-BOAS, Nuno de, ed. Wolters Kluwer Portugal e Coimbra Editora, 1ª ed., Novembro 2010, texto publicado em 2014.

Como tributarista desde o início de minha vida profissional e arbitralista que passei a ser também ao conhecer esta notável ferramenta de solução privada de litígios, passei a empreender, bem antes de 2011, uma cruzada pessoal, quase quixotesca à época, para unir a arbitragem privada à necessidade de uma justiça tributária rápida, técnica e eficiente. A ideia de unir a arbitragem ao contencioso tributário voltou a ganhar espaço a partir da experiência portuguesa. Não está mais tão distante e não é mais tão impensável.

Necessidade de inovar, um 'ovo de Colombo' tributário.
Há evidente necessidade de algo novo para resolver os litígios entre fiscos e contribuintes que, arrisco dizer, em última análise se resumem simplesmente ao dever de os fiscos cobrarem legalmente seus tributos, de um lado, e, de outro, à obrigação dos contribuintes pagarem corretamente o que devem. Essa relação jurídico-tributária conceitualmente simples é, no entanto, a fonte dos litígios em matéria tributária a afogar os órgãos encarregados de sua cobrança no Brasil.

Esse algo novo pode ser a implantação da arbitragem em matéria tributária como uma nova via de contencioso tributário arbitral, paralela e complementar ao contencioso administrativo ou judicial, como em Portugal. O contencioso arbitral tributário português é praticado separada e complementarmente ao contencioso tributário administrativo e judicial, cada qual com jurisdição própria e independente.

Portugal mostra a nós que a arbitragem tributária é não apenas uma via adequada juridicamente como oportuna economicamente, e é hoje o país europeu mais avançado na solução dos litígios tributários pela via da arbitragem, o que foi reconhecido até mesmo pelo Tribunal de Justiça da União Europeia, como visto acima. Atualmente, os procedimentos arbitrais em matéria tributária em Portugal são resolvidos em média em quatro meses e meio, tempo de resolução impensável no Brasil. Sabe-se como fazer?

Manuel Fernandes dos Santos Serra, à época da autorização da arbitragem tributária em Portugal, declarou que:

> As vantagens normalmente associadas à arbitragem são conhecidas: ... caráter mais reservado; celeridade proporcionada por uma significativa simplificação processual; menores custos; maior especialização dos árbi-

tros na matéria controvertida. Refira-se, por fim, que a relativa informalidade da arbitragem configura-a como uma justiça de maior proximidade, criando-se assim um ambiente propício à contenção do conflito e mesmo à aproximação de posições entre partes, que pode ... dar origem a uma resolução do litígio por processo conciliatório.[4]

Apesar das notórias diferenças de dimensão econômica, geográfica e populacional entre Portugal e Brasil, fato é que lá em Portugal a arrecadação tributária pela via arbitral superou a arrecadação obtida nos âmbitos administrativo e judicial. Por que não poderíamos ter isso acontecendo aqui também? A implantação da arbitragem tributária no Brasil pode ser um 'Ovo de Colombo Tributário' para resolver as enormes dificuldades dos governos, dos contribuintes e do judiciário na gestão do contencioso tributário. Estamos diante de mais uma oportunidade de colocar esse 'Ovo' em pé. Sabemos como?

Arbitragem na administração pública, por que não tributária?
Uma vez que na modernização da Lei Brasileira de Arbitragem em 2015 o uso da arbitragem privada foi expressamente admitido para resolver conflitos envolvendo a administração pública – e a administração pública tributária é parte da administração pública –, o próximo e natural passo seria então admitir a arbitragem para solucionar também os conflitos em matéria tributária, que entretanto permanecem ainda sob a jurisdição exclusiva do judiciário estatal, judicial e administrativo.

Podemos aprender com a experiência portuguesa e incluir a arbitragem tributária entre o que já é admitido na administração pública. Será construir um novo tipo de contencioso tributário, praticado em ambiente privado, por instituições arbitrais privadas e por árbitros privados. Será talvez a inovação mais relevante na história ainda recente da arbitragem privada no Brasil. E será inovação extraordinariamente útil para aliviar ao menos em parte o impressionante congestionamento do contencioso tributário submetido exclusivamente ao judiciário estatal, administrativo e judicial.

---

[4] SERRA, Manuel Fernando dos Santos, 2010, p. 22-23.

Terceira via no contencioso tributário brasileiro.

Não se propõe que a arbitragem tributária venha retirar do judiciário a função de resolver litígios tributários de variadas naturezas. Nem se propõe extinguir a função julgadora de órgãos administrativos. O que se pretende é que a arbitragem tributária atue paralela e complementarmente a eles, uma terceira via para a solução desses litígios, ao lado dos que existem hoje. Essa terceira via pode ser construída com a segurança jurídica da arbitragem comercial privada já existente no Brasil para solução rápida e especializada de litígios tributários fora do Judiciário e fora da administração pública.

Sistema tributário nacional é a origem dos litígios.

A mais importante razão da litigiosidade tributária tem origem no complexo e burocrático sistema tributário brasileiro. Um verdadeiro cipoal de normas que nem mais se pode se chamar de 'sistema'. Normas tributárias constitucionais, complementares, ordinárias, infra legais, interpretações jurisprudenciais e, ainda, orientações verbais nos balcões das repartições fazendárias que atendem as dúvidas dos contribuintes.

É impossível não haver erro na aplicação desse cipoal infernal. É comum os próprios agentes da administração tributária – e os contribuintes – não saberem como aplicar ou interpretar as milhares de normas que compõem o 'sistema' tributário nacional. Os erros de conformidade e os erros de interpretação são o fato gerador da impressionantemente e volumosa litigiosidade tributária, administrativa e judicial.

A demora é o 'perde-perde' no tributário.

Trilhões de reais ficam retidos em processos que demoram anos e anos para serem solucionados, que não chegam aos cofres do Estado enquanto os processos não terminam. Apesar do esforço de juízes e julgadores administrativos, o contencioso estatal é reconhecidamente ineficiente para resolver litígios tributários em tempo razoável e em matéria tão sensível para os governos, de um lado, e para os contribuintes, do outro.

Sabe-se que nos negócios e também nos contratos com a administração pública inevitavelmente acontecem litígios. Quando não se consegue evitá-los nem se consegue compô-los, cabe solucioná-los rápida e adequadamente para que não aumentem nem entravem as atividades dos envolvidos. O mundo dos negócios se movimenta cada vez mais rapidamente e as empresas não podem esperar anos e anos para a solução de litígios tributários sob pena de 'perderem o bonde da história'. A solução demorada dos litígios tributários chega fora do tempo. Quando os processos acabam, o mundo já não é mais o mesmo. Os governos e as políticas mudaram. As partes envelheceram morreram, fecharam, faliram ou foram vendidas.

O resultado da demora é um 'perde-perde' inevitável. Os governos não conseguem arrecadar o tributo tempo previsto; o déficit fiscal aumenta enquanto a arrecadação não vem; os gastos e investimentos públicos são reduzidos porque a arrecadação não chega. Os contribuintes, por seu lado, são obrigados a fazer provisões contábeis para contingências tributárias pendentes de solução; as provisões reduzem o lucro das empresas e dos acionistas; com lucro menor, o crédito bancário e comercial fica mais difícil; os investimento são adiados, a produção e a oferta de empregos caem...

Essa demora, que também havia em Portugal, foi estudada por Manuel Fernando dos Santos Serra na implantação da arbitragem tributária lá:

> ... a demora processual, para além daquela que é necessária à cognição cabal dos factos e do direito, faz aumentar o risco da paralisia dos direitos e garantias ... no domínio das relações jurídicas administrativas e fiscais. Todos sabemos que uma sentença tardia pode resultar inútil ou até adicionar prejuízos aos já de outra forma enfrentados pela parte lesada. ...as situações consolidadas pela passagem do tempo tendem a ser materialmente irreversíveis e os danos causados de difícil avaliação pecuniária. Efeitos perversos que em tribunais assoberbados pelo grande volume de pleitos, como são, de há anos a esta parte, os tribunais administrativos e fiscais...[5]

Registro aqui também manifestação especialmente relevante a respeito da (in)eficiência da administração pública trazida por Mayara Nunes Medeiros de Souza e Sâmila Vianna:

> Neste sentido, observe-se o que diz ALEXANDRE DE MORAES sobre a eficiência: 'Assim, o princípio da eficiência é o que impõe à administração

[5] SERRA, Manuel Fernando dos Santos, 2010, p. 20.

pública direta e indireta e a seus agentes a persecução do bem comum, pelo exercício de suas competências de forma imparcial, neutra, transparente, participativa, eficaz, sem burocracia e sempre em busca da qualidade, primando pela adoção dos critérios legais e morais necessários para [a] melhor utilização possível dos recursos públicos, de maneira a evitarem-se desperdícios e garantir-se maior rentabilidade social[6]

Por que não aqui? Sabemos como? Queremos?

O pioneiro sistema de arbitragem em matéria tributária implantado em Portugal evidencia sua viabilidade jurídica e impressionante celeridade operacional. Implantada essa prática aqui no Brasil haveria uma oferta mais ampla de alternativas adequadas para a solução de litígios que poderiam ser categorizados, por exemplo, pela natureza específica dos diferentes tributos, pela maior ou menor complexidade das hipóteses de incidência, pelas diferentes circunstâncias dos fatos imponíveis, pelo maior ou menor valor do crédito em discussão etc. É como se fez em Portugal. Em tempos de mudanças profundas e reformas estruturantes que o Brasil vem procurando estabelecer está a oportunidade de propor à deliberação da sociedade e das lideranças do país a introdução da arbitragem em matéria tributária. Pode à primeira vista parecer ousadia, mas é possível, como foi em Portugal. A hora é agora, não há dúvida. Teríamos aqui, como em Portugal, uma justiça arbitral tributária privada, especializada, rápida, independente, imparcial, segura, a complementar o modelo brasileiro de contencioso tributário atual, administrativo e judicial. Podemos aproveitar a experiência de como fazer.

Construção da arbitragem tributária em Portugal

Quando já estava autorizada a implantação da arbitragem tributária em Portugal, em 2010, mas não estava ainda criada por lei, o que ocorreu em 2011, José Casalta Nabais já alertava para a necessidade de legislação especial para incluir essa ferramenta no sistema jurídico tributário português:

... se pode invocar ... o facto de o direito fiscal constituir um ramo especial do direito administrativo; ... a introdução da arbitragem tributária no nosso sistema jurídico [de] uma matéria tão importante e mani-

---

[6] SOUZA, Mayara Nunes Medeiros de e VIANNA, Sâmila, 2016.

festamente inovadora ... não pode resultar da disciplina da arbitragem administrativa ... se configura a arbitragem tributária como um direito potestativo dos contribuintes ... o que significa que a Administração Fiscal, em caso de litígio com os contribuintes, por um lado, é forçada a uma jurisdição arbitral e, por outro lado, é-lhe negado o acesso à justiça estadual.[7]

A implantação da arbitragem tributária em Portugal se deu pela edição do Decreto-lei 10/2011, de 20 de janeiro, alterado pelas leis ns. 64-B/2011, de 30.12; 20/2012, de 14 de Maio; e 66-B/2012, de 31 de Dezembro.

O DL 10/2011 regulou o regime jurídico da arbitragem como uma alternativa de resolução jurisdicional extrajudicial de conflitos fiscais, indicando como objetivos de sua implantação oferecer tutela eficaz de direitos e interesses dos contribuintes – que têm a exclusividade de requerer a arbitragem para solução de litígio tributário com o fisco; dar maior celeridade à solução dos litígios fiscais, com processos sem maiores formalidades e autonomia de julgamento pelos árbitros; e para reduzir as pendências de processos fiscais no judiciário. Alguma semelhança com o Brasil de hoje é coincidência?...

Seguem as principais disposições do DL 10/2011, informados por ROGÉRIO M. FERNANDES[8]:

> 1. São princípios da legislação que introduziu a arbitragem tributária em Portugal o contraditório em relação aos fatos que originaram o litígio e quanto ao direito aplicável em sua solução; a isonomia das partes em todo o procedimento arbitral; a autonomia do tribunal arbitral na condução do procedimento e seu livre convencimento para a prolação da decisão; a oralidade, a cooperação e a boa-fé processual de todos os envolvidos no procedimento; e a publicidade das decisões, sem a identificação das partes.
>
> 2. Os tribunais arbitrais podem ser coletivos, com três árbitros escolhidos, um por cada parte e o presidente pelos árbitros escolhidos pelas partes, ou podem ser designados pela instituição arbitral; ou os procedimentos podem ter árbitro único, escolhido pela instituição arbitral.

---

[7] NABAIS, José Casalta, 2010, p. 37.
[8] FERNANDES, Rogério M., em estudo próprio de 2011.

2.1 Podem ser árbitros juristas com experiência em matéria tributária e podem também ser economistas ou administradores com experiência nos fatos objeto do litígio; o presidente do tribunal deve ser sempre um jurista com 10 anos ou mais em matéria do litígio.

2.2 Os árbitros têm o dever de imparcialidade, independência e sigilo e estão sujeitos a impedimento por conflito de interesse em relação às partes ou por interesse próprio na solução da questão; e podem ser impugnados se não atenderem a estes requisitos;

2.3 A arbitragem só se inicia quando formado o tribunal arbitral.

3. O procedimento arbitral somente pode ser instaurado a requerimento do contribuinte, deve ser respondido pela administração tributária e se inicia com a formação do tribunal arbitral, que tem o dever de conduzir a arbitragem e promover a primeira reunião com as partes para indicar o procedimento a ser seguido e a fixação de calendário preliminar para apresentação de razões e provas a serem produzidas.

3.1 O pedido de instauração de arbitragem deve ser feito eletronicamente, suspende a execução fiscal e suspende ou interrompe os prazos de decadência e prescrição.

3.2 A administração tributária pode revogar, ratificar, reformar substituir ou manter o ato objeto do litígio, ficando vinculada à decisão arbitral;

4. A decisão dos litígios tributários deve ser de direito, vedado o uso da equidade, e vinculam o contribuinte e a administração tributária, que não pode repetir o ato julgado inválido exceto se por fatos novos.

4.1 A decisão do Tribunal Arbitral deve ser proferida no prazo de até 6 meses do início da arbitragem, prorrogável por até mais 6 meses, justificadamente, e tem o mesmo valor jurídico da sentença judicial e é irrecorrível exceto quando contiver matéria constitucional ou quando contrariar jurisprudência pacificada.

4.2 A decisão arbitral pode ser anulada se não for justificada; for contraditória entre conteúdo das justificativas e os da decisão; for *ultra petita* ou se omitir em relação a qualquer pedido das partes; violar o contraditório e a igualdade das partes.

Ainda comentando o DL 10/2011, Rogério M. Fernandes indicou a extensão das matérias que podem ser resolvidas pela arbitragem tributária portuguesa:

O Tribunal Arbitral Fiscal poderá pronunciar-se sobre diversos tipos de pretensões, como a apreciação da declaração de ilegalidade de liquidação de tributos, de autoliquidação, de retenção na fonte e dos pagamentos por conta, assim como a apreciação de ilegalidade de actos de determinação da matéria tributável, actos de determinação da matéria colectável e actos de fixação de valores patrimoniais, entre outros[9]

Comentando a Portaria 112-A/2011, de 22 de março, sobre a vinculação da administração tributária portuguesa á arbitragem tributária, o mesmo Rogério M. Fernandes informou:

> Estabelece ... a Portaria 112-A/2011... que a partir de julho próximo [de 2011] a Direção Geral dos Impostos (DGCI) e a Direção Geral das Alfândegas e dos Impostos Especiais sobre o Consumo (DGAIEC) se encontram vinculadas à jurisdição dos tribunais arbitrais ... em determinadas causas tributárias. Para algumas matérias, a vinculação da administração tributária fica condicionada a anterior 'recurso à via administrativa'. A vinculação da administração tributária à jurisdição arbitral foi excluída para 'os litígios de valor superior a 10 milhões de euros ...

Comentando o Regulamento das Custas nos Processos de Arbitragem Tributária, de abril de 2011, e o Regulamento de Seleção de árbitros em matéria tributária, de junho de 2011], Fernandes acrescentou:

> Os árbitros deverão ser escolhidos entre 'pessoas de comprovada capacidade técnica, idoneidade moral e sentido de interesse público'. Poderão ser juristas com pelo menos dez anos de experiência profissional ... [e] ainda ... árbitros licenciados em Economia ou Gestão, embora apenas [em] questões que exijam conhecimentos especializados dessa área não jurídica e não podendo ... exercer as funções de árbitro presidente."

E, ainda:

> Para arbitragens com valores iguais ou superiores a 500 mil ou a 1 milhão de euros, o árbitro-presidente 'deve ter exercido [a] magistratura nos Tribunais tributários ou possuir o grau de mestre ... ou doutor em

[9] FERREIRA, Rogerio M. Fernandes, 2011, p. 2.

Direito Fiscal", respectivamente. Quem pretender fazer parte da lista de árbitros [do CAAD] ... precisa ... candidatar-se, por meio de consulta pública anual, à lista de árbitros ... ordenada segundo um critério de especialidade ...[10]

Rogério M. Fernandes resumiu ainda a questão dos custos da arbitragem:

> As custas no processo arbitral – genericamente designadas como taxas de arbitragem – compreendem a taxa ... pelo 'impulso processual' e os encargos do processo arbitral ... (*v.g.*, honorários dos árbitros, despesas ... para produção de prova etc.). ... A taxa de arbitragem é calculada com base em dois critérios fundamentais: o valor da causa e o modo de designação do árbitro ... [Nos] casos de designação de árbitro pelo CAAD [1 ou 3 árbitros], o valor mínimo ascende a 306 euros ... e o valor máximo tabelado é de 4.896,00 euros" [Tabela I, faixas menores de valor da causa];... nos casos [em que] as partes designem os árbitros [sempre três], ... o limite mínimo é de 12.000 euros ... e o limite máximo [é] de 120 mil euros..." [Tabela II, faixas maiores de valor da causa][11]

Cabe destacar neste passo aspecto peculiar à arbitragem tributária em Portugal, fator de críticas possivelmente infundadas. Trata-se da designação do CAAD como a instituição arbitral única para processar litígios em matéria tributária no país. Seja porque já estivesse instalada para administrar litígios administrativos de outras naturezas, seja pela menor extensão territorial e menor fluxo de litígios em Portugal, a determinação de uma única instituição arbitral atendeu a necessidade inicial daquele país.

Essa escolha não parece adequado para o Brasil, e daí a crítica que se faz. Aqui, será necessário escolher instituições arbitrais privadas para administrar os procedimentos de arbitragem tributária em todo o território nacional que deverão atender as diferentes unidades federativas, União, Estados, Distrito Federal e Municípios, o que não caberia a uma única instituição. Temos no país número razoável de instituições arbitrais em localizações geográficas distintas e com larga experiência no

---

[10] FERNANDES, Rogério M., 2011, p. 6-8.
[11] FERNANDES, Rogério M., 2011, p. 9-10.

trato das arbitragens comerciais. Essas instituições arbitrais poderão ser credenciadas a administrar arbitragens em litígios em matéria tributária e desempenhar, no Brasil, o que o CAAD faz em Portugal.

Registro, nesse passo, breves anotações de Domingos Soares Farinho sobre o modelo institucional do CAAD e a clara separação das funções institucionais das funções arbitrais, o que pode ser adotado pelas instituições arbitrais brasileiras:

> ... o CAAD é uma associação privada [em] que não se deve confundir o modelo institucional de um centro de arbitragem com a sua estrutura funcional [e] deve ficar claro que uma coisa é o tribunal arbitral, seu objeto, seu regulamento, seus juízes-árbitros e forma de processo, e outra coisa é a instituição que gere e assegura o funcionamento regular do tribunal arbitral;... enquanto estrutura institucional, convoca um conjunto de problemas de governo institucional que devem merece atenção e tratamento autónomo do conjunto de problemas convocado por sua dimensão funcional, ou seja, pelas questões jurídicas convocadas pela arbitragem; ... . o modelo institucional do CAAD assegura de modo claro a distinção entre os problemas de governo institucional específicos de uma associação que se consubstancia como centro de arbitragem ... e sua consequente função arbitral ...[12]

Como ilustração do desempenho inicial da arbitragem tributária em Portugal, registro também algumas estatísticas reunidas por SERENA CABRITA NETO e apresentadas em Power Point em congresso arbitral realizado em Recife em 2014:

Balanço dos dois primeiros anos completos de experiência – Estatísticas Oficiais CAAD:

Número de Processos: Processos decididos de Setembro a Dezembro de 2011: 26; Processos decididos em 2012: 150; Processos decididos em 2013: 285

Tipos de Árbitros: Designados pelo CAAD:1,3%; Designados pelas partes: 98,7%

---

[12] FARINHO, Domingos Soares, "Algumas notas sobre o modelo institucional do CAAD", in "Mais Justiça Administrtiva e Fiscal, Arbitragem, organizada por Nuno de Villa-Lobos et al, ed. Wolters Kluwer Portugal e Coimbra Editora, 1ª ed., Novembro 2010, p. 33-34 e p. 44-45.

Tipos de Arbitragem: Singular: 50,5%; Colectiva; 49,5%
Sentido da Decisão: Favorável ao Contribuinte: 59%; Favorável à AT: 41%
Valores totais decididos: 93.901.146,64 de Euros
Tipos de Decisão: Revogação dos actos: 11; Com decisão: os restantes
Prazo médio da Decisão: 4 meses e 22 dias!"[13]

Construção legal da arbitragem tributária no Brasil.
Esse é o exemplo de como fazer. Será preciso ver se efetivamente queremos... Mudança de cultura e de procedimentos são normalmente difíceis da acontecer sem o trabalho permanente de colocar em prática as novas ideias. Há que haver persistência até que elas se materializem. É o que estamos vendo acontecer no Brasil em relação à proposta de implantação da arbitragem tributária, dificuldade reduzida aqui com o aprendizado que podemos tirar da experiência pioneira de Portugal.

Neste aspecto, a disciplina legal da arbitragem tributária em Portugal pode nos ensinar os princípios que foram adotados lá, a começar pela lei autorizativa do instituto e pelo decreto-lei disciplinando sua implantação, com as portarias detalhando elementos operacionais. Esse conteúdo normativo de Portugal serve como experiência a ser estudada no Brasil. A implantação da arbitragem tributária aqui, no entanto, haverá de estar subordinada ao sistema jurídico brasileiro.

Defendem alguns que a arbitragem tributária deveria ser introduzida em nosso sistema por lei complementar nacional, complementada por leis ordinárias das três esferas de governo. Há por outro lado quem defenda que já temos legislação em vigor que, sistemicamente bem interpretada, permitiria que conflitos tributários fossem submetidos à arbitragem sem necessidade de legislação especial. A autorização em lei especial me parece necessária para dar aos agentes das administrações tributárias e aos contribuintes a segurança jurídica necessária para recorrer a esses métodos sem o risco de contestação judicial e de custosa e demorada construção jurisprudencial.

---

[13] CABRITA NETO, Serena, "Arbitragem Tributária: a experiência em Portugal", apresentação em 30 de maio de 2014, no V Encontro Nacional de Mediação e Arbitragem realizado pelo CONIMA – Conselho Nacional das Instituições de Mediação e Arbitragem em Recife, PE.

Pela importância das repercussões que a implantação da arbitragem tributária seguramente irá provocar, há de se ter grande cuidado na elaboração da legislação que disciplinará sua implantação. Hoje o Brasil trilha um caminho concreto rumo a essa implantação com o Projeto de Lei 4.257, 6 de agosto de 2019, do senador Antonio Anastasia, que optou fazê-lo por lei ordinária. A tramitação do Projeto de Lei do Senador Anastasia deve ser acompanhada passo a passo até que se obtenha a maior qualidade possível de texto para sua aprovação. Temos no Brasil inteligência jurídica suficiente para contribuir para essa qualidade na legislação especial que o Senador Anastasia propôs. Temos também inteligência política para isso, quero crer. Há ainda trabalho a fazer, portanto, para que a arbitragem tributária se torne realidade no Brasil.

Volto à indagação inicial: Queremos a arbitragem tributária no Brasil e não sabemos como fazê-la, ou sabemos, mas não queremos? É o que veremos...

Convoco a quem possa e queira que participe dessa cruzada.

Referências

CABRITA NETO, Serena, "Arbitragem Tributária: a experiência em Portugal", apresentação em 30 de maio de 2014 no V Encontro Nacional de Mediação e Arbitragem realizado pelo CONIMA – Conselho Nacional das Instituições de Mediação e Arbitragem em Recife, PE.

JÚDICE, José Miguel e CASTILHO, Luis, "What Can we Infer from the Ascendi Case?", Kluwer Arbitration Blog – Latest Entries, posted 19 Oct 2014.

FERREIRA, Rogerio M. Fernandes et al, "Arbitragem Fiscal: Consagração Lega" ed. PLMJ Sociedade de Advogados, RL, in Informação Fiscal, 2011.

FARINHO, Domingos Soares, "Algumas notas sobre o modelo institucional do CAAD", in "Mais Justiça Administrativa e Fiscal, Arbitragem, organizada por Nuno de Villa-Lobos et al, ed. Wolters Kluwer Portugal e Coimbra Editora, 1ª ed., Novembro 2010.

MORAES, Alexandre de, Ministro do Supremo Tribunal Federal no Brasil, in "Arbitragem Tributária: Um Panorama da Experiência Portuguesa e a Perspectiva Brasileira": Mayara Nunes Medeiros de Souza et al.

NABAIS, José Cabala, "Reflexão sobre a Introdução da Arbitragem Tributária" in "Revista da PGFN jan/jun 2011, revisão do texto de 2010 sobre a Lei de Orçamento do Estado para 2010 (LOE/2010), autorizativa da introdução da arbitragem tributária no "direito dos impostos" em Portugal.

Oliveira, Maria da Conceição, "Mediação e Arbitragem no Roteiro da "Boa Administração" – A Experiência Portuguesa no Contexto Europeu", *in* "Mais Justiça Administrativa e Fiscal, Arbitragem, organizada por Nuno de Villa-Lobos et al, ed. Wolters Kluwer Portugal e Coimbra Editora, 1ª ed., Novembro 2010.

Schoueri, Luis Eduardo, professor em Direito Tributário no Brasil, *in* "Arbitragem Tributária: Um Panorama da Experiência Portuguesa e a Perspectiva Brasileira": Mayara Nunes Medeiros de Souza e Sâmila Vianna, estudo próprio em 2016.

Serra, Manuel Fernando dos Santos, "Arbitragem Administrativa em Portugal: Evolução Recente e Perspectivas", *in* "Mais Justiça Administrativa e Fiscal, Arbitragem", organizada por Nuno de Villa-Lobos et al, ed. Wolters Kluwer Portugal e Coimbra Editora, 1ª ed., Novembro 2010.

Souza, Mayara Nunes Medeiros de e Vianna, Sâmila, "Arbitragem Tributária: Um Panorama da Experiência Portuguesa e a Perspectiva Brasileira", estudo próprio apresentado no CONIMA-Conselho Nacional das Instituições de Mediação e Arbitragem em Belo Horizonte, em 11 de outubro de 2016.

Torres, Manuel Anselmo, "Domestic Tax Arbitration: A Brief Overview", *in* "Mais Justiça Administrtiva e Fiscal, Arbitragem, organizada por Nuno de Villa-Lobos et al, ed. Wolters Kluwer Portugal e Coimbra Editora, 1ª ed., Novembro 2010.

Villas-Boas, Nuno de, Presidente do CAAD-Centro de Arbitragem Administrativo, "Mais Justiça Administrativa e Fiscal, Arbitragem", organizada por Nuno de Villa-Lobos et al, ed. Wolters Kluwer Portugal e Coimbra Editora, 1ª ed., Novembro 2010.

Yurgel, Ana Paula Olinto, "Arbitragem Tributária em Portugal: Possibilidade de Inserção do Instituto no Direito Tributário Brasileiro", estudo próprio, *circa* julho de 2013.

14. A necessidade e admissibilidade da mediação administrativa

Mariana Soares David

Introdução

Muito se tem escrito, na doutrina portuguesa, a propósito da admissibilidade da mediação no quadro administrativo, sobretudo para resolução de conflitos entre privados e entidades pertencentes à Administração do Estado.

Por isso mesmo, nestas próximas linhas, não nos deteremos em resumos do que já tem sido sobejamente analisado e debatido, por tantos e mais avisados autores. Ao invés, concluindo pela admissibilidade da mediação administrativa pelas razões que sumariamente se expõem em seguida, procuraremos suscitar novas questões e alinhavar possíveis caminhos para que o uso da mediação no contexto administrativo se possa, de facto, tornar uma realidade.

1. Breve incurso sobre o conceito de mediação

O objetivo do presente artigo não passa pela definição e caracterização da mediação como um todo, nem tão pouco pela enunciação das suas vantagens face aos restantes meios tradicionais ou alternativos de resolução de litígios[1].

---

[1] A este propósito vide, por todos, Mariana França Gouveia, *Curso de Resolução Alternativa de Litígios*, 3. ed. Coimbra, Almedina, 2014, pp. 41-42, 47-50, 101-106 e 119-123.

Não obstante, mesmo para a análise que nos propomos realizar e verter neste artigo – relacionada com a necessidade e viabilidade da mediação administrativa – importa clarificar qual o conceito de mediação de que partimos, já que a experiência abarca, muitas vezes, neste conceito, institutos muito distintos, que vão para além da mediação *stricto sensu*. Com efeito, não é despiciendo sublinhar que a mais recente convenção aprovada pela UNCITRAL a propósito desta temática (i.e., a Convenção sobre a Execução de Acordos de Mediação, usualmente identificada por "Convenção de Mediação de Singapura")[2], fortemente inspirada na Convenção de Nova Iorque sobre o Reconhecimento e a Execução de Sentenças Arbitrais Estrangeiras de 1958, parte de uma definição muito ampla[3]. Esta definição pretende, pela sua amplitude, abarcar as várias escolas de mediação (facilitativa, avaliativa, transformativa, etc.) e mesmo outros meios de resolução de litígios que escapariam ao conceito tradicional de mediação (como a conciliação, por exemplo), desde que o terceiro neutro escolhido pelas partes não tenha poder para lhes impor uma determinada solução do conflito.

Pese embora se compreenda o objetivo desta definição mais ampla de mediação, acolhida por este texto da UNCITRAL, ao longo destas próximas páginas, qualquer referência a mediação deve ser entendida em sentido estrito e como remissão para o conceito de mediação inscrito na ordem jurídica portuguesa pela chamada "Lei da Mediação", aprovada pela Lei nº 29/2013, de 19 de Abril, que estabelece os princípios gerais aplicáveis à mediação realizada em Portugal, bem como os regi-

---

[2] O projeto desta Convenção de Mediação de Singapura foi preparado e aprovado pela UNCITRAL, em junho de 2018, em conjunto com uma nova Lei Modelo sobre a Mediação Comercial Internacional e Acordos Internacionais resultantes de Mediação (adiante "Lei Modelo da Mediação"), que veio substituir a anterior Lei Modelo da Uncitral sobre Conciliação Comercial Internacional de 2002. Os projetos finais foram aprovados pelo Conselho das Nações Unidas em dezembro de 2018 e, no início de agosto de 2019, a Convenção de Mediação de Singapura foi aberta à assinatura pelos Estados. Até ao momento, a Convenção já foi assinada por 52 Estados das Nações Unidas, situados quase todos nos continentes africano, asiático e americano (entre os quais, os Estados Unidos da América).

[3] Neste sentido, nos termos do artigo 2º, nº 3, da Convenção de Mediação de Singapura, «"[m]ediation" means a process, irrespective of the expression used or the basis upon which the process is carried out, whereby parties attempt to reach an amicable settlement of their dispute with the assistance of a third person or persons ("the mediator") lacking the authority to impose a solution upon the parties to the dispute"».

mes jurídicos da mediação civil e comercial, dos mediadores e da mediação pública.

Ora, nos termos do artigo 2º da Lei da Mediação portuguesa, entende-se como mediação «a forma de resolução alternativa de litígios, realizada por entidades públicas ou privadas, através do qual duas ou mais partes em litígio procuram voluntariamente alcançar um acordo com a assistência de um mediador de conflitos»[4]; o qual é, por sua vez, definido como um «terceiro, imparcial e independente, desprovido de poderes de imposição aos mediados, que os auxilia na tentativa de construção de um acordo final sobre o objeto do litígio»[5]. É este o conceito de mediação de que partimos para efeitos da análise que se segue, excluindo assim figuras paralelas de resolução alternativas de litígios como a conciliação, por não se enquadrarem neste conceito mais restrito.

2. A admissibilidade da mediação administrativa

A admissibilidade do recurso à mediação de conflitos no domínio administrativo não é, certamente, inquestionável.

Em sentido desfavorável à sua admissibilidade, poder-se-iam invocar, entre outros argumentos, *(i)* a indisponibilidade de grande parte dos interesses em discussão nos conflitos com a Administração Pública, *(ii)* a publicidade do processo e das decisões administrativas, plasmada no artigo 30º do Código de Processo nos Tribunais Administrativos ("CPTA") português[6], *(iii)* os limites impostos pelo CPTA à tomada de decisões com base na equidade[7], e até *(iv)* o desequilíbrio usualmente existente entre as partes, pelo menos em relações entre privados e a Administração Pública.[8]

---

[4] Lei da Mediação, artigo 2º, alínea a).
[5] Lei da Mediação, artigo 2º, alínea b).
[6] Aprovado pela Lei nº 15/2002, de 22 de fevereiro, e subsequentemente alterado por vários diplomas, tendo os mais recentes sido o Decreto-Lei nº 214-G/2015, de 2 de outubro e a Lei nº 118/2019, de 17 de setembro. Importa sublinhar que a quase totalidade das obras doutrinárias analisadas e citadas neste artigo se debruçam sobre a versão do CPTA de 2015, não contemplando ainda, naturalmente, as alterações introduzidas pela Lei nº 118/2019, de 17 de setembro, às quais aproveitaremos para fazer menção, pelo menos nos pontos relevantes para a nossa análise.
[7] Neste sentido, veja-se, em particular, o artigo 185º, nº 2, do CPTA, sobre o qual nos debruçaremos com maior detalhe adiante.
[8] A este propósito *vide* ANA CELESTE CARVALHO, "A Mediação em matéria administrativa: uma possibilidade com futuro", em *Cadernos de Justiça Administrativa*, nº 109, 2015, p. 4; e

Não obstante, a nosso ver, nenhum destes argumentos ou obstáculos é absolutamente impeditivo. Senão vejamos:

Em primeiro lugar, é certo que a mediação de conflitos, enquanto meio alternativo de resolução de litígios tem, em regra, como limite, matérias que se encontrem na disponibilidade das partes e, por conseguinte, sobre as quais estas possam transigir. Este princípio da disponibilidade ou transigibilidade encontra-se expresso no artigo 11º, nº 2, da Lei de Mediação portuguesa, a propósito da mediação civil e comercial, mas parece-nos dever ser extensível à generalidade das matérias submetidas a mediação. Assim sendo, salvo norma especial em sentido contrário, não devem poder ser resolvidas por mediação questões sobre as quais as partes não pudessem, por si só e entre si, celebrar transação. E assim é, desde logo, porque o acordo resultante de um processo de mediação é, em si mesmo, uma transação entre as partes, ainda que alcançada através de um procedimento específico e graças ao apoio e intermediação de um mediador de conflitos. Ora, também no domínio administrativo se prevê expressamente, no artigo 27º, nº 1, alínea e), do CPTA, a possibilidade de as partes porem termo ao processo por meio de transação, contanto que as matérias em apreço se enquadrem nos poderes de disposição das partes[9].[10] Posto isto, parece-nos que a admissibilidade da mediação no domínio administrativo deve seguir esta mesma bitola da *disponibilidade dos interesses sob discussão*. De resto, foi precisamente essa a bitola acolhida pelo artigo 87º-C do CPTA, como condição para a realização de qualquer tentativa de conciliação ou mediação no âmbito de um processo judicial[11].

Dulce Lopes e Afonso Patrão, "A mediação em litígios jurídico-administrativos: contributo para a delimitação do seu âmbito" em *A Mediação Administrativa: contributos sobre as (im)possibilidades*, Coimbra, Coimbra Editora, 2019, pp. 13-15.

[9] Cf. Mário Aroso de Almeida e Carlos Alberto Fernandes Cadilha, *Comentário ao Código do Processo nos Tribunais Administrativos*, 4. ed. Coimbra, Almedina, 2017, p. 697.

[10] Ao nível extrajudicial, a possibilidade de contratar resulta da habilitação genérica prevista no artigo 278º do Código dos Contratos Públicos português ("CCP"), aprovado pelo Decreto-Lei nº 18/2008, de 29 de janeiro, alterado por variadíssimos diplomas, entre os quais, mais recentemente, a Resolução da Assembleia da República nº 16/2020, de 19 de março – princípio da fungibilidade das formas de atuação administrativa.

[11] Este preceito será analisado, com maior detalhe, *infra*, na parte final deste mesmo capítulo 1.

É certo que, no quadro jurídico-administrativo, a delimitação dos poderes de disposição das partes (e, em particular, dos poderes de disposição do ente público) se pode revelar menos evidente e mais apertada. Ainda assim, em nossa opinião, existe um amplo leque de questões emergentes de relações administrativas que serão passíveis de resolução por meio de mediação. A delimitação do perímetro do princípio do dispositivo aplicado à mediação administrativa resultará, assim, da sua conjugação com o princípio da legalidade e, em particular, da existência *in casu* de uma margem de livre decisão por parte da Administração Pública (i.e., da possibilidade legal de decidir em mais do que um sentido)[12.13/14]

Em segundo lugar, é indiscutível a importância da publicidade do processo e das decisões administrativas, como forma de garantia da sua legalidade e transparência e como forma de permitir o escrutínio da atuação administrativa pelos particulares. Porém, não nos parece que

---

[12] Considerando, por exemplo, uma hipotese, em que a Administração esteja obrigada por lei a um dever de anulação de um ato administrativo, esta não poderá sujeitar à mediação a anulação desse ato. Já nos casos em que a Administração possa optar entre anular ou não anular o ato, com alguma margem de discricionariedade, a anulação do ato já poderá ser submetida a mediação, exceto se estivermos perante um caso de "redução a zero da margem de livre decisão" (*cf.* Marcelo Rebelo de Sousa e André Salgado de Matos, *Direito Administrativo Geral*, Tomo I, 3. ed., D. Quixote, 2008, p. 204).

[13] Neste sentido, João Taborda da Gama, "Contrato de Transacção no Direito Administrativo e Fiscal", em *Estudos em Homenagem ao Professor Doutor Inocêncio Galvão Teles*, 2003, Vol. V, Coimbra, Almedina, pp. 658-659. Na jurisprudência, a "vinculação" da Administração tem sido entendida como critério essencial para aferir da disponibilidade da relação jurídica configurada em juízo (*cf.* Acórdão do Tribunal Central Administrativo do Sul, de 17 de maio de 2012, no processo nº 08686/12, disponível em http://www.dgsi.pt/).

[14] Mais discutível se revela a possibilidade de replicar, na mediação, o elenco de matérias tipificadas no artigo 180º, nº 1, do CPTA – ainda que a disponibilidade tenha servido, numa primeira fase do desenvolvimento da arbitragem administrativa em Portugal, como critério para a determinação do conjunto de matérias arbitráveis –, atenta a «mudança de paradigma» decorrente da admissibilidade geral da submissão à arbitragem de litígios relativos à validade de atos administrativos (*cf.* Mário Aroso de Almeida, ob. cit., p. 517). Esta mudança de paradigma levou a que a arbitrabilidade de litígios sujeitos à jurisdição administrativa dependa, hoje, não tanto de um critério geral de arbitrabilidade, mas do recorte legislativo plasmado no artigo 180º, nº 1, do CPTA.
Por outro lado, e na esteira de Dulce Lopes e Afonso Patrão, em "A mediação em litígios jurídico-administrativos: contributo para a delimitação do seu âmbito", ob. cit., p. 33, isto significa que as matérias passíveis de mediação não se restringem a este elenco de matérias arbitráveis, ainda que este possa, pelo menos, servir de inspiração, por indicar alguns exemplos de matérias que se consideram disponíveis.

este princípio seja incompatível com o princípio da confidencialidade vertido no artigo 5º da Lei de Mediação portuguesa[15]. De resto, basta atentar na letra do referido preceito para concluir que não se trata de um princípio absoluto – de resto, como qualquer outro princípio. E assim é, de um lado, porque aquele princípio da confidencialidade apenas incide sobre «o procedimento de mediação» e sobre o «conteúdo das sessões de mediação»[16]; de outro lado, porque não se aplica ao teor do «acordo obtido» como resultado do processo de mediação[17-18]; e, de outro lado ainda, porque pode sempre cessar «por razões de ordem pública, nomeadamente para assegurar a proteção do superior interesse da criança, quando esteja em causa a proteção da integridade física ou psíquica de qualquer pessoa, ou quando tal seja necessário para efeitos de aplicação ou execução do acordo obtido por via da mediação, na estrita medida do que, em concreto, se revelar necessário para a proteção dos referidos interesses»[19]. Ao que acresce que, nos termos do artigo 16º, nº 3, alínea f), da Lei da Mediação, as próprias partes podem, no Protocolo de Mediação, definir, em conjunto com o mediador, as regras do procedimento de mediação e, em particular, a extensão do princípio da confidencialidade a observar no processo em causa. Por sua vez, também o princípio da publicidade no âmbito dos processos administrativos

---

[15] Em sentido contrário, mas por assumir – a nosso ver, erradamente – a confidencialidade dos acordos em mediação, veja-se CLÁUDIA FIGUEIRAS, *A revisão do CPTA e os meios alternativos de resolução de litígios: novidades, dúvidas e algumas propostas*, disponível em https://sigarra.up.pt/fdup/en/noticias_geral.ver_noticia?p_nr=17314 (acesso em 24.04.2020), p. 8.
[16] Lei da Mediação, artigo 5º, nºs 1 e 4.
[17] Lei da Mediação, artigo 5º, nº 4.
[18] O acordo obtido em mediação, por não ser imediata e directamente exequível como título executivo extrajudicial – ao contrário do que sucede, por exemplo, no Brasil –, carece, para o efeito, *(i)* de homologação judicial (Lei de Mediação, artigo 9º, *a contratio sensu*, e artigo 14º), *(ii)* de ser realizado perante e com o apoio de mediador certificado integrado na lista organizada para o efeito pelo Ministério da Justiça (Lei da Mediação, artigo 9º, nº 1) ou *(iii)* de autenticação notarial ou equiparada (Código de Processo Civil português ("CPC"), artigo 703º, nº 1, alínea b)). Ora, pelo menos nas duas primeiras hipóteses, apesar de não se prever uma revisão de fundo do acordo obtido nem tão pouco qualquer recurso do mesmo, tanto o tribunal como o mediador serão chamados a verificar se o litígio pode ser objeto de mediação, se as partes têm capacidade para a sua celebração, se respeita os princípios gerais de direito, se respeita a boa-fé, se não constitui um abuso do direito e se o seu conteúdo não viola a ordem pública (*cf.* Lei da Mediação, artigos 9º, nº 1, e 14º, nº 3).
[19] Lei da Mediação, artigo 5º, n.º 3.

não parece exigir uma publicidade absoluta de todo o procedimento e de todas as suas sessões. Isso mesmo parece decorrer do artigo 185º-B do CPTA, que, no domínio dos processos arbitrais administrativos, apenas impõe a publicidade das decisões transitadas em julgado. Pelo que, por identidade de razão, também no âmbito de um processo de mediação nos parece que o cumprimento deste princípio se *bastará com a publicidade do eventual acordo obtido e, porventura, do Protocolo de Mediação*; publicidade, essa, que se afigura perfeitamente compatível com o princípio da confidencialidade tal como previsto na Lei da Mediação portuguesa.

Em terceiro lugar, pese embora se reconheça que uma das principais vantagens da mediação reside precisamente no facto de este meio de resolução de litígios permitir soluções criativas (mesmo que sem respaldo no direito estrito e, por isso, mais próximas da equidade), também não nos parece que a limitação prevista no artigo 185º, nº 2, do CPTA, para as decisões arbitrais seja impeditiva – pese embora se pudesse considerar aplicável por maioria de razão. De resto, no processo de mediação, não há propriamente um julgamento segundo a equidade, mas uma transação fundada numa solução escolhida livremente pelas partes, dentro dos limites impostos pelo princípio da legalidade. Pelo que, dentro daquela margem de livre decisão administrativa, nada impede que a decisão administrativa conformada no processo de mediação seja construída *beyond legality*[20], até por obediência a imperativos de justiça e boa administração.

Em quarto lugar (seguindo a ordem das potenciais objeções que acima se apontaram), o desequilíbrio naturalmente existente em qualquer relação ou conflito entre privados e a Administração Pública não acarreta um perigo acrescido no âmbito da mediação. Pelo contrário, a mediação permite até ultrapassar a percepção que por vezes existe – pela nossa experiência, infundada – de que as decisões judiciais ou arbitrais proferidas em processos que oponham o Estado a entidades privadas resultam normalmente em soluções mais favoráveis para o Estado.

---

[20] A expressão é de NIKIFOROS DIAMANDOUROS, antigo Provedor de Justiça da União Europeia em "Legality and good administration: is there a difference?", *Speech by the European Ombudsman, Nikiforos Diamandouros, at the Sixth Seminar of National Ombudsmen of EU Member States and Candidate Countries on 'Rethinking Good Administration in the European Union', Strasbourg, France, 15 October 2007*, disponível em https://www.ombudsman.europa.eu/pt/speech/en/370 (acesso em 24.04.2020).

Na mediação, a solução do caso não é imposta às partes por qualquer terceira entidade; a solução do caso é procurada, encontrada e decidida pelas próprias partes, com o apoio de um mediador, que tem também como função garantir a igualdade entre as partes no decurso do procedimento[21]. Em todo o caso, não é despiciendo sublinhar que existe toda uma panóplia de litígios administrativos em que esta questão, em princípio, nem sequer se coloca (designadamente, aqueles que se desenrolam apenas entre entidades públicas).

Finalmente, em reforço da admissibilidade da mediação administrativa, importa sublinhar que – apesar da sua ainda escassa utilização, porventura por desconhecimento dos operadores jurídicos quanto à sua existência ou quanto às suas vantagens[22] –, *do ponto de vista legal, esta não é uma novidade*. Desde 2015 que o CPTA prevê expressamente, no seu artigo 87º-C, a possibilidade de uma tentativa de mediação, em qualquer estado do processo, desde que a causa caiba nos poderes de disposição das partes e que as partes o requeiram conjuntamente ou o juiz a considere oportuna.

Discute-se se esta disposição permite que o tribunal imponha efetivamente às partes a realização de uma tentativa de mediação. A redação do preceito parece apontar nesse sentido, pese embora se possa questionar a bondade e até a constitucionalidade de uma tal imposição[23-24]. A mediação é, por natureza, voluntária[25], pelo que a sua obrigatoriedade

---

[21] Lei da Mediação, artigo 6º, em linha com o artigo 6º do CPTA.

[22] Tal como sucede, de resto, no âmbito comercial e civil, onde, por via da Lei da Mediação portuguesa e por via do artigo 273º, nº 1, do CPC, seria possível um recurso muito mais frequente à mediação.

[23] Por contraposição, atente-se na redação do artigo 273º, nº 1 do Código de Processo Civil, nos termos do qual, «em qualquer estado da causa, e sempre que o entenda conveniente, o juiz pode determinar a remessa do processo para mediação, suspendendo a instância, **salvo quando alguma das partes expressamente se opuser a tal remessa** (realce nosso)». Este último segmento, por inexistir no artigo 87º-C do CPTA, promove a leitura favorável à obrigatoriedade da tentativa de mediação, quando proposta pelos tribunais administrativos.

[24] Em sentido contrário a essa obrigatoriedade pronunciam-se CLÁUDIA FIGUEIRAS, *A revisão do CPTA e os meios alternativos de resolução de litígios: novidades, dúvidas e algumas propostas*, disponível em https://sigarra.up.pt/fdup/en/noticias_geral.ver_noticia?p_nr=17314, p. 6 e ANA CELESTE CARVALHO, ob. cit., pp. 9 e 10.

[25] Lei da Mediação, artigo 4º.

A NECESSIDADE E ADMISSIBILIDADE DA MEDIAÇÃO ADMINISTRATIVA

tem chocado alguns autores. Não obstante, vários são os países em que a obrigatoriedade de uma primeira sessão de mediação, de uma sessão de pré-mediação ou da simples sugestão do recurso à mediação tem sido acolhida pela lei ou pelos tribunais, traduzindo-se num uso crescente e bem sucedido da mediação[26]. No quadro constitucional português, não nos parece que esta solução seja contrária ao direito de acesso à justiça[27], na medida em que se traduza apenas na obrigatoriedade de as partes estarem presentes numa primeira sessão, podendo a qualquer momento abandonar a sessão e/ou recusar a realização de qualquer outra sessão, optando por prosseguir pela via judicial ou arbitral[28]. A grande questão que se coloca é se esta obrigatoriedade pode ser benéfica, para começar a criar uma cultura de mediação, e contribuir para aumentar e generalizar o conhecimento da mediação entre as partes e os vários operadores jurídicos (ainda que através de um breve contacto, com vista à sua sensibilização para as vantagens deste meio de resolução de litígios); ou se, ao invés, esta obrigatoriedade pode criar "anticorpos" nos seus utilizadores, na medida em que a percecionem como uma manobra dilatória e como um obstáculo ao recurso imediato aos meios judiciais ou arbitrais. A nosso ver, a resposta dependerá, provavelmente, da qualidade dessas hipotéticas sessões obrigatórias de mediação e, em particular, da qualidade e competência dos mediadores que as conduzirem. Porém, não há dúvida de que a letra do artigo 87º-C do CPTA permite esta lei-

---

[26] Isso mesmo sucede, a título exemplificativo, em certas províncias do Canadá, em Hong Kong, na Austrália, nalguns dos estados que compõem os EUA, na Argentina e no Brasil. No quadro europeu, sublinham-se os casos de Itália (depois de muito se ter debatido a constitucionalidade desta obrigatoriedade) e da Irlanda (onde o recente *Mediation Act* de 2017, impõe sobre os advogados das partes – incluindo *inhouse counsels* – o dever de aconselhar os seus clientes a considerar a mediação antes de avançar com qualquer ação e de declarar perante o tribunal que esse dever foi cumprido, prevendo-se ainda possíveis consequências em matéria de custas em caso de recusa injustificada de participação na mediação pelas partes. – *cf.* Mariana Soares David, "A mediação privada em Portugal: que futuro?", em *Revista da Ordem dos Advogados*, Ano 77 – Vol. III/IV, Jul./Dez. 2017, Lisboa, pp. 771-773.
[27] Constituição da República Portuguesa ("CRP"), artigo 20º.
[28] Como ensina Paula Costa e Silva, em *A Nova Face da Justiça – Os Meios Extrajudiciais de Resolução de Controvérsias*, Coimbra, Coimbra Editora, 2009, pp. 71-72, em Portugal, a mediação pré-judicial obrigatória pode ou não ser uma limitação desrazoável do direito de acesso à justiça consoante o tipo de litígio em causa e a justificação e adequação da mediação como afectação mais racional do recurso da justiça e/ou como nova abordagem de resolução de litígios.

tura, e é sabido que a obrigatoriedade de uma primeira sessão de mediação tem resultado de modo favorável em várias outras jurisdições.

Antes da reforma do CPTA pela Lei nº 118/2019, discutia-se também qual o regime legal aplicável à mediação administrativa prevista neste artigo 87º-C[29]. Havia até quem imputasse a escassa utilização desta norma ao facto de esta não referir, de forma clara, qual o regime legal aplicável a este tipo de mediação, bem como ao facto de se considerar que a mediação administrativa careceria de regulamentação própria. Não obstante, se já na sua versão anterior, a remissão para a Lei de Mediação portuguesa nos parecia bastante evidente[30], a Lei nº 118/2019 veio pôr termo a esta discussão, clarificando que a mediação administrativa se processa «nos termos previstos na lei processual civil e no regime jurídico da mediação civil e comercial, com as necessárias adaptações» e, assim, apondo uma remissão expressa para a Lei da Mediação.

3. Vantagens (e necessidade) da mediação administrativa

Já tivemos oportunidade de, noutro escrito – onde sustentámos inclusive que, por vezes, a mediação não é apenas um meio alternativo, mas sim *o meio mais adequado* para a resolução de determinados conflitos[31] –, nos debruçarmos, com maior profundidade, sobre as várias vantagens da mediação enquanto meio de resolução de litígios[32].

De entre tais vantagens, no domínio administrativo, merecem especial destaque *(i)* a celeridade e eficiência, *(ii)* o *empowerment* das partes sobre todo o procedimento e sobre a própria solução encontrada e escolhida pelas mesmas para resolver o litígio e, bem assim, *(iii)* a profundidade e a criatividade com que a mediação se debruça sobre o conflito e a

---

[29] A este propósito, leiam-se, designadamente, Cláudia Figueiras, *A revisão do CPTA e os meios alternativos de resolução de litígios: novidades, dúvidas e algumas propostas*, disponível em https://sigarra.up.pt/fdup/en/noticias_geral.ver_noticia?p_nr=17314, pp., 4 e 7; e Isabel Celeste M. Fonseca, "Das (im)possibilidades da mediação administrativa: Dare to Fly Higher", em *A Mediação Administrativa: contributos sobre as (im)possibilidades*, ob. cit., p. 87.

[30] Na versão de 2015, previa-se no nº 5 do artigo 87º-C do CPTA que «[a] mediação processa-se nos termos definidos em diploma próprio». Esse diploma sempre nos pareceu ser a Lei de Mediação cuja vocação é de âmbito geral, aplicando-se a quaisquer mediações realizadas em Portugal, pese embora contivesse (e contenha) capítulos específicos para certas matérias, as quais se aplicariam *mutatis mutandis*.

[31] Mariana Soares David, ob. cit., pp. 758.

[32] Mariana Soares David, ob. cit., pp. 744-757.

relação entre as partes e, por vezes até, *(iv)* a capacidade de reparação da relação entre as partes.

De acordo com o princípio da boa administração, previsto no artigo 5º, nº 1, do Novo Código do Procedimento Administrativo português[33], «[a] Administração Pública deve pautar-se por critérios de eficiência, economicidade e celeridade».

Ora, se olharmos para o movimento de processos nos tribunais administrativos de 1ª instância, é possível verificar que o número de processos pendentes ainda é bastante significativo (num total de 21 782 em 2019[34]). Se considerarmos os recursos (financeiros e humanos) que o Estado despende anualmente com processos infindáveis, as provisões financeiras frequentemente impostas por tais processos, a delonga que estes processos implicam na prossecução do interesse público e o impasse que muitas vezes geram na execução de importantes obras públicas, bem como a inevitável incerteza quanto ao resultado de qualquer ação judicial (ou arbitral), é inequívoco que há espaço para a mediação no domínio administrativo. Diríamos mesmo que, *em certos casos, a mediação pode mesmo ser uma necessidade.*[35]

De facto, em nossa opinião, o referido princípio da boa administração deveria obrigar a que, perante cada caso concreto, a entidade responsável pela gestão da relação administrativa em apreço e pela resolução do conflito que aí se gerou, antes de avançar com um processo judicial ou arbitral, procedesse a um exercício de ponderação das suas *BATNA (Best Alternative to a Negotiated Solution)*, *WATNA (Worst Alternative to a Negotiated Solution)* e *ZOPA (Zone of Potential Agreement)*. Estamos convencidos de que, se este exercício fosse efetivamente realizado pelas entidades públicas – ou pelos seus advogados – antes da propositura de qualquer ação judicial ou arbitral, concluir-se-ia que, em grande parte dos casos, a solução negocial mereceria, pelo menos, uma oportunidade séria.

---

[33] Diploma aprovado pelo Decreto-Lei nº 4/2015, de 7 de janeiro.
[34] Dados disponíveis em https://estatisticas.justica.gov.pt/sites/siej/pt-pt/Destaques/20200430_D68_TAF_MovimentoProcessos_2019.pdf (acesso em 30.04.2020).
[35] Nas palavras de ANA CELESTE CARVALHO, ob. cit., p. 7, «não se trata da incapacidade da justiça pública em assegurar a resolução dos litígios, mas de conceder que a justiça pública não esgota os meios de resolução de litígios e que, em larga escala, os cidadão recorrem aos tribunais, com ou sem motivo».

E porque é que não basta então uma simples negociação entre partes ou entre os respetivos advogados? Em certos casos, pode efetivamente bastar. Como já tivemos oportunidade de expressar *aliud*, não nos parece que a mediação deva ser utilizada em todo e qualquer caso, devendo o recurso à mesma ser precedido de um juízo de discernimento capaz de selecionar os casos que podem realmente ser resolvidos com sucesso através da mediação[36]. Não obstante, naqueles casos em que se conclua pela admissibilidade e pela adequação da mediação, a diferença desta face a uma simples negociação reside no papel imprescindível de intermediação ativa desempenhado pelo mediador ao longo do processo. Sem essa intervenção ativa do mediador, o diálogo entre as partes persistirá, provavelmente, no plano da agressão mútua e da ameaça, da negociação com base nos seus direitos (ou daquilo a que estão convencidas ter direito), e, em certos casos, não será sequer possível. Ao que acresce que, ao contrário do que sucede numa simples negociação, a mediação é um verdadeiro processo, cujas regras são definidas *ab initio* entre as partes e o mediador atentos os especiais contornos do caso concreto (e cujo cumprimento é controlado pelo mediador), pese embora possam, sempre que se revelar necessário, ser adequadas pelo mediador em função da postura e disponibilidade das partes e de eventuais impasses que possam aconselhar a realização de sessões privadas (*caucus*). Ao mediador incumbe, assim, sem nunca impor ou sequer sugerir qualquer solução[37], facilitar o diálogo entre as partes, direcionando-o para uma discussão focada nos seus verdadeiros interesses[38] e maximizando as hipóteses de sucesso do eventual acordo alcançado através da realização de testes de realidade (*reality checks*) prévios à sua assinatura.

Aliás, a necessidade da intervenção de terceiros na regulação das relações administrativas é já reconhecida pela própria legislação adminis-

---

[36] MARIANA SOARES DAVID, ob. cit., pp. 757-759.
[37] Dependendo da escola de mediação que aplique – facilitativa ou conciliativa. Para uma distinção entre estas duas escolas de mediação *vide*, entre outros, JEREMY LACK and FRANÇOIS BOGACZ, *The neurophysiology of ADR and process design: a new approach to conflict prevention and resolution?*, 2012, disponível em http://www.neuroawareness.com/wp-content/uploads/2016/02/Lack-Bogacz-2012-The-Neurophysiology-of-ADR-and-Process-Design-A-New-Approach-to-Conflict-Prevention-and-Resolution.pdf (acesso em 20.04.2020), pp. 50-64.
[38] Designadamente através de uma combinação de técnicas que o mediador deve dominar, como o questionamento, a reformulação e a promoção da escuta recíproca das partes.

trativa em vários outros pontos, designadamente através das figuras do gestor do contrato[39] e de eventuais peritos contratualmente designados para fixação de preço ou de prazo de execução em contratos de empreitadas de obras públicas[40] e, bem assim, pela própria prática contratual administrativa, onde se detecta um aumento das cláusulas de jurisdição escalonadas, incluindo uma primeira fase de negociação, usualmente entre as mais altas instâncias das entidades ou empresas envolvidas.

Por todas estas razões, uma das matérias em que as vantagens (e a eventual necessidade) do recurso à mediação nos parecem mais evidentes é a da contratação pública[41]. Assim é, em particular, nos grandes contratos de empreitada, onde a premência do tempo e a necessidade de dar continuidade à obra pública dificilmente se coadunam com os tempos médios de pendência judicial e onde, devido ao reduzido número de *players* no mercado, é expectável que as partes se tenham de continuar a cruzar no futuro. Ora, sobretudo quando assim é (i.e., sempre que as partes tenham de continuar a relacionar-se de alguma forma – como sucederá, quase sempre, no caso de relações entre várias entidades públicas), o recurso a qualquer meio de resolução de litígios adjudicatório e hetero-compositivo acarretará um aumento do nível de litigiosidade pré-existente entre as partes, que dificilmente permitirá a reparação (quando mais a continuação) da relação entre as partes.

Já a mediação, ao olhar para o fundo do problema e para as suas causas e origens, permite centrar a negociação nos verdadeiros interesses das partes e não nas suas posições (i.e., naquilo a que as partes acreditam ter direito e na interpretação que fazem do comportamento do outro, por isso lhes ter sido sugerido ou por se terem simplesmente convencido disso). Só assim se pode reestabelecer a comunicação entre as partes, para que estas se possam ouvir e, quem sabe até, recuperar a confiança perdida durante o conflito. É certo que este cenário óptimo nem sempre se verificará, mas o único meio de resolução de litígios que o pode tornar possível é, sem dúvida, a mediação.

---

[39] CCP, artigo 290º-A.
[40] CCP, artigo 373º, nº 5.
[41] Os grandes contratos públicos foram também, de resto, a principal porta de entrada para a mediação administrativa *ad hoc*.

4. Dificuldades e possíveis caminhos para a sua superação

Ultrapassada a questão da sua (in)admissibilidade e evidenciadas as circunstâncias que tornam a mediação numa quase necessidade em certas matérias do domínio administrativo, que dificuldades se colocam então, na prática, à utilização da mediação como meio de resolução de litígios neste domínio?

A principal dificuldade apontada à utilização da mediação administrativa é a sua inexistência prática e o desconhecimento generalizado que existe a propósito da mediação, sua previsão legal, modo de funcionamento e vantagens. Todavia, esta não é uma dificuldade exclusiva da mediação administrativa, mas antes uma dificuldade transversal à mediação em todos os domínios (sobretudo à mediação privada, civil e comercial).

4.1 Legislação específica a propósito da mediação administrativa

Por vezes sugere-se que esta dificuldade seria mitigada através da aprovação de um diploma que regulasse especificamente a mediação administrativa. De facto, a regulação expressa como tentativa de resolução de todas as dúvidas e problemas é muito típica de uma certa cultura jurídica portuguesa, que, em lugar de olhar de frente os problemas e procurar soluções nas normas existentes, relega a sua resolução para momento posterior, através de nova legislação. Para além de discordarmos desta metodologia, parece-nos que, de um lado, a atual Lei da Mediação portuguesa é suficientemente ampla para que a mediação administrativa possa funcionar ao abrigo dessas regras, *mutatis mutandis*, e que, de outro lado, num processo que se pretende flexível e adaptado à vontade e necessidade das partes, o restante deve ser fixado pelas partes, com o acordo do mediador, no Protocolo de Mediação.

4.2 Difusão e promoção da mediação administrativa

Posto isto, tal como sucede no âmbito civil e comercial, também no âmbito administrativo nos parece que aquilo que falta verdadeiramente é um novo olhar sobre a Lei da Mediação. O que falta é perceber que a mediação é possível neste contexto e sensibilizar os operadores jurídicos (advogados, juízes e árbitros) e os clientes (em particular, as entidades públicas) não apenas para essa viabilidade como até para a sua necessidade, em certos casos, para a boa administração e prossecução do interesse público. A nosso ver, fundamentalmente, faltam formações sobre o que é a mediação, sobre as principais vantagens da mediação, sobre como funciona a mediação, e sobre os casos em que esta deve e não deve ser utilizada[42].

Para o efeito, é essencial: *a)* introduzir a mediação nos conteúdos do ensino escolar obrigatório e das Universidades (em particular, nas Faculdades de Direito e Economia), através da realização de cursos, formações, pós-graduações e mestrados em que esta temática seja abordada, também na vertente administrativa[43]; *b)* incluir a mediação nos programas de formação inicial e de formação contínua do Centro de Estudos Judiciários e nos conteúdos obrigatórios para acesso à Ordem dos Advogados; *c)* incluir a mediação administrativa na agenda de formações, conferências e cursos de arbitragem e de mediação; *d)* procurar incluir, nestas várias iniciativas, importantes autores da doutrina administrativa, sem os quais a mediação dificilmente poderá singrar neste domínio; e, finalmente, *e)* sensibilizar os próprios clientes para esta possibilidade e para as suas vantagens e inconvenientes em cada caso que nos é trazido. Sublinhe-se, aliás, que, no momento em que os clientes perceberem o potencial deste meio de resolução de litígios, não deixarão certamente de questionar os seus advogados sobre a possibilidade da sua aplicação

---

[42] Remetendo para o que se deixou exposto, a este propósito, com maior detalhe, em "A mediação privada em Portugal: que futuro?", ob. cit., pp. 757 e 758, em particular, não devem ser submetidos à mediação aqueles casos em que: *(i)* o nível de conflito seja tão elevado que inviabilize o diálogo, ou em que uma das partes recuse veemente a hipótese de negociação ou de diálogo; *(ii)* se revele necessário, para uma das partes ou para ambas, estabelecer um precedente judicial ou a obtenção de caso julgado sobre determinados factos, essenciais para um pedido posterior de condenação de terceiro no exercício de direito de regresso; *(iii)* uma das partes se encontre numa posição de fragilidade que exija uma postura mais interventiva do que a do mediador para repor a justiça material; *(iv)* uma das partes só possa ser vinculada pela decisão de duas ou mais pessoas, tendo os respectivos representantes visões diametralmente opostas quanto à forma de resolução do conflito e quanto à solução que consideram aceitável.

[43] A propósito da mediação pública e até da mediação privada, civil e comercial, existem já hoje vários cursos de mediação em diferentes Faculdades de Direito portuguesas, designadamente na Faculdade de Direito da Universidade Nova de Lisboa e na Faculdade de Direito da Universidade Católica Portuguesa do Porto, bem como vários outros cursos breves e seminários organizados por estas e outras faculdades de Direito do país.

perante cada caso concreto (tal como atualmente sucede com a arbitragem) e, como advogados, temos de estar preparados para responder convenientemente, dando nota do nosso conhecimento sobre o assunto.

Não obstante, igualmente importante é que, em todas estas iniciativas de sensibilização, se explique claramente que, apesar do amplo conceito de mediabilidade previsto no artigo 11º da Lei da Mediação portuguesa, a mediação não deve ser utilizada em todo e qualquer caso, sob pena de ser ineficaz e de acabar por enfraquecer a sua imagem e elevada taxa de sucesso. Este exercício de discernimento dos casos que devem e não devem ser submetidos à mediação é especialmente relevante nas relações e conflitos entre entidades públicas ou entre privados e a administração pública, nos quais se colocam frequentemente problemas relacionados *(i)* com toda a burocracia associada à atribuição de poderes de representação e vinculação do Estado, no âmbito da mediação, e com a limitação desses mesmos poderes[44], e *(ii)* com a necessidade de um precedente judicial ou de uma decisão judicial que justifique a atuação da entidade administrativa – duas das situações em que o recurso à mediação pode ser desaconselhado[45].

4.3 Combater a resistência dos advogados

A par deste seu desconhecimento generalizado (dentro e fora do mundo jurídico), é inegável a existência de uma certa resistência ao recurso à mediação, sobretudo por parte dos advogados, seja por desconhecimento, seja por receio de se tornarem dispensáveis ou de verem reduzidos os seus honorários pela anunciada celeridade do processo. Para contornar este problema, parece-nos relevante a realização de formações específicas para advogados, centradas não tanto no papel de mediador, mas no papel do advogado no processo de mediação, para que estes compreendam a importância que têm (ou podem ter) no decurso

---

[44] *De iure condendo* – com vista a contornar o caráter burocrático da atribuição de competência por meio de delegação de poderes, que se pode realmente revelar um entrave à celeridade do procedimento de mediação –, poder-se-ia equacionar, por exemplo, um sistema de habilitação genérico, de acordo com o qual a pessoa que for chamada a representar o Estado no processo de mediação terá poderes para transigir dentro de certos limites e instruções, sujeitos a concretização pelo respetivo diretor hierárquico perante o caso concreto.
[45] *Cf.* Nota de Rodapé 42 acima.

do processo de mediação[46] e que a maior celeridade do processo não implica necessariamente um decréscimo de faturação[47].

4.4 Remessa para mediação no decurso de processos judiciais

De igual modo, e lançando mão de um mecanismo processual que já se encontra previsto no artigo 87º-C do CPTA, conforme se sugeriu *supra*, é imperativo que se inclua nos programas de formação inicial e de formação contínua dos magistrados judiciais uma formação mais adequada sobre mediação, de modo a que estes possam também assumir um papel mais ativo na dinamização da mediação administrativa em Portugal, remetendo – sempre que possível e adequado, e eventualmente com carácter obrigatório[48] – as partes para uma tentativa de mediação.[49]

4.5 A importância da mediação institucional

O recurso a um centro de mediação ou instituição privada de mediação representa quase sempre uma mais-valia, na medida em que faculta às partes o acesso a uma lista de mediadores criteriosamente escolhidos,

---

[46] Com efeito, ainda que a presença dos advogados na mediação seja, por regra, facultativa, a sua participação no processo revela-se extremamente relevante quer na ponderação do recurso à mediação (através do referido exercício de discernimento, considerando a BATNA / WATNA / ZOPA do cliente), quer na preparação do processo de mediação (o qual, precisamente por dever ser um processo mais célere, exige uma preparação ainda mais cuidadosa, sob pena de fracassar), quer na redação do Protocolo de Mediação e controlo da atividade do mediador (em particular, no que toca ao cumprimento dos princípios fundamentais que credibilizam a mediação e garantem a sua justiça material, como a igualdade de tratamento entre as partes e a independência e imparcialidade do mediador), quer na realização de *reality checks* perante cada solução aventada (como é próprio dos advogados, ponderando tudo aquilo que pode correr mal), quer na redação e confirmação da exequibilidade do eventual acordo alcançado, quer no acompanhamento e aconselhamento do cliente em cada um destes momentos (os clientes sentem-se, normalmente, mais confortáveis se puderem contar com o apoio e com a presença dos seus advogados, para confirmar que não estão a dar nenhum "passo em falso").

[47] Naturalmente, os critérios de faturação num processo desta natureza e com esta eficiência deverão ser ajustados, baseando-se mais em *sucess fees* do que no (ainda) usual modelo valor/hora.

[48] Caso se perfilhe a interpretação do preceito mencionada nas páginas 7 a 9 acima.

[49] A intervenção judicial, mediante a remessa de processos pendentes para mediação, tem tido bastante sucesso, por exemplo, em França, em Inglaterra, na Irlanda, na Austrália, no Canadá e na grande maioria dos tribunais estaduais Estados Unidos da América.

bem como a um conjunto de regras que asseguram um processo estruturado.

No domínio administrativo, como é sabido, o CAAD – Centro de Arbitragem Administrativa ("CAAD") tem tido um papel muito relevante na promoção e concretização da arbitragem administrativa em Portugal. O que muitos desconhecem – provavelmente por nunca o terem utilizado ou sentido necessidade de utilizar – é que o próprio CAAD disponibiliza já, nos termos do artigo 4º do seu Novo Regulamento de Arbitragem Administrativa[50] e do artigo 3º, nº 2 dos respetivos Estatutos[51], um serviço de mediação facultativo, que pode ser solicitado por qualquer interessado. Tanto quanto sabemos, este serviço não tem tido, por ora, grande utilização, mas o certo é que a mediação está prevista e pensada como competência do CAAD, desde a sua criação, por meio do Despacho nº5097/2009 do Gabinete do então Secretário de Estado da Justiça, João Tiago Silveira.

Ora, também o CAAD tem aqui uma oportunidade para afirmar a sua presença num domínio em que, em grande medida, continua por explorar, possivelmente como complemento da arbitragem, na qual aquele tem demonstrado grande competência. Com efeito, a mediação funciona muitas vezes como interlúdio da arbitragem, permitindo, umas vezes, evitar que o conflito escale para um ponto sem retorno negocial e, outras vezes, pelo menos filtrar o litígio e, assim, contribuir para o sucesso da arbitragem que eventualmente se siga.

A este propósito importa sublinhar que, apesar de os artigos 9º e 14º da Lei da Mediação portuguesa apenas se referirem a «homologação judicial», em nossa opinião, este preceito não pode deixar de ser interpretado como admitindo que a homologação dos acordos de mediação possa também ser realizada por sentença arbitral. De resto, esta solução é a única que se compadece com a equiparação entre as sentenças judiciais e arbitrais[52] e revela-se essencial nos casos de cláusulas escalonadas de *med-arb*, em cuja execução nenhum sentido faria que as partes, que quiserem afastar-se em absoluto do sistema judicial, tivessem que re-

---

[50] Este regulamento está disponível em https://www.caad.org.pt/files/documentos/regulamentos/CAAD_AA-Regulamento_Arbitragem_Administrativa_2020-01-23.pdf (acesso em 21.04.2020).

[51] Disponíveis em https://www.caad.org.pt/caad/estatutos (acesso em 21.04.2020).

[52] *Cf.* CRP, artigo 209º, nº 2, e CPC, artigo 705º, nº 2.

correr aos tribunais judiciais para homologação do seu acordo e que não o pudessem, em alternativa, requerer a qualquer tribunal arbitral. Esta mesma ideia parece-nos estar subjacente ao artigo 23º, nº 4, do Novo Regulamento de Arbitragem Administrativa do CAAD.

4.6 A importância da escolha do mediador

Finalmente, uma nota quanto ao tipo de mediador a escolher no quadro das relações e conflitos de natureza administrativa.

Não foi certamente ao acaso que o legislador sentiu necessidade de criar uma estrutura judicial separada para as matérias jurídico-administrativas, de criar um código de processo específico para os tribunais administrativos e, inclusivamente, de criar um tribunal arbitral especializado neste tipo de matérias (apesar da existência de vários outros centros de arbitragem já bastante reputados). De facto, seja pela especificidade e tecnicidade das matérias potencialmente em discussão seja pela especialização e exigência dos clientes em causa (leia-se, em particular, das entidades administrativas) revela-se extremamente recomendável a escolha de mediadores muito especializados em cada uma das matérias em discussão. Em nossa opinião, neste domínio, só assim, com este perfil específico de mediadores, é que a mediação conseguirá ganhar a confiança dos operadores jurídicos e dos próprios clientes.

Conclusões

As relações jurídico-administrativas têm características muito próprias, quer pela natureza dos seus intervenientes (pelo menos em parte, entidades pertencentes à Administração do Estado), quer pela tecnicidade e especificidade das matérias usualmente sob discussão.

A mediação administrativa, intraprocessual, encontra-se já hoje prevista no artigo 87º-C do CPTA; desde 2019, inclusive com remissão expressa para a Lei da Mediação (e, em particular, para o regime da mediação civil e comercial), com as necessárias adaptações.

À luz deste preceito e, bem assim, da possibilidade de transação judicial e da habilitação genérica para a celebração de contratos administrativos por parte dos entes públicos, a nosso ver, não restam dúvidas quanto à admissibilidade da mediação no domínio administrativo, desde que enquadrada no âmbito da disponibilidade das partes e desde que assegurada a publicidade do acordo final e, eventualmente, dos traços gerais do procedimento. No fundo, a delimitação das matérias administrativas passíveis de mediação resultará da conjunção entre o princípio do dispositivo e o princípio da legalidade (e, em particular, da existência *in casu* de uma margem de livre decisão por parte da Administração Pública).

A mediação de conflitos aporta inúmeras vantagens que se podem revelar extremamente relevantes para a prossecução do interesse público e para a concretização do princípio da boa administração, entre as quais se destacam, a sua celeridade e eficiência, o *empowerment* das partes sobre todo o procedimento e sobre o próprio acordo, bem como a sua profundidade, capacidade de reparação e criatividade na procura de soluções mais adequadas mesmo para além do direito estrito.

Por todas estas razões, parece-nos haver espaço para a mediação no quadro da resolução de litígios jurídico-administrativos, em particular, nas matérias relacionadas com a grande contratação pública.

Todavia, tal como sucede no domínio civil e comercial, também neste contexto, o principal obstáculo à difusão da mediação tem sido o desconhecimento generalizado a propósito da sua existência, vantagens e modo de funcionamento. Por isso mesmo, parece-nos que o sucesso da mediação administrativa tem de passar por uma maior e melhor promoção da mediação (dentro e fora do mundo jurídico, e com especial enfoque sobre a mediação administrativa), por um trabalho de especial sensibilização dos advogados, por um maior incentivo à remessa para mediação pelos tribunais administrativos e, finalmente, para credibilização do instituto, pelo recurso à mediação institucional e pela escolha de mediadores muito especializados nestas matérias.

A escolha da mediação como meio para a resolução de determinado litígio deve sempre ser precedida de um exercício de ponderação das suas vantagens e inconvenientes perante os contornos do caso concreto e perante o nível de conflito existente entre as partes. Aliás, o princípio da boa administração deveria obrigar a que a mediação fosse, pelo menos, ponderada antes da submissão de qualquer caso aos tribunais judiciais ou arbitrais. É nossa firme convicção que, se esta ponderação fosse realizada, acabaríamos provavelmente por concluir que, também no âmbito de certas matérias administrativas, a mediação pode acabar por ser o meio mais adequado para a resolução de alguns conflitos e, por conseguinte, não apenas admissível como verdadeiramente necessária.

Referências

ALMEIDA, Mário Aroso de / CADILHA, Carlos Alberto Fernandes. *Comentário ao Código do Processo nos Tribunais Administrativos*, 4. ed. Coimbra: Almedina, 2017.

CARVALHO, Ana Celeste. "A Mediação em matéria administrativa: uma possibilidade com futuro", em *Cadernos de Justiça Administrativa*, nº 109, 2015, pp. 3-12.

DAVID, Mariana Soares. *A Mediação Privada em Portugal: que futuro?*. Lisboa: Revista da Ordem dos Advogados, Ano 77 – Vol. III/IV, Jul./Dez. 2017, pp. 741-784.

DIAMANDOUROS, Nikiforos. "Legality and good administration: is there a difference?", 2007, disponível em https://www.ombudsman.europa.eu/pt/speech/en/370 (acesso em 24.04.2020).

FIGUEIRAS, Cláudia. *A revisão do CPTA e os meios alternativos de resolução de litígios: novidades, dúvidas e algumas propostas*, disponível em https://sigarra.up.pt/fdup/en/noticias_geral.ver_noticia?p_nr=17314 (acesso em 24.04.2020).

FONSECA, Isabel Celeste M. "Das (im)possibilidades da mediação administrativa: Dare to Fly Higher", em *A Mediação Administrativa: contributos sobre as (im)possibilidades*. Coimbra: Coimbra Editora, 2019, pp. 81-94.

GAMA, João Taborda da. "Contrato de Transacção no Direito Administrativo e Fiscal", em *Estudos em Homenagem ao Professor Doutor Inocêncio Galvão Telles*, Vol. V, Coimbra: Almedina, 2003, pp. 607-694.

GOUVEIA, Mariana França. *Curso de Resolução Alternativa de Litígios*. 3. ed. Coimbra: Almedina, 2014.

LACK, Jeremy / BOGACZ, François. *The neurophysioloy of ADR and process design: a new approach to conflict prevention and resolution?*, preparado para a 14.ª Secção Anual da Conferência de Resolução de Conflitos da Primavera, em 2012. Disponível em http://www.neuroawareness.com/wp-content/uploads/2016/02/Lack-Bogacz-2012-The-Neurophysiology-of-ADR-and-Process-Design-A-New-Approach-to-Conflict-Prevention-and-Resolution.pdf (acesso em 20.04.2020).

LOPES, Dulce / PATRÃO, Afonso. *Lei da Mediação Comentada*. 2. ed., Coimbra: Almedina, 2016.

LOPES, Dulce / PATRÃO, Afonso. "A mediação em litígios jurídico-administrativos: contributo para a delimitação do seu âmbito" em *A Mediação Administrativa: contributos sobre as (im)possibilidades*. Coimbra: Coimbra Editora, 2019, pp. 11-38.

NEVES, Ana Fernanda. "A mediação nas relações de emprego público e na contratação pública", em *A Mediação Administrativa: contributos sobre as (im)possibilidades*. Coimbra: Coimbra Editora, 2019, pp. 127-156.

SILVA, Paula Costa e. *A Nova Face da Justiça – Os Meios Extrajudiciais de Resolução de Controvérsias*. Coimbra: Coimbra Editora, 2009.

SOUSA, Marcelo Rebelo de / MATOS, André Salgado de. *Direito Administrativo Geral*, Tomo I, 3. ed. Lisboa: D. Quixote, 2008.

15. A escolha de câmara arbitral pela Administração Pública: uma proposta de aperfeiçoamento do sistema de credenciamento administrativo

ROSANA LAURA DE CASTRO FARIAS RAMIRES

Introdução

A arbitragem não é uma relação exclusivamente triangular, que envolve, no mínimo, duas partes litigantes (reclamante e demandado) e, no mínimo, e um tomador de decisão (o árbitro). Nessa relação, por vezes, ainda se inclui a Câmara Arbitral, a qual desempenha um papel decisivo na condução da arbitragem, tanto por meio da administração de processos arbitrais (funções administrativas) quanto por meio da tomada de decisão sobre certas questões processuais ou organizacionais (função jurisdicional).

Recentes pesquisas nacionais e internacionais identificam uma expansão crescente da arbitragem[1]. Paralelamente a essa expansão, proli-

---

[1] Cf. White & Case LLP. Queen Mary University of London. International Arbitration Survey: The Evolution of International Arbitration, 2018. Disponível em: https://www.whitecase.com/publications/insight/2018-international-arbitration-survey-evolution-international-arbitration. Acesso em: 05 mar. 2020. Ainda: CAME-CCBC. Crescimento da Arbitragem. Disponível em: https://ccbc.org.br/cam-ccbc-centro-arbitragem-mediacao/sobre-cam-ccbc/estatisticas-gerais/. Acesso em: 10 mar. 2020. VIVIANI, Luis. Brasil é o 5º país que mais utiliza arbitragem no mundo. Disponível em: https://www.jota.info/justica/

feram-se no Brasil a criação de Câmaras de Arbitragem[2] e, assim, a tendência é que se estabeleça entre as instituições de arbitragem, como bem já observou Lord Goldsmith, ex-procurador-geral do Reino Unido, um "mercado ferozmente competitivo", em especial para casos de arbitragem envolvendo a Administração Pública[3], uma vez que o Poder Público de há muito já foi posicionado no *ranking* dos maiores litigantes nacionais[4].

Nesse mercado altamente competitivo, as instituições de arbitragem buscam atrair a inclusão de suas regras de arbitragem nos contratos e apelar ao poder de escolha de ambas as partes contratantes e à influência dos advogados delas. Há, pois, uma situação competitiva entre as instituições de arbitragem que demanda tratamento estatal paritário e motivação administrativa quando da escolha pública dessas Câmaras para a administração e o processamento das demandas que envolvam a Administração Pública.

Assim, um dos problemas correntes acerca da arbitragem (institucional ou *ad hoc*) envolvendo a Administração Pública refere-se à escolha das Câmaras Privadas de Arbitragem.

É consideravelmente controversa a questão afeta à necessidade ou não de licitação para a escolha dessas Câmaras pelo Poder Público e, no caso brasileiro, as legislações estaduais e nacional tem se inclinado à adoção do processo de credenciamento administrativo de câmaras privadas de arbitragem. A regulamentação desses processos, no entanto, não delimita os critérios objetivos para a designação de uma Câmara, dentre tantas outras credenciadas, para um dado litígio público em concreto, em detrimento das demais também credenciadas. Seria, então, o

---

brasil-e-o-5o-pais-que-mais-utiliza-arbitragem-no-mundo-19092017. Acesso em: 10 mar. 2020.

[2] Cf. FECEMA. Federação Catarinense de Entidades de Mediação e Arbitragem. Câmaras arbitrais devem crescer ainda mais. Disponível em: http://www.fecema.org.br/arquivos/2841. Acesso em: 12 mar. 2020.

[3] GOLDSMITH, Lord. The Privatisation of Law: Has a World Court finally been created by modern international arbitration?, 27 June 2013. Disponível em: https://www.gresham.ac.uk/lectures-and-events/the-privatisation-of-law-has-a-world-court-finally-been-created--by-modern. Acesso em: 11 mar. 2020.

[4] Cf. BRASIL. Conselho Nacional de Justiça. Relatório "100 Maiores Litigantes", 2ª ed., 2018. Disponível em: https://www.cnj.jus.br/wp-content/uploads/conteudo/arquivo/2019/08/justica_em_numeros20190919.pdf. Acesso em: 12 mar. 2020.

credenciamento administrativo de Câmaras Arbitrais insuficiente para garantir a igualdade de acesso das câmaras à efetiva prestação de serviços de arbitragem?

Na *praxe* administrativa brasileira, é possível constatar a escolha pública de Câmaras arbitrais sem qualquer procedimento ou a mínima fundamentação e motivação administrativas ou, ainda, sem uma distribuição paritária de causas entre as várias Câmaras credenciadas, nos casos em que o credenciamento administrativo foi legalmente instituído.

Nesse contexto é que o presente artigo visa analisar tanto os fundamentos doutrinários que defendem, quanto os que rejeitam, a incidência de regras licitatórias no processo de escolha das Câmaras, a partir dos diferentes posicionamentos acerca da natureza jurídica da relação entre a Administração Pública e a Câmara de Arbitragem por ela escolhida. A pergunta que se pretende considerar nesse artigo é se, à luz do regime constitucional administrativo e da natureza jurídica da relação entre a Administração Pública e as Câmaras Arbitrais por ela escolhidas, deve haver um processo administrativo de escolha dessas Câmaras Arbitrais? E, quais seriam os requisitos mínimos para essa escolha?

Para enfrentar essa questão, o presente artigo lastreia-se em pesquisa bibliográfica e jurisprudencial e está organizado em seis partes. A primeira parte volta-se à atenção da distinção entre arbitragem ad hoc e institucional, com especial destaque das repercussões da adoção da arbitragem institucional pela Administração Pública.

A segunda parte desenvolve-se em torno da discussão doutrinária acerca da natureza jurídica e à qualificação do relacionamento entre Câmara Arbitral e partes litigantes, com especial ênfase nas arbitragens envolvendo a Administração Pública.

Em sequência, na terceira parte é apresentado o marco regulatório brasileiro acerca do processo de escolha de Câmara Arbitral pela Administração Pública.

Na quarta e última parte conclui-se a análise da incompletude do credenciamento administrativo na forma como regulamentado para defender a regulação de rodízio entre Câmaras arbitrais credenciadas, com possibilidade de derrogação dele, por prevenção, por questão de preservação da impessoalidade administrativa ou da ausência de especialização institucional da Câmara a reclamar a escolha de outra.

1. Arbitragem na Administração Pública: entre a Arbitragem *Ad Hoc* e a Arbitragem Institucional

A adoção da arbitragem importa em expressa renúncia ao acesso ao Judiciário e à proteção legal efetiva dentro do estruturado direito geral à justiça.

Em relação à admissão e adoção da arbitragem na Administração Pública brasileira, o princípio da inafastabilidade do Poder Judiciário foi, por muito tempo, invocado como empecilho à consolidação do instituto. O que se vislumbra é um longo processo de resistência ao instituto no âmbito do direito público brasileiro. A despeito da Lei 9.307/1996 (Lei de Arbitragem) contar com mais de trinta anos de vigência no Brasil e haver uma pluralidade de leis esparsas prevendo arbitragem em matérias administrativas específicas[5], a pacificação acerca da possibilidade jurídica da arbitragem envolvendo a Administração Pública se consolidou com o advento da Lei 13.129/2015, isso, todavia, ainda acompanhada de grande controvérsia jurídica acerca da arbitrabilidade objetiva e da necessidade ou não de exaustiva regulamentação dessas matérias administrativas arbitráveis.

Não obstante, mantém-se a proliferação de legislações específicas, reiterando essa possibilidade e o que se colhe da prática administrativa brasileira é o aumento da previsão de arbitragem nos contratos de concessão administrativa, de parcerias-público-privada, entre outros.

Portanto, uma vez excluído o uso da autoridade judicial ordinária pela opção administrativa da arbitragem nas matérias de cunho econômico-financeiro das relações contratuais administrativas é necessário decidir qual o tipo de arbitragem mais adequado para satisfazer os interesses das partes. De acordo com 5º e 6º, 11, inciso I, da Lei 9.307/96, na convenção de arbitragem deve-se incluir a escolha da câmara arbitral e/ou árbitros e, ainda, se a arbitragem será *ad hoc* ou institucional.

Na arbitragem *ad hoc*, as partes estabelecem na cláusula compromissória uma disciplina basicamente completa do mecanismo de arbitragem, estipulando regras acerca do escopo da arbitragem, dos métodos de estabelecimento do painel de arbitragem, da condução do procedimento de arbitragem que as partes julgam úteis fornecer adicional-

---

[5] Cf. Artigo 11, III da Lei das PPPs (Lei 11.079/2004); Lei 12.815/2013 (Lei dos Portos), regulamentada pelo Dec. 8.465/2015; Lei Estadual (MG) 19.447/2011.

mente ou em derrogação às regras de procedimento aplicáveis, bem como as regras relativas à sede da arbitragem.

Diante das especificidades que a matéria suscita e a necessidade de segurança jurídica as partes negociantes, o estabelecimento dessas regras na cláusula compromissória exige profissionalismo específico, pois seu exercício inadequado pode resultar em procedimentos demorados e em decisões incorretas no assunto. Esse profissionalismo específico, no âmbito da Administração Pública brasileira, exige capacitação especializada dos advogados públicos, um verdadeiro processo de aculturamento funcional e institucional.

Desse modo, uma arbitragem *ad hoc* é uma alternativa preferível somente se constatadas duas premissas. A primeira premissa refere-se à experiência com arbitragem, algo ainda em embrionário desenvolvimento na seara administrativa brasileira, em especial, nos âmbitos municipais e estaduais. A segunda premissa refere-se à disposição das partes em assumir um certo ônus administrativo relacionado à gestão do procedimento arbitral.

Portanto, por um lado, esse tipo de arbitragem tem a vantagem de aumentar a autonomia privada em estabelecer e concordar com o procedimento a ser seguido e com as regras relacionadas a serem aplicadas e reduzir os custos do processo, uma vez que não há órgão responsável pelo tratamento de disputas, por outro lado, ele apresenta menor aptidão para garantir a condução efetiva do procedimento, dada a ausência de uma autoridade externa às partes, capaz de intervir em caso de inércia, má fé ou dificuldade das partes.

O segundo tipo de arbitragem é a arbitragem institucional, na qual as partes tenham escolhido o regulamento adotado por um instituto específico de arbitragem, como disciplina aplicável ao procedimento de arbitragem. Essa instituição será a responsável por administrar, de maneira mais ou menos rígida, o procedimento e prestará a assistência que as partes eventualmente solicitarem.

Nessa modalidade, as partes, por acordo pré-estabelecido ou estabelecido posteriormente, se a disputa surgir e se as partes assim o desejarem, se utilizam das estruturas administrativas, das regras e outros recursos de apoio de uma Câmara Arbitral.

As funções exatas de cada instituição de arbitragem variam entre as organizações. De um modo geral, é possível identificar as seguintes funções a serem desenvolvidas as seguintes funções: (i) manutenção de uma equipe de profissionais que organiza e gerencia a arbitragem; (ii) recebimento de solicitações (ou notificações) de arbitragem feitas de acordo com suas regras, (iii) enviar esses pedidos (ou notificações) ao réu, (iv) confirmar a nomeação dos árbitros ou nomear os árbitros, na hipótese das partes não concordarem ou simplesmente não o desejarem, (v) fornecer as garantias adicionais de independência e imparcialidade ao árbitro, e (vi) administrar o pagamento dos valores dos honorários do árbitro. O desempenho dessas funções pelas Câmaras Arbitrais revela o maior profissionalismo do serviço totalmente devolvido às partes.

Concordamos com Rafael Carvalho Rezende Oliveira no sentido de que, a despeito da discricionariedade administrativa para escolher entre os dois tipos de arbitragem, "(..) o ideal seria a utilização da arbitragem institucional, com a escolha de Câmara de Arbitragem já existente, com experiência e reconhecida pela comunidade jurídica, o que garante, em tese, maior segurança jurídica às partes[6]".

Obviamente, os serviços prestados no exercício dessas funções têm um preço, além das taxas e despesas do árbitro. Cada Câmara Arbitral possui uma tabela de honorários que estabelece valores desses serviços, como base para o cálculo dos honorários, que geralmente é baseado em uma porcentagem do valor em disputa. Há, pois, na arbitragem institucional uma previsibilidade dos custos do procedimento.

Na arbitragem institucional, por conseguinte, a Administração Pública terá que escolher uma Câmara para administrar o procedimento arbitral porventura instaurado para solução de seus conflitos e, assim, realizará despesa pública em favor da Câmara por ela eleita. A realização dessa despesa demanda, na forma dos artigos 63 e 64 da Lei 4320/64, prévia realização de empenho, posterior liquidação e final pagamento dessa despesa.

Duas questões se impõem. A questão referente à natureza desse ato de escolha e a questão relativa aos princípios que regem esse processo de escolha, seja pela necessidade de se justificar administrativamente a

---

[6] OLIVEIRA, Rafael Carvalho Rezende. Inexigibilidade de licitação na escolha do árbitro ou instituição arbitral nas contratações públicas. Revista Colunistas de Direito do Estado, n. 285, 2016. Disponível em: http://www.direitodoestado.com.br/colunistas/rafael-carvalho--rezende-oliveira/inexigibilidade-de-licitacao-na-escolha-do-arbitro-ou-instituicao-arbi-tral-nas-contratacoes-publicas. Acesso em: 13 mar. 2020.

escolha feita, seja pela necessidade de preservar incólume o princípio da impessoalidade nas escolhas públicas que repercutam na garantia da igualdade de concorrência.

2. Natureza jurídica e qualificação da relação entre Câmaras Arbitrais e partes litigantes: repercussões no processo de contratação pública.

Há um verdadeiro dissenso doutrinário acerca da natureza jurídica de que se reveste o ato de escolha de uma câmara arbitral. Uma das implicações mais importantes da qualificação do relacionamento entre partes litigantes, quando uma delas envolve a Administração Pública, e Câmara Arbitral eleita é a aplicação ou não das regras de licitação.

Duas grandes correntes doutrinária se apresentam: a contratualista e a institucionalista.

De acordo com a teoria institucionalista, a relação entre a instituição arbitral e as partes é um relacionamento legal regido pelo direito processual (civil) e, portanto, de natureza pública.

Segundo a teoria contratualista, a relação entre a instituição arbitral e as partes é um contrato, pois há um inegável consentimento mútuo entre as partes e a instituição, direcionado à prestação de serviços administrativos em auxílio ao processo arbitral. Desse modo, trata-se de uma relação regida pelo direito privado (civil) quando envolvendo litigantes privados e regida pelo marco legal das contratações públicas quando envolvendo ao menos um litigante integrante da Administração Pública.

Marçal Justem filho rejeita a teoria contratualista, sob o argumento de que "há uma relação jurídica complexa vinculando as partes e os árbitros[7]", pelo que se torna "juridicamente impossível diferenciar a natureza jurídica da relação entre as partes e os árbitros da relação jurídica propriamente dita de arbitragem[8]". Acresce que, diferentemente do que é defensável em uma concepção contratualista da investidura dos árbi-

---

[7] Cf. JUSTEN FILHO. Marçal. Administração Pública e Arbitragem: vínculo com a câmara de arbitragem e os árbitros, 2016, p. 06. Disponível em: http://www.fiepr.org.br/para-empresas/camara-de-arbitragem/uploadAddress/Marcal_Justen_Filho_-_Escolha_de_Instituicoes_e_Arbitros_e_a_Lei_de_Licitacoes%5B68835%5D.pdf. Acesso em 06 mar. 2020.
[8] Ibidem.

tros, não é dado à parte que escolheu o árbitro retirar o seu consentimento à essa escolha.

Partindo do pressuposto de que "a atuação dos árbitros se configura como uma função de natureza pública[9]", o citado autor traça um paralelismo analógico entre a relação jurídica triangular que se estabelece num processo entre autor, réu e juiz, a qual não tem natureza contratual, para defender que assim como a relação processual judicial não tem natureza contratual, também a relação arbitral não o tem.

Essa comparação analógica não procede em relação às Câmaras Arbitrais, pois a função administrativa delas (organização da arbitragem e sua institucionalização) não é necessariamente uma tarefa pública do Estado. Nelas se desenvolve um sistema de adjudicação privada. Ainda é preciso considerar que a relação formada com o juízo em um processo judicial não é fruto de acordo das partes sobre essa escolha, mas sim de indicação legal objetiva (princípio do juiz natural).

O autor ainda traça um paralelismo com a atividade público-registral prestada pelos Cartórios de Títulos e Documentos com vistas a desnaturar a tese contratualista. Argumenta que esses Cartórios também aplicam "seus esforços para produzir resultado de interesse alheio[10]", o que, todavia, não autoriza a conclusão de que os serviços por esses prestados se trate de contratos de prestação de serviços.

Essa analogia também traz consigo impropriedade. Conforme prevê o artigo 236 da Constituição de 1988, as serventias extrajudiciais são prestadoras privadas de serviço público delegado pelo Poder Público, titularizadas por pessoas físicas aprovadas em concurso de provas e títulos. As Câmaras Arbitrais não são espécie de delegação de serviço público e seus Presidentes não se referem a pessoas concursadas, ocupantes de cargo público efetivo.

Mas a distinção mais importante para fins de análise do processo de seleção é o fato de que os serviços prestados pelas serventias extrajudiciais são legalmente regulamentados, de modo que a escolha da Administração por uma ou outra serventia perpassa critérios objetivos pré-estabelecidos de distribuição desses serviços. Ainda, importante consignar que as despesas efetuadas pela Administração Pública com

---

[9] Ibidem, p. 14.
[10] JUSTEN FILHO. Marçal. Op. cit. p. 13.

os serviços prestados pelos cartórios têm natureza tributária e não contraprestacional, uma vez que as custas e emolumentos (artigo 28 da Lei nº 8935/94) possuem natureza jurídica de taxa, conforme já decidiu o STF no julgamento da ADI 1378. Não é essa a natureza jurídica da despesa pública com o pagamento da remuneração devida à Câmara Arbitral eleita.

Marçal Justen ainda se baseia na finalidade dos serviços arbitrais para justificar a rejeição da teoria contratualista. Defende que os árbitros escolhidos pelas partes não atuam "em benefício das partes[11]", ao contrário, "a atuação dos árbitros apresenta um cunho de relevância social[12]".

Nesse sentido é que o autor destaca que o valor da remuneração do árbitro é por ele mesmo definida e é devida "independentemente da satisfação atingida pela parte com o desempenho do painel arbitral[13]".

Sob essa premissa, o *autor* defende que os atos de escolha e aceitação dos árbitros e da câmara arbitral se trata de atos voluntários unilaterais produzidos de modo sucessivo, sem fusão de vontades que os tornaria aptos a formar um contrato.

Mas uma vez se diverge do posicionamento do autor, na medida em que também os peritos, auditores e demais órgãos técnicos privados que atuam em colaboração com o Poder Público também prestam serviços de relevância social e, à luz da independência profissional ínsita ao desempenho de suas funções.

Veja-se, por exemplo, a figura do perito judicial (artigo 95 CPC) ainda que insatisfeitas as partes com o resultado do laudo pericial, será devido o recolhimento dos honorários periciais a ele devidos. Nem por isso, todavia, tais profissionais são isentos de passar por um processo seletivo público para a prestação de seus serviços e de contar com regras objetivas que garantam o mínimo de paridade na distributividade dos processos ao seu ofício[14].

O que é preciso ter em mente acerca da relação entre Câmara Arbitral e partes litigantes, especialmente quando uma dessas se trata de

---

[11] JUSTEN FILHO. Marçal. Op. cit. p. 14.
[12] Ibidem.
[13] Ibidem.
[14] Cf. BRASIL. Conselho Nacional de Justiça. Resolução nº 233 de 13 de julho de 2016. Dispõe sobre a criação de cadastro de profissionais e órgãos técnicos ou científicos no âmbito da Justiça de primeiro e segundo graus.

entidade ou órgão da Administração Pública, é que o caráter processual de sua possível função como tomadora de decisão não afasta o inegável caráter consensual.

A isso some-se que as escolhas da Administração Pública não apenas devem ser impessoais. Elas devem externar essa impessoalidade, pelo que a escolha de uma dada Câmara desacompanhada de um processo que seja apto a fazer tal demonstração, garantidora da igualdade de condições e da ampla concorrência, afigura-se deficiente e atentatória aos princípios constitucionais que regem a Administração Pública.

Ainda, assumir que a escolha se trata de um ato unilateral da Administração Pública, sob o qual paira o princípio da tipicidade, importa em reconhecer implicitamente um dever da Câmara Arbitral de aceitar impositivamente a requisição de seus serviços quando emanada da Administração Pública.

Mostra-se mais consentâneo com os princípios constitucionais da Administração Pública, com destaque para o princípio republicano e o da isonomia, e com a essência das funções prestadas pelas Câmaras Arbitrais, reconhecer essa convivência harmoniosa entre o caráter contratual e institucional da relação entre Câmara Arbitral e partes litigantes, em especial, para fins de fixação do regime do processo de escolha.

Luciano Timm, Thiago da Silva e Marcelo Richter assumem implicitamente a relação contratual existente e, assim, defendem que a relação se enquadra nas hipóteses de inexigibilidade de licitação (artigo 25, II, da Lei 8666/93), em razão do caráter técnico-profissional especializado dos serviços prestados pela câmara arbitral (artigo 13 da Lei 8666/93)[15]. No mesmo norte de posicionamento, Rafael Carvalho Rezende Oliveira destaca o grau de incerteza do objeto da contratação, a multiplicidade de regulamentos arbitrais institucionais, de listagem de árbitros e de tabelas e de taxas administrativas, bem como a reputação e a credibilidade da Câmara Arbitral como elementos aptos a afastar a regra licitatória sobre o processo de escola da Câmara Arbitral[16].

---

[15] Cf. TIMM, Luciano Benetti. SILVA, Thiago Tavares da. RICHTER, Marcelo de Souza. Os contratos administrativos e a arbitragem: aspectos jurídicos e econômicos. Revista de Arbitragem e Mediação – RARB, vol. 50, julho-setembro, 2016, p. 8-9.

[16] Cf. OLIVEIRA, Rafael Carvalho Rezende. A arbitragem nos contratos da Administração Pública e a Lei nº 13.129/2015: novos desafios. Revista Brasileira de Direito Público: RBDP, v. 13, n. 51, p. 59-79, out./dez. 2015. Ainda: OLIVEIRA, Rafael Carvalho Rezende (2016). Op. cit.

Contrariamente, Heitor Vitor Mendonça Sica afirma que a inexigibilidade de licitação da Câmara Arbitral, com base no mencionado artigo 13 e 25, II, da Lei de Licitações, somente se aplicaria para a "para escolha de árbitro único[17]". De acordo com esse autor, o papel de uma Câmara Arbitral "apenas é fornecer serviços relativamente padronizados de administração do processo arbitral[18]", de modo que inexistiria os requisitos legais de "singularidade e exclusividade na prestação desses serviços". Nesse lanço, o autor conclui ser devida a prévia licitação para a escolha de Câmara Arbitral.

Noutro norte, embora concorde com a possibilidade de ocorrência de inexigibilidade de processo seletivo das Câmaras, Gustavo Justino de Oliveira discorda da incidência da Lei 8666/93. Inovando a discussão, ele defende que o relacionamento entre a Administração Pública e as Câmaras Arbitrais têm natureza jurídica colaborativa, "porque a atividade desempenhada persegue finalidade de interesse público, qual seja, a prestação de função jurisdicional[19]". Desse modo, a escolha da Câmara Arbitral estaria submetida ao regime da Lei Federal 13.019/2014 que estabeleceu, dentre outros temas, o regime jurídico para o desenvolvimento de parcerias voluntárias entre a Administração Pública e organizações da sociedade civil[20].

Segundo a visão desse administrativista, essa escolha deve ocorrer por meio de Chamamento Público, o qual resultará, ao final, na celebração de Termo de Colaboração com a Câmara Arbitral (artigo 2º, VII e artigo 16) e no pagamentos dos custos da arbitragem de modo "comparável ao que ocorre no sistema ao Sistema de Registro de Preços (SRP), utilizado para contratações administrativas futuras não quantificáveis previamente[21]".

A solução não encontra eco com a natureza jurídica e com a finalidade institucional das Câmaras Arbitrais, as quais se trata de sociedades

[17] Cf. SICA, Heitor Vitor Mendonça. Arbitragem e Fazenda Pública. Disponível em: http://genjuridico.com.br/2016/03/24/arbitragem-e-fazenda-publica/. Acesso em: 13 mar. 2020.
[18] Ibidem.
[19] OLIVEIRA, Gustavo Justino de. Especificidades do processo arbitral envolvendo a Administração Pública. Disponível em: https://enciclopediajuridica.pucsp.br/verbete/49/edicao-1/especificidades-do-processo-arbitral-envolvendo-a-administracao-publica. Acesso em: 12 mar. 2020.
[20] Ibidem.
[21] Ibidem.

empresariais com fins lucrativos. De modo diverso, a mútua cooperação disciplinada pela lei em questão envolve o chamado terceiro setor, assim delimitada em lei como entidade privada sem fins lucrativos, cooperativas com objeto social voltado ao interesse público, social, ou o educacional e organizações religiosas (artigo 2º, I).

Ainda é preciso reconhecer que entre Câmara Arbitral e partes litigantes não há propriamente "o propósito de alcançarem alguns objetivos de interesse comum", pois a despeito da conjugação de vontades pautada na solução pacífica de conflitos, o interesse da Câmara é o desenvolvimento da atividade econômica e seu respectivo lucro e o interesse de cada parte é o êxito final de suas contrárias pretensões jurídicas postas sob o juízo arbitral[22].

Dois últimos aspectos de grande relevância assenta-se na total inadequação de estabelecimento administrativo de metas a serem atingidas pela Câmara Arbitral, elemento inerente aos Termos de Colaboração e que enseja o derradeiro e consequente dever de prestação de contas, incompatível com o regime estritamente de direito privado a que se submete a Câmara Arbitral e ao caráter remuneratório contraprestacional dos pagamentos oriundos da Administração Pública.

Por sua vez, Egon Bockmann Moreira e Elisa Schmidlin Cruz assumem o credenciamento administrativo como a forma mais adequada de escolha de uma Câmara Arbitral desde que a esse processo seja atrelado uma das duas fórmulas que propõem para "mitigar objetivamente a carga discricionária que recairia sobre o Poder Público na escolha da câmara contrato a contrato[23]". A primeira fórmula consistira na previsão editalícia de "múltiplas câmaras arbitrais consideradas pelo Poder Público aptas a administrar eventuais controvérsias (no mínimo 3 opções)", seguida da apresentação da proposta licitatória acompanhada da indicação da escolha de uma dessas Câmaras pela licitante privada. A segunda fórmula, "inverte essa racionalidade", pelo que o edital não preveria um rol de câmaras, mas exigiria que as licitantes indicassem no mínimo três

---

[22] SÃO PAULO. Tribunal de Contas de São Paulo. Manual básico: repasses públicos ao terceiro setor. Editora Imprensa Oficial do Estado S/A – IMESP: São Paulo, 2016, p. 20 e 108-109.
[23] MOREIRA, Egon Bockmann. CRUZ, Elisa Schmidlin. Editais de licitação e definição de câmaras arbitrais: como transpor os desafios. Disponível em: https://www.jota.info/opiniao-e-analise/artigos/editais-de-licitacao-e-definicao-de-camaras-arbitrais-como-transpor-os--desafios-22062019. Acesso em: 08 mar. 2020.

Câmaras de sua livre escolha. Assim, a escolha final da Câmara caberia à Administração Pública.

Concorda-se com esses autores acerca do emprego do credenciamento administrativo como parte do processo de escolha de Câmara Arbitral em arbitragens envolvendo a Administração Pública, conforme razões que se debaterá mais adiante. Todavia, discorda-se das "fórmulas" adicionais propostas, por duas razões. A primeira fórmula não esclarece se a escolha privada por uma Câmara poderá ser objeto de objeção administrativa na fase de julgamento das propostas e, caso não possa ser, entende-se que a submissão irrestrita da Administração Pública a um Câmara escolhida pela vontade privada não é a mais adequada. A segunda fórmula proposta não é acompanhada de critérios objetivos previamente definidos sobre a aceitabilidade da Câmara Arbitral para atuar na solução de conflitos administrativos e não garante uma distribuição equitativa de processos as várias Câmaras potencialmente especializadas para tanto.

No próximo capítulo expõe-se parte do marco regulatório brasileiro sobre o regime de credenciamento administrativo das Câmaras Arbitrais para, em seguida, buscar respostas ao aperfeiçoamento desse instituto, de modo a primar pela efetiva ampla concorrência e igualdade de condições entre essas Câmaras.

3. Regulamentação brasileira acerca da escolha da câmara arbitral pela Administração Pública

O processo de escolha de uma Câmara Arbitral para o gerenciamento de uma arbitragem envolve questões afetas à fixação (i) da parte detentora do poder de indicação; (ii) do momento da indicação e (iii) dos critérios institucionais a serem preenchidos pela Câmara para ser indicada e (iv) do processo a ser observado para a indicação.

Quanto ao primeiro elemento, – fixação da parte litigante detentora do poder de indicação da câmara arbitral – é possível extrair que, enquanto algumas legislações estaduais se omitem sobre o assunto, outras expressamente atribuem esse poder de escolha ao contratado. É o caso do artigo 8º do Decreto Estadual 46.245/2018 do RJ[24], segundo o qual

---

[24] Cf. RIO DE JANEIRO. Decreto Estadual nº 46.245, de 19 de fevereiro de 2018. Regulamenta a adoção da arbitragem para dirimir os conflitos que envolvam o estado do rio de

a escolha do órgão arbitral é feita pelo contratado, com possibilidade de escolha pela Administração Pública tão somente na hipótese dela ser a requerente da arbitragem e a câmara originariamente escolhida pelo particular deixar de manter a condição de cadastrado junto a PGE-RJ.

Entende-se que a falta de previsão do poder de objeção pela Administração Pública acarreta desequilíbrio entre as partes e submete o interesse público, de forma desarrazoada, à vontade privada, assim como o contrário também tem aptidão de afetar a igualdade do litigante privado. Além, de possibilitar subterfúgio para arranjos de escolhas lastreadas de pessoalidade administrativa, encobertas por uma suposta escolha unilateral do litigante privado[25]. A manifestação de concordância ou de rejeição da Administração Pública tem relevância, pois, por meio da motivação dessa manifestação é possível assegurar aos controles social, interno e externo, meios de aferir a legalidade e a legitimidade da escolha pública por uma dada Câmara em detrimento de tantas outras que concorrem no mercado.

Nesse sentido, portanto, andou bem o do artigo 11 do Decreto Federal 10.025/2019 ao prever que "a administração pública federal poderá,

janeiro ou suas entidades. Disponível em: https://pge.rj.gov.br/entendimentos/arbitragem. Acesso em 11 mar. 2020.

[25] Nesse sentido, Carlos Alberto Carmona, refletindo sobre a igualdade de partes e na vulnerabilidade do litigante privado que se veja obrigado a aceitar a vontade unilateral da Administração Pública por uma dada Câmara Arbitral defende que "não é adequado delegar a escolha a apenas uma das partes em litígio: o Estado pode até ficar altamente tentado a incluir uma cláusula em que a escolha do órgão arbitral fica a seu encargo tão logo se instaure o litígio, mas tal solução – que desafiaria o equilíbrio e a igualdade das partes – poderá induzir a escolha de um órgão arbitral que possa favorecer os interesses da parte que o indique. Pense-se na hipótese de o Estado poder escolher livremente uma entidade e o faça para selecionar uma câmara que tenha lista fechada de árbitros (cujos integrantes tenham feição pró-fazendária); pense-se na possibilidade de ser indicado um órgão arbitral cujos custos sejam muito elevados, de modo a sacrificar economicamente a parte privada, presumivelmente mais fraca na relação jurídica; pense-se, ainda, na escolha de um órgão arbitral cujo procedimento seja mais vantajoso para a defesa dos interesses específicos do Estado no caso concreto. Esta teratologia – que remete, de alguma forma, à quebra do princípio do juiz natural e da proibição constitucional dos tribunais de exceção – poderia afetar a higidez do procedimento arbitral, produzindo sentença nula que se refletiria em perda de dinheiro e tempo (dinheiro público, é bom lembrar). (CARMONA, Carlos Alberto. Arbitragem e administração pública – primeiras reflexões sobre a arbitragem envolvendo a administração pública. In: Revista Brasileira de Arbitragem, Ano XIII, nº 51, jul-set/2016, p. 10/11).

no prazo de quinze dias, manifestar objeção à câmara escolhida", cabendo ao contratado a indicação de outra câmara.

Quanto ao momento de indicação, a indicação da Câmara Arbitral pode ser antes ou depois do surgimento do litígio. Concorda-se com Ricardo Yamamoto de que essa escolha após o surgimento do litígio "(...) ainda que feita por consenso entre as partes – não se faz recomendável, pois nesta fase os ânimos já se encontram mais acirrados e as tensões dificultam sobremaneira uma negociação entre as partes para a obtenção de consenso sobre qualquer assunto".

Por derradeiro, quanto aos critérios e processo de escolha da câmara arbitral, de um modo geral, no Brasil, pode-se destacar três tipos de legislação em matéria de escolha de Câmara Arbitral pela Administração Pública brasileira. O primeiro tipo refere-se ao grupo de legislações estaduais que se limita a condicionar a arbitragem à adoção do modelo institucional sem prever qualquer critério legal para a escolha da respectiva Câmara. Nesse grupo destaca-se o artigo 4º da Lei 10.885/2018 do Estado do Espírito Santo[26].

O segundo tipo refere-se ao grupo de legislações estaduais que se estipulam requisitos para a escolha da Câmara Arbitral, em regra, relacionados ao tempo de constituição, à idoneidade, à competência, à experiência técnica na administração de procedimentos arbitrais, geral ou especializada em conflitos envolvendo a Administração Pública, e à existência de fundadora, associada ou mantenedora da Câmara que exerça atividade de interesse coletivo, sem, contudo, estabelecer prévio controle desses critérios. Nesse grupo destacam-se as legislações do Estado de Pernambuco (artigo 6º da Lei Estadual 15. 627/2015[27]), do Estado de Minas Gerais (artigos 4º e 10 da Lei Estadual 19.477/2011[28]), do Estado de Rondônia (artigos 4º e 10 da Lei Estadual 4.007/2017[29]).

---

[26] Cf. "Art. 4º O juízo arbitral, para os fins desta Lei, instituir-se-á exclusivamente por meio de órgão arbitral institucional". (ESPÍRITO SANTO. Lei nº 10.885, de 31 de julho de 2018. Dispõe sobre a adoção do juízo arbitral para a solução de litígio em que o Estado seja parte e dá outras providências. Disponível em: http://www3.al.es.gov.br/Arquivo/Documents/legislacao/html/LeOr108852018.html. Acesso em 12 mar. 2020).

[27] Cf. PERNAMBUCO. Lei Estadual 15. 627, de 28 de outubro de 2015. Disponível em: https://legis.alepe.pe.gov.br/texto.aspx?tiponorma=1&numero=15627&complemento=0&ano=2015&tipo=&url=. Acesso em: 11 mar. 2020.

[28] Cf. MINAS GERAIS. Lei 19477, de 12 de janeiro de 2011. Dispõe sobre a adoção do juízo arbitral para a solução de litígio em que o Estado seja parte e dá outras providências. Dispo-

Por fim, o terceiro tipo de legislação refere-se àquele grupo de leis e decretos que, para além de requisitos institucionais, estabelece um prévio controle administrativo do preenchimento desses requisitos, mediante o estabelecimento de prévio credenciamento (ou cadastramento) da Câmara Arbitral junto à Procuradoria do respectivo ente público. Nesse rol, encontram-se a Lei Federal 13.448/2017, cujo § 5º de seu artigo 31 prevê a regulamentação do credenciamento de câmaras arbitrais pelo Poder Executivo Federal para administração de solução de controvérsias que envolvam a prorrogação e relicitação nos contratos do programa de parceria de investimentos (PPI). Nesse rol também se encontram as legislações do Estado de São Paulo (artigo 7º do Decreto Estadual nº. 64.356/2019[30]) e do e do Estado do Rio de Janeiro (artigos 8º e 15 a 16 do Decreto Estadual 46.245/2018 e a Resolução PGE 4213 de 21 de maio de 2018[31]).

Nesse terceiro grupo encontra-se, também, o Decreto Federal 10.025/2019, que previu o prévio credenciamento da câmara arbitral pela Advocacia-Geral da União. Esse Decreto revogou o Decreto Federal 8465/201, o qual, por meio do seu §3º do artigo 7º, previa que tanto a escolha da Câmara Arbitral como a do árbitro deveria ser feita por inexigibilidade de licitação.

Assim, pois, dentre essas legislações vigentes nenhuma delas estabelecem o processo da escolha efetiva (concreta) da Câmara Arbitral pela Administração Pública ou da aceitação pela Administração Pública da escolha feita pelo particular litigante, que garanta a competitividade, inerente ao princípio da livre concorrência (inciso IV do artigo 170, CRFB) e à igualdade de condições a todas as potenciais câmaras arbitrais concorrentes. As legislações, no máximo, falam em indicação da Câmara no instrumento obrigacional.

nível em: https://www.almg.gov.br/consulte/legislacao/completa/completa.html?tipo=LEI&num=19477&ano=2011. Acesso em: 12 mar. 2020.,
[29] Cf. RONDÔNIA. Lei nº 4.007, de 28 de março de 2017. Dispõe sobre a adoção do juízo arbitral para a solução de litígio em que o Estado de Rondônia seja parte e dá outras providências. Disponível em: http://ditel.casacivil.ro.gov.br/COTEL/Livros/Files/L4007.pdf. Acesso em: 11 mar. 2020.
[30] Cf. SÃO PAULO. Decreto nº 64.356, de 31 de julho de 2019. Dispõe sobre o uso da arbitragem para resolução de conflitos em que a administração pública direta e suas autarquias sejam parte. Disponível em: https://www.al.sp.gov.br/repositorio/legislacao/decreto/2019/decreto-64356-31.07.2019.html. Acesso em: 08 mar. 2020.
[31] Cf. RIO DE JANEIRO. Decreto Estadual nº. 46.245, de 19 de fevereiro de 2018. Op. cit.

4. Aprimoramento do Credenciamento Administrativo de Câmara: uma proposta de instituição de sistema de rodízio na distribuição de arbitragens envolvendo a Administração Pública

Como bem já observou o TCU a inviabilidade de competição autorizativa da adoção do credenciamento administrativo "(...) não decorre da ausência de possibilidade de competição, mas sim da ausência de interesse da Administração em restringir o número de contratados[32]". E, de fato, posicionada a Administração Pública como uma das maiores litigantes nacionais é de interesse público geral que um sistema multiportas de pacificação de conflitos seja largamente fortalecido e ampliado para a célere e efetiva solução dos conflitos administrativos envolvendo direitos patrimoniais disponíveis.

No entanto, como bem ressaltam Egon Bockmann Moreira e Elisa Schmidlin Cruz, a opção pela arbitragem institucional, diante da pluralidade de câmaras arbitrais disponíveis, enseja a colaboração público-privada para a eleição da instituição responsável pela administração de eventual litígio "e, consequentemente, de seu regulamento e tabela de custas".

Mais do que isso, pensa-se que enseja também a necessidade de fixação de critérios diretivos à máxima objetividade na formação dessa vontade público-privada consensuada em torno da escolha de uma dada Câmara, de modo a garantir uma rotatividade mínima na distribuição de processos às Câmaras pré cadastradas junto à Administração Pública, privilegiando-se, assim, a imparcialidade da escolha como regra, a inclusividade efetiva de todas elas, a igualdade de concorrência de forma verdadeiramente ampla e diminuindo-se, por consequência, os espaços extremamente subjetivos que dão ensejo à potenciais atos de corrupção decorrentes de conchavos e manipulações público-privadas para o favorecimento de uma Câmara em detrimento das demais.

Concorda-se, nesse ponto, com o teor do Parecer n. 0003/2017/CNU/CGU/AGU, na parte em que esse faz a ressalva de que "a contratação resultante do credenciamento deverá observar a igualdade de condições

---

[32] BRASIL. Tribunal de Contas da União. Acórdão 3567/2014 – Plenário. Processo 018.515/2014-2, Relator Min. José Múcio Monteiro. Disponível em: https://pesquisa.apps.tcu.gov.br/#/documento/acordao-completo/*/NUMACORDAO%253A3567%2520ANOACORDAO%253A2014/DTRELEVANCIA%2520desc%252C%2520NUMACORDAOINT%2520desc/0/%2520?uuid=81cd44a0-8ad2-11ea-a869-7982d7688ca0. Acesso em: 16 mar. 2020.

de todos os interessados que demonstrarem atendimento às exigências da Administração Pública[33]".

O credenciamento administrativo, na forma em que atualmente regulamentado, não fornece a fixação desses critérios.

Como bem destaca a legislação do Estado de São Paulo, o credenciamento ou cadastramento administrativo de Câmara Arbitral apenas estabelece "uma lista referencial das entidades que cumprem os requisitos mínimos para serem indicadas para administrar procedimentos arbitrais envolvendo a Administração Pública[34]".

Sobrevindo litígio administrativo arbitrável, nos casos em que não há exigência de prévio credenciamento administrativo, todas as Câmaras que preencham os requisitos legais são potencialmente aptas a serem escolhidas para administrar o procedimento arbitral e a ampla concorrência entre elas exige um tratamento administrativo isonômico.

A seu turno, nos casos em que a escolha da Câmara é precedida de credenciamento/cadastramento administrativo, todas as Câmaras Arbitrais já se encontram administrativamente reconhecidas como aptas e capazes a serem escolhidas.

Em ambas as hipóteses, assim, constatado o cumprimento dos requisitos legais por mais de uma Câmara Arbitral, o que, portanto, legitimaria, no caso concreto, a escolha administrativa de uma credenciada em detrimento de outra? Como será assegurada a impessoalidade dessa escolha e o controle sobre essa impessoalidade, se a Administração Pública também participa desse processo de escolha da Câmara?

O credenciamento de particulares pela Administração é técnica administrativa suficiente para preservar a higidez dos princípios constitucionais administrativos quando voltado ao fornecimentos de serviços a serem utilizados tendo como beneficiário direto e imediato terceiros. Noutro norte, porém, quando a Administração Pública é a usuária e beneficiária direta e imediata dos serviços prestados é preciso somar outros critérios a esse instituto.

---

[33] BRASIL. Advocacia-Geral da União. Consultoria-Geral da União. Câmara Nacional de Uniformização de Entendimentos Consultivos. Parecer n. 003/2017/CNU/CGU/AGU. Disponível em: Disponível em: http://ementario.info/wp-content/uploads/2019/04/PARECER-n.-0003-2017-CNU-CGU-AGU-Parecer-CNU-sobre-Credenciamento.pdf. Acesso em 20 mar. 2020.

[34] Cf. SÃO PAULO. Decreto nº 64.356, de 31 de julho de 2019. Op. cit.

Nesse ponto reside a incompletude do instituto para servir à garantia da impessoalidade e da igualdade entre as câmaras arbitrais no processo concorrencial que se estabelece entre elas em relação à vontade administrativa por uma ou outra, isso porque, como visto, a Câmara Arbitral servirá tanto aos interesses do terceiro litigante com a Administração Pública, quanto a ela própria. A Administração Pública participa ativamente da indicação de uma dentre todas as câmaras por ela previamente credenciada. À luz do princípio republicano e ao princípio da isonomia e da ampla concorrência, toda escolha pública, que envolva pluralidade de concorrentes, deve assegurar a igualdade entre eles.

Para a solução desse problema é de extrema pertinência as considerações feitas em conjunto pela AGU, CNU e pela CGU no já citado Parecer n. 0003/2017/CNU/CGU/AGU ao ressaltar a necessidade de se atrelar ao processo de credenciamento critérios objetivos e razoáveis que evitem beneficiamentos:

(...) deve-se evitar que, a despeito de uma pluralidade de particulares credenciados, possa a escolha do credenciado chamado a atender a demanda administrativa concreta decorrer da vontade do gestor público. Uma vez que não há vencedor, mas uma pluralidade de credenciados aptos ao atendimento da demanda administrativa, necessário resguardar a devida rotatividade, impedindo beneficiamentos a um ou a outro credenciado.

(...) Os critérios utilizados para evitar tais beneficiamentos variarão de acordo com as prestações envolvidas. Em relação a alguns serviços, o critério pode ser a escolha do terceiro a ser atendido (como nos serviços médicos); em relação à contratação de companhias aéreas, pode ser a adequação ao atendimento do interesse público na situação concreta (ponderando-se elementos fáticos como: opções de voo, economicidade e atividade administrativa a ser realizada); em outras situações pode ser o sorteio ou uma ordem de atendimento (como nos casos de serviços advocatícios credenciados ou divulgação de atos administrativos por transmissão radiofônica)[35].

Essa última hipótese aventada pelo parecer – sorteio ou ordem de atendimento – é que melhor se enquadra a um hígido sistema público de escolha de Câmaras Arbitrais que transcende o mero credenciamento.

[35] BRASIL. Advocacia-Geral da União. Op. cit.

A ideia de rotatividade entre os credenciados e de distribuição baseada em critério equitativo de nomeação já é ínsita ao sistema de cadastro de profissionais e órgãos técnicos, que abrange não apenas os peritos (artigos 1569 e 157 do CPC cc Resolução CNJ n. 233/2016), mas também tradutores e intérpretes (Resolução CNJ nº 127/2011 e artigo 5º da Resolução nº 66/2010 do Conselho Superior da Justiça do Trabalho), administradores judiciais, entre outros. O mesmo sistema de sorteio eletrônico é encontrado na regulamentação federal sobre nomeação de advogados voluntários (artigo 23 da Resolução STJ/CJF n. 305/2014).

À fórmula do sorteio eletrônico (rodízio) de Câmaras Arbitrais credenciadas pode-se acrescer regras sobre uma forma de prevenção dessas Câmaras que mitiguem o sistema de sorteio, de modo a privilegiar a racionalidade de eventuais processos conexos.

Conclusões

Há um mercado de Câmaras Arbitrais exponencialmente crescente, inclusive, com especialização em processos relacionados a conflitos envolvendo a Administração Pública que exige garantia de ampla concorrência institucional para arbitragens administrativas.

A arbitragem institucional apresenta vantajosidades para a Administração Pública relacionadas à segurança jurídica, ao pré estabelecimento de regras, ao profissionalismo e à previsibilidade de custos que privilegiam sua adoção e contribuem para um mais adequado planejamento administrativo das despesas públicas com litígios.

A efetiva escolha de uma Câmara para administrar arbitragens envolvendo a Administração Pública deve ser precedida de um processo público dotado de critério equitativo de indicação de Câmaras credenciadas que tem a mesma especialidade, isso porque a efetiva escolha pública e a aceitação privada dessa escolha trazem consigo elementos típicos de uma relação contratual, envolve a realização de despesa pública e importam na seleção de apenas uma Câmara para um caso concreto em detrimento de tantas outras potencialmente aptas a prestar serviços de administração de arbitragem e de tomada de decisão, o que reclama garantia de impessoalidade e moralidade administrativa na escolha.

O marco regulatório do credenciamento administrativo de Câmaras Arbitrais é um avanço sobre a matéria, mas ainda não difundido na prática administrativa de muitos Estados e Municípios brasileiros, nos quais perduram práticas nefastas de escolhas lastreadas em pessoalidades que maculam a moralidade e a legalidade do ato. Ademais, é um sistema de escolha que, da forma que se encontra regulamentado, não resolve o impasse da escolha efetiva de uma Câmara em detrimento das demais credenciadas, pelo que necessita de uma fórmula que garanta objetividade a essa escolha que contará com a vontade administrativa, a qual deve constitucionalmente ser impessoal em todos os seus termos.

Desse modo, a administração de arbitragens envolvendo a Administração Pública deve ocorrer em conformidade com os princípios de publicidade e da rotatividade, pelo que a instituição de um sistema de rodízio entre Câmaras Arbitrais administrativamente credenciadas constitui uma medida preeminente a ser adotada e regulamentada pelos entes e órgãos públicos.

Referências

BRASIL. Advocacia-Geral da União. Consultoria-Geral da União. Câmara Nacional de Uniformização de Entendimentos Consultivos. Parecer n. 003/2017/CNU/CGU/AGU. Disponível em: http://ementario.info/wp-content/uploads/2019/04/PARECER-n.-0003-2017-CNU-CGU-AGU-Parecer-CNU-sobre-Credenciamento.pdf. Acesso em 20 mar. 2020.

BRASIL. Conselho Nacional de Justiça. Relatório "100 Maiores Litigantes", 2ª ed., 2018. Disponível em: https://www.cnj.jus.br/wp-content/uploads/conteudo/arquivo/2019/08/justica_em_numeros20190919.pdf. Acesso em: 12 mar. 2020.

BRASIL. Conselho Nacional de Justiça. Resolução nº 233 de 13 de julho de 2016. Dispõe sobre a criação de cadastro de profissionais e órgãos técnicos ou científicos no âmbito da Justiça de primeiro e segundo graus. Disponível em:

BRASIL. Tribunal de Contas da União. Acórdão 3567/2014 – Plenário. Processo 018.515/2014-2, Relator Min. José Múcio Monteiro. Disponível em: https://pesquisa.apps.tcu.gov.br/#/documento/acordao-completo/*/NUMACORDAO%253A3567%2520ANOACORDAO%253A2014/DTRELEVANCIA%2520desc%252C%2520NUMACORDAOINT%2520desc/0/%2520?uuid=81cd44a0-8ad2-11ea-a869-7982d7688ca0. Acesso em: 16 mar. 2020.

CAME-CCBC. Crescimento da Arbitragem. Disponível em: https://ccbc.org.br/cam-ccbc-centro-arbitragem-mediacao/sobre-cam-ccbc/estatisticas-gerais/. Acesso em: 10 mar. 2020.

CARMONA, Carlos Alberto. Arbitragem e administração pública – primeiras reflexões sobre a arbitragem envolvendo a administração pública. In: *Revista Brasileira de Arbitragem*, Ano XIII, nº 51, jul-set/2016.

ESPÍRITO SANTO. Lei nº 10.885, de 31 de julho de 2018. Dispõe sobre a adoção do juízo arbitral para a solução de litígio em que o Estado seja parte e dá outras providências. Disponível em: http://www3.al.es.gov.br/Arquivo/Documents/legislacao/html/LeOr108852018.html. Acesso em 12 mar. 2020).

FECEMA. Federação Catarinense de Entidades de Mediação e Arbitragem. Câmaras arbitrais devem crescer ainda mais. Disponível em: http://www.fecema.org.br/arquivos/2841. Acesso em: 12 mar. 2020.

GOLDSMITH, Lord. The Privatisation of Law: Has a World Court finally been created by modern international arbitration?, 27 June 2013. Disponível em: https://www.gresham.ac.uk/lectures-and-events/the-privatisation-of-law-has-a-world-court-finally-been-created-by-modern. Acesso em: 11 mar. 2020.

JUSTEN FILHO. Marçal. Administração Pública e Arbitragem: vínculo com a câmara de arbitragem e os árbitros, 2016, p. 06. Disponível em: http://www.fiepr.org.br/para-empresas/camara-de-arbitragem/uploadAddress/Marcal_Justen_Filho_-_Escolha_de_Instituicoes_e_Arbitros_e_a_Lei_de_Licitacoes%5B68835%5D.pdf. Acesso em 06 mar. 2020.

MINAS GERAIS. Lei 19477, de 12 de janeiro de 2011. Dispõe sobre a adoção do juízo arbitral para a solução de litígio em que o Estado seja parte e dá outras providências. Disponível em: https://www.almg.gov.br/consulte/legislacao/completa/completa.html?tipo=LEI&num=19477&ano=2011. Acesso em: 12 mar. 2020.,

MOREIRA, Egon Bockmann. CRUZ, Elisa Schmidlin. Editais de licitação e definição de câmaras arbitrais: como transpor os desafios. Disponível em: https://www.jota.info/opiniao-e-analise/artigos/editais-de-licitacao-e-definicao-de-camaras-arbitrais-como-transpor-os-desafios-22062019. Acesso em: 08 mar. 2020

OLIVEIRA, Gustavo Justino de. Especificidades do processo arbitral envolvendo a Administração Pública. Disponível em: https://enciclopediajuridica.pucsp.br/verbete/49/edicao-1/especificidades-do-processo-arbitral-envolvendo-a-administracao-publica. Acesso em: 12 mar. 2020.

OLIVEIRA, Rafael Carvalho Rezende. A arbitragem nos contratos da Administração Pública e a Lei nº 13.129/2015: novos desafios. *Revista Brasileira de Direito Público*: RBDP, v. 13, n. 51, p. 59-79, out./dez. 2015.

OLIVEIRA, Rafael Carvalho Rezende. Inexigibilidade de licitação na escolha do árbitro ou instituição arbitral nas contratações públicas. *Revista Colunistas de Direito do Estado*, n. 285, 2016. Disponível em: http://www.direitodoestado.com.br/colunistas/rafael-carvalho-rezende-oliveira/inexigibilidade-de-licitacao-na-escolha-do-arbitro-ou-instituicao-arbitral-nas-contratacoes-publicas. Acesso em: 13 mar. 2020.

PERNAMBUCO. Lei Estadual 15. 627, de 28 de outubro de 2015. Disponível em: https://legis.alepe.pe.gov.br/texto.aspx?tiponorma=1&numero=15627&complemento=0&ano=2015&tipo=&url=. Acesso em: 11 mar. 2020.

RIO DE JANEIRO. Decreto Estadual nº. 46.245, de 19 de fevereiro de 2018. Regulamenta a adoção da arbitragem para dirimir os conflitos que envolvam o estado do rio de janeiro ou suas entidades. Disponível em: https://pge.rj.gov.br/entendimentos/arbitragem. Acesso em 11 mar. 2020.

RONDÔNIA. Lei nº. 4.007, de 28 de março de 2017. Dispõe sobre a adoção do juízo arbitral para a solução de litígio em que o Estado de Rondônia seja parte e dá outras providências. Disponível em: http://ditel.casacivil.ro.gov.br/COTEL/Livros/Files/L4007.pdf. Acesso em: 11 mar. 2020.

SÃO PAULO. Decreto nº 64.356, de 31 de julho de 2019. Dispõe sobre o uso da arbitragem para resolução de conflitos em que a administração pública direta e suas autarquias sejam parte. Disponível em: https://www.al.sp.gov.br/repositorio/legislacao/decreto/2019/decreto-64356-31.07.2019.html. Acesso em: 08 mar. 2020.

SÃO PAULO. Tribunal de Contas de São Paulo. Manual básico: repasses públicos ao terceiro setor. Editora Imprensa Oficial do Estado S/A – IMESP: São Paulo, 2016, p. 20 e 108-109.

SICA, Heitor Vitor Mendonça. Arbitragem e Fazenda Pública. Disponível em: http://genjuridico.com.br/2016/03/24/arbitragem-e-fazenda-publica/. Acesso em: 13 mar. 2020.

TIMM, Luciano Benetti. SILVA, Thiago Tavares da. RICHTER, Marcelo de Souza. Os contratos administrativos e a arbitragem: aspectos jurídicos e econômicos. *Revista de Arbitragem e Mediação* – RARB, vol. 50, julho-setembro, 2016.

VIVIANI, Luis. Brasil é o 5º país que mais utiliza arbitragem no mundo. Disponível em: https://www.jota.info/justica/brasil-e-o-5o-pais-que-mais-utiliza-arbitragem-no-mundo-19092017. Acesso em: 10 mar. 2020.

WHITE & CASE LLP. Queen Mary University of London. International Arbitration Survey: The Evolution of International Arbitration, 2018. Disponível em: https://www.whitecase.com/publications/insight/2018-international-arbitration-survey-evolution-international-arbitration. Acesso em: 05 mar. 2020.

16. Arbitragem de conflitos na Administração Pública brasileira e o sistema multiportas de resolução de disputas: um olhar revisitado e uma perspectiva para o futuro

SÍLVIA HELENA PICARELLI GONÇALVES JOHONSOM DI SALVO

Introdução
O discurso de Frank Sander, em 1976, na Conferência Pound sobre "As Causas da Insatisfação Popular com a Administração da Justiça" é amplamente reconhecido na comunidade jurídica como o evento catalizador do movimento da Resolução Alternativa de Litígios (ADR) nos Estados Unidos e então no mundo todo.

Foi durante esse discurso que Sander expôs que os métodos ADR deveriam ajudar a evitar a sobrecarga de ações judiciais nos tribunais, o que seria a causa para os atrasos na entrega da resolução da disputa pelo Poder Judiciário.

Décadas depois da apresentação do Tribunal Multiportas – ou sistema multiportas – ao mundo, o seu conceito é ressignificado a partir da necessidade de partilhar o protagonismo dos métodos ADR, a partir de sua adequabilidade, e não à sua alternatividade.

A Administração Pública brasileira, que paulatinamente adota a diversidade de métodos para resolução de conflitos, ainda está presa à concepção destes como meios alternativos a uma solução judicialmente adjudicada. Este padrão se mostra ainda mais claro quando desponta no horizonte jurídico-administrativo outro método adjudicativo: a arbitragem.

Para fazer avançar a arbitragem como método eficiente e adequado a solucionar disputas no âmbito da Administração Pública brasileira, não se mostra necessária uma revolução. É apenas necessário conhecer a evolução do significado do sistema multiportas e revisitar noções já familiares ao Direito Administrativo brasileiro.

Esta é a proposta das próximas linhas.

1. O sistema multiportas de resolução de conflitos

O sistema multiportas de resolução de conflitos é o conceito teórico que, de sua gênese à atualidade, orienta o pensamento legal quanto às formas mais acessíveis e eficazes de entrega de justiça civil.

O conceito foi apresentado pelo Professor Frank Sander, da faculdade de Direito da Universidade de Harvard, em 1976, durante a Conferência Pound sobre as causas da insatisfação popular com a administração da justiça.

Na ocasião, Sander fez a apresentação "Variações do Processamento da Disputa", na qual descreveu um tribunal que funcionava como um sistema multiportas, em que as disputas não necessariamente seriam resolvidas pela via contenciosa, eis que seriam designadas a outros métodos de resolução de disputas, tais como arbitragem, mediação, conciliação, negociação, facilitação, serviços de *ombuds* e adjudicação. Nas próprias palavras de Sander:

> Após aquela palestra na Pound Conference, no verão de 1976, uma das revistas da ABA [American Bar Association – Ordem dos Advogados dos Estados Unidos] publicou um artigo sobre essa conversa. Na capa da revista, uma grande quantidade de portas, representando o que chamaram de Tribunal Multiportas. Eu tinha dado um nome bem mais acadêmico: "centro abrangente de justiça", mas muitas vezes o rótulo que se dá a uma ideia depende mais da divulgação e da popularidade dessa ideia. Assim, devo à ABA esse nome de fácil assimilação: Tribunal Multiportas. Agora, gostaria de dar uma breve explicação sobre o conceito, seja qual for o nome dado. A ideia inicial é examinar as diferentes formas de

resolução de conflitos: mediação, arbitragem, negociação e "med-arb" (combinação de mediação e arbitragem). Procurei observar cada um dos diferentes processos, para ver se poderíamos encontrar algum tipo de taxonomia para aplicar aos conflitos, e que portas seriam adequadas a quais conflitos.[1]

Seu discurso valorizou os métodos ADR o suficiente para impulsionar o pluralismo procedimental, de forma que aquele evento ficou conhecido como o "Big Bang" da implementação teórica e prática de métodos alternativos de resolução de disputas.[2]

Inovador na simplicidade da solução, o conceito de sistemas multiportas, tal como apresentado por Sander em 1976, comportava em si uma ideia paradoxal. Ao passo em que discursava a favor de formas de resolução de disputas que não viessem da adjudicação judicial, o conceito centralizava no sistema judiciário a deliberação sobre a adequação do método de resolução da disputa.

Com base nessa premissa, as políticas de diversidade de meios de resolução de disputas focaram no protagonismo do sistema judiciário e na alternatividade desses métodos à solução judicialmente adjudicada.

Como consequência, a proposta de se observar cada um dos "diferentes processos" e encontrar o conflito vocacionado a determinado processo foi perdendo espaço para a captura de métodos alternativos como fonte de política judiciária estatal.

Ao longo da evolução do conceito de Tribunal Multiportas e da expansão do sistema multiportas para outras jurisdições ao redor do globo, foi sendo possível compreender que não há uma relação de obrigatoriedade no desenvolvimento do sistema multiportas necessariamente dentro do órgão jurisdicional. Foi assim que se posicionou Sander mais recentemente, em entrevista concedida no ano de 2008:

---
[1] Diálogo entre os professores Frank Sander e Mariana Hernandez Crespo: explorando a evolução do Tribunal Multiportas In: ALMEIDA, Rafael Alves de; ALMEIDA, Tania; CRESPO, Mariana Hernandez (org.). *Tribunal multiportas*: Investindo no capital social para maximizar o sistema de solução de conflitos no Brasil. Rio de Janeiro: FGV, 2012, p. 25-37, p. 32.
[2] Sobre o tema, cf. MENKEL-MEADOW, Carrie. Roots and Inspirations: A Brief History of the Foundations of Dispute Resolution. In: BORDONE, R. C; MOFFITT, M. L. (eds.). *The Handbook of Dispute Resolution*. San Francisco: Jossey-Bass, 2005, p. 13-32.

Mariana Hernandez Crespo – O senhor poderia falar um pouco mais para a nossa plateia sobre a relação, ou ligação, entre os métodos alternativos e o sistema de tribunais?

Frank Sander – Bem, não existe qualquer relação inerente. Penso, por outro lado, que se trata de uma relação bastante natural, porque os tribunais são o principal local de que dispomos, talvez o mais importante, para a resolução de conflitos. Assim, podemos argumentar que o Tribunal Multiportas deveria estar ligado aos tribunais, mas tecnicamente o centro abrangente da justiça [ou Tribunal Multiportas] que eu citei poderia estar bem separado dos tribunais. É mais ou menos como a história de Willie Sutton, o ladrão de bancos, que, quando indagado por que roubava bancos, respondeu: "é lá que está o dinheiro". O tribunal é o lugar onde os casos estão, portanto nada mais natural do que fazer do tribunal uma das portas do Tribunal Multiportas – a ideia é essa. Mas pode acontecer de o tribunal estar aqui, e os outros processos [arbitragem, mediação etc.] estarem lá; não existe nada [no método] que possa evitar esse fato.[3]

Dessa forma, a apropriação do conceito do sistema multiportas independe de poder jurisdicional, sendo que seu verdadeiro propósito é atingir e tocar o epicentro originário do conflito.

A revisitação do conceito de sistema multiportas de resolução de conflitos, trazida não apenas por aquele que melhor a representa, como também pela própria experiência da prática e do decurso dos anos, deixa evidente que este conceito de multiplicidade de formas de resolução de conflitos só é eficaz quando envolvidos de modo significativo todos aqueles que são afetados pelo conflito.

2. O sistema multiportas como política judiciária no Brasil e a posição peculiar da Administração Pública

A Resolução n. 125 do Conselho Nacional de Justiça (CNJ), editada em 29 de novembro de 2010, estabelece a "Política Judiciária Nacional de tratamento adequado dos conflitos de interesses no âmbito do Poder

---

[3] Diálogo entre os professores Frank Sander e Mariana Hernandez Crespo: explorando a evolução do Tribunal Multiportas In: ALMEIDA, Rafael Alves de; ALMEIDA, Tania; CRESPO, Mariana Hernandez (org.). *Tribunal multiportas*: Investindo no capital social para maximizar o sistema de solução de conflitos no Brasil. Rio de Janeiro: FGV, 2012, p. 25-37, p. 33.

Judiciário", no bojo da qual deixa "claro que incumbe ao Poder Judiciário, além da solução adjudicada mediante sentença, oferecer outros mecanismos de solução de controvérsias, em especial os chamados meios consensuais, como a mediação e a conciliação [...]".[4] Embora se refira ao Poder Judiciário, é este o texto normativo que estabelece a política de tratamento de conflitos mais proeminente no Brasil.

Em tempo mais recente, o Código de Processo Civil brasileiro de 2015 intentou fomentar a diversificação dos métodos de resolução de conflitos, prevendo, logo de início, que é "permitida a arbitragem, na forma da lei", além de dispor que o "Estado promoverá, sempre que possível, a solução consensual dos conflitos". No entanto, essa tentativa de fomento ainda está fortemente ligada à figura central do Poder Judiciário – e à concepção inicial do sistema multiportas – uma vez que essas previsões são, respectivamente, o primeiro e o segundo parágrafos, que detalham o artigo terceiro do códex, no qual se lê que "não se excluirá da apreciação jurisdicional ameaça ou lesão a direito".

Cabe aqui um importante aparte. Este artigo do códex é reprodução de norma da Constituição Brasileira de 1988. Esta norma foi o argumento central utilizado para se questionar a constitucionalidade[5] da Lei de

---

[4] BRASIL. Conselho Nacional de Justiça. *Resolução n. 125*: Política Judiciária Nacional de tratamento adequado dos conflitos de interesses no âmbito do Poder Judiciário. 29 nov. 2010, p. 21.

[5] BRASIL, Supremo Tribunal Federal. *Informativo n. 254*. Brasília, 10-14 dez. 2001. "Concluído o julgamento de agravo regimental em sentença estrangeira em que se discutia incidentalmente a constitucionalidade da Lei 9.307/96 – Lei de Arbitragem (v. Informativos 71, 211, 221 e 226). O Tribunal, por maioria, declarou constitucional a Lei 9.307/96, por considerar que a manifestação de vontade da parte na cláusula compromissória no momento da celebração do contrato e a permissão dada ao juiz para que substitua a vontade da parte recalcitrante em firmar compromisso não ofendem o art. 5º, XXXV, da CF ('a lei não excluirá da apreciação do Poder Judiciário lesão ou ameaça a direito'). Vencidos os Ministros Sepúlveda Pertence, relator, Sydney Sanches, Néri da Silveira e Moreira Alves, que, ao tempo em que emprestavam validade constitucional ao compromisso arbitral quando as partes de uma lide atual renunciam à via judicial e escolhem a alternativa da arbitragem para a solução do litígio, entendiam inconstitucionais a prévia manifestação de vontade da parte na cláusula compromissória – dada a indeterminação de seu objeto – e a possibilidade de a outra parte, havendo resistência quanto à instituição da arbitragem, recorrer ao Poder Judiciário para compelir a parte recalcitrante a firmar o compromisso, e, conseqüentemente, declaravam, por violação ao princípio do livre acesso ao Poder Judiciário, a inconstitucionalidade dos seguintes dispositivos da Lei 9.307/96: 1) o parágrafo único do art. 6º; 2) o art. 7º e seus parágrafos; 3) no art. 41, as novas redações atribuídas ao art. 267, VII e art. 301, inciso IX do

Arbitragem brasileira (Lei n. 9.307/1996), no sentido de que, ao optar pela via arbitral, a parte estaria violando o monopólio do poder jurisdicional, eis que este seria o único foro possível para se apreciar ameaça ou lesão a direito. Após quatro anos de julgamento, o Supremo Tribunal Federal (STF) decidiu que essa norma retrata um direito à ação judicial, e não um dever.

O sistema político brasileiro tem como base a democracia representativa e a tripartição de Poderes. Nosso modo de resolver conflitos é centrado na figura do Poder Judiciário, de modo que toda associação à resolução de conflitos como "fazer justiça" está sempre atrelada ao "Judiciário". Logo, não é invulgar se constatar que todo o histórico de administração de justiça e tratamento de conflitos tenha como protagonista o Poder Judiciário.

E nessa alquimia há ainda mais um fator que contribui para a perenidade desse protagonismo: a Fazenda Pública. Conceito secular desde os tempos do Brasil-Império, a designação da Administração Pública no papel de arrecadador fiscal evoluiu para designar a figura da Administração Pública litigante em juízo.

Em 2011, o CNJ publicou a primeira versão o Relatório "100 Maiores Litigantes", visando identificar os maiores demandantes e demandados no Judiciário brasileiro. A iniciativa do CNJ em diagnosticar a atual situação do Judiciário brasileiro, mapeando os principais litigantes do país, trouxe uma conclusão alarmante: a Administração Pública (federal, estadual e municipal) é o principal setor entre os que mais demandam do Poder Judiciário.[6]

Diante do alto volume de demandas da Administração Pública, da similitude dos conflitos e de sua recorrência, foi um passo natural incumbir ao Poder Judiciário a iniciativa de repensar as formas de resolução de conflitos, ou associar-se à diversidade dessas formas uma natureza de

---

Código de Processo Civil; 4) e do art. 42. O Tribunal, por unanimidade, proveu o agravo regimental para homologar a sentença arbitral." SE 5.206-Espanha (AgRg), rel. Min. Sepúlveda Pertence, 12.12.2001. (SE-5206).

[6] No Relatório "100 Maiores Litigantes", publicado em 2012, as Administrações Públicas federal, estadual e municipal corresponderam a 22,77% das ações ingressadas entre 1º de janeiro e 31 de outubro de 2011. Cf.: BRASIL. Conselho Nacional de Justiça. *100 maiores litigantes*. Brasília, 2012. Disponível em: https://www.cnj.jus.br/wp-content/uploads/2011/02/100_maiores_litigantes.pdf. Acesso em: 25 maio 2020.

"alternatividade" à solução judicial, mormente quando se trata de conflitos envolvendo a Administração Pública.

No entanto, ao condicionar uma diversidade de métodos a uma condição de alternatividade, ou deixar ao alvitre do Poder Judiciário a decisão sobre a efetividade e validade dessa diversidade de métodos, perde-se a essência, as qualidades inerentes a cada um desses métodos, características essas que efetivamente justificam a sua adoção.

Além disso, para otimizar sistemas de resolução de conflitos, será necessária a suplementação dos processos democráticos representativos, através de um estágio preliminar de consultas, por meio de um método como a construção de consenso, levando em conta a maneira pela qual as partes envolvidas formulam as questões e articulam suas diferentes perspectivas. Adicionalmente, esse processo deverá encorajar as partes envolvidas a participarem na criação e avaliação de opções, assim como no desenvolvimento de estratégias para implementação. Isso acrescenta um passo a mais ao processo legislativo existente na região, de forma a produzir mais decisões legislativas sustentáveis. A participação é essencial ao aprimoramento da sombra da lei na América Latina. Sustento que os códigos atuais existentes na América Latina, importados em grande parte da Europa, carecem da participação das partes envolvidas interessadas no seu cumprimento.[7]

Portanto, é necessária mais uma guinada na forma de se pensar e implementar o sistema multiportas, para pensá-lo como um centro de justiça, e não como um centro de Judiciário.

3. Arbitragem na Administração Pública brasileira

A arbitragem tem sido progressivamente incorporada como método de resolução de conflitos originários de relações da Administração Pública no seio de uma política de Estado. Desde a estabilização da discussão sobre a mera possibilidade do uso desse método, estabilização esta que

---

[7] CRESPO, Mariana Hernandez. Perspectiva sistêmica dos métodos alternativos de resolução de conflitos na América Latina: aprimorando a sombra da lei através da participação do cidadão. In: ALMEIDA, Rafael Alves de; ALMEIDA, Tania; CRESPO, Mariana Hernandez (org.). *Tribunal multiportas*: Investindo no capital social para maximizar o sistema de solução de conflitos no Brasil. Rio de Janeiro: FGV, 2012, p. 39-85, p. 44.

adveio da inclusão do parágrafo primeiro ao inicial artigo da Lei de Arbitragem brasileira,[8] segundo o qual "a administração pública direta e indireta poderá utilizar-se da arbitragem para dirimir conflitos relativos a direitos patrimoniais disponíveis", a arbitragem tem se destacado como método solucionador de conflitos da mais variada gama.

A arbitragem assim desponta como método de resolução de disputas em relações nas quais tipicamente se emprega esse meio – embora agora se tenha como sujeito a Administração Pública –, tais como contratos complexos e de longa duração, a exemplo de contratos de concessão, que envolvem obrigações de construção e financiamento de projetos. Nada de extraordinário.

Ocorre que a realidade brasileira vem se sofisticando, ou talvez se complicando, à medida que disputas inerentes a uma zona de domínio historicamente associada ao poder estatal passam a dispor da arbitragem. Como consequência, observa-se na prática o paradoxo do sistema multiportas, que é a centralização no Poder Judiciário da distribuição dos outros métodos de resolução de conflitos. Nesse contexto, a Administração Pública sente-se familiarmente protagonista do processo, confortável em criar para si prerrogativas que não necessariamente condizem com a flexibilidade e a autonomia da vontade, intrínsecas à arbitragem.

É o caso, por exemplo, do uso da arbitragem na desapropriação por utilidade pública, que é um signo supremo do exercício do poder de império da Administração Pública sobre seus administrados, eis que se autoriza que, em prol de uma coletividade imaterial, se retire uma lasca do orbe sagrado do direito de uso e gozo da propriedade privada. É o caso da alteração trazida ao Decreto-Lei n. 3.365/1941, sacrossanta norma infraconstitucional que dispõe sobre desapropriações por utilidade pública.

Em 2019,[9] o Decreto-Lei foi alterado para possibilitar ao administrado-desapropriado optar pela via arbitral a fim de discutir o valor da indenização que lhe cabe em razão da desapropriação de seu bem, sendo que sua escolha está condicionada à administração deste procedi-

---

[8] Trata-se de inclusão feita pela Lei n. 13.129, de 2015, à Lei n. 9.307, de 23 de setembro de 1996.
[9] Trata-se da Lei n. 13.867, de 26 de agosto de 2019.

mento arbitral por instituição ou órgão arbitral previamente cadastrado junto ao ente desapropriador. Diante da necessidade de cadastramento prévio das instituições arbitrais para que o particular possa optar pela arbitragem, fica ao alvitre da Administração Pública efetivar essa opção de resolução de disputa.

Em outra tangente, um conceito importado trouxe nova camada à discussão sobre o fundamentalismo do poder estatal na abertura da porta da arbitragem para os conflitos com a Administração Pública. Reflexo imprevisto da Operação Lava-Jato, as "arbitragens coletivas" propostas por acionistas minoritários da Petrobras buscam a reparação por perdas no mercado de valores em decorrência de atos criminosos investigados no bojo daquela operação.

Em forma e procedimento que não cabe ora discutir,[10] os requerentes-acionistas minoritários baseiam seu pedido de instauração de arbitragem na cláusula compromissória inserida no artigo 58 do Estatuto Social da Petrobras, a qual, ainda que por exceção, faz referência à União como possível sujeito da disputa arbitral. Isso porque o parágrafo único do artigo 58 dispõe quais seriam as disputas nas quais a União estaria envolvida, e que em sua gênese envolvem direitos patrimoniais não disponíveis e, logo, não arbitráveis. Fazendo uso de interpretação lógica, portanto, todo ato reputado à União que não constitui a exceção contida nesse parágrafo único é, em si, arbitrável, de modo que vincula à arbitragem o sujeito a quem se reputa o ato: a União.

"Arbitragem coletiva" instaurada no ano de 2016 tinha por particularidade justamente a inclusão da União como requerida, no entendimento de que era corresponsável pelas perdas acima descritas. Buscando a sua exclusão da arbitragem, a União recorreu à Justiça Federal brasileira, em ação que culminou no Conflito de Competência n. 151.130-SP, julgado definitivamente pela Segunda Seção do Superior Tribunal de Justiça em acórdão publicado em 11 de fevereiro de 2020.

Para o que interessa a esta discussão, o voto-vencedor para lavratura do acórdão fixou o entendimento de que, embora haja a autorização genérica da submissão da Administração Pública à arbitragem, esta não tem o condão de fixar a legitimidade da União para figurar no polo pas-

---

[10] Sobre o tema, confira-se: NERY, Ana Luiza. *Arbitragem coletiva*. São Paulo: Revista dos Tribunais, 2017.

sivo da arbitragem, na condição de acionista controladora da Petrobras, acrescentando ainda que a cláusula compromissória estatutária da Petrobras também não faz inferência a essa autorização.

No mais, fixou o entendimento de que a acima referida autorização legal não afasta a exigência de normas específicas para sujeitar o acionista controlador a determinado procedimento arbitral, "notadamente em se tratando de ente federativo, no caso a União, em que a própria manifestação de vontade deve estar condicionada ao princípio da legalidade".[11]

A dificuldade, no entanto, que se extrai dessas razões de decidir, é a conclusão de que não basta uma permissão geral e ampla que concede arbitrabilidade subjetiva a todos os entes da Administração Pública para que um deles figure em procedimento arbitral. E mais, porque a restrição que o impediria de figurar é sua condição subjetiva (ser ente da Administração direta e acionista controlador de sociedade de economia mista), e não o objeto, a natureza do litígio (a disputa estaria versando sobre direitos patrimoniais indisponíveis, portanto, não haveria arbitrabilidade objetiva).

Dessa forma, o Poder Judiciário, ao se imiscuir no procedimento arbitral em curso para definir a arbitrabilidade subjetiva *ex ante*, fazendo a exigência de norma (legal ou infralegal?) para autorizar a arbitrabilidade subjetiva de determinado ente da Administração Pública, reforça

---

[11] Trecho extraído do voto-vencedor de lavra do Ministro Luis Felipe Salomão, relator para o acórdão do Conflito de Competência 151.130-SP: "Nesse sentido, muito embora se alegue, no caso, a possibilidade da submissão do ente público à arbitragem, mesmo antes da edição da Lei n. 13.129/2015 – e até mesmo antes da edição da Lei n. 9.306/97 –, penso que tal não autoriza a utilização e extensão do procedimento arbitral à União na condição de sua acionista controladora, seja em razão da ausência de lei autorizativa, seja em razão do próprio conteúdo da norma estatutária, a partir da qual não se pode inferir a referida autorização. Com efeito, a autorização legal extraída da Lei n. 13.129/2015 refere-se à consagração, no âmbito legislativo, da jurisprudência já sedimentada do STJ e do STF quanto à adoção da arbitragem à administração pública, mas isto desde que diante de previsão legal ou regulamentar próprios. Dessa forma, observada a máxima vênia, penso que a melhor interpretação é no sentido de que, muito embora a arbitragem seja permitida nas demandas societárias e naquelas envolvendo a administração pública, não se pode afastar a exigência de regramento específico que apresente a delimitação e a extensão de determinado procedimento arbitral ao sócio controlador, notadamente em se tratando da ente federativo, no caso a União, em que a própria manifestação de vontade deve estar condicionada ao princípio da legalidade."

o paradoxo inicial do sistema multiportas e as prerrogativas da Administração Pública brasileira.

4. Arbitragem na Administração Pública brasileira no contexto de um sistema multiportas ressignificado

A ideia de que o Poder Judiciário concentra em si a promoção da diversidade de métodos de resolução de disputas, ou que estes, para serem legítimos, têm de espelhar o sistema judiciário, não é uma noção restrita à realidade brasileira. Essa visão se espraia por toda a América Latina, pois essa concepção é retrato de uma desconfiança no administrador, construída por anos de regimes ditatoriais e abuso de autoridade. Ao estudar a consolidação da diversidade metodológica de resolução de conflitos pela América Latina e Caribe, Pérez entende que

> É função de um Estado de Direito democrático proteger os direitos ameaçados de seus cidadãos. Portanto, quando esse requisito não é totalmente satisfeito por meio do Judiciário, deve estar disponível alguma forma extrajudicial de resolução de conflitos. Porém, uma alternativa à tutela judicial somente será tida como válida quando for adequada para oferecer proteção de direitos basicamente equivalente à alcançável através do processo judicial.[12]

Retomando o pensamento de Sander: "[...] na verdade o Tribunal Multiportas é uma simples ideia, cuja execução não é simples, porque decidir que casos devem ir para qual porta não é uma tarefa simples".[13]

Assim, de modo a honrar a exegese do sistema multiportas, sem resvalar em discussões infindáveis quanto aos limites do papel do Poder Judiciário como força motriz de políticas de distribuição de justiça e das prerrogativas da Administração Pública, vem a calhar neste momento

---

[12] PÉREZ, Ana Fernández. La compleja consolidación de los métodos alternativos de solución de controversias en América latina y el Caribe. *Arbitraje: Revista de Arbitraje Comercial y de Inversiones.* Kluwer Law International, v. 11, n. 1, p. 159-201, 2018, p. 162.

[13] Diálogo entre os professores Frank Sander e Mariana Hernandez Crespo: explorando a evolução do Tribunal Multiportas In: ALMEIDA, Rafael Alves de; ALMEIDA, Tania; CRESPO, Mariana Hernandez (org.). *Tribunal multiportas*: Investindo no capital social para maximizar o sistema de solução de conflitos no Brasil. Rio de Janeiro: FGV, 2012, p. 25-37, p. 32.

um pouco de "sabedoria convencional",[14] que pouco demandará sofisticação na abordagem de soluções.

4.1. A convenção de arbitragem como ponto de partida

Os elementos que constituem a sabedoria convencional têm em si uma qualidade de universalismo e são teoricamente "estimados a qualquer momento por sua aceitabilidade".

A gênese de qualquer procedimento arbitral, seja ele doméstico, internacional, comercial, de investimento, de construção, multiparte ou de polos singulares é a convenção de arbitragem. Este será o ponto de partida para o raciocínio de ressignificação do sistema multiportas, no que toca à arbitragem com a Administração Pública.

Em uma relação jurídica com a Administração Pública, frente à possibilidade ou à materialização de uma disputa, é importante se antecipar quanto aos termos da convenção de arbitragem, seja ela uma cláusula compromissória ou um compromisso arbitral, para que o conjunto de regras ali abarcado seja o suficiente para trazer a parte contrária ao procedimento arbitral. A consequência é a segurança jurídica para todas as partes. No caso de não cumprimento, segundo preleciona Tonin:

> Havendo cláusula compromissória válida em acordo celebrado com a Administração Pública, qualquer ato do administrador que deponha contra o uso do procedimento incidiria em violação ao *pacta sunt servanda* e do próprio princípio da boa-fé. Mais ainda, seria equivalente a legitimar o *venire contra factum proprium*, já que, para estimular o investidor ou empresa privada e fomentar-lhe o interesse na contratação, o administrador opta pela cláusula compromissória para, após o surgimento do conflito, obstar a sua utilização. Em última análise, poder-se-ia até

---

[14] *"The expression "conventional wisdom" results from an association of "convention" and "wisdom". Thus, while certain wisdoms can be unconventional, and conventions, far from being always wise, "conventional wisdom" refers to those principles which are both conventional and wise. In other words, they ally the rooting power of traditions with the insight that comes with wisdom."* (COMAIR-OBEID, Nayla. What Is Conventional Wisdom in the Organization of Arbitral Proceedings? In: KALICKI, Jean Engelmayer; RAOUF, Mohamed Abdel (ed.). *Evolution and Adaptation*: The Future of International Arbitration. Nova York: Kluwer Law International; International Council for Commercial Arbitration, 2019, p. 725-735. [ICCA Congress Series, v. 20].

inferir que há nesta conduta ato contra o dever de probidade do agente público.[15]

No atual estágio de avanço do uso da arbitragem em conflitos no âmbito da Administração Pública, já há exemplos de estados da federação[16] que editaram seus próprios decretos que visam regulamentar o uso da arbitragem pela Administração direta estadual e suas autarquias, assim como há exemplo de lei municipal[17] que instituiu sua política local de tratamento de conflitos.

Ainda, tem-se a edição de normas setoriais que regulamentam o uso de métodos alternativos à jurisdição estatal para a resolução de conflitos advindos de determinada relação regulada. A título exemplificativo, a Resolução n. 5.845, de 14 de maio de 2019, que dispõe sobre as regras procedimentais para a autocomposição e a arbitragem no âmbito da Agência Nacional de Transportes Terrestres (ANTT).

Aqui, a fundamental distinção entre esses textos normativos e a situação trazida pelo resultado do julgamento do Conflito de Competência n. 151.130/SP é de que não se discute *ex ante* "quem pode fazer" (quem pode integrar um procedimento arbitral), mas sim o "como fazê-lo" (ou seja, como conduzir esse procedimento arbitral, considerando que já não há o questionamento sobre "quem" pode integrar um procedimento arbitral).

Esse "como fazê-lo" compõe não somente os elementos intrínsecos à validade das convenções arbitrais, comuns a qualquer delas, como também elementos específicos à realidade do regime jurídico-normativo da Administração Pública. Dentre esses elementos, encontram-se desde regramentos quanto a questões fulcrais, como a definição de critérios concretos de arbitrabilidade objetiva e operacionalização do princípio administrativo da publicidade, até aspectos mais ordinários como a alocação de custas com o procedimento arbitral.

Conquanto os textos normativos referidos não tenham o propósito *objetivo* de dificultar o acesso ao recurso da arbitragem como método de

---

[15] TONIN, Mauricio Morais. *Arbitragem, mediação e outros métodos de solução de conflitos envolvendo o poder público*. São Paulo: Almedina, 2019, p. 275.
[16] Como exemplos, tem-se o Estado de São Paulo (Decreto n. 64.356, de 31 de julho de 2019) e o Estado do Rio de Janeiro (Decreto n. 46.245/2018).
[17] Como exemplo, o Município de São Paulo (Lei n. 17.324, de 18 de março de 2020).

resolver as disputas no âmbito de cada ente que editou a norma, nem mesmo intentem transferir à estrutura judiciária a missão central de deslindar a controvérsia, fato é que resvalam na unilateralidade do poder de dispor sobre atos que afetam o administrado.[18]

4.2. A participação do convenente

É claro que não se pode negar a intenção de homogeneizar o modo de condução das arbitragens, com regras que valham para todos, em deferência ao princípio administrativo da impessoalidade. Ainda, as observações ora feitas não ignoram a dificuldade da Administração Pública em equilibrar as restrições do seu regime jurídico-administrativo com o arrojo e a flexibilidade, inerentes à arbitragem.

No entanto, não se pode ser alheio ao fato de que, por mais que tenhamos figuras curiosas como a da "arbitragem coletiva"[19] ou do *amicus curiae*[20] despontando no bojo de conflitos arbitrados com a Administração Pública, fato é que a arbitragem em si interessa e repercute precipuamente na esfera de direitos daqueles que aderiram à convenção arbitral. Repita-se: a arbitragem com a Administração Pública interessa, em primeiro grau, às partes convenentes, aos signatários da cláusula compromissória e aos aderentes do compromisso arbitral.

Assim, hoje, a evolução do sistema multiportas no âmbito da Administração Pública, para que a arbitragem seja um método *adequado* para determinada disputa, passa necessariamente pela *participação* do interessado. Aqui não é necessário adjetivo. Participar significa tomar assento nas deliberações acerca da coisa pública e na criação do planejamento das atividades administrativas.

> Além de leis internas sustentáveis, um mecanismo participativo como o dos Tribunais Multiportas pode melhorar o cumprimento dos acordos e transformar as atitudes e normas culturais em relação às leis da América

---

[18] Sobre o tema, sugere-se conferir a seção 1.1.1. "Evolução da dogmática clássica do Direito Administrativo: da atividade imperativa unilateral à cultura do diálogo" na obra: SALVO, Sílvia H. P. G. J. *Mediação na Administração Pública brasileira*: o desenho institucional e procedimental. São Paulo: Almedina, 2018, p. 25-36.

[19] Reporte-se à seção 3 deste artigo e à recomendação do estudo monográfico ali referenciado.

[20] OLIVEIRA, Gustavo Justino de; ESTEFAM, Felipe Faiwichow. *Curso prático de arbitragem e Administração Pública*. Rio de Janeiro: Revista dos Tribunais, 2019.

Latina. Ao dar aos cidadãos a capacidade de se envolverem, com participação significativa, no processo de resolução de conflitos na esfera privada, eles terão a possibilidade de adquirir as competências necessárias para participar tanto da resolução de conflitos na área privada quanto na área pública. Além disso, ao trazer os cidadãos para um contato mais próximo e mais significativo com o processo judicial, a postura desses cidadãos em relação à lei poderá passar de uma atitude depreciativa para uma atitude de apoio.[21]

Nestas apertadas linhas, não será possível discorrer sobre uma proposta mais adequada à atual dinâmica empregada pela Administração Pública de propor as convenções arbitrais, que não por normatização prévia. Esse é um projeto de futuro.

Porém, já é possível se atentar a um detalhe despretensioso dessa dinâmica, para se propor uma forma de abordagem que honre a participação do interessado: a participação por meio de audiência ou consulta pública. A se ter como exemplo a Resolução ANTT n. 5.845/2019, a submissão da minuta à audiência pública[22] permitiu que o texto final fosse despido de excessos de imperativismo – por exemplo, a prévia concordância da ANTT[23] sobre a legitimidade do direito resistido como *conditio sine qua non* para a instauração do procedimento arbitral.[24]

---

[21] CRESPO, Mariana Hernandez. Perspectiva sistêmica dos métodos alternativos de resolução de conflitos na América Latina: aprimorando a sombra da lei através da participação do cidadão. In: ALMEIDA, Rafael Alves de; ALMEIDA, Tania; CRESPO, Mariana Hernandez (org.). *Tribunal multiportas*: Investindo no capital social para maximizar o sistema de solução de conflitos no Brasil. Rio de Janeiro: FGV, 2012, p. 39-85, p. 44-45.

[22] Cf.: BRASIL. Agência Nacional de Transportes Terrestres – ANTT. *Audiência Pública n. 004/2018*. Disponível em: http://portal.antt.gov.br/index.php/content/view/53586/Audiencia_Publica_n__004_2018.html. Acesso em: 25 maio 2020.

[23] Os artigos 5º e 6º da minuta de resolução sujeita à audiência pública assim se liam: "Art. 5º – O procedimento de Solução de Controvérsias se inicia com o protocolo de solicitação escrita dirigida à ANTT, indicando: I – as partes envolvidas; II – a descrição detalhada dos fatos; III – os pedidos; IV – os documentos comprobatórios; V – quais informações devem ser consideradas como sigilosas; VI – expressa anuência com os termos desta Resolução. Art. 6º – A ANTT rejeitará a instalação de procedimento de Solução de Controvérsias nas seguintes hipóteses: I – quando couber recurso sobre a controvérsia no âmbito da ANTT; II – quando a controvérsia estiver prevista no rol de matérias descrito no Art. 3º."

[24] Sobre o tema, confira-se a análise e a submissão em resposta ao Aviso de Audiência Pública n. 004/2018 feita por Gustavo Henrique Justino de Oliveira e Felipe Faiwichow Estefam.

O Direito posto brasileiro é pródigo em estabelecer a necessidade da realização de audiências públicas frente a atos administrativos.

A começar pela Lei n. 9.784/1999, que rege o processo administrativo no âmbito federal. O artigo 32 dispõe que "antes da tomada de decisão, a juízo da autoridade, diante da relevância da questão, poderá ser realizada audiência pública para debates sobre a matéria do processo". Cabe aqui importante parêntese. O acesso ao Estado por meio da via processual, para além de direito fundamental insculpido no art. 5º, inciso XXXIII, da Constituição Federal brasileira, é o perfazimento de um propósito de controle social. O objetivo principal do processo é a efetivação dos direitos fundamentais do cidadão em face da Administração Pública. Para tanto, cumpre-se necessário garantir o pleno acesso do cidadão ao Estado, pela via processual. A via processual irradia-se como um controle social, possibilitando ao cidadão controlar os atos do Estado.

A Lei n. 8.666/1993, que trata das licitações e contratos administrativos, em seu artigo 39 comanda seja realizada, obrigatoriamente, audiência pública como abertura do processo licitatório, sempre que o valor estimado para uma licitação ou para um conjunto de licitações simultâneas ou sucessivas for superior a 100 (cem) vezes o limite previsto para concorrência pública.

Sobre este ponto específico: "Do modo como estão previstos os artigos 5º e 6º, o 'Procedimento de Solução de Controvérsias' parece ser totalmente inadequado e choca-se frontalmente com a própria Lei federal n. 9.307, de 23.09.96, a Lei Geral de Arbitragem. É que não existe na legislação brasileira esta obrigação prévia de notificação extrajudicial ou administrativa de uma parte em relação à outra, quando a primeira pretende dar início a um processo arbitral. A lei brasileira não exige uma concordância prévia da parte ex adversa, fato que eventualmente 'legitimaria' a parte interessada em dar início à arbitragem – nos termos de uma cláusula compromissória previamente existente e celebrada por ambas as partes – a efetivamente dar início à arbitragem. E por razões óbvias, não é uma Resolução de um órgão ou ente administrativo que irá criar uma situação esdrúxula como esta. O requerimento da arbitragem há de ser dirigido à instituição arbitral, nos termos do art. 5º da lei federal n. 9.307/96, quando houver uma cláusula arbitral previamente estabelecida pelas partes, em contrato." (OLIVEIRA, Gustavo Justino de; ESTEFAM, Felipe Faiwichow. ANTT – Audiência Pública n. 004/2018: sugestões à minuta de Resolução: mecanismos alternativos para a solução de controvérsias. In: OLIVEIRA, Gustavo Justino de. *Blog Justino de Oliveira*. 20 jun. 2018. Disponível em: https://blogdojustino.com.br/audiencia-publica-no-0042018. Acesso em: 25 maio 2020).

Conclusões

O conceito atualizado do sistema multiportas evidencia que o centro de acesso e distribuição de justiça é também vocacionado para existir fora dos tribunais. No contexto brasileiro, não se nega que está enraizada no ideário nacional a noção de que a justiça se faz por meio do Poder Judiciário. Dentre os radicais desta noção está a desconfiança do ato de autoridade, construída por décadas de regime autoritário, assim como a prodigalidade da judicialização de conflitos por e contra a Administração Pública brasileira, noção essa que advém de séculos de Fazenda Pública.

A arbitragem de conflitos administrativos, uma realidade bastante recente, despe a Administração do seu manto de Fazenda Pública. Porém, esse método adjudicativo não tem ainda a força de mostrar a sua principal qualidade em plenitude, que é a autonomia das partes em relação à forma de dispor sobre como conduzir o conflito.

Dessa forma, o modo como hoje a arbitragem é ofertada para o deslinde de controvérsias no âmbito da Administração Pública está em desalinho com o cerne do sistema multiportas – pois este cerne é justamente a viabilização da oferta de métodos de resolução de conflitos que possam melhor se adequar a determinada disputa, justamente e em razão de suas características intrínsecas.

Nesse sentido, ao passo em que a arbitragem navega por territórios pouco tradicionais da zona de discricionariedade da Administração Pública, como no âmbito de desapropriações e em "arbitragens coletivas", o caráter imperativo dos atos administrativos, assim como a centralização judicial das "multiportas", emergem com mais força.

Assim, a proposta de exame dessa problemática passa por dois eixos. Primeiramente, pela ressignificação do sistema multiportas e como esse novo olhar é – ou não – empregado nas políticas de tratamento de conflitos no Brasil. Como segundo eixo, o retorno à sabedoria convencional, que aponta para a convenção arbitral como a gênese de qualquer procedimento arbitral, independentemente da sua natureza.

Unindo-se os dois eixos, extrai-se, de um lado, a necessidade de participação do interessado na construção da política de tratamento de conflitos e, de outro, o enfoque na convenção arbitral em qualquer planejamento que vise conciliar a autonomia da arbitragem com o regime jurídico-administrativo.

Como resultado, uma conclusão tão simples quanto a ideia da criação de um centro com várias portas, todas acessíveis, por trás das quais está a melhor forma de resolver um conflito. É a conclusão pela necessidade de participação do convenente (atual ou potencial) na confecção da convenção arbitral.

Parafraseando Sander, é uma ideia simples, cuja execução não é simples.

A fortuna dessa ideia, porém, é a de que todo esforço para sua execução será recompensado.

Afinal, estamos todos comprometidos[25] a assegurar "a igualdade e a justiça como valores supremos de uma sociedade fraterna, pluralista e sem preconceitos, fundada na harmonia social e comprometida, na ordem interna e internacional, com a solução pacífica das controvérsias".[26]

Referências

ALMEIDA, Rafael Alves de; ALMEIDA, Tania; Crespo, Mariana Hernandez (org.). Diálogo entre os professores Frank Sander e Mariana Hernandez Crespo. In: *Tribunal multiportas*: Investindo no capital social para maximizar o sistema de solução de conflitos no Brasil. Rio de Janeiro: FGV, 2012, p. 25-37.

BRASIL, Supremo Tribunal Federal. *Informativo n. 254*. Brasília, 10-14 dez. 2001.

BRASIL. Agência Nacional de Transportes Terrestres – ANTT. *Audiência Pública n. 004/2018*. Disponível em: http://portal.antt.gov.br/index.php/content/view/53586/Audiencia_Publica_n__004_2018.html. Acesso em: 25 maio 2020.

---

[25] "Não apenas o Estado haverá de ser convocado para formular as políticas públicas que podem conduzir ao bem-estar, à igualdade e à justiça, mas a sociedade haverá de se organizar segundo aqueles valores, a fim de que se firme como uma comunidade fraterna, pluralista e sem preconceitos [...]. E, referindo-se, expressamente, ao Preâmbulo da Constituição brasileira de 1988, escolia José Afonso da Silva que 'O Estado Democrático de Direito destina-se a assegurar o exercício de determinados valores supremos. 'Assegurar', tem, no contexto, função de garantia dogmático-constitucional; não, porém, de garantia dos valores abstratamente considerados, mas do seu 'exercício'. Este signo desempenha, aí, função pragmática, porque, com o objetivo de 'assegurar', tem o efeito imediato de prescrever ao Estado uma ação em favor da efetiva realização dos ditos valores em direção (função diretiva) de destinatários das normas constitucionais que dão a esses valores conteúdo específico.' [...]. Na esteira destes valores supremos explicitados no Preâmbulo da Constituição brasileira de 1988 é que se afirma, nas normas constitucionais vigentes, o princípio jurídico da solidariedade. ADI 2.649, voto da rel. min. Cármen Lúcia, j. 8-5-2008, P, DJE de 17-10-2008." (BRASIL. Supremo Tribunal Federal. *A Constituição e o Supremo*. Disponível em: http://www.stf.jus.br/portal/constituicao/constituicao.asp#2. Acesso em: 25 maio 2020.

[26] Trecho extraído do Preâmbulo da Constituição Federal Brasileira de 1988.

BRASIL. Conselho Nacional de Justiça. *100 maiores litigantes*. Brasília, 2012. Disponível em: https://www.cnj.jus.br/wp-content/uploads/2011/02/100_maiores_litigantes.pdf. Acesso em: 25 maio 2020.

BRASIL. Conselho Nacional de Justiça. *Resolução n. 125*: Política Judiciária Nacional de tratamento adequado dos conflitos de interesses no âmbito do Poder Judiciário. 29 nov. 2010.

BRASIL. Supremo Tribunal Federal. *A Constituição e o Supremo*. Disponível em: http://www.stf.jus.br/portal/constituicao/constituicao.asp#2. Acesso em: 25 maio 2020.

COMAIR-OBEID, Nayla. What Is Conventional Wisdom in the Organization of Arbitral Proceedings? In: KALICKI, Jean Engelmayer; RAOUF, Mohamed Abdel (ed.). *Evolution and Adaptation*: The Future of International Arbitration. Nova York: Kluwer Law International; International Council for Commercial Arbitration, 2019, p. 725-735. [ICCA Congress Series, v. 20].

CRESPO, Mariana Hernandez. Perspectiva sistêmica dos métodos alternativos de resolução de conflitos na América Latina: aprimorando a sombra da lei através da participação do cidadão. In: ALMEIDA, Rafael Alves de; ALMEIDA, Tania; CRESPO, Mariana Hernandez (org.). *Tribunal multiportas*: Investindo no capital social para maximizar o sistema de solução de conflitos no Brasil. Rio de Janeiro: FGV, 2012, p. 39-85.

MENKEL-MEADOW, Carrie. Roots and Inspirations: A Brief History of the Foundations of Dispute Resolution. In: BORDONE, R. C; MOFFITT, M. L. (eds.). *The Handbook of Dispute Resolution*. San Francisco: Jossey-Bass, 2005, p. 13-32.

OLIVEIRA, Gustavo Justino de; ESTEFAM, Felipe Faiwichow. ANTT – Audiência Pública n. 004/2018: sugestões à minuta de Resolução: mecanismos alternativos para a solução de controvérsias. In: OLIVEIRA, Gustavo Justino de. *Blog Justino de Oliveira*. 20 jun. 2018. Disponível em: https://blogdojustino.com.br/audiencia-publica-no-0042018. Acesso em: 25 maio 2020.

OLIVEIRA, Gustavo Justino de; ESTEFAM, Felipe Faiwichow. *Curso prático de arbitragem e Administração Pública*. Rio de Janeiro: Revista dos Tribunais, 2019.

PÉREZ, Ana Fernández. La compleja consolidación de los métodos alternativos de solución de controversias en América latina y el Caribe. *Arbitraje: Revista de Arbitraje Comercial y de Inversiones*. Kluwer Law International, v. 11, n. 1, p. 159-201, 2018.

SALVO, Sílvia H. P. G. J. *Mediação na Administração Pública brasileira*: o desenho institucional e procedimental. São Paulo: Almedina, 2018.

TONIN, Mauricio Morais. *Arbitragem, mediação e outros métodos de solução de conflitos envolvendo o poder público*. São Paulo: Almedina, 2019.

17. Mediação: uma solução adequada para os conflitos ambientais entre a Administração Pública e o administrado

MARA FREIRE RODRIGUES DE SOUZA
FLAVIA SCARPINELLA BUENO

Introdução

Este artigo pretende demonstrar como o instituto de Mediação, quando aplicado na área ambiental, pode ser um forte aliado na gestão pública eficiente para proteção do meio ambiente ecologicamente equilibrado para as presentes e futuras gerações, de modo a manter de pé os três pilares do desenvolvimento sustentável (economia, sociedade e meio ambiente).

A ideia aqui desenvolvida é contextualizar a Mediação como instrumento da política pública nacional em resolução adequada de conflitos, mais adequada a dar efetividade à natureza transgeracional do direito ambiental e sua compatibilização com o direito fundamental à existência digna por meio da ordem econômica fundada na valorização do trabalho humano e na livre iniciativa, de modo a fomentar o uso deste instituto, tanto pelo particular como pelos entes da Administração Pública, como uma das portas de acesso à justiça.

Para tanto, são abordados os principais aspectos do marco regulatório nacional sobre o tema e princípios que norteiam o instituto, a necessidade de equilíbrio entre proteção ao meio ambiente e desenvolvimento econômico e social. Além disso, instigaremos o leitor às reflexões de como proporcionar maior segurança jurídica aos administrados e à Administração Pública que é detentora do poder de polícia ambiental no controle e fiscalização de atividades potencialmente poluidoras e utilizadoras de recursos naturais, nos moldes preconizados desde o preâmbulo da Constituição da República Federativa do Brasil, por meio da qual se institui o Estado Democrático de Direito "destinado a assegurar o exercício dos direitos sociais e individuais, a liberdade, a segurança, o bem-estar, o desenvolvimento, a igualdade e a justiça como valores supremos de uma sociedade fraterna, pluralista e sem preconceitos, fundada na harmonia social e comprometida, na ordem interna e internacional, com a solução pacífica das controvérsias".

1. Um breve olhar para o Instituto da Mediação

Embora a Mediação já fizesse parte de algumas culturas, entre elas a judaica, chinesa e japonesa, esta técnica de solução de conflitos começou a ser aplicada, como instituto, pelos Estados Unidos após a II Guerra Mundial, como alternativa à demora dos processos judiciais e no terço final do século XX se alastrou pelo mundo.

No Brasil, a partir dos anos 90, é possível encontrar relatos de experiências tanto privadas como no âmbito do judiciário com o emprego da técnica da Mediação para solução de controvérsias[1]. Porém, seu desenvolvimento foi pífio durante as duas décadas seguintes, sendo necessário a Mediação ser consagrada como um dos principais instrumentos da Política Pública Nacional em Resolução Adequada de Conflitos com a edição da Resolução CNJ nº 125/2010, e posterior Lei de Mediação (Lei nº 13.140/15) e ter previsão no Código de Processo Civil, também editado em 2015, para que o instituto ganhasse maior visibilidade.

A Lei nº 13.140/2015 dispõe sobre a Mediação entre particulares como meio de solução de controvérsias e sobre a autocomposição de conflitos no âmbito da Administração Pública. Considera-se Mediação a atividade técnica exercida por terceiro imparcial sem poder decisório,

---

[1] BRAGA NETO, Adolfo. *Mediação: uma experiência brasileira.* São Paulo: CLA editora, 2017, pp. 11-22.

que, escolhido ou aceito pelas partes, as auxilia e estimula a identificar ou desenvolver soluções consensuais para a controvérsia.

1.1. Definição, objeto e atuação da Mediação na Administração Pública

Versa a Lei nº 13.140/2015 sobre a autocomposição dos conflitos no âmbito da Administração Pública e sobre a Mediação entre particulares. Mister, portanto, compreender o significado dos termos *autocomposição* e *mediação*, para compreensão do alcance destes Institutos.

Tartuce[2] ao estudar a autocomposição, deixa claro que esta é um gênero, que abrange as espécies autocomposição unilateral e bilateral. Cada uma destas possui suas subespécies. Assim, a autocomposição unilateral depende de ato a ser praticado exclusivamente por uma das partes em sua seara de disponibilidade, sendo subespécies a *renúncia*, a *desistência* ou *reconhecimento jurídico do pedido*. Já a autocomposição bilateral se dá com a participação dos envolvidos na situação controvertida. Ela cita a autocomposição bilateral mediante negociação, cujo exemplo pode ser os *Termos de Ajustamento de Conduta* (TACs) previstos na Lei de Ação Civil Pública e a autocomposição bilateral facilitada, onde um terceiro auxilia as partes a alcançarem uma posição mais favorável na situação controvertida, sendo exemplos a *conciliação*[3] e a *Mediação*[4].

Assim, enquanto o legislador definiu a Mediação para os particulares, ao dispor sobre a autocomposição de conflitos no âmbito da Administração Pública permitiu que o ente/servidor público se aproprie de qualquer das espécies e subespécies de meios de solução de conflitos inseridos no gênero autocomposição (renúncia, desistência ou reconhecimento jurídico do pedido, Termos de Ajustamento de Conduta – TACs, conciliação e também a Mediação).

Diante desse cenário, levando-se em consideração todos os princípios da Administração Pública, especialmente os da eficiência e da finalidade pública, verifica-se não haver qualquer resquício de dúvidas

---

[2] TARTUCE, Fernanda. *Mediação nos conflitos civis*. 3. ed. ver. atual. e ampl. – Rio de Janeiro: Forense; São Paulo: Método: 2016, pp. 36-56.
[3] Indicada para casos em que não houver vínculo anterior entre as partes e poderá sugerir soluções para o litígio.
[4] Indicada em casos com vínculo anterior entre as partes, auxiliará aos interessados a compreender as questões e os interesses em conflito.

sobre a Mediação ser possível ou não de ser empregada na esfera administrativa, afastando-se por completo aquela máxima antiga de que haveria uma supremacia do interesse público sobre o privado que levaria a um impedimento de a Administração Pública utilizar-se dos meios autocompositivos para solucionar controvérsias [5].

Sobre a indisponibilidade dos bens públicos, Justen Filho[6] alerta que no Estado Democrático de Direito, supremacia e indisponibilidade do interesse público estão subordinadas aos direitos fundamentais, pois o núcleo do direito administrativo neles reside. Para este autor, não há um interesse público supremo e a solução do prestígio ao interesse público é tão perigosa para a democracia quanto todas as fórmulas semelhantes adotadas em regimes totalitários. Marçal Justen Filho considera que existem interesses coletivos múltiplos, distintos e contrapostos, todos eles merecendo tutela por parte do direito.

Em complementação à ideia acima posta, Elton Venturi[7] elucida:

> Apesar de inexistir expressa conceituação legal no ordenamento brasileiro a respeito da locução 'direitos indisponíveis', pode-se dizer que existe uma compreensão generalizada no sentido de se tratar de uma especial categoria de direitos cujo interesse público de efetiva proteção torna irrenunciáveis, inalienáveis e intransmissíveis por parte de seus próprios titulares.

Nesta categoria estariam os direitos sociais transindividuais, como o meio ambiente. Este autor menciona que tabus criados em torno da inegociabilidade e da exclusividade da solução puramente adjudicatória do Estado nos conflitos que envolvem direitos indisponíveis acarretam a frustração de sua adequada proteção. Para ele, a transação não importa renúncia ou alienação de direitos. E sustenta:

> A identificação dos direitos fundamentais como disponíveis *prima facie*, apesar de evidentemente controversa, revela-se libertadora, lógica e efi-

---

[5] CUÉLLAR, Leila; MOREIRA, Egon Bockmann. *Revista de Direito Público da Economia – RDPE*. Belo Horizonte, ano 16, n. 61, p. 119-145, jan./mar. 2018. p. 125.
[6] JUSTEN FILHO, Marçal. *Curso de Direito Administrativo*. 2a. ed. rev. e atual. São Paulo: Saraiva, 2006. p. 46 e 47.
[7] VENTURI, Elton. Transação de Direitos Disponíveis. Revista do Processo. vol. 251/2016. p. 391-426, jan. 2016.

ciente para fundamentar a relativização de um exacerbado e persistente paternalismo perceptível no sistema de Justiça brasileiro, que em muitos casos escraviza bem mais do que liberta, retrocede bem mais do que avança a verdadeira proteção dos direitos fundamentais.

Souza[8] conclui que, na colisão de preceitos fundamentais, como muitas vezes é o caso e conflitos em matéria ambiental e socioambiental, não deverá haver uma regra de supremacia do interesse ambiental sobre o social, devendo a solução ser dada pelo princípio da proporcionalidade.

Moessa[9] ressalta que a possibilidade de Mediação envolvendo direitos indisponíveis encontra fundamento em tudo o que já foi dito pela doutrina sobre a possibilidade de celebração de Termo de Ajustamento de Conduta – TAC, já que este é uma modalidade de negociação (autocomposição unilateral extrajudicial) ao lado da conciliação, que seria um termo de ajustamento de conduta judicial. A autora destaca, como uma das dificuldades de uso dos métodos não adversariais no Brasil é que:

> em nosso país, a cultura dos operadores jurídicos em geral – e isso infelizmente não é diferente para grande parte dos membros do Ministério Público[10], instituição presente no polo ativo da maioria dos compromissos de ajuste de conduta – é predominantemente voltada para o litígio, para a busca de vitória através do contencioso judicial, inexistindo o domínio de técnicas de negociação ou conciliação que favoreçam o diálogo rumo a uma solução consensual.

Diante destas definições, resta evidente porque a Lei de Mediação reservou capítulo próprio para a autocomposição de conflitos em que for parte pessoa jurídica de direito público. E como este capítulo foi incorporado à Lei nº 13.140/15 por sugestão da Advocacia Geral da União

---

[8] SOUZA, Mara Freire Rodrigues de. *Políticas públicas para unidades de conservação no Brasil: diagnóstico e propostas para uma revisão*. Rio de Janeiro: Lumen Juris, 2014. p. 446.

[9] MOESSA, Luciane. *Mediação de Conflitos Coletivos: a aplicação dos meios consensuais à solução de controvérsias que envolvam políticas públicas de concretização dos direitos fundamentais*. Belo Horizonte: Fórum, 2012. p. 102.

[10] Sobre o desafio de convencer as partes, entre elas o Ministério Público, das vantagens da solução pacífica dos conflitos ambientais em comparação com o meio adversarial e compulsório do Judiciário iremos discorrer a seguir.

– AGU, através da Secretaria de Relações Institucionais da Presidência da República[11], o órgão procurou resguardar-se prevendo que a União, os Estados, o Distrito Federal e Municípios têm a faculdade de criar câmaras de prevenção e resolução administrativa de conflitos, *no âmbito dos respectivos órgãos da Advocacia Pública*, com competência para dirimir conflitos entre órgãos e entidades da Administração Pública, avaliar a admissibilidade dos pedidos de resolução de conflitos, por meio de composição, no caso de controvérsia entre particular e pessoa jurídica de direito público. Podem, ainda, os órgãos e entidades da Administração Pública criarem câmaras para a resolução de conflitos entre particulares, que versem sobre atividades por eles reguladas ou supervisionadas[12].

Cuéllar e Moreira[13] assim definem a Mediação:

> A Mediação é a técnica procedimental criada legislativamente com vistas a permitir a autocomposição de interesses e direitos disponíveis e de indisponíveis que admitam transação. Ela é expressamente incentivada pelo Ordenamento Jurídico brasileiro. Desenvolve-se à luz da autocomposição dos conflitos de interesse como condição, prévia e necessária, à instalação de quaisquer litígios processuais – arbitrais ou jurisdicionais.

Para estes autores[14], cada Mediação será parametrizada pela legislação que disciplina o seu *prius* metodológico: os fatos que lhe deram origem, uma vez que a Lei nº 13.140/2015 tem cunho processual e não interfere no direito material. E sendo um método com menores custos público e privado (financeiro e cronológico), a administração deteria não apenas a competência, mas o dever-poder de implementar o método. Além disso, a Administração Pública tem o dever de buscar a melhor solução para o caso concreto.

Considerando, pois, que as premissas da possibilidade de Mediação no direito público já se encontram suficientemente fundamentadas, inclusive para casos de direitos indisponíveis, desde que transacionáveis, partimos agora para a segunda fase deste artigo que explora a compa-

---

[11] Diário do Senado Federal nº 1 de 2014, Sessão: 03/02/2014, Publicação: 04/02/2014, p. 1004.
[12] Art. 32 e Art. 43 da Lei de Mediação.
[13] Ob. Cit. p. 120.
[14] Ob. Cit. p. 131.

tibilização dos princípios da Administração Pública e o Instituto da Mediação para que este possa ser visto como uma opção efetiva para implementação da finalidade da atuação administrativa na preservação do direito ambiental integrado à preservação do desenvolvimento da atividade econômica ambientalmente sustentável.

1.2. Compatibilização entre os princípios da Administração Pública e do Instituto da Mediação

Da leitura do subitem anterior, pode-se subtrair das definições retro transcritas que é compatível e até recomendável a atuação da Administração Pública por meio da Mediação como forma de solucionar controvérsias instaladas em questões ambientais por ela reguladas. Muito provavelmente porém, venha à mente do leitor o questionamento de como compatibilizar na Administração Pública os princípios da imparcialidade do mediador, voluntariedade, isonomia entre as partes, autonomia da vontade das partes, independência, confidencialidade e boa-fé, tão vitais ao instituto e que regem o bom desenvolvimento da Mediação.

O primeiro desafio é a harmonização do princípio da publicidade dos atos da Administração Pública com a confidencialidade exigida para a prática da Mediação. É necessário ter em mente que a Lei nº 12.527/11 que veio regular as formas de participação do usuário na Administração Pública direta e indireta é precisa ao dizer que a publicidade se destina a divulgação de informações de interesse público, com fomento ao desenvolvimento da cultura da transparência e controle social da Administração Pública[15].

Importante destacar que a própria Lei nº 12.527/11 excepciona ao dever de acesso ao público informação sigilosa e pessoal, definindo-a, respectivamente, como aquela submetida à restrição de acesso público em razão de sua imprescindibilidade para a segurança da sociedade e do Estado e aquela relacionada à pessoa natural identificada ou identificável[16].

Depreende-se, portanto, que dar publicidade quanto à instauração e encerramento de procedimento de Mediação em que seja parte entes da Administração Pública, publicando o extrato das atas de reunião e eventual termo de acordo celebrado, já é cumprir com a finalidade legal

---

[15] Lei nº 12.527/11 – Art. 3º, inc. II, inc. IV e inc. V.
[16] Lei nº 12.527/11 – Art. 6º, inc. III c/c Art. 4º, inc. III e inc. IV.

e constitucional de dar publicidade aos atos administrativos, e isto não traria qualquer prejuízo à confidencialidade da Mediação.

Quanto aos demais princípios constitucionais que regem a Administração Pública, legalidade, impessoalidade, moralidade e eficiência não pairam dúvidas que se encaixam perfeitamente dentro de um procedimento de Mediação.

A Lei de Mediação, ao permitir Mediação sobre direitos indisponíveis que admitam transação, e o novo Código de Processo Civil, que também estimula este método como forma de resolução de conflitos pelos advogados e defensores públicos, dão a legalidade necessária para que este instituto possa ser efetivamente adotado como uma porta de acesso à justiça para os conflitos ambientais.

Por sua vez, a impessoalidade exigida na atuação da Administração Pública não será afetada se o ente público tentar celebrar acordo com o particular no decorrer de um procedimento de Mediação. A Lei de Ação Civil Pública legitima, desde 1985, que órgãos públicos da Administração Pública Direta e Indireta possam tomar dos interessados compromisso de ajustamento de conduta às exigências legais[17], sem que esta conduta possa vir a ser interpretada como um favorecimento em detrimento de outra pessoa ou discriminação de qualquer natureza.

O princípio da moralidade está intrínseco à conduta do próprio ente da Administração Pública que estará abraçado pelo princípio da boa-fé objetiva que encampa todo o procedimento de Mediação, bem como os princípios da independência e autonomia da vontade.

Ainda com relação ao princípio da eficiência, este será alcançado pela Administração Pública na medida em que ela poderá seguir por uma porta de acesso menos custosa que o Judiciário e possibilitar às partes envolvidas na controvérsia resolvê-la de forma mais breve.

Por fim, ressalte-se que a Lei de Introdução às normas do Direito Brasileiro traz expressamente no art. 26, incluído pela Lei nº 13.655/18, como diretriz para a atuação da Administração Pública a celebração de compromissos com os interessados para eliminar irregularidade, incerteza jurídica ou situação contenciosa na aplicação do direito público, inclusive no caso de expedição de licenças. O compromisso buscará solução jurídica proporcional, equânime, eficiente e compatível com os

---

[17] Lei nº 7.347/85, § 6º do art. 5º.

interesses gerais e deverá prever com clareza as obrigações das partes, o prazo para seu cumprimento e as sanções aplicáveis em caso de descumprimento.

Constatado que os princípios da Administração Pública são compatíveis com a Mediação, resta confrontar se a recíproca é verdadeira, mormente no que se refere à Mediação ambiental. Faremos isto através da discussão dos principais princípios que sustentam o Instituto da Mediação: confidencialidade, imparcialidade e neutralidade, independência e autonomia, autonomia da vontade e boa-fé e suas peculiaridades em matéria ambiental.

(a) **confidencialidade**[18]: deve ser entendida como um princípio basilar da preservação do instituto, considerando o trabalho do mediador em separar aspectos pessoais subjacentes à questão propriamente dita que ensejou o dissenso e impasse na resolução da controvérsia. Como compatibilizar este princípio no âmbito da Administração Pública, já que, como visto, um dos princípios vitais aos agentes públicos é a publicidade dos seus atos administrativos? Ocorre que a confidencialidade diz respeito à aspectos pessoais subjacentes à questão central do dissenso, podendo ser excepcionados à publicidade sem que esteja comprometido o dever de transparência a que está subordinada a Administração Pública. Cebola, Case e Vasconcelos[19], discutem sobre os desafios da confidencialidade em matéria ambiental e concluem que em razão da complexidade das causas e da multiplicidade de atores envolvidos neste tipo de conflito, o sigilo do mediador, bem como a confidencialidade por parte dos mediados assumem outros contornos. Para esses autores, cada sessão de Mediação, seja ela uma entrevista, encontro ou fórum tem o seu nível de confidencialidade ao longo do processo. No trabalho desenvolvido por eles chegou-se a 4 níveis de confidencialidade: total, quase total, variada e nenhuma (publicidade total). Perante um conflito, "haverá a

---

[18] Resolução CNJ nº 125/2010 – Anexo III, art. 1º, inc.I; Lei de Mediação – art. 2º, inc. VII; CPC/15 – Art. 166 *caput*.

[19] CEBOLA, Cátia Marques; CASER, Ursula; VASCONCELOS, Lia. A confidencialidade em mediação ambiental. A sua aplicação ao Projeto MARGov em Portugal. LA TRAMA. *Revista interdisciplinaria de mediación y resolución de conflitos*. Disponível em <https://www.researchgate.net/publication/272815340_A_confidencialidade_em_mediacao_ambiental_A_sua_aplicacao_ao_Projeto_MARGov_em_Portugal>. Acesso em 19/05/2020.

necessidade de gerir a confidencialidade de modo a permitir a construção gradual das confianças, e esperando-se que no evoluir do processo essas preocupações possam ser reduzidas gradualmente".

(b) **imparcialidade**[20]: interpretada como o dever do mediador não favorecer nenhuma das partes que estejam participando do procedimento de Mediação. A este princípio também deve ser acrescido o da **neutralidade**, que determina que o mediador não se manifesta fundado em seus ideais e não se alinha a qualquer uma das partes. Se estes aspectos parecem óbvios quando os mediandos são pessoas físicas de direito privado, quando envolve a Administração Pública, e em particular a Mediação ambiental podem restar nublados. Cuellar e Moreira[21] defendem que advogados públicos (ou outros servidores) designados para integrar a câmara de autocomposição e atuar como mediadores devem se dedicar com exclusividade às atividades da câmara durante o período em que estão a ela vinculados, não podendo exercer concomitantemente atividades em defesa do ente público em processos judiciais. Com a devida *venia*, o afastamento das funções, embora possa atenuar a pressão sobre o servidor não a extirpará. É inegável que aquele que atua durante anos em uma instituição acaba por se tornar parte dela, não tendo como não se alinhar com os seus interesses, razão pela qual é de se defender que mesmo que a Mediação se dê no âmbito de uma câmara pública, o mediador deve ser terceiro não pertencente à instituição que será parte medianda na sessão de Mediação. Não há como esperar do servidor de uma secretaria de Meio Ambiente, que se comporte com neutralidade diante de um conflito de natureza ambiental, ou que um servidor da Fundação Nacional do Índio – FUNAI veja com a mesma perspectiva o índio e o seu antagonista, quer seja pessoa física ou jurídica. Ainda mais insustentável é possibilitar a membros do Ministério Público atuarem como mediadores[22], quando possuem competência para ofe-

---

[20] Resolução CNJ nº 125/2010 – Anexo III art. 1º, inc. IV; Lei de Mediação – art. 2º, inc. I, CPC/15 – art. 166 *caput*.

[21] CUELLAR, Leila; MOREIRA, Egon Bockmann. Câmaras de autocomposição da Administração Pública brasileira: reflexões sobre seu âmbito de atuação. *Revista Brasileira de Alternative Dispute Resolution – RBADR*. Belo Horizonte, ano 01, n. 01, p. 19-36, jan./jun. 2019.p.

[22] Inúmeros são os exemplos de 'imposição', pelo Ministério Público de Termos de Ajustamento de Conduta – TACs, sem que seja oportunizado ao celebrante a negociação de seus

recer denúncia, ou propor Ação Civil Pública nos casos relativos aos Conflitos objeto da Mediação/Ambiental.

(c) **independência e autonomia**, *"dever de atuar com liberdade, sem sofrer qualquer pressão interna ou externa, sendo permitido recusar, suspender ou interromper a sessão se ausentes as condições necessárias para seu bom desenvolvimento, tampouco havendo dever de redigir acordo ilegal ou inexequível"*[23]; Se tal princípio se faz relevante em mediações sobre questões privadas em que haja participação somente de particulares, imaginem quando a mediação versar sobre questões ambientais onde haja participação de particulares, entes da Administração Pública e Ministério Público? Diante das considerações já postas no item anterior ao falar sobre o princípio da imparcialidade e da possibilidade de os mediadores serem servidores públicos ou até membros do Ministério Público, é de suma importância que haja independência do mediador quanto às diretrizes institucionais de eventual órgão, câmara ou instituição que faça parte, sob pena, inclusive, de o mediador perder sua imparcialidade e o particular sofrer, ainda que por via reflexa, os efeitos de eventual pressão sofrida pelo mediador para celebrar acordo que no fundo irá refletir somente os interesses de um dos tripés do desenvolvimento sustentável.

(d) **autonomia da vontade**, *"dever de respeitar pontos de vista dos envolvidos, assegurando-lhes que cheguem a uma decisão voluntária e não coercitiva, com liberdade para tomar as próprias decisões durante ou ao final do processo"*[24], questão especialmente sensível no que se refere à Mediação ambiental, que normalmente envolve múltiplas partes. Se um dos atores não quiser participar, a Mediação restará comprometida,

---

termos, tornando-os verdadeiros "contratos de adesão". Para maiores informações sobre atuações impositivas do Ministério Público ler: BARROS, Laura Mendes Amando de. O que fazer quando o "Fiscalizador-Controlador" assume a Gestão Pública no Lugar do Gestor? O Acordo Administrativo "sitiado" e o Problema da Ineficiência e da Responsabilização na Administração pelo Ministério Público. pp. 127/156. BONINI, Alex; ELIAS, Evian; ALENCAR, Letícia Lins de; FUJIMOTO, Milton. Estudo de caso envolvendo Aspectos Urbanísticos e Ambientais: Acordo Administrativo voltado ao Encerramento das Atividades Distribuidoras em Mucuripe, Fortaleza/CE, pp. 583-595. In: Acordos Administrativos no Brasil: teoria e prática/ coordenação Gustavo Henrique Justino de Oliveira; organização Wilson Accioli de Barros Filho. São Paulo: Almedina, 2020. Vários autores.

[23] Resolução CNJ nº 125/2010 – Anexo III art. 1º, inc. V.
[24] Resolução nº 125 do CNJ – Anexo III art. 2, §2º.

uma vez que impor a um dos *stakeholders* sua participação quebraria o *rapport*[25] entre ele e o Mediador.

(e) **boa-fé**[26]: as partes e o mediador devem conduzir o procedimento pautado na boa fé objetiva, em condutas honestas, leais e probas à finalidade a que se destina, criar um espaço dialógico onde as partes tenham segurança e confiança para expor seus posicionamentos, especialmente, questões de ordem subjetiva que possam ser entraves a solução do conflito.

Demonstrado, então, que há base legal para que o instituto de Mediação seja utilizado pela Administração Pública como um todo, e em especial nos conflitos que envolvam matéria ambiental. Este instituto fortalecerá a boa gestão pública, na medida em que proporcionará um meio para se resolver controvérsias em menor tempo e com menor custo.

Contudo, em que pesem tais considerações, vislumbramos uma certa resistência ou dificuldade de se implementar tal instituto na resolução dos conflitos ambientais aqui no Brasil, se comparados com outros países, especialmente se a controvérsia envolver particulares, seja no âmbito de processos administrativos (autos de infração, inquéritos civis, licenciamento, gerenciamento de áreas contaminadas), seja no âmbito judicial das ações civis públicas. É o que passamos a demonstrar na sequência deste artigo.

2. Mediação Ambiental – um breve panorama nos países e um convite à sua implementação no Brasil

Segundo Higgs[27], nos EUA a primeira Mediação ambiental foi realizada 1973, para solucionar um conflito de longa data sobre a proposta de localização de uma barragem de controle de Rio Snoqualmie perto de Seattle, Washington e desde então tem sido usada para resolver, com sucesso, numerosas questões ambientais e conflitos de recursos naturais.

---

[25] *Rapport* é a técnica utilizada pelo mediador para criar um ambiente receptivo para que as partes sintam-se confortáveis e seguras para que seja iniciada a sessão de mediação com espaço aberto ao diálogo.

[26] Lei de Mediação – art. 2º, inc. VIII.

[27] HIGGS, Stephen. The Potential for Mediation to Resolve Environmental and Natural Resources Disputes). – Michigan Law School. Disponível em:<http://www.acctm.org/docs/The%20Potential%20For%20Mediation%20to%20Resolve%20Environmental%20_CONNOR-Higgs_.pdf>. Acesso em 19/05/2020.

Girard[28] afirma que a Mediação é a técnica mais comumente usada para resolver conflitos ambientais no Canadá. Para a autora, as técnicas de resolução de disputas são apropriadas para uso em conflitos ambientais, porque as marcas registradas do conflito ambiental, como várias partes com reivindicações do governo, podem ser facilmente acomodadas no processo, porque a Mediação é muito flexível e projetada para incorporar as necessidades de mudança das partes, o que não acontece no contencioso, que é rígido, considerando apenas os direitos e obrigações e fornecendo apenas danos monetários.

De acordo com Moessa[29], nos países onde já se utiliza a Mediação em questões ambientais (EUA, CANADÁ, diversos países da União Europeia), muito se debateu sobre a adequação deste método para a matéria, em razão de sua maior complexidade, inclusive no campo subjetivo, uma vez que podem haver muitos interessados e por sua natureza indisponível, explicando que a sua utilização se deu mais pela percepção generalizada de falência do sistema jurisdicional que pelos méritos da Mediação em si.

No Brasil, onde é reconhecida a sobrecarga no Poder Judiciário, resultando em morosidade na prestação jurisdicional, além de serem raros os juízes que tenham conhecimento específico sobre a matéria, entendemos que o País deve buscar percorrer o caminho da adoção da Mediação ambiental como procedimento mais adequado à alternativa da judicialização indiscriminada de todos as controvérsias sobre meio ambiente, principalmente quando envolvidos particulares.

Embora já existissem vários artigos enaltecendo a técnica para a solução de conflitos ambientais, somente com o advento da Lei de Mediação esta técnica começou a tomar corpo. Isto reflete o apego normativo do brasileiro, que reclama do excesso de normas mas não se atreve a usar dos institutos salvo tenham sido normatizados. Por esta razão, mesmo estando no foco de debates acadêmicos, é certo que os operadores do direito ambiental enfrentam dificuldades de emplacar o instituto de Mediação, em razão da insegurança jurídica advinda da aplicação de uma alternativa à judicialização, que embora ineficiente, é conhecida por todos.

---

[28] GIRARD, Jennifer. Dispute Resolution in Environmental Conflicts: Panacea or Placebis: Disponível em: http://www.cfcj-fcjc.org/sites/default/files/docs/hosted/17465-dr_environmental.pdf. Acesso em 19/11/2019.
[29] Ob. Cit., p. 101.

Há dificuldade de convencimento do particular em chamar o órgão que controla o uso de recursos naturais por suas atividades potencialmente poluidoras a sentar na mesa para iniciar um diálogo sobre suas questões e, quando há o convencimento, nem sempre o outro lado, também, se mostra disponível. Piorando ainda mais o cenário, temos o envolvimento do Ministério Público, como *custos legis* ou parte, que muitas vezes adotando uma postura de superioridade, avessos à pacificação e negociação, colocam-se como únicos protetores do meio ambiente e o particular e a Administração Pública como seus algozes.

Isto nos leva a refletir sobre as vantagens e desvantagens da mediação. É o que passaremos a falar nos próximos itens do artigo.

2.1. Aspectos positivos da Mediação Ambiental

A relação do administrado com a Administração Pública que atua em matéria ambiental é uma relação continuada. Considerada numa perspectiva *lato sensu*, uma vez que todos (inclusive as gerações futuras) têm direito constitucionalmente garantido ao meio ambiente ecologicamente equilibrado, a relação entre qualquer pessoa (física ou jurídica) com os órgãos de proteção ambiental seria permanente. Ainda que não se filie a esta percepção, na visão *stricto sensu* também é possível verificar que esta relação se estende no tempo e perdura enquanto durar a necessidade de uso de recursos naturais, ou a atividade potencialmente poluidora. Em que pese às vezes ser traduzida na lavratura pontual de auto de infração com imposição de penalidade e multa, o controle e fiscalização da atividade potencialmente poluidora e uso de recursos naturais é contínuo e não se resume somente em um único processo administrativo ou judicial.

Diante desta relação continuada e das peculiaridades que envolvem as questões ambientais – múltiplos grupos e organizações, múltiplas questões, complexidades técnicas, incertezas sobre cientificidade das informações, contexto transgeracional e espacial, desequilíbrio de poder econômico e de informações, dimensões do direito protegido (legitimidade e representação das partes envolvidas) e a necessidade de políticas públicas para fomento e real sopesamento dos princípios constitucionais de proteção ao meio ambiente e ao desenvolvimento econômico socioambiental –, entendemos que o instituto da Mediação é o mais adequado para a solução dos conflitos advindos desta matéria.

Isto porque o procedimento de Mediação implica na existência de um terceiro imparcial – o mediador ou uma equipe de mediadores (a depender da complexidade da controvérsia ambiental e dimensão do dano e/ou impacto), que, capacitado em técnicas e ferramentas de comunicação, construirá um ambiente propício ao diálogo.

Por ser treinado na escuta empática, o mediador conseguirá de forma equidistante perceber todos os aspectos que englobam a controvérsia do ponto de vista de cada falante e, no momento que julgar oportuno, conseguirá convidar as partes envolvidas a, também, perceberem os diversos aspectos da questão, de forma que se inicie um diálogo entre as partes, onde cada uma conseguirá enxergar as responsabilidades, direitos e deveres de cada um e de todos, em substituição à comunicação inicial baseada no comando-controle. Quando se derem conta, estarão buscando uma solução acordada, legitimada por todos, cuja efetividade no cumprimento será alta, ainda mais considerando as partes mais vulneráveis, que conseguirão, por meio deste procedimento, ter acesso à informações, que inicialmente, não lhe eram acessíveis, equilibrando, assim, a desigualdade entre as partes pelo acesso paritário de informações quanto a casuística ambiental.

Além disto, a mediação propicia o encontro de soluções criativas para o conflito, não estando limitada ao que trouxe a parte em um momento estanque como num processo judicial em que o juiz fica impedido de decidir *extra* ou *ultra petita* mesmo que para fazer justiça.

Por ser um espaço de diálogo e restauração da comunicação, que visa a pacificação social, pode ser o método adequado para solução de casos concretos em que o arcabouço jurídico não é capaz de resolver, uma vez que a legislação é promulgada para atender à generalidade das situações, muitas vezes criando uma lacuna para solucionar um caso concreto. Assim, situações de colisão de direitos fundamentais, como é o caso da criação de Unidades de Conservação de proteção integral, que não admite a presença humana, em áreas ocupadas por populações tradicionais, que têm direito ao uso ou à propriedade das terras que ocupam, podem ser melhor solucionadas através da Mediação, pois a lógica do ganha-perde em que se baseia a decisão judicial não faz sentido quando há uma colisão de direitos fundamentais igualmente resguardados pela Constituição Federal.

A ponderação de bens e direitos através do princípio da proporcionalidade em sentido estrito apontada por Souza[30] como método para solucionar colisão de preceitos fundamentais, realizada por equipes formadas por especialistas tanto da área ambiental, quanto social, em mesmo número e importância, através de uma metodologia participativa após a promulgação da Lei nº 13.140/2015 pode, perfeitamente, ser substituída pela atuação de um mediador, ou equipe de mediadores capacitados para mediar questões complexas dessa natureza.

Outros exemplos em que a Mediação pode ser considerada adequada são: conflitos decorrentes da construção de barragens com comunidades atingidas, comerciantes e proprietários de terras. Conflitos ambientais complexos que dividem a sociedade, como a aplicação do Código Florestal ao bioma Mata Atlântica, ou a redução ou ampliação de áreas protegidas em detrimento de propriedades agrícolas. Todas essas situações poderiam ser objeto de grandes mediações, que trariam colaborações significativas à Governança Ambiental e pacificação à sociedade brasileira.

Ainda que seja infrutífera, sem acordo, a Mediação é benéfica, porque não se retrocede o passo dado diante do conhecimento do conflito. As partes envolvidas se conheceram, conversaram em um ambiente pacífico e acordaram os termos para solucionar o impasse, propiciando as bases para um melhor diálogo no futuro.

Outra vantagem incontestável a favor da Mediação é sua celeridade se comparada ao processo judicial, o que acaba por resultar na prevenção do agravamento do dano ambiental, que numa Ação Civil Pública ocorrerá, pela demora dos trâmites judiciais, ocasião em que a própria natureza acaba por se auto regenerar, ou sendo inviável sua recuperação/restauração, tornando a reparação do dano uma sanção meramente pecuniária, cujo cálculo será uma estimativa imprecisa e o valor acabará por ser revertido a "vala comum" do Fundo de Direitos Difusos[31],

---

[30] Ob. Cit. p. 433.
[31] O Fundo de Defesa de Direitos Difusos (FDD) é vinculado ao Ministério da Justiça e Segurança Pública e tem recursos provenientes das ações civis públicas de direitos difusos e coletivos, das multas e indenizações provenientes dos interesses dos portadores de deficiência, de danos causados aos investidores no mercado de valores mobiliários, das multas estipuladas pelo CADE contra a ordem econômica, de doações de pessoas físicas ou jurídicas, nacionais ou estrangeiras. Os valores são utilizados em favor da coletividade, aos danos causados ao meio ambiente, ao consumidor, a bens e direitos de valor artístico, estético, histórico, turístico e paisagístico.

que, ao final, poderá não será destinada sequer para a reparação de dano ambiental.

Finalmente, a Mediação, sendo um ambiente de convívio e discussão de todas as partes envolvidas acaba sendo um ambiente de aprendizado: instrumento de auxílio à educação ambiental e oportunidade para os gestores públicos conhecerem a realidade dos administrados.

Verifica-se, portanto, que a Mediação promove uma mudança de paradigma comportamental entre os envolvidos no conflito relacionados ao uso de recursos naturais e/ou atividade potencialmente poluidoras, já que terá havido o olhar integrado sobre as duas faces da proteção ao meio ambiente ecologicamente equilibrado – à necessidade de recursos naturais para as futuras gerações e o direito assegurado das presentes gerações terem vida digna por meio do desenvolvimento econômico e social.

Entretanto, como alerta Jenifer Girdard, a Mediação Ambiental não é Panaceia que poderá resolver todas as mazelas, nem placebo, que nada resolve. O instituto encontra algumas limitações, possíveis obstáculos ou fragilidades que devem ser removidos ou contornados, os quais serão discutidos no item a seguir.

2.2. Obstáculos à implementação da Mediação Ambiental

Nem todos os conflitos ambientais são mediáveis. Caso de infrações que gerem recursos repetitivos, com necessidade de precedentes, será preferível a via judicial. É do operador do direito a responsabilidade da análise do caso concreto para verificar o meio de acesso à justiça que entender ser o adequado para a tentativa de se solucionar o dissenso. Em causas mais complexas há dificuldade de se encontrar todas as partes envolvidas. Neste caso, uma Mediação prévia bem feita, com pesquisa das partes entre os direta e indiretamente impactados e os influenciadores é recomendável. A ausência de uma parte vital à legitimação de eventual solução que se crie no âmbito do procedimento da Mediação pode levar à nulidade de um acordo e tornar a Mediação ilegítima, lembrando que a Mediação tem que ser voluntária, assim, a desistência de uma das partes inviabiliza o procedimento.

Ainda com relação às partes mediandas, é necessário que o mediador se certifique que a pessoa que senta à mesa da mediação para representar um interesse legítimo envolvido no conflito tenha poderes para este fim, para não correr o risco do acordo firmado ser contestado em juízo, perdendo-se todos os avanços que a Mediação poderia propiciar à solução da controvérsia.

Importante sempre ter em mente que o sistema multiportas adotado pelo novo Estado Democrático de Direito brasileiro, sempre dá ao administrado a possibilidade de, quando não for possível chegar-se a um acordo pela via da Mediação, a escolha de outros meios. Destacando aqui que entendemos a arbitragem na seara ambiental como uma via adequada, considerando a vantagem da especialidade do juiz arbitral.

Por fim, a Mediação Ambiental só será uma realidade no Brasil se os membros do Ministério Público forem sensibilizados para a aplicação do instituto e perceberem as vantagens para o meio ambiente, que foram demonstradas no item anterior. Caso acordos firmados em Mediação venham ser contestados em juízo, a segurança jurídica se desvanecerá e o instituto poderá se perder no ostracismo.

2.3. Uma tentativa de ADR[32] no Âmbito da Administração Pública Ambiental

Recentemente, o Decreto Federal nº 9.760/2019 alterou o Decreto nº 6.514/2008, que dispõe sobre as infrações administrativas ao meio ambiente e estabelece o processo administrativo federal para apuração dessas infrações, e trouxe a possibilidade do uso das ADRs no âmbito ambiental, optando pela Conciliação Ambiental, uma das possibilidades da caixa de ferramentas da solução de conflitos através da autocomposição, conforme autoriza a Lei nº 13.140/2015 à Administração Pública.

A escolha da conciliação sugere que o Poder Executivo, ainda não totalmente confortável com o uso dos instrumentos autocompositivos na esfera pública, optou pelo que poderia ainda manter um certo controle, já que o conciliador (ao contrário do mediador), pode sugerir as bases do acordo. E o Decreto deixa claro o estreito âmbito em que este pode tramitar (desconto para pagamento, parcelamento e conversão da multa em serviços de preservação, melhoria e recuperação da qualidade do meio ambiente[33]), obtendo, vantajosamente, ao final, um título extrajudicial no caso do descumprimento do acordo.

---

[32] Sigla americana *Alternative Dispute Resolution* usada para descrever os meios de solução onde se busca o método dialógico em detrimento do adversarial.

[33] Art. 98-A, par. 1º, inc. II, "b" do Decreto 6.514/08, com a redação dada pelo Decreto 9.760/19.

Os termos do Decreto nº 9.760/19, com a realização de uma única sessão de conciliação, não nos traz o conforto para podermos afirmar que haverá de forma institucional interesse em que se estabeleça com o administrado a cultura do diálogo e a promoção da educação ambiental.

A percepção que fica, ao se estudar o mencionado decreto, é que ele foi elaborado a partir da percepção, pela Administração Pública, de uma oportunidade de melhorar sua eficiência, ao encerrar de forma mais rápida o processo administrativo e manter o controle sobre ele zelando pela queda de índice de processos administrativos em andamento, junto ao órgão da Administração Pública, com o recebimento, em menor tempo possível, do valor pecuniário referente à penalidade de multa imposta ao administrado.

Ainda que seja louvável a tentativa de se instrumentalizar um meio autocompositivo de se resolver a controvérsia ambiental previamente a se instaurar o processo administrativo com impugnação e recursos, é fato que ainda não se conseguiu almejar o espírito de propiciar um diálogo entre as partes para solução integrada e adequada da problemática que seja capaz de evitar, inclusive novas autuações sobre o mesmo fato ainda que por outros aspectos.

Encarando sobre este aspecto, é bem provável que ao invés de Administração Pública ganhar em eficiência e celeridade, ganhe mais uma fase dentro do bojo do processo administrativo oriundo da lavratura do Auto de Infração.

Importante deixar claro que as críticas feitas neste artigo com relação ao Decreto que instituiu a conciliação ambiental no âmbito da Administração Pública federal, possuem cunho provocativo, incitando o leitor à reflexão sobre o uso expressivo do instituto de Mediação propriamente dito, nos moldes desenhados pela Lei de Mediação, especialmente naqueles casos em que existe a participação de pessoas físicas ou jurídicas de direito privado.

Cabe pontuar aqui o reconhecimento a agentes públicos que buscam a capacitação no uso de ferramentas dialógicas, conseguindo desenvolver o papel adequado de conciliador, mesmo num ambiente ainda inóspito para esta função. A eles nossos elogios e estímulos para que contagiem outros mais.

Ainda no que se refere à autocomposição de conflitos ambientais e socioambientais, necessário mencionar as atividades desenvolvidas pela

Câmara de Conciliação e Arbitragem – CCAF, criada em 2007 no âmbito da Advocacia Geral da União – AGU, para prevenir e reduzir o número de litígios judiciais que envolvem a União, suas autarquias, fundações, sociedades de economia mista e empresas públicas federais, tendo seu objeto ampliado para abarcar controvérsias entre entes da Administração Pública Federal e entre estes e a Administração Pública dos Estados, Distrito Federal e Municípios. Importante destacar que os casos resolvidos no âmbito da CCAF, na área ambiental, tem como usual conflitos ambientais ou socioambientais que envolvem somente pessoas jurídicas de direito público, ou por elas tuteladas (FUNAI e IBAMA, ICMBio e FUNAI, FUNAI e INCRA, entre outros).

O que propomos é dar um passo além: incluir o administrado no bojo destas tentativas dialógicas, quer seja o autor desta provocação ou chamado para sentar-se à mesa. A administração deve seguir as regras, mas não pode ignorar as mudanças culturais. O administrador não pode ser afetado pela 'temperatura do dia', mas será afetado pelo 'clima da época'[34]. Estamos vivendo uma época de mudanças e a Administração Pública deve perceber e mudar também. A Pandemia do COVID-19 nos mostra que ser resiliente implica na capacidade de se adaptar às oportunidades que a nova época traz consigo. E, na área ambiental, esta se dará com a resolução adequada dos conflitos ambientais e socioambientais através do método da Mediação.

Conclusões

O Estado Brasileiro reconhece e estimula a autocomposição, em todas as suas formas, na resolução dos conflitos que envolvem a Administração Pública, quer seja unilateral (renúncia, desistência ou reconhecimento jurídico do pedido), ou bilateral (Termos de Ajustamento de Conduta – TACs, conciliação e Mediação).

Em questões ambientais, que caracterizam-se pela participação de múltiplos e diferentes sujeitos (cidadãos, representantes do poder político, ecologistas e empresários) que perseguem diferentes objetivos e que terão de ser convocados para a resolução do conflito, a Mediação é um método adequado para sua solução, por oportunizar o diálogo entre

---

[34] Parafraseando diálogo apresentado no filme Suprema (On the basis of sex, dirigido por Mimi Leder).

todos os atores envolvidos, promovendo a pacificação e a solução eficaz do conflito, em tempo e custos menores que o que envolveria o Poder Judiciário.

É necessário aprofundar o estudo de algumas questões relacionadas à Mediação pública e que envolvem também a Mediação ambiental, como a confidencialidade, considerada essencial para a relação de confiança entre mediandos e mediador e que, em alguns casos, pode ser atenuada para viabilizar a prática do instituto na área ambiental.

Parece haver um conflito aparente entre a imparcialidade e neutralidade exigidas do mediador, com a Administração Pública, que considera que o servidor público supostamente teria que exercer o papel de mediador. Na verdade, este conflito não existe. Se a Administração Pública pode participar de Arbitragem, e submeter-se à decisão de um árbitro (terceiro independente e não um servidor público), não há porque não se aplicar a mesma premissa à Mediação e seus mediadores.

Para que este método de solução adequada de conflitos se solidifique como a melhor solução para os conflitos ambientais será necessário capacitar advogados, servidores públicos ambientais, juízes e membros do Ministério Público sobre as características e peculiaridades do instituto, pois, em matéria ambiental, impera o antagonismo das posições ambientalistas e desenvolvimentistas, o embate das visões antropocêntricas e biocêntricas, o uso de ideologias como manobra dos oportunistas de plantão, para manipulações políticas, enfim, todo um arcabouço de problemas históricos que facilmente levam à clássica espiral do conflito que se pretende evitar.

Muito há que ser feito. Estamos começando a jornada. Que ela seja longa e pacífica.

Referências

Braga Neto, Adolfo. *Mediação: uma experiência brasileira*. São Paulo: CLA editora, 2017.

Cebola, Cátia Marques; Caser, Ursula; Vasconcelos, Lia. A confidencialidade em Mediação ambiental. A sua aplicação ao Projeto MARGov em Portugal. LA TRAMA. *Revista interdisciplinaria de mediación y resolución de conflitos*. Disponível em <https://www.researchgate.net/publication/272815340_A_confidencialidade_em_mediacao_ambiental_A_sua_aplicacao_ao_Projeto_MARGov_em_Portugal>. Acesso em 19/05/2020.

CUÉLLAR, Leila; MOREIRA, Egon Bockmann. *Revista de Direito Público da Economia – RDPE*. Belo Horizonte, ano 16, n. 61, p. 119-145, jan./mar. 2018.

CUÉLLAR, Leila; MOREIRA, Egon Bockmann. Câmaras de autocomposição da Administração Pública brasileira: reflexões sobre seu âmbito de atuação. *Revista Brasileira de Alternative Dispute Resolution – RBADR*. Belo Horizonte, ano 01, n. 01, p. 19-36, jan./jun. 2019.

GIRARD, Jennifer. Dispute Resolution in Environmental Conflicts: Panacea or Placebis: Disponível em: http://www.cfcj-fcjc.org/sites/default/files/docs/hosted/17465-dr_environmental.pdf. Acesso em 19/11/2019.

JUSTEN FILHO, Marçal. *Curso de Direito Administrativo*, 2. ed. rev. e atual. São Paulo: Saraiva, 2006.

HIGGS, Stephen. *The Potential for Mediation to Resolve Environmental and Natural Resources Disputes*. – Michigan Law School.

MOESSA, Luciane. *Mediação de Conflitos Coletivos: a aplicação dos meios consensuais à solução de controvérsias que envolvam políticas públicas de concretização dos direitos fundamentais*. Belo Horizonte: Fórum, 2012.

SOUZA, Mara Freire Rodrigues de. *Políticas públicas para unidades de conservação no Brasil: diagnóstico e propostas para uma revisão*. Rio de Janeiro: Lumen Juris, 2014.

TARTUCE, Fernanda. *Mediação nos conflitos civis*. 3. ed. rev. atual. e ampl. – Rio de Janeiro: Forense; São Paulo: Método: 2016.

VASCONCELOS, Carlos Eduardo de. *Mediação de Conflitos e Práticas Restaurativas*. São Paulo. Editora Método, 2015.

VENTURI, Elton. Transação de Direitos Disponíveis. Revista do Processo. vol. 251/2016. p. 391-426, jan. 2016.

18. Mediação e sua convergência com princípios da Administração Pública

SILVIA MARIA COSTA BREGA

Introdução

Parece certo reconhecer que um novo papel tem sido atribuído à Administração Pública, sobretudo no que concerne ao atendimento das demandas da sociedade. Parcerias e tantas outras formas de descentralização e compartilhamento de responsabilidades e de atuação do Poder Público são representativas das mudanças havidas nas últimas décadas.

Conquanto a Administração Pública esteja adstrita ao regime jurídico de direito público, em que a supremacia e a indisponibilidade do interesse público são princípios consagrados, fato é que o Direito Administrativo contemporâneo recebeu a confluência das mudanças havidas nas relações entre a Administração e o administrado, alçado por mandamento constitucional à condição de cidadão.

Assim é que o Direito Administrativo recebeu a influência dos princípios constitucionais anunciados na Constituição de 1988 que, para o que importa à presente abordagem, expressa o compromisso com a solução consensual das controvérsias que decorrem do relacionamento entre o Estado – Administração Pública – e os cidadãos.

1. A solução pacífica de disputas como princípio constitucional

A Solução pacífica dos conflitos está prevista na Constituição Federal do Brasil, em seu art. 4º, VII, que a preconiza como um valor a ser perseguido pelo Estado brasileiro em suas relações internacionais: "A República Federativa do Brasil rege-se nas suas relações internacionais pelos seguintes princípios: VII solução pacífica dos conflitos"[1].

Com efeito, a partir dessa importante diretriz, passou também o Direito Administrativo a receber forte influência dos princípios constitucionais, de sorte a ser mandatória a releitura de seus princípios específicos (BINEMBOJM, 2007).

No que tange ao regramento destinado especificamente à Administração Pública, o ordenamento brasileiro de há muito já prestigiava a solução consensual de conflitos, precipuamente para contemplar a possibilidade de transação, como é o caso, a título de exemplo: **(i)** da lei de licitações (Lei 8.666/1993), que expressamente possibilita alterações e rescisões contratuais acordadas; **(ii)** da Lei complementar 73/1993, que dentre as atribuições conferidas ao Advogado-Geral da União, prevê a de transigir e firmar acordos nas ações de interesse da União; **(iii)** da lei que regula o regime de concessões (Lei 8.987/1995) e de contratação de parceria público-privadas (Lei 11.079/2004), que contemplam a previsão contratual de mecanismos privados para a solução de disputas; e **(iv)** da Lei 12.529/2011 e da Lei Anticorrupção (nº 12.846/13), que permitem a celebração de acordo de leniência nas hipóteses que identificam.

Nota-se, assim, a existência longeva de autorização legislativa no País para a adoção de mecanismos consensuais de solução de litígios envolvendo a Administração Pública – conquanto na prática, ainda na atualidade, não se perceba a efetiva adesão pelo setor público.

A se indagar a razão de assim ocorrer, sobretudo sob a égide da Constituição de 1988, em que os princípios constitucionais passaram a prevalecer no ambiente do Direito Administrativo e, por conseguinte, a impor uma releitura da supremacia e da indisponibilidade do interesse público.

2. Princípios no Direito Administrativo

O Direito como ciência tem princípios próprios, que são normas obrigatórias e vinculantes, dotadas de forte carga axiológica e ampla aplicabilidade (CRETELLA JÚNIOR, 2000).

---

[1] <Disponível em: http://www.planalto.gov.br/ccivil_03/constituicao/constituicao.htm>. "Acesso em: 30 de abr. de 2020".

Assente na doutrina moderna, os princípios jurídicos ostentam status de norma jurídica dotada de forte carga axiológica, representando vetor mandamental para a criação e interpretação das regras jurídicas.

Sem pretender adentrar nos meandros conceituais, haja vista a pluralidade de concepções em razão da orientação a que se volta a doutrina, na perspectiva de um consensualismo mínimo, o Direito Administrativo, ramo do Direito Público, pode ser concebido como um sistema de normas jurídicas que regulam a organização e o funcionamento da Administração Pública na consecução do interesse público. Disciplina, pois, a atividade administrativa do Estado em suas relações com os cidadãos, de forma que a Administração Púbica, no exercício de seu mister, está subordinada aos princípios que informam e regem o Direito Administrativo.

Assim é que cada ramo ou área da ciência do Direito tem seus princípios próprios e especiais, sendo que os consagrados ao Direito Administrativo estão explicitamente elencados no artigo 37, da Constituição Federal Brasileira, como são os princípios da legalidade, impessoalidade, moralidade, publicidade e eficiência.

Diz-se que são princípios explícitos porque indigitada norma não exaure os preceitos gerais que informam o campo de atuação do Direito Administrativo, sendo que há outros princípios mencionados em distintos comandos constitucionais e em normas infraconstitucionais, dentre os quais aqui se destacam os princípios do interesse público, transparência, razoabilidade, proporcionalidade, motivação, autotutela, responsabilidade, segurança jurídica, especialidade, controlabilidade, participação, hierarquia, dignidade da pessoa humana, continuidade e processualidade.

A ressaltar que o princípio da eficiência, como um dos princípios basilares da administração pública, passou a ter previsão expressa com a Emenda Constitucional nº 19/1998, conquanto de há muito se admita sua existência implícita, pois seria inadmissível pressupor atuação ineficaz por parte da Administração Pública.

A eficiência, como princípio com valor próprio e autônomo e definição próxima da ciência econômica, relaciona-se diretamente com os demais princípios da Administração Pública, dentre os quais se destacam os princípios da moralidade e da finalidade. Na lição de Meirelles:

Dever de eficiência é o que se impõe a todo agente público de realizar suas atribuições com presteza, perfeição e rendimento funcional. É o mais moderno princípio da função administrativa, que já não se contenta em ser desempenhada apenas com legalidade, exigindo resultados positivos para o serviço público e satisfatório atendimento das necessidades da comunidade e de seus membros[2].

Nesse cenário, é de se indagar se seria possível encontrar equilíbrio entre as exigências da ação administrativa na persecução do interesse público e o respeito aos direitos interesses fundamentais e legítimos dos administrados.

Especificamente, o presente artigo se destina abordar a possibilidade de haver compatibilidade entre os princípios regentes da Administração Pública com os que preconizam a consensualidade no âmbito administrativo, sobretudo no que concerne à solução conflitos, denominada doutrinariamente pelo termo concertação administrativa.

3. Da consensualidade no âmbito administrativo

A partir das recentes alterações legislativas promovidas no ordenamento brasileiro, no que toca à solução de litígios, faz-se de todo pertinente indagar se a consensualidade permanece na esfera da escolha discricionária de cada agente público ou se passou a representar um dever de terminação consensual de conflitos pela da Administração Pública.

Forçoso reconhecer a mudança no ordenamento jurídico, que passou ostensivamente a agasalhar os meios de solução pacífica de conflitos, seja por meio de edição de leis próprias, como pela introdução de normas fundamentais na lei processual civil, e assim por diante.

Com efeito, o Código de Processo Civil, em vigor desde de 2015, ao disciplinar as normas fundamentais do Processo Civil, em seu Capítulo I, preconiza que "O Estado promoverá, sempre que possível, a solução consensual dos conflitos", indo além para prescrever que "A conciliação, a mediação e outros métodos de solução consensual de conflitos deve-

---

[2] MEIRELLES, Hely Lopes. *Direito administrativo Brasileiro*. 14ª ed. São Paulo: Malheiros, 2003, p. 21.

rão ser estimulados por juízes, advogados, defensores públicos e membros do Ministério Público, inclusive no curso do processo judicial"[3].

Em acréscimo, a mesma lei processual, em seu art. 174, inovou ao impor aos entes federativos o dever de criar câmaras [de mediação e de conciliação] voltadas à solução consensual de conflitos no âmbito administrativo".

A seu turno, a lei 13.140, também de 2015[4], ao regulamentar a mediação no âmbito da administração pública, contempla a mesma previsão com relação à resolução administrativa de conflitos, sem, entretanto, apresentar a carga cogente expressa na lei processual [poderão criar câmaras de prevenção].

Observa-se, assim que apesar de a apreciação judicial jamais poder ser afastada, por força do princípio constitucional da inafastabilidade de jurisdição[5], a consensualidade é alçada à condição de opção prioritária na resolução de conflitos, denotando uma escolha consciente nessa preferência pela conciliação, mediação e outros métodos de solução consensual de conflitos.

Emerge dessa questão, como premissa da possibilidade de consenso com a participação da Administração Pública, o enfrentamento da possibilidade de disposição do interesse público, um dos fundamentos basilares da atuação administrativa.

4. Supremacia e indisponibilidade do interesse público.

Desde a edição da Lei Federal 13.129/2015[6] não mais se discute sobre a detenção de direitos patrimoniais disponíveis pela Administração, haja vista ter reconhecido que a Administração Pública os possui ao expressamente permitir a utilização da arbitragem para a solução de tais

---

[3] <Disponível em: http://www.planalto.gov.br/ccivil_03/_Ato2015-2018/2015/Lei/L13105.htm#art1046>. "Acesso em: 30 de abr. de 2020" – art. 3º, §§ 2º e 3º.

[4] <Disponível em: http://www.planalto.gov.br/ccivil_03/_ato2015-2018/2015/Lei/L13140.htm. "Acesso em 30 de abr. de 2020".

[5] Inserido dentre os direitos e garantias fundamentais, expressos no art. 5º, da Constituição Federal, lê-se, em seu inciso XXXV: – a lei não excluirá da apreciação do Poder Judiciário lesão ou ameaça a direito. <Disponível em: http://www.planalto.gov.br/ccivil_03/constituicao/constituicao.htm>. "Acesso em: 30 de abr. de 2020".

[6] <Disponível em: http://www.planalto.gov.br/ccivil_03/_Ato2015-2018/2015/Lei/L13129.htm>. "Acesso em: 30 de abr. de 2020".

conflitos [art. 1º, § 1º: A administração pública direta e indireta poderá utilizar-se da arbitragem para dirimir conflitos relativos a direito patrimoniais disponíveis"].

Nesse contexto, importa averiguar de que forma e até que medida poderia a Administração Pública efetivamente dispor a ponto de aderir a alternativas não judiciais de solução de controvérsias.

À posição tradicional da supremacia do interesse público sobre o privado e, por consequência, de sua indisponibilidade, contrapõe-se a doutrina administrativa mais moderna que entende existirem os interesses da sociedade, que classifica como interesses públicos primários, pois consubstanciados nas necessidades dos cidadãos. Em contraponto, classifica como interesses secundários os interesses do Estado, quando considerada sua condição de sujeito de direitos e detentor de personalidade jurídica própria[7].

Nessa linha de entendimento, portanto, disponíveis seriam os interesses públicos secundários, no sentido de que se referem precipuamente a direitos patrimoniais e se prestariam a operacionalizar os interesses públicos originários[8].

No entender da moderna doutrina, o interesse público se faz atendido quando a Administração Pública busca satisfazer os interesses prevalecentes na coletividade, de seus administrados. Na lição de Talamini:

> o interesse de que o agente público deve buscar a satisfação não é, simplesmente, o interesse da Administração como sujeito jurídico em si mesmo ("interesse secundário"), mas, sim, o "interesse coletivo primário", formado pelo complexo de interesses prevalecentes na coletividade[9].

Uma das perceptíveis mudanças ocasionadas pela Constituição da República de 1988, refere-se à melhor noção de não prevalência da su-

---

[7] Cf. CARVALHO, FILHO, José dos Santos. *Manual de direito administrativo*. 15. ed. Rio de janeiro: Forense, 2012.

[8] Cf. LEMES, Selma. *Arbitragem* na administração pública. São Paulo: Quartier Latin, 2007, p. 141.

[9] TALAMINI, Eduardo. *A (in)disponibilidade do interesse público: consequências processuais (composições em juízo, prerrogativas processuais, arbitragem e ação monitória)*. Academia.edu, 2004. Disponível em: https://www.academia.edu/231461/A_in_disponibilidade_do_interesse_publico_consequencias_processuais. . "Acesso em: 30 de abr. de 2020"

perioridade do poder público nas relações jurídicas mantidas com os particulares, irrestrita e mandatória na concepção da doutrina tradicional.

A doutrina firmada após a Constituição de 1988 destaca a importância de não se confundir interesse do Estado com interesse público, nem tampouco, interesse público com interesse da maioria, pois de seu texto sobressai a proteção dedicada aos direitos das minorias. Nessa concepção, o interesse público não mais pode ser conceituado e entendido em grau de supremacia como no passado, nem, tampouco, servir de alicerce fundamental ao Direito Administrativo como outrora.

Com efeito, tomando por base o conjunto de direitos fundamentais albergados no ordenamento constitucional brasileiro, conjunto esse que não pressupõe existir, necessariamente, antagonismo entre interesse público e interesse privado, melhor seria conceber a Administração Pública orientada pelos direitos fundamentais individuais e coletivos juridicamente protegidos.

Em acréscimo, tendo por pressuposto que não existe prevalência apriorística de uma categoria de interesse sobre outra, e que o interesse público deve conviver com os direitos fundamentais dos cidadãos, parece certo que à Administração Pública cumpre recorrer aos princípios da razoabilidade e da proporcionalidade sempre que, diante de uma situação específica, seja necessário ponderar sobre o interesse a ser atendido.

Nesse sentido, o interesse público serve como um limite da atuação da Administração, tanto porque representa a motivação do agir administrativo, fazendo com que as decisões sejam válidas quando motivadas pelo interesse público, como, assim não ocorrendo, sejam invalidadas por desvio de finalidade.

A partir dessa premissa e consideradas as linhas fundamentais que cercam a noção de interesse público, percebe-se que interesse privado e interesse público podem confluir. E, nesse contexto, é possível considerar que a Administração Pública não se está necessariamente afastando do interesse público ao atender um interesse particular de um cidadão, considerado em sua individualidade.

Como destacado, é possível que um determinado contexto fático revele uma opção em que poderá estar a Administração Pública autorizada a dispor de parcela de seus bens ou direitos para melhor atender ao interesse público, tendo em vista as necessidades e adequações dos seus destinatários. Como destaca Mello:

o interesse público, o interesse do todo, do conjunto social, nada mais é do que a dimensão pública dos interesses individuais, ou seja, dos interesses de cada indivíduo enquanto partícipe da sociedade (entificada juridicamente no Estado), nisto se abrigando também o depósito intertemporal destes mesmos interesses, vale dizer, já agora, encarados eles em sua continuidade histórica, tendo em vista a sucessividade das gerações de seus nacionais[10].

Nessa busca da satisfação e consecução do interesse público, em que também se alinham os princípios da razoabilidade e da proporcionalidade, o princípio da indisponibilidade ainda reclama a aplicação conjunta dos princípios da finalidade, legalidade, impessoalidade, moralidade, publicidade, controle e eficiência. Esses princípios, aplicados de forma conjunta, orientarão a prática de atos pela Administração Pública.

Assim, na relação da Administração Pública com o cidadão, parece certo que outros interesses constitucionalmente protegidos poderão se apresentar, de forma que o interesse público merece ser entendido numa concepção mais ampla e ponderada – e não de mera prevalência absoluta e preponderante isolada e aprioristicamente.

Dito isso, parece de todo acertado reconhecer que existe interesse público na adoção da consensualidade para o acertamento de conflitos com os particulares e consequente restabelecimento da normalidade.

Como se nota, dessa moderna percepção e definição do interesse público sobressai a importância do resultado do agir administrativo, indissociável, por força constitucional, do atingimento eficiente, eficaz e efetivo da finalidade pública.

E assim é porque a Constituição Brasileira optou por expressamente inserir a eficiência dentre os cinco princípios que devem ser especialmente orientadores da Administração Pública.

Forçoso lembrar que o decurso do tempo sobressai como um dos fatores que acabam por inviabilizar o atendimento do interesse público no curso de um litígio resistido, seja em decorrência da vultosa onerosidade imposta ao Erário Público, seja porque dele exigiu mais ônus que conheceu vantagens.

---

[10] MELLO, Celso Antônio Bandeira de. Curso de direito administrativo. 25. ed., São Paulo: Malheiros, 2008, p. 182.

Conclusões

O ordenamento jurídico brasileiro como um todo, vale dizer, tanto do ponto de vista principiológico como de seu sistema normativo constitucional e infraconstitucional, expressamente contempla uma preferência pela busca da solução consensual de conflitos, inclusive no âmbito da Administração Pública.

Esse reconhecimento da consensualização no Direito Administrativo terá o condão de afastar a equivocada concepção de que os princípios do interesse público e o de sua indisponibilidade representariam uma barreira à realização de atos consensuais por parte da Administração Pública, sob a premissa de que a Administração estaria abrindo mão do interesse público ao negociar com os particulares.

O interesse público, por sua vez, reconhecido nesse novo contexto jurídico que, especialmente o integra e compatibiliza com os princípios constitucionais, notadamente ao da eficiência, haverá de evitar a imputação de prejuízos ao Estado, assim entendidos não apenas os de cunho financeiro, mas também os de efetividade social.

A Constituição Federal de 1988, que promoveu efetivas transformações no Direito Administrativo, também impôs à Administração Pública uma modificação no modo de seu relacionamento com os cidadãos – administrados, particulares. E assim, porque é de sua essência promover a ordem, a conciliação, a paz e a regulação amena de todos os conflitos.

De outro modo, forçoso seria reconhecer que o Estado, por sua Administração Pública, teria vocação originária para ser litigante contra seus agentes, seus contribuintes, seus cidadãos e contra os players de mercado.

Parece certo reconhecer que a solução não encontra lugar no litígio. A solução está no justo olhar sobre o adequado cumprimento contratual, pela consensualidade, que tem vocação natural na mediação.

Nesse contexto, tendo como pauta a defesa da consensualização do Direito Administrativo, faz-se legítimo requerer que a Administração Pública passe a convencionar as soluções administrativas por meio de métodos consensuais, sendo de aqui destacar a mediação de conflitos.

Assim, possível concluir que a preconizada consensualização do Direito Administrativo, encartada num sistema maior que encontra fundamento na Constituição Federal de 1988, é compatível com os princípios constitucionais explícitos e implícitos, notadamente os basilares princípios da supremacia e da indisponibilidade do interesse público.

Referências

BINEMBOJM, Gustavo. *Interesses Públicos versus Interesses Privados: Desconstruindo o Princípio da Supremacia do Interesse Público*. 2. ed. Rio de Janeiro: Lumen Júris, 2007.

CARVALHO FILHO, José dos Santos. *Manual de direito administrativo*. 15. ed. Rio de janeiro: Forense, 2012.

CRETELLA JÚNIOR, José. Curso de direito administrativo. 18. ed. Rio de Janeiro: Forense, 2000. 372 Justitia, São Paulo, 70-71-72 (204/205/206), jan./dez. 2013-2014-2015. *Tratado de direito administrativo*. Rio de Janeiro: Forense, 1970. v. VIII, p. 04.

LEMES, Selma. *Arbitragem* na administração pública. São Paulo: Quartier Latin, 2007.

MEIRELLES, Hely Lopes. *Direito administrativo Brasileiro*. 14ª ed. São Paulo: Malheiros, 2003.

MELLO, Celso Antônio Bandeira de. Curso de direito administrativo. 25. ed., São Paulo: Malheiros, 2008.

TALAMINI, Eduardo. *A (in)disponibilidade do interesse público: consequências processuais (composições em juízo, prerrogativas processuais, arbitragem e ação monitória)*. Academia.edu, 2004. Disponível em: <https://www.academia.edu/231461/A_in_disponibilidade_do_interesse_publico_consequencias_processuais>.

19. O recurso a Arbitragem para a apreciação de atos administrativos proferidos no âmbito de contratos de concessão

Duarte Cancella de Abreu Lebre de Freitas

A discussão da legalidade da atuação de entidades administrativas no contexto de contratos de concessão em sede de arbitragem foi um tema bastante debatido, quer na doutrina, quer na jurisprudência, mas relativamente ao qual não se gerou consenso.

Embora o legislador tenha vindo a dar sinais, desde 1984, de que era possível submeter a arbitragem litígios relacionados com a atividade administrativa, pensamos que só recentemente a questão ficou resolvida, com uma das últimas revisões ao Código de Processo nos Tribunais Administrativos ("CPTA") a dispor expressamente essa possibilidade.

Além da questão da possibilidade no âmbito do Direito Administrativo, sempre gerou debate a abrangência das cláusulas compromissórias, tantas vezes redigidas em termos mais ou menos estritos do que as partes pretenderiam, levando a litígio sobre o próprio alcance do que podia ser resolvido através do mecanismo arbitral.

Com efeito, até há não muito tempo, os redatores destes textos contratuais ou eram especialistas em arbitragem com menos sensibilidade para as diferentes dimensões do Direito Administrativo, em muito distintas das possibilidades do Direito Civil, ou eram juspublicistas com experiência insuficiente em litígios arbitrais.

Daí terá resultado, a nosso ver, alguma controvérsia sobre o que poderia ser discutido em sede de arbitragem, com pertinentes debates, mas menos eficientes litígios, bastas vezes preenchidos por esta discussão por indesejável lapso de tempo.

Embora admitamos que, no longo prazo, o debate possa perder conveniência, certo é que, nesta data, existem muitos contratos de concessão celebrados em momento anterior àquele que entendemos como o da clarificação legal (a alteração ao CPTA de 2015), e no seio dos quais, gerando-se um litígio entre as partes, se podem formar discussões sobre onde e como resolver os litígios de cariz administrativo.

Neste texto propomo-nos analisar sucintamente o tema, propugnando por uma solução concreta relativamente aos casos, e potencialmente são muitos, em que a questão ainda pode vir a colocar-se.

1. O exemplo selecionado

Muitas vezes as partes pretendem submeter à apreciação de um tribunal arbitral uma invalidade de uma declaração administrativa derivada ou consequencial do contrato de concessão, em que se discute a validade de atos administrativos pré-contratuais ou contratuais.

Exemplificando, o resgate da concessão é um ato administrativo praticado ao abrigo dos poderes de conformação da relação contratual por parte do contraente público (cf. o que se dispõe, hoje, nos artigos 302º e 422º do Código dos Contratos Públicos – "CCP"), que tem por efeito a extinção antecipada do contrato de concessão[1].

No entanto, em nossa opinião, quer a questão relativa à validade de um contrato por força da invalidade de um ato praticado no seio da execução do contrato – no exemplo, o resgate da concessão – quer a questão relativa à validade de um ato administrativo pré-contratual, podem não caber no âmbito das cláusulas arbitrais presentes em muitos contratos de concessão, o que implica, consequentemente, que os tribunais arbitrais não possam apreciar tais pedidos.

Frequentemente se estipula no caderno de encargos ou no contrato que *"... todas as questões que suscitarem litígio entre a concedente e a concessio-*

---

[1] Nesse sentido, ver, por exemplo, DIOGO FREITAS DO AMARAL, *Curso de Direito Administrativo*, Vol. II, 1.ª Edição, 2003, pp. 649 a 652, e PEDRO GONÇALVES, *A Concessão de Serviços Públicos*, Almedina, 1999, p. 345.

nária sobre a interpretação e execução do contrato *serão submetidas a julgamento de um Tribunal Arbitral*".

A nosso ver, cláusulas arbitrais insertas em contratos de concessão que tenham esta redação, levam-nos a concluir que as partes entenderam submeter à arbitragem apenas os litígios que se viessem a verificar relativamente à (i) interpretação e/ou à (ii) execução do contrato, e nada mais, designadamente quanto a litígios que visassem sindicar a validade ou invalidade de atos pré-contratuais, invalidade derivada de atos contratuais ou invalidade de atos de execução do contrato.

Essa interpretação, que alguns dirão ser demasiado literal, surge, no entanto, reforçada quando efetuada uma análise do conjunto dos efeitos pretendidos pelas partes com a redação da cláusula compromissória cujo exemplo damos acima.

2. O problema concreto da redação das cláusulas compromissórias

É pacífico entre a jurisprudência e a doutrina[2] que a convenção de arbitragem está sujeita às regras gerais de interpretação do negócio jurídico, nos termos conjugados dos artigos 236º e 238º do Código Civil ("CC") que, relativamente à interpretação da declaração negocial, consagram a solução propugnada pela doutrina objetivista da teoria da impressão do destinatário.

Assim, nos termos do artigo 236º do CC, a interpretação da declaração exarada na convenção de arbitragem terá de ser efetuada de acordo com o princípio segundo o qual as declarações devem valer "*com o sentido que um declaratário normal, colocado na posição do real declaratário, possa deduzir do comportamento do declarante*".

Como ensinaram PIRES DE LIMA e ANTUNES VARELA[3],

[a] regra estabelecida no nº 1, para o problema básico da interpretação das declarações de vontade é esta: o sentido decisivo da declaração negocial é aquele que seria apreendido por um declaratário normal, ou seja, medianamente instruído e diligente, colocado na posição do declaratário real, em face do comportamento do declarante.

---

[2] Nesse sentido, ver, por exemplo, MANUEL PEREIRA BARROCAS, *Manual de Arbitragem*, Almedina, 2010, pp. 171, ou o Acórdão do Tribunal da Relação de Lisboa de 17 de Dezembro de 2013 (Proc. nº 659/13.9YRLSB-2), disponível em www.dgsi.pt.
[3] Cf. *Código Civil Anotado*, Vol. I, 4ª Edição, 2010, p. 222.

Contudo, esta regra conhece duas exceções.

A primeira exceção, prevista no artigo 236º, nº 1, *in fine*, do CC, é dominada pelos princípios que presidem à teoria da responsabilidade[4], estabelecendo não poder ser atendido qualquer sentido objetivo da declaração, mas tão só aquele sentido que possa ser imputável ao declarante.

Já o nº 2 do mesmo artigo prevê a segunda exceção, que sendo a vontade real do declarante conhecida do declaratário, esta prevalece sempre sobre o sentido objetivo do negócio.

Embora o CC não explicite os elementos de que o intérprete se deva socorrer na fixação do sentido da declaração negocial, como bem explica MOTA PINTO deve

> considera[r]-se o real destinatário nas condições concretas em que se encontra e tomam-se em conta os elementos que ele conheceu efectivamente, mais os que uma pessoa razoável, quer dizer, normalmente esclarecida, zelosa e sagaz, teria conhecido, e figura-se o que ele raciocinou sobre essas circunstâncias como o teria feito um declaratário razoável[5].

Aqui chegados, julgamos que o primeiro elemento que deve presidir à interpretação de uma cláusula compromissória é a letra da mesma, cujo teor o declaratário razoável não pode descurar e que, conforme acima mencionado, sujeita a apreciação por tribunal arbitral somente as questões atinentes à interpretação e execução de um contrato de concessão.

A interpretação da letra do negócio reveste particular importância quando se trata de interpretar uma cláusula arbitral, por ser um negócio que reveste forma solene, em conformidade com o disposto nos nºˢ 1 e 2 do artigo 2º da Lei nº 63/2011, de 14 de dezembro ("LAV"), e, por essa razão, sujeita a redução a escrito.

A teoria da impressão do destinatário impõe, por conseguinte, ao declaratário, a apreensão do sentido objetivo que resulta da declaração, independentemente do conhecimento da verdadeira intenção do declarante, desde que tenha o mínimo de correspondência no respetivo texto contratual, como decorre do disposto no artigo 238º do CC.

---

[4] FERNANDES, Luís A. Carvalho. *Teoria Geral do Direito Civil*, Vol. II, 5.ª Edição, 2010, p. 448 e ss.

[5] Em *Teoria Geral do Direito Civil*, 4ª Edição, 2012, p. 443.

Assim, e pese embora a não previsão específica das questões atinentes à validade na cláusula arbitral não tenha, só por si, a pretensão de excluir, à partida, a apreciação das mesmas por tribunal arbitral, já a falta de menção da validade, por oposição à previsão expressa de questões derivadas da interpretação e execução, parece-nos ser forte indício da falta de vontade de circunscrever a realização de uma arbitragem a litígios administrativos que apresentem certas características específicas por oposição a outros.

Deste modo, resultaria do sentido literal das declarações exaradas em cláusulas compromissórias com estas características, não obstante a redação inclusiva da mesma (*todas as questões*), que as partes pretendiam reservar a arbitragem apenas à apreciação de todas as questões decorrentes da *interpretação* e *execução* do contrato que viessem a surgir e, outrossim, tiveram em mente não retirar ou manter a competência originária dos tribunais judiciais no que respeitassem a litígios sobre questões diversas daquelas, que não preenchessem os pressupostos indicados na convenção de arbitragem.

Pelo que, na falta de outros elementos que revelassem ser outra a vontade das partes, uma interpretação estritamente objetiva do texto de uma convenção de arbitragem já seria bastante para, por si só, excluir a apreciação de pedidos formulados com respeito a questões de invalidade de atos administrativos.

Nesse sentido, vide o Acórdão do Tribunal da Relação de Lisboa de 15 de novembro de 2007 (Proc. nº 7579/2007-8)[6], de acordo com o qual

> a cláusula compromissória segundo a qual "todos os eventuais litígios emergentes da interpretação, aplicação e execução do presente contrato, serão dirimidos por um Tribunal Arbitral, nos termos da Lei nº 31/86, de 29 de Agosto, o qual funcionará em Lisboa, no local escolhido pelo respectivo Presidente" não abrange litígio que tenha por objectivo declarar-se o contrato inválido com base em alegado vício da vontade.

Já se admitiu que as posições que aqui se deixam não eram consensuais na doutrina e na jurisprudência, onde se foi discutindo se eram ou

---

[6] Disponível em www.dgsi.pt.

não arbitráveis todas as questões que surgissem no âmbito da execução de contratos administrativos.

Uma outra linha defendeu que se impunha a presunção de que as partes, ao submeterem certas questões ao foro arbitral, pretenderam concentrar nesse foro a competência para decidir todos os aspetos e questões que tenham de ser previamente resolvidas ao serem decididas tais questões.

É o caso de ANTÓNIO MENEZES CORDEIRO que escreveu que

[a] arbitragem é, fundamentalmente, um serviço prestado às partes. A essa luz, deve ser um serviço cabal e do mais elevado nível. Concentrar a atividade do tribunal num único núcleo problemático eleito como 'litígio' e deixar por decidir questões envolventes é negativo: remete as partes para ulteriores processos, com tudo o que isso implica no plano dos custos e da incerteza e, até, da litigiosidade entre elas. Adiantamos pois o princípio da concentração: o litígio cometido aos árbitros, seja por compromisso seja por cláusula compromissória, envolve as questões circundantes, materialmente conectadas, desde que inseridas no petitum[7].

Ainda na doutrina nacional, RAÚL VENTURA defendia que

apesar das fórmulas de convenções de arbitragem recomendadas para arbitragens institucionalizadas, nem para estas nem para as arbitragens had oc foi ainda descoberta uma redação que, inquestionavelmente, defina o âmbito das cláusulas compromissórias concebidas em termos amplos. A tentativa de descoberta de diferenças tem afadigado os tribunais estrangeiros (...), para determinar se certo litígio concreto está ou não abrangido pela cláusula. Fadiga que se apresenta bastante escusada, pois parte do princípio de serem intencionais (no sentido diferencial) as redacções das cláusulas, o que se me afigura – em geral pois não quero excluir a possibilidade de um caso diferente – irrealista"[8].

E mesmo no estrangeiro, tal posição merecia acolhimento, por vezes de forma muito expressiva, como é o caso de NIGEL BLACK e CONS-

---

[7] Tratado da Arbitragem, Almedina, Coimbra, 2015, p. 108.
[8] "Convenção de Arbitragem", in Revista da Ordem dos Advogados, 1986, ano 46º, p. 359.

TANTINE PARTASIDES (com ALAN REDFERN e MARTIN HUNTER), que aqui citamos no original para não desvirtuar o que defenderam:

> *Ordinary businessmen would be surprised at the nice distinctions drawn in the cases and the time taken up by argument in debating whether a particular case falls within ons set of words or other very similar set of words... if any businessman did want to exclude disputes about the validity of a contract, it would be comparatively simply to say so*[9].

Reconhecendo a pertinência de tais pontos de vista, desde logo quando defendem a inconveniência da divisão das questões em mais do que um potencial litígio, não vemos como ultrapassar o elemento literal da redação de cláusula compromissória que se refira apenas a "interpretação e execução". Com efeito, apelando ao princípio geral sobre a interpretação de normas jurídicas presente no artigo 9º do CC, quaisquer apelos à eficiência que não sejam devidamente traduzidos no elemento literal do texto devem, a nosso ver, ser afastados.

Mas além de razões de interpretação da própria norma, cremos que a legislação que regula o contencioso administrativo também o não consentia.

3. O problema concreto das normas de arbitragem no contencioso administrativo ao longo do tempo

Com efeito, chamando à colação outros elementos interpretativos – nomeadamente, o tipo negocial, a lei, usos e costumes por ela recebidos e, não menos importante, as circunstâncias de tempo e lugar contemporâneas da celebração da cláusula arbitral –, não parece haver margem para discussão em como nos contratos de concessão celebrados antes da última revisão do CPTA[10], a solução interpretativa aqui defendida seria a única que podia ser extraída legitimamente da cláusula compromissória.

Isto porque a interpretação ora subscrita seria a única consonante com o entendimento que – à data da celebração da convenção arbitral – se fazia a respeito do âmbito legalmente possível de um processo arbitral relativo a um contrato administrativo.

---

[9] Cf. *Redfern and Hunter on International Arbitration*, 6th Edition, Oxford University Press, 2015, p. 95.
[10] A que aludiremos abaixo.

A definição da arbitrabilidade de litígios jurídicos administrativos era anteriormente remetida para a lei especial que a previsse, nos termos do nº 4 do artigo 1º da Lei nº 31/86, em que se lia o seguinte: *"O Estado e outras pessoas colectivas de direito público podem celebrar convenções de arbitragem, se para tanto forem autorizados por lei especial ou se elas tiverem por objecto litígios respeitantes a relações de direito privado"* (destaque nosso).

Ao tempo em que foram celebrados muitos dos contratos de concessão que ainda hoje perduram, encontrava-se em vigor uma versão do Estatuto dos Tribunais Administrativos e Fiscais ("ETAF") que, em1984, veio consagrar pela primeira vez em geral, no nº 2 do seu artigo 2º, uma cláusula geral de arbitragem administrativa em matéria de contencioso dos contratos administrativos e da responsabilidade civil por prejuízos decorrentes de atos de gestão pública.

Naquele momento, não obstante o notável progresso na afirmação da arbitragem no domínio das relações jurídico-administrativas, conforme é assinalado por PAULO OTERO a propósito da referida norma do ETAF de 1984, *"fora da esfera de acção da arbitragem* ficava o recurso contencioso dos actos administrativos, incluindo dos actos destacáveis do procedimento pré-contratual e ainda dos actos administrativos de execução dos contratos administrativos"[11] (destaque nosso).

Em idêntico sentido, referia DIOGO FREITAS DO AMARAL, à luz da mesma disposição legal, que

> as questões litigiosas *surgidas no quadro da execução de um contrato administrativo e* que envolvam a apreciação da legalidade de um acto administrativo não podem, *no nosso ordenamento actual, por força dos mesmos princípios de que a competência dos tribunais administrativos é de ordem pública (artigo 3º da LEPTA) e da indisponibilidade de todas as questões relacionadas com a legalidade dos actos da Administração Pública (artigo 214º, nº 3 da Constituição, e artigo 1º, nº 1, da Lei da arbitragem Voluntária – LAV), ser solucionados a título definitivo através de tribunal arbitral"*[12] (destaques nossos).

---

[11] Em *Admissibilidade e limites da arbitragem voluntária nos contratos públicos e nos actos administrativos*, II Congresso do Centro de Arbitragem da Câmara de Comércio e Indústria Portuguesa, Almedina, 2009, p. 82 e ss.
[12] *Curso de Direito Administrativo ... cit.*, Vol. II, p. 656.

Igualmente a esse propósito, e especificamente em relação à apreciação da invalidade de contrato decorrente de ilegalidade verificada na fase pré-contratual, assinalava José Luís Esquível que

> numa primeira articulação entre as formas de invalidade de que pode padecer o contrato administrativo, dir-se-ia, seguindo a visão tradicional, que *a arbitragem não pode incidir sobre as matérias respeitantes à invalidade consequencial*, na medida em que tal exige normalmente a apreciação da validade de um acto administrativo[13] (destaque nosso).

Esta situação só se alterou parcialmente em 2004, quando o CPTA, no seu artigo 180º, nº 1, alínea a), veio admitir pela primeira vez a possibilidade de a arbitragem sobre contratos administrativos incidir também sobre os atos administrativos praticados pelo contraente público na execução do contrato.

Como referiu Paulo Otero, no congresso em que assumiu a posição *supra* citada, recortavam-se três fases distintas a evolução histórica da arbitragem administrativa.

Numa primeira fase – antes de 1984 – reconhecia como entendimento dominante a indisponibilidade do contencioso administrativo por negócio jurídico fundada no entendimento da natureza de ordem pública da competência dos tribunais administrativos.

Já numa segunda fase – que se baliza entre 1984 e 2004 – entende que se operou uma revolução no domínio da arbitragem administrativa, com a introdução do nº 2 do artigo 2º do ETAF, admitindo, porém a existência de um ordenamento globalmente dominado por um espírito de receio ou de desconfiança em permitir que os tribunais arbitrais se pronunciassem, a título principal, sobre a validade/invalidade de atos administrativos.

Finalmente, uma terceira fase – após 2004 – ter-se-á iniciado com a entrada em vigor do novo Código de Processo nos Tribunais Administrativos, aprovado pela Lei nº 15/2002, de 22 de fevereiro[14].

---

[13] *Os Contratos Administrativos e a Arbitragem*, Almedina, 2004, p. 205.
[14] Cuja redação original do nº 1 do artigo 180º aqui relembramos: *"1 – Sem prejuízo do disposto em lei especial, pode ser constituído tribunal arbitral para o julgamento de: a) Questões respeitantes a contratos, incluindo a apreciação de actos administrativos relativos à respectiva execução; b) Questões de responsabilidade civil extracontratual, incluindo a efectivação do direito de regresso; c) Questões relativas*

No entanto, manteve-se na íntegra o regime quanto à impossibilidade de apreciação, na arbitragem sobre contratos, da invalidade de atos administrativos pré-contratuais e da invalidade (derivada ou consequente) do próprio contrato[15], em conformidade com uma solução legislativa que visava respeitar a tradição jurídica nacional[16].

Neste contexto, escrevia ANA PERESTRELO DE OLIVEIRA que

> [a] *(por ora vigente) regulação da matéria da arbitragem no contencioso administrativo português só muito limitadamente pode, na realidade, ser encarada como um avanço de relevo na abertura da arbitragem ao controlo da legalidade de actos administrativos,* [uma vez que], *a solução legal consagrada, de caráter minimalista, longe de romper com o critério tradicional, veio, a nosso ver, confirmá-lo: não só os casos em que é permitida a apreciação arbitral de atos administrativos são limitados, como – sobretudo – foi preocupação do legislador circunscrevê-los a áreas que, mesmo à luz da concepção clássica, hão de ser qualificadas como áreas de disponibilidade*[17] (destaque nosso).

Veja-se igualmente nesse sentido, entre outros, – para um contrato administrativo de subconcessão de serviço público com cláusula arbitral celebrado em 26 de outubro de 2015 – o que se decidiu no Acórdão do Tribunal Central Administrativo Sul de 19 de dezembro de 2017 (Proc. nº 1213/16.9BELRS)[18]:

> Como se alcança da cláusula 66, nº 1 do Contrato de Subconcessão as partes comprometeram-se à resolução amigável "no caso de litígio ou disputa quanto à interpretação, integração ou execução, mora, incumprimento defeituoso, validade e/ou eficácia do disposto no contrato".
> *Daí que a submissão à arbitragem prevista no Contrato de Subconcessão apenas envolva as questões e efeitos decorrentes da própria relação contratual, e não quaisquer outras.* É o caso paradigmático dos litígios em que uma das

---

a actos administrativos que possam ser revogados sem fundamento na sua invalidade, nos termos da lei substantiva."

[15] Cf., nesse sentido, MÁRIO AROSO DE ALMEIDA/CARLOS ALBERTO FERNANDES CADILHA, *Comentário ao Código de Processo nos Tribunais Administrativos*, 1.ª Edição, 2005, p. 885.

[16] OTERO, Paulo. *Admissibilidade e limites... cit.*, p. 86.

[17] Em *A Arbitragem de Litígios com Entes Públicos*, Almedina, 2015, p. 62.

[18] Disponível em www.dgsi.pt.

partes contratantes coloca em crise a interpretação que é feita de uma determinada cláusula do contrato. Porém, se observarmos o litígio, tal como configurado pelas ora Autoras/ Recorrentes em termos de causa de pedir e do pedido, concluímos que não está aqui em causa qualquer disputa sobre o disposto no Contrato de Subconcessão, mas sim uma invalidade que ocorreu a montante, no âmbito do procedimento de formação desse mesmo contrato. Com efeito, discute-se no processo a validade da deliberação do Conselho de Administração dos S....... que, em 20 de Abril de 2016, procedeu à anulação do acto de adjudicação do procedimento pré-contratual e, por inerência da invalidade do vício procedimental, procedeu igualmente à anulação do Contrato de Subconcessão.

Assim, a delimitação da causa de pedir que é feita pelas Autoras nos presentes autos circunscreve-se à alegação de um vício orgânico (vício de usurpação de poderes) e, para o que aqui nos interessa, à impugnação das causas de invalidade procedimentais que justificaram a deliberação anulatória dos S....... (vício de violação de lei). Não está, pois, aqui em causa a verificação judicial de qualquer causa de invalidade própria apontada ao contrato de subconcessão.

Na verdade, entendemos que só muito recentemente, com a alteração do CPTA de 2015 – promovida pelo Decreto-Lei nº 214-G/2015, de 2 de outubro –, se deu um definitivo alargamento, no sentido de se permitir o recurso à arbitragem para dirimir questões respeitantes à validade de atos administrativos, incluindo a impugnação de atos administrativos relativos à formação de contratos (cf. alínea *c*) do nº 1 e nº 3 do artigo 180º do CPTA[19]).

Pensamos assim que, antes da referida alteração legal, quando as partes celebraram determinado contrato de concessão, apenas eram passíveis de arbitragem os litígios relativos à interpretação e execução de contratos administrativos – exatamente como constava da cláusula compromissória de tantos contratos.

---

[19] *"1 – Sem prejuízo do disposto em lei especial, pode ser constituído tribunal arbitral para o julgamento de: (...) c)* **Questões respeitantes à validade de atos administrativos,** *salvo determinação legal em contrário; (...) 3 – Quando esteja em causa a impugnação de atos administrativos relativos à formação de algum dos contratos previstos no artigo 100º, o recurso à arbitragem seguirá os termos previstos no Código dos Contratos Públicos".*

Não sendo, pois, legalmente admissível a sujeição a arbitragem de litígios relativos à invalidade de algum ato administrativo pré-contratual e da invalidade (derivada ou consequente) do próprio contrato ou à invalidade de atos administrativos emitidos no seio da execução do contrato.

E, deste modo, cláusulas compromissórias constantes de contratos de concessão fazendo apelo a "interpretação e execução" não podem ter outro sentido senão aquele que consta expressamente do seu texto, ou seja, de que se encontram sujeitos a arbitragem apenas e tão só os litígios que se suscitarem "sobre a interpretação e execução do contrato".

Quando os contratos foram celebrados antes daquela permissão legal, entendemos que expandir o campo de atuação da convenção arbitral, para lá destes dois temas, seria num exercício inviável pois poderia implicar a defesa de que o contraente público e contraente privado haveriam de ter acordado em submeter a arbitragem também litígios atinentes à validade ou invalidade de atos administrativos caso a lei viesse a alterar-se no futuro em ordem a admitir essa competência – exercício que nos pareceria especulativo.

Deste modo, parecendo-nos não ser admissível que as partes, ao redigirem a cláusula compromissória como a aqui exemplificada, quisessem incluir questões respeitantes à validade de um contrato de concessão, não pode deixar de se entender, tendo em consideração a aludida doutrina objetivista da impressão do destinatário, que as partes declaravam outrossim afastar da competência para julgamento por tribunal arbitral as aludidas questões e limitá-la, *expressis verbis*, às questões de interpretação e execução.

Pois era este o objetivo da cláusula, bem como o objetivo querido pelas partes e, havendo plena coincidência entre o sentido compreendido e o sentido querido, deve ser este o sentido decisivo.

Acresce que em questões sobre execução e interpretação do contrato, a posição do contraente público não difere significativamente da posição do contraente privado, daí ter-se admitido historicamente que estas questões fossem sujeitas a arbitragem.

No entanto, – e este é, quanto a nós, o argumento definitivo no sentido de não permitir a arbitragem nos termos já referidos – quando se trata de proferir atos administrativos no âmbito do contrato, essa semelhança de posições entre os contraentes está absolutamente afastada, pois o contraente público beneficia dos direitos (e deveres) que para si resultam de o ser.

Na verdade, há uma desigualdade de posição que não se compara com as questões de execução concreta do contrato, ou sobre a forma como as partes o interpretam, que recomendasse o recurso a arbitragem em casos de discussão de validade de atos contratuais.

Não obstante, ainda que se entendesse que o sentido objetivo da cláusula compromissória subsumiria a apreciação das questões derivadas da validade de contratos de concessão, onde se prevê a resolução de litígios sobre a interpretação e execução do contrato, e ser esse o sentido que corresponde à impressão do destinatário, resultaria não poder ser esse sentido imputado ao declarante.

Como referimos inicialmente e resulta da exposição, trata-se de problema que deixará de verificar-se nos contratos celebrados a partir da entrada em vigor da revisão do CPTA operada pelo Decreto-Lei nº 214-G/2015, de 2 de outubro, mas que são, à data da publicação deste artigo, uma parte não maioritária dos contratos em vigor.

É uma conclusão que não merece a nossa particular simpatia, mas que entendemos ser a que melhor se compagina com a letra da lei e a respetiva evolução no tempo.

Conclusões

a) As cláusulas arbitrais insertas em contratos de concessão que tenham referência somente à "interpretação e execução", levam-nos a concluir que as partes entenderam submeter à arbitragem apenas os litígios que se viessem a verificar relativamente à (i) interpretação e/ou à (ii) execução do contrato, e nada mais, designadamente quanto a litígios que visassem sindicar a validade ou invalidade de atos pré-contratuais, invalidade derivada de atos contratuais ou invalidade de atos de execução do contrato.

b) Na verdade, o primeiro elemento que deve presidir à interpretação de uma cláusula compromissória é a letra, cujo teor o declaratário razoável não pode descurar e que sujeita a apreciação por tribunal arbitral somente as questões atinentes à interpretação e execução de um contrato de concessão.

c) A falta de menção da validade parece-nos ser forte indício da falta de vontade de circunscrever a realização de uma arbitragem a litígios administrativos que apresentem certas características específicas por oposição a outros.

d) De resto, não parece haver margem para discussão em como nos contratos de concessão celebrados antes da última revisão do CPTA, a solução interpretativa aqui defendida seria a única que podia ser extraída legitimamente da cláusula compromissória.

e) Só muito recentemente, com a alteração do CPTA de 2015, se deu um definitivo alargamento, no sentido de se permitir o recurso à arbitragem para dirimir questões respeitantes à validade de atos administrativos.

f) Assim, quanto aos contratos que foram celebrados antes daquela permissão legal, expandir o campo de atuação da convenção arbitral, para lá destes dois temas, poderia implicar a defesa de que o contraente público e contraente privado haveriam de ter acordado em submeter a arbitragem também litígios atinentes à validade ou invalidade de atos administrativos caso a lei viesse a alterar-se no futuro em ordem a admitir essa competência.

g) Em questões sobre execução e interpretação do contrato, a posição do contraente público não difere significativamente da posição do contraente privado, daí ter-se admitido historicamente que estas questões fossem sujeitas a arbitragem.

h) Esta questão deixará de verificar-se nos contratos celebrados a partir da entrada em vigor da revisão do CPTA operada pelo Decreto-Lei nº 214-G/2015, de 2 de outubro, mas que são, à data da publicação deste artigo, uma parte não maioritária dos contratos em vigor.

Referências

ALMEIDA, Mário Aroso de / CADILHA, Carlos Alberto Fernandes. *Comentário ao Código do Processo nos Tribunais Administrativos*, 1. ed. Coimbra: Almedina, 2005.
AMARAL, Diogo Freitas do, *Curso de Direito Administrativo*, Vol. II, 1.ª Edição, 2003.
BARROCAS, Manuel Pereira, *Manual de Arbitragem*, Almedina, 2010.
BLACK, Nigel, PARTASIDES, Constantine, REDFERN, Alan e HUNTER, Martin, *Redfern and Hunter on International Arbitration*, 6th Edition, Oxford University Press, 2015.
CORDEIRO, António Menezes, *Tratado da Arbitragem*, Almedina, Coimbra, 2015.
ESQUÍVEL, José Luís, *Os Contratos Administrativos e a Arbitragem*, Almedina, 2004.
FERNANDES, Luís A. Carvalho, *Teoria Geral do Direito Civil*, Vol. II, 5.ª Edição, 2010.
GONÇALVES, Pedro, *A Concessão de Serviços Públicos*, Almedina, 1999.
LIMA, Pires de, VARELA, Antunes, *Código Civil Anotado*, Vol. I, 4ª Edição, 2010.
OLIVEIRA, Ana Perestrelo de, *A Arbitragem de Litígios com Entes Públicos*, Almedina, 2015.

OTERO, Paulo, *Admissibilidade e limites da arbitragem voluntária nos contratos públicos e nos actos administrativos*, II Congresso do Centro de Arbitragem da Câmara de Comércio e Indústria Portuguesa, Almedina, 2009.

PINTO, Mota, *Teoria Geral do Direito Civil*, 4ª Edição, 2012.

VENTURA, Raúl, *Convenção de Arbitragem*, in Revista da Ordem dos Advogados, 1986, ano 46º.

20. O paradoxo da escolha dos árbitros para a configuração de um processo tributário equitativo e a proposta de um sistema elástico-pragmático-acadêmico escalonado aberto de escolha dos julgadores

Marcelo Ricardo Escobar

Introdução

Como é cediço, a possibilidade da escolha dos árbitros é uma das potencialidades reconhecidas da arbitragem, inclusive em âmbito internacional[1].

Ocorre, entretanto, que, ao nos depararmos com a arbitragem tributária, a composição do tribunal arbitral, bem como a forma de escolha dos árbitros e do presidente tomam contornos especialíssimos, diante dos já especiais quando envolvida apenas a Administração Pública.

Primeiramente, traçamos um paralelo sobre a composição dos tribunais administrativos tributários, como o Conselho Administrativo de Recursos Fiscais ("CARF"), que, a exemplo dos demais, possui câmaras paritárias, formadas tanto por representantes das fazendas quanto dos

---

[1] Adaptado de: Escobar, Marcelo Ricardo. *Arbitragem Tributária no Brasil*. São Paulo: Almedina, 2017, p. 239-247.

contribuintes. Chamava atenção, contudo, o fato de essa corte administrativa tributária ostentar número par de julgadores, restando ao presidente, que, necessariamente é um representante fazendário, o voto de minerva[2]. De se registrar que a sistemática de desempate acima indicada foi alterada pelo art. 28[3] da Lei nº 13.998, de 14 de abril de 2020, que extinguiu o também chamado voto de qualidade no âmbito do CARF, sendo que nos demais tribunais administrativos estaduais e municipais, referida e salutar alteração ainda não fora replicada, permanecendo o desempate a favor da Administração Pública.

Uma primeira vantagem da arbitragem tributária reside, portanto, justamente na supressão do voto de desempate – levando em conta a manutenção deste pelos tribunais administrativos tributários estaduais e municipais –, que comumente é proferido pelo presidente das sessões dos tribunais administrativos tributários.

Mas, para tanto, haverá necessidade de o sistema de escolha de árbitros também ser imparcial, como mais adiante retomaremos.

Esse, todavia, é apenas um dos aspectos a ser analisado, uma vez que os requisitos para a escolha do árbitro devem refletir um sistema igualmente imparcial.

---

[2] No CARF, segundo os arts. 9º, 23, e 54 do seu Regimento Interno, advindo da Portaria MF n. 343, de 09 de junho de 2015:
Art. 9º A presidência de Câmara das Seções será exercida por conselheiro representante da Fazenda Nacional.
Parágrafo único. O substituto de presidente de Câmara será escolhido dentre os demais Conselheiros representantes da Fazenda Nacional com atuação na Câmara.
Art. 23. As Turmas de Julgamento são integradas por 8 (oito) conselheiros, sendo 4 (quatro) representantes da Fazenda Nacional e 4 (quatro) representantes dos Contribuintes.
Art. 54. As turmas só deliberarão quando presente a maioria de seus membros, e suas deliberações serão tomadas por maioria simples, cabendo ao presidente, além do voto ordinário, o de qualidade.
[3] Art. 28. A Lei nº 10.522, de 19 de julho de 2002, passa a vigorar acrescida do seguinte art. 19-E:
"Art. 19-E. Em caso de empate no julgamento do processo administrativo de determinação e exigência do crédito tributário, não se aplica o voto de qualidade a que se refere o § 9º do art. 25 do Decreto nº 70.235, de 6 de março de 1972, resolvendo-se favoravelmente ao contribuinte."

1. O paradoxo da escolha dos árbitros para a configuração de um processo tributário equitativo

Intitulamos o presente artigo como "paradoxo", pois é da aparente contradição existente entre a escolha do profissional mais técnico e capacitado, e a forma e os locais onde essa experiência foi adquirida, que devemos encontrar uma solução justa, imparcial e que aplaque os ânimos dos contribuintes e das fazendas.

O assunto é de relevo e será abordado com parcimônia no presente e breve estudo.

Vejamos o entendimento doutrinário e prático sobre as questões envolvendo a escolha dos árbitros em procedimentos tributários.

A maneira que culminará na escolha dos árbitros deve refletir um verdadeiro "processo tributário equitativo", que, para Ricardo Lobo Torres, é aquele que, "mediante o diálogo entre o fisco e contribuinte, busca a solução justa do caso concreto"[4].

A doutrina portuguesa também adota a expressão "processo equitativo", tal como para o constitucionalista lusitano Miguel Galvão Teles, que acrescenta como seus requisitos a imparcialidade de quem julga e a independência[5].

Quanto à imparcialidade e independência, Eurico Marcos Diniz de Santi, analisando a possibilidade da arbitragem tributária, identificou uma prática comum nos tribunais administrativos tributários, reputando ser temerário se replicá-la na arbitragem: "a indicação e a manutenção de Conselheiros no cargo, muitas vezes, estão ligadas ao grau de liberdade em relação ao posicionamento favorável ou contrário ao Fisco: ressalte-se [que] isso não é a regra, mas acontece, e por isso deve ser levado em conta"[6].

---

[4] TORRES, Ricardo Lobo. Transação, conciliação e processo tributário administrativo equitativo. In: SARAIVA FILHO, Oswaldo Othon de Pontes; GUIMARÃES, Vasco (Org.). Transação e arbitragem n âmbito tributário: homenagem ao jurista Carlos Mário da Silva Velloso. Belo Horizonte: Fórum, 2008, p. 93.

[5] TELES, Miguel Galvão. A independência e a imparcialidade dos árbitros como imposição constitucional. In: Estudos em Homenagem ao Doutor Carlos Ferreira de Almeida, Vol. III. Coimbra: Almedina, 2011, p. 258.

[6] SANTI, Eurico Marcos Diniz de. Transação e arbitragem no direito tributário: paranoia ou mistificação? In: SARAIVA FILHO, Oswaldo Othon de Pontes; GUIMARÃES, Vasco (Org.). Transação e arbitragem n âmbito tributário: homenagem ao jurista Carlos Mário da Silva Velloso. Belo Horizonte: Fórum, 2008, p. 184.

A escolha, consubstanciada na indicação acima criticada, deve ser aberta a outros ramos de atuação que não o Direito, para que reflita outra potencialidade da arbitragem, a liberdade de escolha dos árbitros.

Diogo Leite Campos advoga a tese de que não se deveria restringir a escolha apenas a advogados, uma vez que determinados casos podem mais bem ser dirimidos por contadores e profissionais de outras áreas[7].

Baseando-se no exemplo português, em que o Conselho Deontológico é responsável pela designação e atuação dos árbitros, optou-se por confeccionar um Código Deontológico, que, na ótica da doutrina daquele país, configura um regime de impedimentos exigente e restritivo que "presta uma ancoragem robusta aos requisitos de independência e imparcialidade a observar na designação dos árbitros"[8].

Coadunamos dessa ideia, posto que um código de conduta para salvaguardar a independência e a imparcialidade dos árbitros seria mais uma ferramenta que visará diminuir eventuais distorções.

Ainda no que se refere à escolha dos árbitros, Oswaldo Othon Pontes Saraiva Filho faz um paralelo entre a atuação prática dos acadêmicos, mas identifica óbices para sua atuação como árbitros em questões

---

[7] Nas palavras do autor: "É corrente, na vida prática e mesmo na vida jurídica, a designação de certos especialistas como 'fiscalistas'. Pessoas que conhecem a fiscalidade. Trata-se aqui de um fenómeno particular, na medida que não se usa designação idêntica nos outros ramos do conhecimento jurídico. Isto decorre de a matéria fiscal ser uma matéria complexa. Para decidir um caso de IRC é necessário, normalmente, recorrer não só a conceitos jurídicos de Direito da contabilidade, como a noções de economia, finanças, de gestão de empresas, etc. Portanto, a competência do 'fiscalista' tem de ser multifacetada ou, então, o jurista tem de socorrer dos conhecimentos de outros técnicos. Sendo algumas vezes estes técnicos mais qualificados para resolver alguns problemas com relevância fiscal do que os próprios juristas. Assim, os tribunais arbitrais poderão ser integrados por não juristas, desde que as partes assim o entendam como mais conveniente para a resolução do seu compromisso [...]" (CAMPOS, Diogo Leite de. *A Arbitragem Tributária – "A Centralidade da Pessoa*. Coimbra: Almedina, 2010, p. 77-78).

[8] Nas palavras do autor: "No campo de uma eventual arbitragem tributária, caso surja lei autorizativa neste sentido, este temos quanto à parcialidade tem, como todas as vênias, ainda mais fundamento, sobretudo na seara estritamente jurídica, de interpretação normativa, pois, como sabido, muitos dos acadêmicos, que se espera, pudessem ser os futuros árbitros do setor privado, pelo notável saber jurídico que possuem, não são, tão somente, professores universitários e autores de obras científicas como seria o ideal, mas desempenha assídua função de advogados dos contribuintes". VILLA-LOBOS, Nuno; VIEIRA, Mónica Brito (coord.). *Guia da Arbitragem Tributária*. Coimbra: Almedina/Centro de Arbitragem Administrativa – CAAD, 2013, p. 59.

tributárias pelo fato de eles desempenharem a defesa dos contribuintes perante os tribunais estaduais[9].

A análise dessa dicotomia, aparentemente instransponível, nos indica que todas as diretrizes doutrinárias acima perfiladas demonstram, em linhas gerais, o que se espera do processo de escolha dos árbitros; todavia, a forma com que essa escolha é moldada pode não refletir essa vontade.

2. Proposta de um sistema elástico-pragmático-acadêmico escalonado aberto de escolha dos julgadores

Novamente baseando-se no exemplo português, extrai-se da análise da legislação lusitana, que as regras para a escolha dos árbitros que atuam na arbitragem tributária possuem requisitos balizadores – idoneidade moral, interesse público e capacidade técnica –, seguidos de um primeiro filtro, que define o que é capacidade técnica.

Dentre esses requisitos, elencaram-se diversas atividades que poderiam comprovar essa experiência, mas não de forma cumulativa, pois se faculta que seja evidenciada com qualquer das opções listadas: função pública, magistratura, advocacia, docência, publicação de trabalhos científicos, dentre outras.

Entendemos que a tecnicidade seja não apenas o diferencial teórico da arbitragem, mas que as decisões que não a estamparem minarão a aplicação do instituto.

A tecnicidade, em nosso sentir, deve ser elástica e imparcial.

A parcialidade dos que ostentam apenas a excelência no caso concreto e os interesses dos contribuintes é evidente, posto que a sua especialidade deriva na prática da análise das formas lícitas de não aplicação da lei tributária no dia a dia – planejamento tributário –, visando a minimização do custo fiscal.

Da mesma maneira, os que lidam com a hipótese abstrata da lei, seja em sua elaboração ou fiscalização, pendem aos interesses fazendários, responsável por essa legislação tributária.

---

[9] SARAIVA FILHO, Oswaldo Othon de Pontes. A transação e a arbitragem no direito constitucional-tributário brasileiro. In: SARAIVA FILHO, Oswaldo Othon de Pontes; GUIMARÃES, Vasco (Org.). Transação e arbitragem n âmbito tributário: homenagem ao jurista Carlos Mário da Silva Velloso. Belo Horizonte: Fórum, 2008, p. 81.

Assim, uma primeira sugestão é a de parametrizar uma experiência de excelência, o que entendemos palatável somente aliando-se prática com vivência acadêmica.

No modelo que propomos, a prática pode advir da magistratura, da experiência em órgãos públicos, e da advocacia, ao passo que a vivência acadêmica se comprova através de titulação.

Essa sistemática deverá ser elástica, expandindo os ramos do conhecimento acadêmico, mas contraindo-o ao condicionar a experiência prática específica em direito tributário.

A elasticidade permitiria, por exemplo, que um doutor em direito constitucional, que comprovasse experiência prática em tributário, pudesse atuar como árbitro.

Como a tecnicidade proposta depende da quantidade de experiência prática e acadêmica, pensamos na adoção de um sistema escalonado de atuação por alçadas.

Quanto maior o valor em disputa, maior a comprovação técnica necessária.

O viés de se proporcionalizar a alçada em relação à técnica do julgador, intui: (i) ampliar o rol de árbitros, restringindo um eventual questionamento sobre reserva de mercado; (ii) incentivar tanto o acesso, quanto a ascensão dos árbitros a demandas que careçam de maior experiência e responsabilidade, uma vez que o acesso ao ofício ocorre apenas com o requisito acadêmico da especialização, e, aos poucos, os interessados podem galgar atribuições mais técnicas; e (iii) resguardar o impacto social das decisões de maior envergadura, posto que, naturalmente impactarão com mais força na geração de empregos, na arrecadação de tributos, geração de renda para implementação de políticas públicas, etc., carecendo, assim, de maior experiência para o seu deslinde.

Feitas as ressalvas, vislumbramos três hipóteses de atuação escalonada já refletindo as características propostas: (i) de menores valores, onde os requisitos seriam seis anos de comprovação prática tributária e pós-graduação *lato sensu*, nível especialização ou MBA; (ii) de valores intermediários, comprovando oito anos de atuação tributária e pós-graduação *stricto sensu*, nível mestrado; e (iii) de grandes montas, com comprovação de dez anos de experiência tributária e pós-graduação *stricto sensu*, nível doutorado.

Os que se enquadrarem nesses requisitos deveriam constar em uma lista aberta, assim entendido o sistema que contenha as condições, mas faculte a qualquer interessado a sua adesão través de preenchimento e comprovação dos requisitos cadastrais.

Aqui novamente tomaremos por base o exemplo prático português, que considera como impedidos de atuar aqueles que tiveram relação nos últimos dois anos, seja com empresas ou com órgãos públicos.

Outra sensação contraditória surge dessa disposição, pois, ao mesmo tempo em que a experiência diferencia um profissional, ela também restringe a sua imparcialidade quanto ao local onde ela foi adquirida, por conta das gratidões e ranços, intrínsecos e naturais ao convívio diário reiterado.

Assim, entendemos que o impedimento deva ser perene quanto ao local de trabalho, mas não quanto à atuação.

É desejável e preferível que tenhamos no rol de árbitros advogados ativos, bem como procuradores públicos e fiscais fazendários com atuação latente.

Não entendemos que o fato de um advogado possuir demandas contra um determinado Estado o torne suspeito, para julgar casos envolvendo esse mesmo ente público, da mesma forma com que um procurador federal não estaria impedido de atuar como árbitro em questões tributárias de competência federal.

O que em nosso sentir deve limitar a atuação é o local de trabalho onde a experiência foi adquirida.

Do lado dos advogados, estariam impedidos perenemente de atuar nos procedimentos onde figurasse qualquer ex-empregador ou cliente dos quais tenha recebido procuração, independentemente de ter atuado diretamente no caso.

Quanto aos funcionários públicos, desde que permitida a atuação por cada lei orgânica correspondente, o óbice consistiria na participação na arbitragem do departamento onde estão ou estiveram alocados.

O que defendemos é que um fiscal que trabalhou em diversas delegacias de julgamento não poderá julgar autuações delas provenientes, justamente pelo contato com os seus pares, responsáveis por dar início à fiscalização. Consequentemente, esses mesmos fiscais não estariam impedidos de atuar em casos envolvendo delegacias de outras localidades onde não tenha prestado serviços.

Da mesma maneira, um procurador federal que defende a União em causas judiciais tributárias não deixaria de figurar como árbitro em procedimentos contendo a fazenda nacional como parte, mas não poderia atuar nos casos em que as secretarias, ministérios e demais pastas em que deu expediente figurassem na arbitragem.

Em que pesem as colocações até o momento, outros dois aspectos devem, ainda, ser analisados: a forma de escolha dos árbitros e a possibilidade de outros profissionais figurarem como julgadores.

O processo de escolha dos árbitros também possui importância crucial, posto que, como dito anteriormente, o fato de os tribunais administrativos tributários contarem com o voto de minerva do representante da fazenda retira a imparcialidade integral desses julgamentos.

Na arbitragem tributária, tal como nas demais, cada parte deverá indicar um coárbitro, levando em conta a lista aberta e os impedimentos já elencados; todavia, a questão que merece maior reflexão é que advém da eventual ausência de consenso desses coárbitros ao indicarem o terceiro julgador, que figurará como presidente do tribunal arbitral.

Se o impasse foi observado, é certo que os interesses de nomeação do presidente não serão conciliados, e, caso a decisão recaia em qualquer das partes, o problema do voto de minerva comentado no caso dos tribunais administrativos tributários voltaria à tona, mesmo que indiretamente, pois o presidente refletiria a vontade de um dos litigantes.

Entregar essa decisão a uma instituição arbitral ligada diretamente à Administração Pública não nos parece o critério mais isonômico, tal como optado pela legislação portuguesa.

Lançando mão da interpretação sistemática, entendemos que o problema não possua maiores contornos, pois a forma de sua resolução foi prevista no § 2º do art. 13 da Lei Brasileira de Arbitragem[10], que aponta ser o Judiciário o responsável por dirimir essa controvérsia.

Entendemos, contudo, que, como o recurso ao Judiciário pode macular outra potencialidade da arbitragem, a celeridade, fazendo com que a decisão seja objeto de diversos recursos até que transite em julgado,

---

[10] § 2º Quando as partes nomearem árbitros em número par, estes estão autorizados, desde logo, a nomear mais um árbitro. Não havendo acordo, requererão as partes ao órgão do Poder Judiciário a que tocaria, originariamente, o julgamento da causa a nomeação do árbitro, aplicável, no que couber, o procedimento previsto no art. 7º desta Lei.

vislumbramos duas etapas procedimentais internas antes desse socorro às cortes estaduais.

A primeira é que, havendo impasse na escolha do presidente pelos coárbitros, esses deverão observar a solução proposta na redação original do § 4º do mesmo artigo[11] – desde que refletida no regulamento da instituição –, escolhendo para presidir o procedimento o mais idoso da lista. Desta maneira, o socorro ao Judiciário, para a escolha do presidente, somente ocorreria se as partes não aceitarem o mais velho da lista.

Por fim, quanto aos demais profissionais que poderiam também arbitrar questões tributárias, entendemos que o rol deveria ser mais extensivo que o de Portugal – que apenas o estende a economistas e administradores.

Pactuamos da ideia de que, além dos abarcados pela legislação portuguesa, os profissionais da engenharia e da contabilidade também deveriam acrescer a essa lista.

Uma pesquisa publicada em 2014 aponta que ¼ do PIB nacional corresponde ao faturamento das 120 (cento e vinte) maiores companhias brasileiras, das quais 48,3% são geridas por engenheiros, 28,3% por administradores, 12,5% por economistas, 3,33% por contadores, e 3,33% por advogados[12].

Conclusões

Diante destas curtas considerações, justificamos a escolha de um sistema de apontamento e escolha de árbitros elástico-pragmático-acadêmico escalonado aberto.

Através da sua adoção, estar-se-ia preservando as potencialidades da arbitragem, evitando a parcialidade dos julgamentos, como os emanados dos tribunais administrativos tributários, compostos por número par de julgadores, residindo o voto de minerva nas mãos do presidente, um representante fazendário.

---

[11] § 4º Sendo nomeados vários árbitros, estes, por maioria, elegerão o presidente do tribunal arbitral. Não havendo consenso, será designado presidente o mais idoso.

[12] A lista ainda contém outras profissões com menor expressão percentual como: medicina e química, com 1,67% cada; agronomia, ciências militares, geografia, geologia, farmácia, e marketing, com 0,83% cada. Disponível em: < http://epocanegocios.globo.com/Informacao/Resultados/noticia/2014/05/quer-ser-presidente.html >, acesso em 27/05/2020.

Por fim, ressalvamos se tratar de uma sugestão que leva em consideração a experiência prática e teórica, sendo que somente com sua efetiva aplicação e discussão é que poderá ser aperfeiçoada ou restringida, justificando-se o debate bem com a sua inserção no presente estudo.

Referências

CAMPOS, Diogo Leite de. *A Arbitragem Tributária – "A Centralidade da Pessoa"*. Coimbra: Almedina, 2010.

Escobar, Marcelo Ricardo. *Arbitragem Tributária no Brasil*. São Paulo: Almedina, 2017.

GUIMARÃES, Vasco (Org.). Transação e arbitragem no âmbito tributário: homenagem ao jurista Carlos Mário da Silva Velloso. Belo Horizonte: Fórum, 2008.

SANTI, Eurico Marcos Diniz de. Transação e arbitragem no direito tributário: paranoia ou mistificação? In: SARAIVA FILHO, Oswaldo Othon de Pontes; GUIMARÃES, Vasco (Org.). Transação e arbitragem no âmbito tributário: homenagem ao jurista Carlos Mário da Silva Velloso. Belo Horizonte: Fórum, 2008.

SARAIVA FILHO, Oswaldo Othon de Pontes. A transação e a arbitragem no direito constitucional-tributário brasileiro. In: SARAIVA FILHO, Oswaldo Othon de Pontes; GUIMARÃES, Vasco (Org.). Transação e arbitragem n âmbito tributário: homenagem ao jurista Carlos Mário da Silva Velloso. Belo Horizonte: Fórum, 2008.

TELES, Miguel Galvão. A independência e a imparcialidade dos árbitros como imposição constitucional. In: Estudos em Homenagem ao Doutor Carlos Ferreira de Almeida, Vol. III. Coimbra: Almedina, 2011.

TORRES, Ricardo Lobo. Transação, conciliação e processo tributário administrativo equitativo. In: SARAIVA FILHO, Oswaldo Othon de Pontes; GUIMARÃES, Vasco (Org.). Transação e arbitragem n âmbito tributário: homenagem ao jurista Carlos Mário da Silva Velloso. Belo Horizonte: Fórum, 2008.

VILLA-LOBOS, Nuno; VIEIRA, Mónica Brito (coord.). *Guia da Arbitragem Tributária*. Coimbra: Almedina/Centro de Arbitragem Administrativa – CAAD, 2013.

21. Arbitragem e Mediação na Administração Pública: um aceno sobre a realidade no Brasil e nos Estados Unidos da América

Mauricio Gomm Santos
Karin Hlavnicka

Introdução

O presente estudo visa a ressaltar algumas das características básicas da mediação e arbitragem; em especial seu desenvolvimento na área da administração pública, tanto no Brasil quanto nos Estados Unidos da América.

A exemplo dos principais países do globo – com presença econômica na produção, circulação de bens e pessoas e substancial atuação no comércio internacional – o Brasil, a partir de meados dos anos 90, passou a adotar um novo regime legal arbitral, com a sanção da Lei nº 9.307/96 ("Lei Brasileira de Arbitragem" ou "LAB"). Em 2001, com o reconhecimento da constitucionalidade da LAB pela Suprema Corte brasileira[1], seguida, em 2002, pela ratificação da Convenção Sobre o Reconhecimento e a Execução De Sentenças Arbitrais Estrangeiras ("Convenção

---

[1] SE 5.206 (MBV Commercial and Export Management and Establishment e Resil Indústria e Comércio Ltda.) In: http://redir.stf.jus.br/paginadorpub/paginador.jsp?docTP=AC&docID=345889

de Nova Iorque" ou "CNY")[2], o Brasil experimentou uma nova fase, caracterizada por um impulso no uso da arbitragem. Não muito tardou para que questões envolvendo a participação da Administração Pública em processos arbitrais viessem a debate não só na seara acadêmica, mas também jurídico e prático-processual com a chegada dos primeiros casos aos tribunais pátrios questionando a arbitrabilidade objetiva e subjetiva[3].

Em que pese uma certa mistificação – quando presentes os entes da administração pública – sobre a então defendida impossibilidade do recurso à via arbitral, nos moldes da visão então tradicional do direito administrativo brasileiro, o Superior Tribunal de Justiça ("STJ"), em meados da primeira década deste século, começou a esculpir uma nova posição do Judiciário com decisões admitindo a possibilidade de sociedades de economia mista pactuarem convenção de arbitragem.[4]

Na sequência, e, em complementação ao avanço jurisprudencial, alguns dispositivos da LAB foram alterados pela Lei nº 13.129, de 25 de maio de 2015[5] para expressamente recepcionar a possibilidade da administração pública firmar contratos com cláusula compromissória[6]. Com a positivação da matéria, sem ignorar suas características básicas[7], o desenvolvimento da arbitragem envolvendo a administração pública direta e indireta recebeu novo e sólido impulso.

O uso da mediação, no Brasil, foi até pouco tempo desprestigiado, em que pese que iniciativas legislativas já existissem no Congresso Nacional, a exemplo do Projeto de Lei nº 4.827/1998 de autoria da deputada Zulaiê Cobra, cuja raiz estava na legislação argentina editada

---

[2] http://www.newyorkconvention.org/11165/web/files/original/1/5/15466.pdf.
[3] A exemplo do caso da Companhia Paranaense de Energia (Copel) e UEG Araucária Ltda. A decisão judicial da 3ª Vara da Fazenda Pública do Estado do Paraná (Processo n. 2375/2003).
[4] AES Uruguaina Empreendimentos Ltda. e da Companhia Estadual de Energia Elétrica CEEE – Recurso Especial n° 606.345 – RS (2003/0205290-5).
[5] http://www.planalto.gov.br/ccivil_03/_Ato2015-2018/2015/Lei/L13129.htm.
[6] Art. 1. "As pessoas capazes de contratar poderão valer-se da arbitragem para dirimir litígios relativos a direitos patrimoniais disponíveis. Parágrafo 1. A administração pública direta ou indireta poderá utilizar-se da arbitragem para dirimir conflitos relativos a direitos patrimoniais disponíveis."
[7] Art. 2, parágrafo terceiro. "A arbitragem que envolva a administração pública será sempre de direito e respeitará o princípio da publicidade."

em 1995.[8] Alguns aspectos contribuíram para a dormência da mediação no Brasil, a exemplo da falta de cultura (aliás, similar obstáculo enfrentado pela arbitragem) para um país acostumado a que soluções aos conflitos devam emanar do Estado. Também a ausência de um marco legislativo específico mantinha o instituto "desprestigiado". A mediação era um assunto para idealistas, teóricos e acadêmicos. No entanto, e, como se sabe, a mediação não demanda a existência de uma lei positivada no sistema jurídico para a sua prática e desenvolvimento, mas, em países como o Brasil, de tradição romano-germânico, a presença de uma lei disciplinando o instituto, muito auxilia o seu conhecimento e – a partir daí – sua prática.

Embora o Código de Processo Civil de 1973[9] continha previsão sobre a possibilidade do juiz tentar conciliar as partes em seu artigo 331, a mediação e conciliação[10] – como métodos específicos de solução de conflitos – não faziam parte de uma política de Estado e muito menos um hábito da sociedade. Aliás, sua prática dependia muito da habilidade e sensibilidade do próprio julgador ao realizar as chamadas audiências de conciliação e julgamento. Em atenção aos ventos que sopravam do exterior, somados à incapacidade do Estado em dar resposta aos anseios da população para uma justiça mais rápida, o congresso nacional, aos poucos, foi priorizando o debate sobre o tema. Em 2015, duas mudanças legislativas foram importantes: o Novo Código de Processo Civil (Lei nº 13.105/2015)[11] ("NCPC") que instituiu o dever do Estado de promover o incentivo a uma solução consensual dos conflitos e a Lei de Mediação nº 13.140/2015[12] ("Lei de Mediação") que regulamentou os conceitos, contornos e procedimentos a serem adotados na mediação judicial e extrajudicial, destinando, inclusive um capítulo a casos envolvendo a administração pública. Tais diplomas, com o forte incentivo do próprio Poder Judiciário, estão a criar os pilares necessários ao efetivo uso da mediação no Brasil.

[8] *Ley* 24.753, posteriormente substituída pela *Ley* 26.589/2010.
[9] Lei n. 5.869/73 In: http://www.planalto.gov.br/ccivil_03/LEIS/L5869.htm.
[10] Os autores não farão distinção sobre características doutrinárias e específicas da mediação e conciliação, mesmo porque em algumas jurisdições tais vocábulos (ou mesmo tais institutos) são empregados de forma sinônima.
[11] Lei n. 13.105 de 16 de março de 2015.
[12] Lei n. 13.140 de 28 de junho de 2015.

Diferentemente do Brasil, o reconhecimento legislativo da arbitragem nos Estados Unidos ("EUA") é secular. A legislação sobre a arbitragem data de 1925 com a sanção da *Federal Arbitration Act* ("FAA")[13]. O FAA atualmente é composto por 3 capítulos. O primeiro, composto de 16 artigos, dispõe sobre as regras gerais de arbitragem; o segundo trata da incorporação – pela FAA – da Convenção das Nações Unidas sobre o Reconhecimento e Execução de Laudos Arbitrais Estrangeiros ("Convenção de Nova Iorque"), enquanto que o capítulo terceiro trata da incorporação – no mesmo diploma legislativo – da Convenção Interamericana de Arbitragem Comercial Internacional ("Convenção do Panamá") realizada sob os auspícios da Organização dos Estados Americanos ("OEA"). À guisa de registro, interessante notar que, nos termos da FAA, havendo conflito[14] entre as Convenções de Nova Iorque e do Panamá, prevalece a segunda. De igual relevo notar que a Convenção do Panamá tem uma peculiaridade interessante. Dispõe expressamente, em seu artigo terceiro que, na ausência de acordo expresso entre as partes, a arbitragem será conduzida de acordo com as Regras de Procedimento da Comissão Interamericana de Arbitragem Comercial ("CIAC"), cujo texto é retirado das Regras de Arbitragem da Comissão das Nações Unidas para o Direito Comercial Internacional ("UNCITRAL"). Com isso, os autores defendem que, no âmbito da OEA, não existe a denominada "cláusula vazia" nos contratos internacionais que preveem arbitragem como solução de conflitos, haja vista a possibilidade de se utilizar o artigo terceiro da Convenção do Panamá que, por sua vez, remete às Regras da CIAC. Portanto, não há a necessidade de se socorrer do artigo 7º da LAB quando a sede da arbitragem for no Brasil, ainda que diante da cláusula arbitral vazia.

Não há nos EUA a divisão do direito administrativo tal como existe no Brasil e demais países da *Civil Law*. Normalmente, não constam nos *curriculum* escolares das universidades americanas a cadeira de *Administrative Law* com contornos específicos, embora a relevância ao estudo seja inquestionável. Desta forma, a inclusão de entidades de direito público

---

[13] https://sccinstitute.com/media/37104/the-federal-arbitration-act-usa.pdf.
[14] *FAA, Section 305 (1)." If a majority of the parties to the arbitration agreement are citizens of a State or States that have ratified or acceded to the Inter-American Convention and are member States of the Organization of American States, the Inter-American Convention shall apply".*

em arbitragem não enfrenta similar resistência para seu uso e acolhimento.[15]

Na mediação, o contexto não é diferente: controvérsias entre particulares, ou entre estes e entes públicos, são há muito tempo resolvidas por mediação. Aliás, ao contrário da realidade brasileira, as mediações judiciais *(court-annexed mediation)* e extrajudiciais estão arraigadas na cultura americana. Este ambiente acaba por proporcionar duas consequências de ordem prática: (i) como as partes sabem que, falhando a negociação, ao promover ação judicial serão encaminhadas à mediação judicial, tal fato contém um recado prévio de incentivo a uma maior tentativa extrajudicial prévia de acordo, evitando-se a briga forense. (ii) a participação das partes (e advogados) na mediação é feita de forma proativa possibilitando, não raro, uma rápida solução, ou, na mesma medida, um rápido término da(s) sessão(ões) de mediação se o acordo revelar-se impossível ou de difícil alcance.

Feito este aceno introdutório, passa-se, a seguir, a análise do uso das *Alternatives Dispute Resolutions* ("ADR") tanto no Brasil quanto nos Estados Unidos para, em seguida, extrair, ainda que em caráter embrionário, alguns pontos de convergência entre as duas realidades ancoradas em dois sistemas jurídicos distintos.

1. A Arbitragem e os contratos com a Administração Pública no Brasil

A discussão sobre a arbitrabilidade subjetiva e objetiva envolvendo contratos com a Administração Pública não é privativa do Brasil e decorre de uma natural evolução jurisprudencial e legislativa, fruto de questionamentos sobre a participação do Estado na economia e sua (in)capacidade de investimento para responder aos anseios da sociedade.

Essa evolução encontrou – e continua a encontrar – natural demanda dos investidores, sobretudo os estrangeiros, que enxergam na arbitragem um componente de segurança maior na equação contratual. E quando há segurança há também maior atratividade ao investimento. Considerando que o Estado não tem condições de suportar (com os

---

[15] LEON, Barry e TERRY, John. *Special Considerations when a State is a Party to International Arbitration*. In: https://www.torys.com/Publications/Documents/Publication%20PDFs/AR2006-13T.pdf.

recursos públicos) a necessidade atual e crescente por investimentos, sobretudo em obras de infraestrutura, o uso das ADRs ganha espaço no Brasil. Em recente encontro sobre arbitragem organizado pela Federação das Indústrias do Estado de São Paulo, o ministro da infraestrutura do governo atual não hesitou de brevemente comparecer (o propósito de sua visita na referida federação era outro) para ressaltar a importância da arbitragem para o Brasil conseguir atrair ainda mais investimentos estrangeiros.

Portanto, em que pese a tradicional e histórica mistificação sobre a questão da arbitrabilidade objetiva e subjetiva – quando presentes entes da administração pública – o Brasil evoluiu na matéria, como já reconheciam alguns doutrinadores:

> Com relação à arbitrabilidade subjetiva, parece não haver dúvidas de que o ordenamento genericamente confere ao Estado capacidade para comprometer-se e contratar, aptidão que é inferida de sua personalidade jurídica de direito público. As entidades administrativas que integram a organização administrativa em sua feição indireta (*v.g.* autarquias, empresas públicas, etc.) também gozam de capacidade de contratar, como decorrência da personalidade jurídica de que são dotadas.[16]

A questão da arbitrabilidade subjetiva foi trazida à lume em 1946 em virtude do Caso Lage[17] quando foi instituído o juízo arbitral para determinar o valor da indenização referente aos bens e direitos das Organizações Lage incorporados ao patrimônio nacional, o que ocorreu pela edição do Decreto-Lei nº 9.521 de 26 de julho de 1946. O Supremo Tribunal Federal, em voto vencedor do Min. Relator Oscar de B. Pinto, se posicionou favoravelmente à aptidão do Estado participar da arbitragem no caso da Organização Lage e de Henrique Lage apresentando sobre a arbitragem os seguintes argumentos:

> *Juízo Arbitral* – Na tradição de nosso direito, o instituto do Juízo Arbitral sempre foi admitido e consagrado, até mesmo nas causas contra a Fazenda. Pensar de modo contrário é restringir a autonomia contratual

---

[16] OLIVEIRA, Gustavo Henrique Justino de. A arbitragem e as parcerias público-privadas. *Revista de Arbitragem e Mediação*, ano 4, n. 12, p. 38, jan./mar. 2007, p. 46.
[17] Agravo de Instrumento n. 52.181- GB – Agravante: União Federal. Agravados: Espólio de Renaud Lage e outros; Henry Potter Lage e Espólio de Frederico Lage.

do Estado, que como toda pessoa "sui júris", pode prevenir o litígio pela via do pacto de compromisso, salvo nas relações em que age como Poder Público, por insuscetíveis de transação.

Natureza Consensual do pacto de compromisso – O pacto de compromisso, sendo de natureza puramente consensual, não constitui foro privilegiado nem tribunal de exceção, ainda que regulado por lei específica.

Nas palavras de José Carlos de Magalhães essa decisão, tomada por unanimidade do plenário da mais alta corte, afastou, no Brasil, qualquer dúvida sobre a possibilidade de a União submeter-se à arbitragem privada.[18]

Ainda, Suzana Domingues Medeiros ressalta, ao comentar tal decisão, que o entendimento que prevaleceu foi da possibilidade de o Estado se submeter à arbitragem, salvo quando age como Poder Público. No caso em análise tratava-se de uma relação de natureza privada do Estado.[19]

João Bosco Lee bem lembrou no início do século:

> Ainda que parte da doutrina defenda a adoção de um posicionamento mais restritivo da arbitrabilidade subjetiva nos países em desenvolvimento, os países do Mercosul aceitam aparentemente a possibilidade de o Estado, os órgãos, e os estabelecimentos públicos se submeterem à arbitragem quando agirem como pessoas jurídicas.[20]

E ainda, José Carlos Magalhães acrescentou em meados dos anos 80 – o que hoje está pacificado – que, ao praticar atos de gestão, o Estado desveste-se da supremacia que caracteriza sua atividade primária e típica, igualando-se a particulares: os atos, portanto tornam-se vinculantes, geram direitos subjetivos e permanecem imodificáveis pela Administração, salvo quando precária por sua própria natureza.[21]

---

[18] MAGALHÃES, José Carlos de. *Do Estado na Arbitragem Privada*. Max Limonad. 1º ed., 1988, p. 109.
[19] MEDEIROS, Suzana Domingues. *Arbitragem Envolvendo o Estado no Direito Brasileiro*. Revista de Direito Administrativo. Rio de Janeiro.Vol. 233, Julho/Setembro, 2003, p. 96.
[20] LEE, João Bosco. *Arbitragem Comercial Internacional nos Países do Mercosul*. Curitiba: Juruá, 2002, p. 60.
[21] MAGALHÃES, José Carlos de. *Do Estado na Arbitragem Privada* in Arbitragem Comercial. Jose Carlos de Magalhães e Luiz Olavo Baptista, Rio de Janeiro: Biblioteca Jurídica Freitas Bastos, 1986, p. 69.

Assim, com o passar dos anos, o Brasil foi recepcionando diversos diplomas legislativos com alusão a métodos extrajudiciais de solução de conflitos.

O exemplo deste movimento pode ser constatado em algumas áreas a saber: a Lei nº 8.883, de 8 de junho 1994[22], que alterou a Lei de Licitações nº 8.666, de 21 de junho de 1993[23], que em seu artigo 55 autoriza a arbitragem nas contratações envolvendo financiamentos internacionais:

> Art. 55. São cláusulas necessárias em todo contrato as que estabeleçam:
> § 2º Nos contratos celebrados pela Administração Pública com pessoas físicas ou jurídicas, inclusive aquelas domiciliadas no estrangeiro, deverá constar necessariamente cláusula que declare competente o foro da sede da Administração para dirimir qualquer questão contratual, salvo o disposto no § 6º do art. 32 desta Lei.

De igual forma, a Lei nº 8.987, de 13 de fevereiro de 1995, que trata de Concessão e Permissão dos Serviços Públicos[24] traz claramente em seu artigo 23-A:

> Art. 23-A. O contrato de concessão poderá prever o emprego de mecanismos privados para resolução de disputas decorrentes ou relacionadas ao contrato, inclusive a arbitragem, a ser realizada no Brasil e em língua portuguesa, nos termos da Lei nº 9.307, de 23 de setembro de 1996.

Outro exemplo foi a Lei nº 9.472, de 16 de julho de 1997 referente às Telecomunicações[25]. Tal diploma, em seu artigo 93, dispõe:

> Art. 93. O contrato de concessão indicará:
> XV – o foro e o modo para solução extrajudicial das divergências contratuais.

E também a Lei nº 9.478, de 6 de agosto de 1997, denominada "Lei do Petróleo"[26], em seu artigo 43, prevê o uso das ADRs:

---

[22] https://www2.camara.leg.br/legin/fed/lei/1994/lei-8883-8-junho-1994-372228-veto-23935-pl.html.
[23] http://www.planalto.gov.br/ccivil_03/leis/l8666cons.htm.
[24] http://www.planalto.gov.br/ccivil_03/leis/L8987compilada.htm.
[25] http://www.planalto.gov.br/ccivil_03/leis/l9472.htm.
[26] http://www.planalto.gov.br/ccivil_03/leis/l9478.htm.

Art. 43. O contrato de concessão deverá refletir fielmente as condições do edital e da proposta vencedora e terá como cláusulas essenciais:
X – as regras sobre solução de controvérsias, relacionadas com o contrato e sua execução, inclusive a conciliação e a arbitragem internacional.

Seguindo esta corrente, a Lei nº 11.079, de 30 de dezembro de 2004[27] sobre Parcerias Público-Privadas ("PPP") ressalta o uso da arbitragem no Brasil conforme seu artigo 11:

Art. 11. O instrumento convocatório conterá minuta do contrato, indicará expressamente a submissão da licitação às normas desta Lei e observará, no que couber, os §§ 3º e 4º do art. 15, os arts. 18, 19 e 21 da Lei nº 8.987, de 13 de fevereiro de 1995, podendo ainda prever:
III – o emprego dos mecanismos privados de resolução de disputas, inclusive a arbitragem, a ser realizada no Brasil e em língua portuguesa, nos termos da Lei nº 9.307, de 23 de setembro de 1996, para dirimir conflitos decorrentes ou relacionados ao contrato.

Como antes mencionado, o Superior Tribunal de Justiça teve – e continua a ter – um papel fundamental na consolidação da arbitragem reconhecendo a possibilidade de sociedades de economia mista pactuarem convenção de arbitragem para resolver conflitos nas suas relações com o particular. Cabe aqui relembrar a decisão judicial proferida no caso da AES Uruguaina Empreendimentos Ltda. e da Companhia Estadual de Energia Elétrica CEEE[28] decorrente de contrato de compra e venda de energia elétrica, com cláusula compromissória. A CEEE questionou a validade da cláusula sob argumento de que uma sociedade de economia mista não poderia se submeter à arbitragem. O STJ, em decisão no Recurso Especial nº 606.345 – RS, assim se pronunciou:

quando os contratos celebrados pela empresa estatal versem sobre atividade econômica em sentido estrito isto é, serviços públicos de natureza industrial ou atividade econômica de produção ou comercialização de bens, suscetíveis de produzir renda e lucro, os direitos e obrigações

---

[27] http://www.planalto.gov.br/ccivil_03/_Ato2004-2006/2004/Lei/L11079.htm.
[28] Recurso Especial nº 606.345 – RS (2003/0205290-5).

deles decorrentes serão transacionáveis, disponíveis e portanto sujeitos à arbitragem.[29]

Dentro deste aceno histórico, outra decisão que merece ser ressaltada, emana do Tribunal de Justiça do Paraná em 2002 envolvendo a Companhia Paranaense de Gás ("Compagás") e o Consórcio Carioca Passareli. Neste caso, o TJ/PR considerou como admissível, nos contratos administrativos, a solução dos conflitos por meio de *compromisso arbitral* em sociedade de economia mista. É ato bilateral, cujo desfazimento exige a concordância das duas partes. "A administração não pode anular atos realizados sob o império do direito privado, sendo assim o contrato é considerado arbitrável."[30]

Em comentário sobre tal decisão, Eleonora C. Pitombo assevera:

> Tem-se como perfeito o entendimento do acórdão em comento, no sentido de admitir a arbitrabilidade objetiva do litígio que envolva empresas públicas que desempenhem atividades econômicas em sentido estrito, nos termos do artigo 177, inciso IV, da Constituição Federal, sempre quanto ao exercício de meros atos de gestão da Administração Pública.[31]

Fruto da conjunção da jurisprudência pacífica pátria com o próprio desenvolvimento do instituto arbitral, foi sancionada a Lei nº 13.129, de 25 de maio de de 2015 que alterou a LAB para expressamente contemplar a possibilidade da administração pública utilizar-se da arbitragem:

> Art. 1º – As pessoas capazes de contratar poderão valer-se da arbitragem para dirimir litígios relativos a direitos patrimoniais disponíveis.
>
> § 1º A administração pública direta e indireta poderá utilizar-se da arbitragem para dirimir conflitos relativos a direitos patrimoniais disponíveis.

---

[29] Verificar ainda Agravo Regimental no Mandado de Segurança 11308/DF julgado em 28.06.2006 tendo como Relator o Ministro Luiz Fux.

[30] Apelação Cível n. 247.646-0 julgada pela 7ª Câmara Cível do Tribunal de Alçada do Estado do Paraná em 11.02.2002.

[31] PITOMBO, Eleonora Coelho. *Arbitragem e Contratos Administrativos – Caso Compagás*. In: http://eleonoracoelho.com.br/wp-content/uploads/2018/06/02arbitragemecontratoscomempresasestatais-2004.pdf. Acesso em: 15.05.2020.

§ 2º A autoridade ou o órgão competente da administração pública direta para a celebração de convenção de arbitragem é a mesma para a realização de acordos ou transações.

§ 3º A arbitragem que envolva a administração pública será sempre de direito e respeitará o princípio da publicidade.

Com as modificações trazidas à LAB, inaugura-se no Brasil uma nova etapa da arbitragem. Seguindo a tradição legislativa do sistema da *Civil Law*, logo surgem diplomas para regulamentar o uso da arbitragem em determinados setores de interesse do Estado. Dentre os inúmeros exemplos, cabe citar o Decreto Federal nº 10.025, de 20 de setembro de 2019[32] que regulamenta o uso da arbitragem para contratos envolvendo transportes e portos no Brasil.

O artigo 1º assim dispõe:

> Art. 1º Este Decreto dispõe sobre a arbitragem, no âmbito do setor portuário e de transportes rodoviário, ferroviário, aquaviário e aeroportuário, para dirimir litígios que envolvam a União ou as entidades da administração pública federal e concessionários, subconcessionários, permissionários, arrendatários, autorizatários ou operadores portuários.

E o artigo 2º enfrenta a questão ao definir, no âmbito dos contratos de transporte, direitos patrimoniais disponíveis nos seguintes termos:

> CAPÍTULO II – DO OBJETO DA ARBITRAGEM
> Art. 2º Poderão ser submetidas à arbitragem as controvérsias sobre direitos patrimoniais disponíveis.
> Parágrafo único. Para fins do disposto neste Decreto, consideram-se controvérsias sobre direitos patrimoniais disponíveis, entre outras:
> I – as questões relacionadas à recomposição do equilíbrio econômico-financeiro dos contratos;
> II – o cálculo de indenizações decorrentes de extinção ou de transferência do contrato de parceria; e
> III – o inadimplemento de obrigações contratuais por quaisquer das partes, incluídas a incidência das suas penalidades e o seu cálculo.

---

[32] http://www.in.gov.br/en/web/dou/-/decreto-n-10.025-de-20-de-setembro-de-2019-217537111.

O referido diploma contempla ainda aspectos prático-processuais do procedimento arbitral, tais como os prazos[33], custos da arbitragem[34], escolha da câmara arbitral[35], bem assim a escolha de árbitros[36]. De fato, um novo momento envolvendo a administração pública, cujas discussões passam a ser intra-arbitrais.

De igual sorte, o Governo do Estado de São Paulo, por meio do Decreto Estadual nº 64.356, de 31 de julho de 2019, autorizou expressamente o uso da arbitragem para dirimir litígios que envolvam a administração pública, suas entidades, e entes privados. O artigo 1º assim dispõe:

---

[33] Art. 8º No procedimento arbitral, deverão ser observados os seguintes prazos: I – o prazo mínimo de sessenta dias para resposta inicial; e II – o prazo máximo de vinte e quatro meses para a apresentação da sentença arbitral, contado da data de celebração do termo de arbitragem. Parágrafo único. O prazo a que se refere o inciso II do caput poderá ser prorrogado uma vez, desde que seja estabelecido acordo entre as partes e que o período não exceda quarenta e oito meses.

[34] Art. 9º As custas e as despesas relativas ao procedimento arbitral serão antecipadas pelo contratado e, quando for o caso, restituídas conforme deliberação final em instância arbitral, em especial:
I – as custas da instituição arbitral; e II – o adiantamento dos honorários arbitrais.
§ 1º Para fins do disposto no caput, considera-se como contratado: I – o concessionário; II – o subconcessionário; III – o permissionário; IV – o arrendatário; V – o autorizatário; ou VI – o operador portuário.

[35] Art. 10. O credenciamento da câmara arbitral será realizado pela Advocacia-Geral da União e dependerá do atendimento aos seguintes requisitos mínimos:
I – estar em funcionamento regular como câmara arbitral há, no mínimo, três anos;
II – ter reconhecidas idoneidade, competência e experiência na condução de procedimentos arbitrais; e
III – possuir regulamento próprio, disponível em língua portuguesa.

[36] Art. 12. Os árbitros serão escolhidos nos termos estabelecidos na convenção de arbitragem, observados os seguintes requisitos mínimos:
I – estar no gozo de plena capacidade civil;
II – deter conhecimento compatível com a natureza do litígio; e
III – não ter, com as partes ou com o litígio que lhe for submetido, relações que caracterizem as hipóteses de impedimento ou suspeição de juízes, conforme previsto na Lei nº 13.105, de 2015 – Código de Processo Civil, ou outras situações de conflito de interesses previstas em lei ou reconhecidas em diretrizes internacionalmente aceitas ou nas regras da instituição arbitral escolhida.

Artigo 1º – Este decreto dispõe sobre o emprego, no âmbito da Administração Pública direta e autárquica, da arbitragem como meio de resolução de conflitos relativos a direitos patrimoniais disponíveis.
Parágrafo único – Este decreto não se aplica: 1. aos projetos contemplados com recursos provenientes de financiamento ou doação de agências oficiais de cooperação estrangeira ou organismo financeiro multilateral de que o Brasil seja parte, quando essas entidades estabelecerem regras próprias para a arbitragem que conflitem com suas disposições; 2. aos casos em que legislação específica que regulamente a questão submetida à arbitragem dispuser de maneira diversa.

Destarte, como consequência do natural desenvolvimento da arbitragem no Brasil, hoje não mais se discute a capacidade da administração pública participar da arbitragem ou que o objeto da discussão padeça de arbitrabilidade uma vez inserido no âmbito dos direitos patrimoniais disponíveis. A exemplo do Decreto Federal nº 10.025/2019, os diplomas congêneres federal e estaduais tenderão a definir, no seu bojo, quais as matérias inseridas no bojo dos direitos patrimoniais disponíveis e caberá a doutrina e jurisprudência moldarem os respectivos parâmetros e limites. Ademais, o que atualmente está em discussão na prática arbitral brasileira envolvendo a administração pública é a busca pela compatibilização dos seus princípios inerentes, a exemplo do princípio da publicidade. Em última análise, não basta apenas afirmar candidamente que na arbitragem, com entes públicos, será observado, por exemplo, o princípio da publicidade. A questão é outra: como, quando e em cima de quais atos a publicidade será praticada e revelada. Sem dúvida, o Brasil inaugura um momento mais dinâmico e pujante para o uso da arbitragem envolvendo a administração pública direta e indireta, pois deixa de discutir conceitos ultrapassados para enfrentar questões jurídicas palpitantes e desafiadoras da prática arbitral, seja no âmbito doméstico ou internacional.

1.1. A Mediação e a Administração Pública no Brasil

O conceito de mediação é relativamente uníssono. Pode-se definir como um método autocompositivo de resolução de conflitos em que as partes, auxiliadas por um terceiro imparcial, constroem uma solução que lhes seja satisfatoriamente aceitável. A exemplo do que se verificou com a arbitragem, a mediação no Brasil sofreu a resistência para a sua implementação. Como se sabe, não é porque existe uma lei regulamentando determinado instituto jurídico que necessariamente existe a prática. A propósito, são sábias as palavras de Confúcio quando dizia: "mudar as leis é fácil; difícil é mudar a mente e o coração dos homens." A mediação ora caminha neste câmbio de paradigma. Pode-se resumir o cenário de rejeição à aceitação da mediação no Brasil, observando-se as seguintes etapas:

(i) Etapa do Desconhecimento: é a mais básica e natural do ser humano. É a fase do "não conheço, logo não é bom". Traduz o comodismo, ignorância e medo do novo ou renovado. "É bom apenas aquilo que eu conheço, pratico e domino ainda que as coisas não funcionem bem." Enquanto vários países já usavam a mediação (ou conciliação), a exemplo da Colômbia (na América do Sul) e os EUA, o Brasil seguia com a ideia do monopólio estatal para a resolução de conflitos.

(ii) Etapa do Descrédito: sensação de "perda de tempo". A mediação é apenas uma conversa a três que não levará a nada pois os ânimos já chegam exaltados com "personalização" do problema e desconfiança recíproca. Neste contexto, surge a percepção de que – utilizar-se da mediação – é apenas agregar um degrau a mais na escada, pois, não será possível um acordo. Mais cedo ou mais tarde, o mesmo conflito desembocará em arbitragem ou processo judicial. Se assim é, por que retardar o uso da arbitragem ou processo judicial? Esta percepção (pirandelliana) foi, por algum tempo, alimentada ou impulsionada por muitos arbitralistas que não enxergavam os benefícios da mediação ou viam-na como algo desnecessário. Foi preciso aparecer a (i) imperfeição da arbitragem (custo e tempo) e (ii) novos marcos jurídicos para que a mediação ganhasse o crédito no Brasil que há muito detém fora dele. Aliás, da mesma forma que não se deve falar mal do Judiciário para falar bem da arbitragem (mesmo porque seria injusto e incorreto), não se deve falar mal da arbitragem para falar bem da mediação. São institutos que visam ao mesmo objetivo, apenas com métodos e características próprias.

(iii) Etapa da Dependência de uma Decisão: trata-se de corolário da fase anterior baseada na premissa segundo a qual para que um método seja eficaz e eficiente é preciso que haja uma decisão de cima para baixo. E considerando que, na mediação, não há a decisão impositiva e vinculativa de um terceiro, tal instituto, por um bom tempo, recebeu no

Brasil um equivocado carimbo de menor prestígio. Ora, o fato de inexistir decisão de cima para baixo não significa que seja algo estéril, tampouco ineficaz. Além do mais, e como se sabe, desenvolvida a mediação de forma exitosa, haverá sim uma decisão vinculativa, construída pelas próprias partes, com o auxílio do terceiro, o mediador.

(iv) Etapa das Luzes: o Brasil, da noite para o dia, acendeu a lanterna e enxergou as qualidades da mediação? Não necessariamente. É apenas mais uma etapa do natural processo evolutivo. Mais uma vez, constata-se a impotência do Estado para resolver todos os conflitos que lhe são encaminhados. Aliás, este quadro não se mostra apenas no Brasil, mas também no mundo. São alarmantes, injustos (e até cruéis) os números de processos que juízes recebem diariamente, segundo os dados do Conselho Nacional de Justiça ("CNJ"). É, portanto, humanamente impossível que o juiz brasileiro consiga dar conta do dique estourado. Constata-se, igualmente, que a arbitragem (embora relevante) não é – nem pode almejar ser – a panaceia para solução de todos os problemas estruturais do Judiciário e desafios conjunturais da sociedade. Os casos envolvendo a administração pública no Judiciário brasileiro trazem números sonoros e alarmantes. Um bom exemplo da postura proativa do Judiciário verifica-se na instalação das varas empresariais que poderão também contar com mediadores com conhecimentos técnicos na atividade empresarial, seja de forma individual ou junto às câmaras de mediação e arbitragem. Tais mediadores serão de grande valia nos processos judiciais. Esta interação entre o público e privado, entre a administração pública e cidadão, entre o Judiciário e o jurisdicionado, entre os métodos tradicionais e ADRs é de colaboração mútua; de *win-win* que favorece a aplicação não só do instituto da arbitragem, mas também da mediação.

(v) Etapa da Dedicação Crescente: com o maior conhecimento sobre as características e vantagens do instituto, surge o solo fértil para a real mudança de paradigma. Há, nesta etapa que ora se aflora no Brasil, a constatação por muitos (estudiosos e usuários) de que a mediação carrega sim uma boa e eficaz semente; embora ainda com poucos frutos, se levado em consideração seu enorme potencial vis à vis da litigiosidade da sociedade e as dimensões continentais do Brasil. Todavia, mais do que a própria arbitragem, a mediação representa uma acentuada mudança cultural, pois confere às partes, com o auxílio do mediador, o poder de resolver seus problemas. Este apoderamento é, ao mesmo tempo, maravilhoso e preocupante, já que o aumento da demanda poderá fazer surgir "aproveitadores de plantão", como aliás, aconteceu, no passado na frente arbitral, com o surgimento dos chamados "Tribunais de Carteirinha". Preocupa também a reação desmedida para enfrentar as atividades espúrias de profissionais que querem vestir o chapéu de árbitros e mediadores apenas para surfar na onda do momento. O exemplo mais eloquente recai sobre o projeto de lei que visa a criar a profissão de mediador e árbitro. Se aprovado, o Brasil será o pioneiro no mundo. Pioneirismo, aliás, não significa necessariamente visão, tampouco antecipação da boa tendência. Pode, ao revés, revelar desconhecimento, despreparo, ou mesmo rebeldia e inconsequência. Se há mau mediador ou mau árbitro (e há de existir), não é com a criação da profissão de mediador e árbitro, regulamentada pelo Estado, que isso será erradicado. Pelo contrário, (i) tirará o poder de escolha daquelas pessoas que lhes depositam confiança e (ii) engessar-se-ão os institutos, além da possibilidade de germinarem ambientes cartoriais e protecionistas em completa afronta ao pilar básico da liberdade das partes.

(vi) Etapa do Desafio: em conjunto com a fase anterior, o Brasil se encontra hoje na fase do Desafio. Enfrentar e fazer de fato a mudança cultural necessária sob o impulso da realidade legislativa recém surgida. E dentro deste quadro há um risco: o setor da administração pública, pelas suas características – com natural e necessária amarra fiscalizatória – pode inibir o agente público a sugerir, concordar, participar da mediação e sobretudo assinar acordos de mediação. Enquanto no processo judicial ou arbitral existe uma decisão imposta que, em princípio confere certa tranquilidade ao agente público, na mediação, a decisão é por ele (agente público) esculpida em conjunto com a outra parte, com o auxílio do mediador. É bem verdade que o artigo 40 da Lei de Mediação traz uma importante salvaguarda:

> Art. 40 – Os servidores e empregados públicos que participarem do processo de composição extrajudicial do conflito, somente poderão ser responsabilizados civil, administrativa ou criminalmente quando, mediante dolo ou fraude, receberem qualquer vantagem patrimonial indevida, permitirem ou facilitarem sua recepção por terceiro, ou para tal concorrerem.

Assim, em que pese a adequada e necessária segurança trazida à luz pela letra crua do citado dispositivo – haja vista que somente quando agir com dolo, fraude, ou obtiver vantagem indevida, o agente público poderá ser responsabilizado – devemos aguardar como será o seu comportamento, bem como dos órgãos de fiscalização, e, em última análise do Poder Judiciário, se vier a enfrentar a questão *a posteriori*. Isso porque, no acordo de mediação, a administração pública poderá concordar em assumir determinada obrigação pecuniária diante do particular que – a juízo do agente público – seja benéfica ao ente público. Portanto, o partícipe da mediação precisa ter, de fato e de direito, a tranquilidade de que não será alvo, na esfera pessoal, de processos civil, administrativo ou criminal por suposta vantagem indevida ou simples alegação de dolo ou fraude, quando, na realidade, está agindo para o bem da administração pública. Esta tranquilidade para participar proativamente na mediação, e nela realizar acordos, demandará uma cautela adicional comportamental do agente público para afastar riscos (e injustas alegações) de que sua participação – e aceitação no resultado – não tenha ocorrido dentro da normalidade ética, funcional e legal.

Além do marco legal propício, o Conselho Nacional de Justiça ("CNJ"), por meio da Resolução nº 125/2010[37] já iniciara a política de apoio à difusão das ADRs no Brasil. Portanto, a mudança de paradigma é evidente, assim como evidente a importância do momento para o uso contínuo e responsável da mediação no Brasil para conflitos envolvendo a administração pública. Por fim, vale lembrar o importante recado aos próprios magistrados brasileiros, presente no artigo 3º, parágrafo 3º do NCPC:

> [a] conciliação, a mediação e outros métodos de solução consensual de conflitos deverão ser estimulados por juízes e advogados, defensores públicos e membros do Ministério Público, inclusive no curso do processo judicial.

Só o tempo dirá como o Brasil se comportará neste fundamental ponto para o desenvolvimento da mediação envolvendo a administração pública. Mas, como visto, há fortes motivos para que todos tenhamos otimismo, ainda que contido.

---

[37] https://atos.cnj.jus.br/atos/detalhar/atos-normativos?documento=156.

2. A Arbitragem e Administração Pública nos Estados Unidos

A arbitragem envolvendo a administração pública nos Estados Unidos está consagrada. No entendimento de Poudret e Besson:

> Nos Estados Unidos, o conceito de arbitrabilidade é delimitado e inclui o escopo da convenção de arbitragem. Isso implica, por um lado, que a disputa deve estar dentro das provisões da convenção de arbitragem e, por outro, que a lei não pode proibir o tribunal arbitral de decidir as questões que forem a ele submetidas.[38]

O desenvolvimento da arbitragem com a administração pública direta e indireta nos Estados Unidos é moldado pela jurisprudência, nos termos da tradição da *Common Law*. No famoso caso *Scherk v. Alberto Curver*[39] consta a orientação da Suprema Corte:

> *The arbitration clause is to be respected and enforced by federal courts in accord with the explicit provisions of the United States Arbitration Act that an arbitration agreement, such as is here involved, 'shall be valid, irrevocable, and enforceable, save upon such grounds as exist at law or in equity for the revocation of any contract.' 9 U.S.C. §§ 1, 2.*[40]

A arbitrabilidade foi ainda discutida em inúmeros casos envolvendo questões de direito público. Um exemplo marcante foi a decisão no caso *Mitsubishi Motors Corp v. Soler Crysler-Plymouth Inc.*[41] na qual discutiu-se o tema do direito concorrencial:

> *The strong presumption in favor of freely negotiated contractual choice-of-forum provisions is reinforced here by the federal policy in favor of arbitral dispute resolution, a policy that applies with special force in the field of international*

---

[38] No original: "*In the United States, the concept of arbitrability is broader and includes the scope of the arbitration agreement. It implies, on the one hand, that the dispute falls under the provisions of the arbitration agreement and, on the other hand, that the law does not forbid the arbitral tribunal from deciding the questions submitted to it.*" (POUDRET, Jean François; BESSON, Sébastien, *Comparative law of international arbitration*, cit., p. 282 – Nossa tradução).

[39] Scherk v. Alberto-Culver Co., 417 U.S. 506 (1974) In: https://supreme.justia.com/cases/federal/us/417/506/ And Wilko v. Swan, 346 U.S. 427 (1953) In: https://supreme.justia.com/cases/federal/us/346/427/.

[40] 417 US 506 (1974).

[41] 473 US 614 (1985).

commerce. The mere appearance of an antitrust dispute does not alone warrant invalidation of the selected forum on the undemonstrated assumption that the arbitration clause is tainted. So too, the potential complexity of antitrust matters does not suffice to ward off arbitration; nor does an arbitration panel pose too great a danger of innate hostility to the constraints on business conduct that antitrust law imposes.

A Arbitragem ainda é regulada na maioria dos estados americanos pela *Uniform Arbitration Act ("UAA")*[42] revisada em 2000. Este ato oferece diretrizes em várias questões, dentre as quais (a) quem decide sobre a arbitrabilidade da matéria e os critérios que devem ser utilizados; (b) quando a corte estatal ou os árbitros precisam impor medidas; (c) como a parte pode dar início ao procedimento arbitral; (d) quando os procedimentos arbitrais podem ser consolidados; e (e) quando os árbitros precisam informar as partes sobre algum fato que pode afetar sua imparcialidade[43]. Diversos destes temas são regulados pelas regras de arbitragem das instituições arbitrais, razão pela qual o UAA não é muito difundido.

Cabe ainda fazer um "voo de pássaro" sobre a arbitragem de investimento, com parco conhecimento no Brasil pelo fato deste não ter ratificado a Convenção de Washington de 1965 que estabeleceu o ICSID (*International Centre for Settlement of Investment Disputes*), nem tampouco Tratados Bilaterais de Investimento (*"Bilateral Investment Treaties"* ou BITs"). Os EUA aderiram à Convenção de Washington, assinada por 155 países e ratificada por 143[44], bem como ratificaram vários BITs, cuja finalidade é usar a arbitragem entre o investidor privado e o Estado soberano. Ainda, na seara de investimento, os tratados regionais de livre comércio, a exemplo do *North American Free Trade Agreement* ("NAFTA") também contemplam o uso da arbitragem.

---

[42] https://www.uniformlaws.org/HigherLogic/System/DownloadDocumentFile.ashx?DocumentFileKey=cf35cea8-4434-0d6b-408d-756f961489af.

[43] No original: *"The statute provided no guidance as to (1) who decides the arbitrability of a dispute and by what criteria; (2) whether a court or arbitrators may issue provisional remedies; (3) how a party can initiate an arbitration proceeding; (4) whether arbitration proceedings may be consolidated; (5) whether arbitrators are required to disclose facts reasonably likely to affect impartiality.*

[44] Dados obtidos no site do ICSID, acessado em 20.05.2020.

No *case Methanex Corporation* (2005)[45], a distribuidora de metanol canadense iniciou processo arbitral contra os Estados Unidos debaixo das regras da UNCITRAL. A *Methanex* questionou alterações nos regulamentos e valores da gasolina modificados pelo Governador do Estado da Califórnia que, segundo sua avaliação, teria violado determinados dispositivos do NAFTA, sobre a constituição do tribunal:

> *The Tribunal was formed on 18th May 2000 to decide Methanex' claim. From the outset, the USA challenged the Tribunal's jurisdiction to decide Methanex's claim and alternatively disputed Methanex's claim on the merits. After several written submissions, procedural sessions and a jurisdictional hearing in July 2001 followed by further written submissions, the Tribunal decided, by its Partial Award of 7th August 2002, that there was no jurisdiction under Chapter 11 to decide Methanex's claim as formulated in its Original Statement of Claim. By permission from the Tribunal, Methanex significantly amended its claim in November 2002 in the form of a "Second Amended Statement of Claim". In all subsequent submissions, the Part I – Preface USA maintained its challenge to the Tribunal's jurisdiction and its denial of Methanex's amended claim on the merits.*[46]

A decisão final do procedimento arbitral, favorável aos EUA contempla:

> *In this case, the USA has emerged as the successful party, as regards both jurisdiction and the merits. The Tribunal has borne in mind that, at the time of the Partial Award, it could have been argued that the USA had lost several important arguments on the admissibility issues; but over time the Partial Award does not affect the end-result of the dispute overall, as decided by this Final Award. Likewise, the issues on which the USA did not prevail in this Award were of minor significance. The Tribunal does not consider any apportionment appropriate under Article 40(2) of the UNCITRAL Rules. 12. Accordingly, the Tribunal decides that Methanex shall pay to the USA the amount of its legal costs reasonably incurred in these arbitration proceedings. The Tribunal assesses that amount in the sum claimed by the USA, namely US $2,989,423.76, which the Tribunal deems to be reasonable in the circumstances within the meaning of*

---

[45] https://2009-2017.state.gov/s/l/c5818.htm.
[46] https://2009-2017.state.gov/documents/organization/51052.pdf.

Article 38(e) of the UNCITRAL Rules. It is also far inferior to the sum claimed by Methanex in respect of its own legal costs, namely US $11- 12 million.[47]

A exemplo do "Caso Methanex", outros processos arbitrais envolvendo os Estados Unidos, por alegado descumprimento dos artigos 1105 que contempla o tratamento igualitário entre as partes signatárias do NAFTA, com completa proteção e segurança do investidor:

> *Article 1105: Minimum Standard of Treatment 1. Each Party shall accord to investments of investors of another Party treatment in accordance with international law, including fair and equitable treatment and full protection and security. 2. Without prejudice to paragraph 1 and notwithstanding Article 1108(7)(b), each Party shall accord to investors of another Party, and to investments of investors of another Party, non-discriminatory treatment with respect to measures it adopts or maintains relating to losses suffered by investments in its territory owing to armed conflict or civil strife. 3. Paragraph 2 does not apply to existing measures relating to subsidies or grants that would be inconsistent with Article 1102 but for Article 1108(7)(b).*

Assim como o 1110 do mesmo acordo que regulamenta:

> *Article 1110: Expropriation and Compensation*
> *1. No Party may directly or indirectly nationalize or expropriate an investment of an investor of another Party in its territory or take a measure tantamount to nationalization or expropriation of such an investment ("expropriation"), except:*
> *(a) for a public purpose;*
> *(b) on a non-discriminatory basis;*
> *(c) in accordance with due process of law and Article 1105(1); and*
> *(d) on payment of compensation in accordance with paragraphs 2 through 6.*
> *2. Compensation shall be equivalent to the fair market value of the expropriated investment immediately before the expropriation took place ("date of expropriation"), and shall not reflect any change in value occurring because the intended expropriation had become known earlier. Valuation criteria shall include going concern value, asset value including declared tax value of tangible property, and other criteria, as appropriate, to determine fair market value.*
> *3. Compensation shall be paid without delay and be fully realizable.*

---

[47] https://2009-2017.state.gov/documents/organization/51052.pdf.

4. *If payment is made in a G7 currency, compensation shall include interest at a commercially reasonable rate for that currency from the date of expropriation until the date of actual payment.*

5. *If a Party elects to pay in a currency other than a G7 currency, the amount paid on the date of payment, if converted into a G7 currency at the market rate of exchange prevailing on that date, shall be no less than if the amount of compensation owed on the date of expropriation had been converted into that G7 currency at the market rate of exchange prevailing on that date, and interest had accrued at a commercially reasonable rate for that G7 currency from the date of expropriation until the date of payment.*

6. *On payment, compensation shall be freely transferable as provided in Article 1109.*

7. *This Article does not apply to the issuance of compulsory licenses granted in relation to intellectual property rights, or to the revocation, limitation or creation of intellectual property rights, to the extent that such issuance, revocation, limitation or creation is consistent with Chapter Seventeen (Intellectual Property).*

8. *For purposes of this Article and for greater certainty, a non-discriminatory measure of general application shall not be considered a measure tantamount to an expropriation of a debt security or loan covered by this Chapter solely on the ground that the measure imposes costs on the debtor that cause it to default on the debt.*

No âmbito estadual, cabe citar o caso nº 97-4906 em que Mary Weaver, funcionária da Companhia de Eletricidade da Flórida – Florida Power & Light Company ("FPL") – que alegou que a empresa teria violado as leis estaduais e federais americanas de discriminação de direito da mulher.[48]

Considerando que no contrato entre Mary Weaver e a FPL continha a cláusula compromissória, a "exceção arbitral" foi levantada pela FPL. Nos termos da seção 9 U.S.C. §§ 1-16 da FAA, o juízo decidiu suspender o processo judicial enviando as partes à arbitragem. A corte judicial

---

[48] United States Court of Appeals, Eleventh Circuit. Mary Weaver, Plaintiff-Appellant, v. FLORIDA POWER & LIGHT COMPANY, Paul Hederman, Defendants-Appellees. No 97-4906. Decided: April 13, 1999. In: https://caselaw.findlaw.com/us-11th-circuit/1068703.html

acrescentou ainda que a atuação do Judiciário deve se dar apenas ao final, em sede de ação anulatória.

Por fim, cabe registrar que a *U.S Security and Exchange Commission* (SEC)[49], incentiva, para os contratos de corretagem, o uso da arbitragem, considerando casos com a participação de apenas um árbitro (valor questionado de até $50,000) ou o painel arbitral com 3 árbitros nos casos de maior valor[50]. A maioria das arbitragens decorrentes de controvérsias no âmbito da SEC tem seu procedimento resolvido com base nas regras da *Financial Industry Regulatory Authority* (FINRA).[51]

2.1. A Mediação e a Administração Pública nos Estados Unidos

A prática da mediação nos Estados Unidos já está consolidada.

Nos EUA, por exemplo, e seguindo a praticidade *yankee*, além da mediação, há variáveis interessantes de ADRs, como *"rent-a-judge"*, *"mini-trial"*, *"baseball arbitration"*, *"high-low arbitration"*, *"Early Neutral Evaluation"* e o já conhecido no Brasil, sobretudo em contratos de engenharia, *"Dispute Resolution Boards"*.

Estes métodos existem como opções para atender as agruras e anseios da sociedade (ou fatia dela) e merecem de todos atenção, estudo e compreensão. Por exemplo, no *Mini-Trial*, as partes, durante o processo judicial, elegem um terceiro a quem apresentam suas teses de forma *sumária*. A decisão deste terceiro escolhido *no meio do processo* não é vinculante, de modo que o processo pode ser reiniciado. Aqui é importante entender o papel (e o custo) da instrução probatória nos EUA, chamado de *Discovery*. No *Baseball Arbitration*, as partes apresentam ao árbitro uma oferta e este escolhe – dentre ambas – aquela que irá adotar na plenitude. Instituições voltadas à administração das ADRs também apresentam regulamentos distintos, dependendo do setor ou indústria, a fim de que seja encontrado um método *"tailor-made"* para os respectivos conflitos.

Quanto à mediação, nos processos cíveis, existe a previsão legal para o encaminhamento das partes a audiências paralelas de mediação, nas chamadas *court-annexed mediations*. E aqui, novamente, cabe lembrar

---

[49] https://www.sec.gov/fast-answers/answers-arbprochtm.html
[50] https://www.sec.gov/cgi bin/goodbye.cgi?www.finra.org/ArbitrationAndMediation/Arbitration/SpecialProcedures/SimplifiedArbitrations/
[51] https://www.sec.gov/fast-answers/answers-arbprochtm.html

a praticidade americana. Além do benefício às partes, o uso de mediadores desafoga a carga dos juízes e reduz o custo do aparato judicial. Há sempre uma preocupação clara e debatida ostensivamente sobre o uso dos recursos do *"tax-payer"* da melhor maneira possível. Por isso, se explica também a figura das *"depositions"* (depoimentos feitos sob pena de perjúrio) não na presença do juiz (ou árbitro), mas em escritórios particulares na presença de advogados de ambas as partes. Vem para o juiz o testemunho já colhido, com economia de tempo a todos e de custos para o erário público.

Nas *court-annexed mediations*, os mediadores são normalmente juízes aposentados. Porém, as causas que envolvem conflitos empresariais e grandes valores são resolvidas por mediadores privados com maior experiência nestes conflitos.

Quanto a legislação proveniente do parlamento (não frequente em países da *Common Law*), o *Alternative Dispute Resolution Act*[52] foi aprovado em 1998 estimulando as cortes[53] do país à implantação do sistema alternativo de solução de disputas.[54]

> *In the United States there is no governing or regulatory body for mediation. Associations such as the American Bar Association and the American Arbitration Association provide standards that are well respected in the practice of mediation. Most states have individual laws governing mediation, which have evolved over time. There have been several attempts to develop uniform domestic mediation laws in the United States. Two notable statutes are described below.*[55]

---

[52] www.adr.gov/pdf/adra.pdf.

[53] "In accordance with the Alternative Dispute Resolution Act of 1998 and Local Rule of Civil Procedure 53.3, the Court adopts the following protocol (the "Protocol") which shall guide the administration of the Court-Annexed mediation program." In: http://www.paed.uscourts.gov/documents/locrules/civil/mediation/medpr533.pdf.

[54] No original: "In 1998, the United States Congress adopted the Alternative Dispute Resolution Act (www.adr.gov/pdf/adra.pdf), requiring all federal trial courts to implement ADR and granting judges authority to send a case to mandatory ADR procedures, including mediation." In: Razo, Christopher. Mediation in USA. In: https://www.lexology.com/library/detail.aspx?g=1afc5951-1db6-4f91-8e3b-500022484dbd.

[55] Razo, Christopher. Mediation in USA. In: https://www.lexology.com/library/detail.aspx?g=1afc5951-1db6-4f91-8e3b-500022484dbd.

A mediação institucional (extrajudicial) nos Estados Unidos é muito utilizada no âmbito das instituições de mediação e arbitragem, a exemplo da *International Center of Dispute Resolution*[56] ("ICDR") que é o braço internacional da *American Arbitration Association*[57] ("AAA"), *JAMS Mediation, Arbitration, ADR Services*[58] e *CPR International Institute for Conflict Prevention & Resolution*[59].

Um tema interessante e importante na mediação refere-se ao seu uso em questões de desastres naturais. A AAA possui um regulamento específico para solução de conflitos de grande porte ou catástrofes naturais em que o mediador atua junto às partes com a finalidade de tentar viabilizar uma solução à comunidade atingida[60]. O uso da mediação foi exitoso, pois segundo os dados da AAA, o recurso à mediação propiciou o alcance de vários acordos, demonstrando grande eficiência nos casos do *Storm Sandy* que atingiu Nova Iorque[61] e *New Jersey*[62], no *Hurricane Katrina e Rita*[63] e no *Hurricane Andrew*[64]. Estas experiências podem servir de exemplo e orientação para, respeitadas as naturais peculiaridades, ser utilizadas em desastres ambientais recentes no Brasil.

Conclusões

Na evolução das ADRs percebe-se movimentos jurisprudenciais e/ou legislativos de impulso ao seu uso, seguindo as respectivas tradições jurídicas dos sistemas *Common Law* e *Civil Law*.

No campo arbitral, à exceção da matéria relacionada à arbitragem de investimento, Brasil e EUA estão hoje em similar estágio de desenvolvimento, com discussões semelhantes no âmbito dos processos arbitrais, bem como nos foros acadêmicos. Isso se deve muito a atuação da comunidade arbitral brasileira e do Poder Judiciário, ao longo das duas

---

[56] https://www.icdr.org/.
[57] https://adr.org/government.
[58] https://www.jamsadr.com/.
[59] https://www.cpradr.org/dispute-resolution-services/services-offered/mediation.
[60] https://www.adr.org/DisasterReliefPrograms.
[61] Ao final do programa, 3.360 mediadores obtiveram uma taxa de 63% de acordos.
[62] Ao final do programa 991 mediadores obtiveram uma taxa de 67% de acordos.
[63] Louisiana e Mississippi designaram a AAA como responsável pelo programa de demandas decorrentes da catástrofe, num total de 17.831 casos e 76% de acordos.
[64] Este programa teve uma taxa de 92% de acordos para mais de 2.500 demandas.

últimas décadas. Espera-se que o uso da arbitragem envolvendo a administração pública siga a mesma direção e solidez, o que traduzirá em maiores investimentos domésticos e estrangeiros, sobretudo em obras de infraestrutura. A julgar pelo atual estágio do exercício arbitral com entes públicos, dúvida não há de que o país se engajará no bom debate e seguirá o caminho correto.

No campo da mediação, os EUA estão em estágio mais avançado pelo longo e contínuo uso deste instituto, tanto na esfera judicial, extrajudicial e temas envolvendo a administração pública. Mas, o Brasil dispõe de todas as ferramentas legais dentro de um ambiente cultural, profissional e judicial receptivo para um desenvolvimento sereno e contínuo. Cabe à comunidade brasileira seguir os mesmos passos traçados com a arbitragem, caracterizado por muito estudo. A pandemia – que ora coloca o mundo em coma – há de trazer oportunidade ímpar ao uso das ADRs, em especial da mediação. Afinal, diversas discussões sobre (des)cumprimento contratual deverão aflorar nos foros arbitrais e judiciais. O impacto dos efeitos diretos ou indiretos do (des)cumprimento contratual poderão ser debatidos em boa-fé pelos atores envolvidos, seja público ou particular nas negociações por vir e em sessões de mediação, independentemente da existência paralela de processos arbitrais. Paradoxalmente, a pandemia parece trazer algo promissor: o maior e melhor uso das ADRs nas relações entre particulares, bem como entre o público e privado.

Referências

BARON, Patrick M.; LINIGER, Stefan. A second look at arbitrability. *Arbitration International*, London, London Court of International Arbitration (LCIA), v. 19, n. 1, 2003.

BANDEIRA DE MELLO, Celso Antônio. *Curso de direito administrativo*. 23. ed. São Paulo: Malheiros, 2006.

FOUCHARD, GAILLARD, GOLDMAN on *International Commercial Arbitration*. Edited by Emmanuel Gaillard e John Savage. Kluwer Law International. The Hague, Boston, London, 1999.

GOOLDMAN, Ronald E. M. Arbitrability and antitrust: Mitsubishi Motors Corp, v. Soler Chrysler-Plymouth. Columbia Journal of Transnational Law, New York, NY, Columbia Society of International Law, v. 23, 1985.

LA VEGA, Almudena In: http://arbitrationblog.kluwerarbitration.com/2018/09/02/arbitration-electricity-markets-almudena-otero-mx/?doing_wp_cron=1590074345.5638270378112792968750. Acesso em 12.05.2020.

LEE, João Bosco. *Arbitragem Comercial Internacional nos Países do Mercosul.* Curitiba: Juruá, 2002.

LEON, Barry e TERRY, John. Special Considerations when a State is a Party to International Arbitration. In: https://www.torys.com/Publications/Documents/Publication%20PDFs/AR2006-13T.pdf. Acesso em 17.05.2020.

MAGALHÃES, José Carlos de. *Do Estado na Arbitragem Privada.* Max Limonad. 1º ed., 1988.

MARZAGÃO, Antonio. Arbitragem na Década de 2020: Chegou a vez do setor público. In: https://www.jota.info/opiniao-e-analise/artigos/arbitragem-na-decada-de-2020-chegou-a-vez-do-setor-publico-19122019. Acesso em 12.05.2020.

MEDEIROS, Suzana Domingues. *Arbitragem Envolvendo o Estado no Direito Brasileiro.* Revista de Direito Administrativo. Rio de Janeiro.Vol. 233, Julho/Setembro, 2003.

OLIVEIRA, Gustavo Henrique Justino de. A arbitragem e as parcerias público-privadas. *Revista de Arbitragem e Mediação,* ano 4, n. 12, , p. 38, jan./mar. 2007.

PITOMBO, Eleonora Coelho. *Arbitragem e Contratos Administrativos – Caso Compagás.* In: http://eleonoracoelho.com.br/wp-content/uploads/2018/06/02 arbitragemecontratoscomempresasestatais-2004.pdf. Acesso em: 15.05.2020.

POUDRET, Jean-François; Besson, Sébastien. *Comparative law of international arbitration.* 2nd. ed. updated and rev. London: Sweet & Maxwell, 2007.

RAZO, Christopher. Mediation in USA. In: https://www.lexology.com/library/detail.aspx?g=1afc5951-1db6-4f91-8e3b-500022484dbd. Acesso em 18.05.2020.

22. Métodos consensuais de resolução de disputas: panorama da Administração Pública nos países latino-americanos[1]

Ruth Israel López
Carmen Sfeir Jacir

Introdução

Este artigo pretende oferecer uma visão panorâmica da normativa existente sobre métodos consensuais de resolução de disputas com a Administração Pública em países da América Latina. Para tais efeitos, o trabalho tem em conta, dentre outras fontes, um estúdio da *"Asociación Latinoamericana de Abogacías y Procuradurías del Estado"* (ALAP)[2]. Adicionalmente, trataremos sobre a normativa de outros países latino-americanos, não membros da ALAP, que também prevejam estes métodos.

Entendemos por métodos consensuais de resolução de disputas todos aqueles métodos auto compositivos, ou seja, aqueles em que as partes participam na busca de uma solução consensual para o problema

---

[1] Especiais agradecimentos para Manuel Muñoz Pavez, Alejandro Ponce Martinez, Jhoel Chipana Catalán, distinguidos advogados que generosamente colaboraram com bibliografia para este artigo.
[2] http://www.alap-la.org/ ALAP está composta por: Bolívia, Brasil, Colômbia, Chile, Equador, Guatemala, Honduras, Panamá Paraguai e Peru.

que os envolve, e que permitem prevenir ou resolver uma disputa judicial ou arbitral, sejam esses métodos presenciais ou online.

Neste trabalho iremos analisar principalmente a negociação, a conciliação, a mediação, a transação e os acordos. É necessário advertir ao leitor, que as definições de cada um destes métodos, pode variar segundo o país.

A Administração Pública pode ser definida como o conjunto de entidades que formam a Administração do Estado,

> que é composta por todas as divisões da administração central, as instituições chamadas empresas públicas e descentralizadas funcional e territorialmente. Suas características comuns são ser entidades criadas por lei, a fim de satisfazer uma necessidade pública; e que eles têm um regime legal especial para financiamento de recursos fiscais ou públicos em um sentido amplo[3].

A solução consensual das disputas que envolvem a administração pública de um país, vem sendo cada vez mais frequentemente adotada pelas respectivas legislações nacionais do mundo.

Isto já que tais métodos oferecem uma série de vantagens que beneficiam às partes que os utilizam e descongestionam o já sobrecarregado poder judiciário.

Dentre os benefícios da utilização dos métodos consensuais para resolver disputas, estão: i) a celeridade na resolução, quando comparada com o processo judicial; ii) a economia que tais meios oferecem para as partes; iii) a evidente diminuição da congestão do judiciário e para a própria administração pública, que a utilização de tais métodos produz; iv) o maior controle que as partes tem na solução da disputa; e v) a possibilidade de obter uma solução que atenda aos interesses de todas as partes e que, por tanto, seja sustentável.

Evidentemente, especial atenção deverá ser prestada no cumprimento de todos os requisitos necessários para a validade e possibilidade

---

[3] CIMA, Enrique Silva, **Derecho Administrativo Chileno y Comparado**, Editorial Jurídica de Chile, 1969, p. 107 – apud ARRAU, Pedro Pierri. **Derecho Admnistrativo**, Obra Reunida. Ediciones Universitarias de Valparaíso, Pontificia Universidad Católica, 2017, p. 45 – tradução livre das autoras.

de execução, do acordo resultante destes métodos, em especial, daqueles que sejam necessários por parte da administração pública.

1. Análise por país

1.1. Bolívia

A Lei de Conciliação e Arbitragem[4] exclui deste métodos uma série de assuntos que envolvem a administração pública, com exceção da conciliação referente a bens, obras e serviços contratados no exterior, contemplada em seu artigo 6, que prevê:

> Entidades ou empresas estatais podem aplicar conciliação e arbitragem, em disputas decorrentes de um contrato de aquisição de bens, obras ou prestação de serviços, com entidades ou empresas estrangeiras sem domicílio legal na Bolívia assinado no exterior, no âmbito do contrato correspondente.

Essa conciliação, segundo o artigo 20, pode ocorrer antes ou durante um processo judicial ou de arbitragem.

O artigo 127 prevê uma conciliação obrigatória entre as partes, antes de recorrer à arbitragem, nas disputas com o Estado em investimentos que surjam ou estejam relacionados a um investimento realizado de acordo com a Lei 516 de 2014, sobre Promoção de Investimentos[5].

Regras especiais para arbitragem e conciliação são contempladas nesta lei para disputas bolivianas sobre investimentos, feitas por pessoas físicas ou jurídicas bolivianas, públicas ou privadas, bem como para disputas em questões de investimento misto e estrangeiro.

Quanto aos conflitos entre indivíduos e o Estado, a Lei nº 064 da *Procuradoría General de la República*[6], que contém modificações e incorpo-

---

[4] https://fundempresa.org.bo/docs/content_new/ley-n-708-conciliacion-y-arbitraje-_223.pdf – Acesso: 26 Mai.2020.
[5] https://www.lexivox.org/norms/BO-L-N516.html – Acesso: 26 Mai.2020.
[6] https://www.procuraduria.gob.bo/ckfinder/userfiles/files/PGE-WEB/_MarcoLegal/Normas/Ley_064.pdf – Acesso: 26 Mai.2020.

rações estabelecidas na Lei nº 768 de 2015[7], concede poderes ao Procurador Geral do Estado para participar de processos de conciliação, judicial ou extrajudicial, representando os direitos, os interesses e o patrimônio da Bolívia. Assim, o artigo 18, inciso I, se estabelece que, além dos poderes conferidos no art. 231 da Constituição boliviana, essa autoridade assumirá responsabilidade e representação, entre outras, nas ações conciliadoras *"que o Estado boliviano inicie e processa, no âmbito de seus poderes, sem a necessidade de um mandato"*.

Em harmonia com isso, em 2016, a Procuradoria Geral da República emitiu o parecer Nº 002, no qual recomenda à administração pública considerar a arbitragem e a conciliação como formas de solucionar disputas, em contratos realizados em países estrangeiros.

1.2. Brasil

O Brasil tem importantes avanços normativos e práticos relativos a utilização de métodos consensuais para a resolução de disputas com a administração pública.

A base legislativa para essa utilização pode ser principalmente encontrada nas seguintes normas:

a. O novo Código de Processo Civil de 2015:

O Artigo 3° §2° do Código de Processo Civil[8], dispõe que o Estado promoverá, sempre que possível, a solução consensual dos conflitos.

No seu §3°, esse artigo ordena a estimulação da conciliação, mediação e outros métodos de solução consensual de conflitos, por parte de magistrados, advogados, defensores públicos e membros do Ministério Público, inclusive no curso do processo judicial.

Desta norma é fácil concluir que o legislador permite a utilização inclusive durante o litígio, de métodos consensuais para resolução de disputas que envolvem a Administração Pública.

---

[7] http://enlace.comunicacion.gob.bo/index.php/2015/12/17/el-presidente-evo-morales--ayma-promulgo-la-ley-no-768-que-modifica-la-ley-de-la-procuraduria-general-del-estado/ – Acesso: 26 Mai.2020.

[8] http://www.planalto.gov.br/ccivil_03/_ato2015-2018/2015/lei/l13105.htm – Acesso: 26 Mai.2020.

Ressalte-se que o fato de estar envolvido o indisponível interesse público não é óbice para a utilização da negociação, base de todos os métodos consensuais de resolução de disputas, sobre direitos patrimoniais estatais.

Segundo Mauricio Morais Tonin, o interesse público

> realiza-se plenamente, sem ter sido deixado de lado, na rápida solução de controvérsias, na conciliação de interesses, na adesão de particularidades às suas diretrizes, sem ter os ônus e a lentidão da via jurisdicional[9]

b. Lei de introdução às normas de Direito Brasileiro (LINDB).

A Lei de introdução às normas de Direito Brasileiro, de 1942[10], que foi modificada pela Lei 13.665 de 2018[11], é considerada uma norma de "sobredireito". Em efeito, ela dispõe sobre "regras a serem observada por outras normas, ou seja, uma "lei sobre a lei"[12].

O preâmbulo da Lei 13.665 de 2018, que dentre outros acresceu o artigo 26 da LINDB, expõe que as modificações que se introduzem têm por objetivo estabelecer normas *"sobre segurança jurídica e eficiência na criação e na aplicação do direito público"*.

O *caput* do Art. 26 desta lei, permite à autoridade administrativa celebrar compromissos com os interessados, com o objeto de eliminar irregularidade, incerteza jurídica ou situação contenciosa na aplicação do direito público.

Destarte, esta norma superior, estabelece expressamente a possibilidade da administração pública de celebrar compromissos, ou seja, acordos com os interessados, que podem ser pessoas naturais o jurídicas de natureza privada.

---

[9] TONIN, Mauricio Morais. *Arbitragem, Mediação e outros Métodos de Solução de Conflitos envolvendo o Poder Público*, São Paulo: Almedina, 2019, p. 156.
[10] http://www.planalto.gov.br/ccivil_03/decreto-lei/del4657compilado.htm – Acesso: 26 Mai.2020.
[11] http://www.planalto.gov.br/ccivil_03/_ato2015-2018/2018/Lei/L13655.htm – Acesso: 26 Mai.2020.
[12] SCHWIND, Rafael Wallbach. Acordos na Lei sobre Introdução ao Direito Brasileiro-LINDB: Normas de Sobredireito sobre a Celebração de Compromissos pela Administração Pública, *Acordos Administrativos no Brasil, teoria e prática*, São Paulo: Almedina, 2020, p. 159.

Existem também varias normas particulares que regulamentam a utilização dos métodos consensuais por parte da Administração Pública. A continuação faremos referencia as principais.

c. Lei n 17.324, de 18 de março de 2020, do Município de São Paulo[13].

Essa lei instituiu no seu artigo 1° uma política de desjudicialização no âmbito da Administração Pública Municipal Direta e Indireta, cujos objetivos são:

> reduzir a litigiosidade; estimular a solução adequada de controvérsias; promover, sempre que possível, a solução consensual dos conflitos; e aprimorar o gerenciamento do volume de demandas administrativas e judiciais.

A Procuradoria Geral do Município de São Paulo, é quem deve coordenar essa política. O Artigo 2° da citada lei, o dota com faculdades não taxativas, das quais as mais relevantes para o trabalho que nos ocupa são:

i) dirimir, por meios autocompositivos, os conflitos entre órgãos e entidades da Administração Pública Municipal Direta e Indireta;

ii) avaliar a admissibilidade de pedidos de resolução de conflitos, por meio de composição, no caso de controvérsia entre particular e a Administração Pública Municipal Direta e Indireta;

iii) promover, no âmbito de sua competência e quando couber, a celebração de termo de ajustamento de conduta nos *casos submetidos a meios autocompositivos*;

iv) fomentar a solução adequada de conflitos, no âmbito de seus órgãos de execução;

v) propor, em regulamento, a organização e a uniformização dos procedimentos e parâmetros para a *celebração de acordos* envolvendo a Administração Direta, bem como as autarquias e fundações representadas judicialmente pela Procuradoria Geral do Município, nos termos desta Lei;

vi) disseminar a prática da negociação;

vii) coordenar as negociações realizadas por seus órgãos de execução;

---

[13] https://leismunicipais.com.br/a/sp/s/sao-paulo/lei-ordinaria/2020/1733/17324/lei-ordinaria-n-17324-2020-institui-a-politica-de-desjudicializacao-no-ambito-da-administracao-publica-municipal-direta-e-indireta – Acesso: 20 Mai.2020.

vii) identificar e fomentar práticas que auxiliem na prevenção da litigiosidade;

ix) identificar matérias elegíveis à solução consensual de controvérsias.

O Capítulo II desta lei, considera como instrumentos adequados para a solução de controvérsias os acordos, a arbitragem, a mediação e a transação tributária.

d. Artigo 171, do Código Tributário Nacional[14].

A Lei Nº 5.172, 25 de outubro de 1966, que contém o Código Tributário Nacional no seu Artigo 171, dispõe que a lei pode facultar, aos sujeitos ativo e passivo da obrigação tributária celebrar transação que, mediante concessões mútuas, importe em determinação de litígio e consequente extinção de crédito tributário.

e. Lei n. 13.988, de 14 de Abril de 2020[15]:

Essa norma *"estabelece os requisitos e as condições para que a União, as suas autarquias e fundações, e os devedores ou as partes adversas realizem transação resolutiva de litígio relativo à cobrança de créditos da Fazenda Pública, de natureza tributária ou não tributária."*

Assim, o Art. 1º, § 1º, permite à União celebrar transações, quando motivadamente, considere que a medida atende ao interesse público.

f. PORTARIA Nº 161, DE 6 DE MAIO DE 2020[16].

A Portaria referida, alterou a Portaria AGU Nº 488, de 27 de julho de 2016.

Ela dispõe sobre os procedimentos a serem observados pelos Procuradores Federais para dispensa da propositura e desistência de ações, reconhecimento da procedência do pedido, abstenção de contestação, de impugnação ao cumprimento de sentença, de apresentação de embargos à execução e de recurso, desistência de recurso já interposto, nos casos que especifica.

---

[14] https://www.jusbrasil.com.br/topicos/10568671/artigo-171-da-lei-n-5172-de-25-de-outubro-de-1966 – Acesso: 20 Mai.2020.
[15] http://www.in.gov.br/en/web/dou/-/lei-n-13.988-de-14-de-abril-de-2020-252343978 – Acesso: 20 Mai.2020.
[16] http://www.in.gov.br/en/web/dou/-/portaria-n-161-de-6-de-maio-de-2020-255615642 – Acesso: 20 Mai.2020.

No parágrafo único do Artigo 2º, a Portaria estabelece que ela não afasta a necessidade de utilização de métodos mais adequados à solução de controvérsias, quando estes resolverem definitivamente o litigio, com economia ao Erário, como a negociação direta ou a mediação para a formalização de acordos.

g. Acordos para ajuste de Conduta.

Trata-se de instrumentos consensuais utilizadas na esfera administrativa e judicial. Existem dois tipos aos que nos referiremos brevemente.

Termo de Ajustamento de Conduta – TAC: que é possível nos casos nos casos que proceda uma ação civil pública. A Ação Civil Pública está consagrada na Lei N°7347, de1985[17] e foi recolhida pela Constituição de 1988[18]. Ela é um instrumento processual, de ordem constitucional, destinado à defesa de interesses difusos e coletivos.

Segundo o art. 5°§6° da Lei 7.347, de 1985, nos casos de ação civil pública, o Ministério Público e os órgãos legitimados para propor essa ação poderão, a titulo de prevenção ou reparação de dano, tomar dos interessados um compromisso de ajustamento da sua conduta (TAC) as exigências legais.

Esse TAC resulta, necessariamente, de uma negociação entre as partes da ação civil pública e como tal é um método consensual de resolver conflitos com a administração pública.

Termo de Compromisso para Substituição de Sanção: trata-se de um acordo, fruto de uma negociação entre a administração pública e particulares que tem como resultado o termo do processo administrativo. Uma vez cumprido o acordo, o processo é extinto, sem que isso signifique confissão quanto a matéria de fato, nem reconhecimento da ilicitude da conduta[19].

1.3. Chile

No caso chileno, examinaremos três corpos de leis que contêm regulamentos aplicáveis aos Serviços Públicos da Administração Estatal, nos quais a transação, mediação e conciliação são consagradas, como meio

---

[17] http://www.planalto.gov.br/ccivil_03/leis/L7347orig.htm – Acesso: 20 Mai.2020.
[18] http://www.planalto.gov.br/ccivil_03/constituicao/constituicao.htm – Acesso: 20 Mai.2020.
[19] TONIN, Mauricio Morais, Op. Cit., p. 217.

consensual de resolução de disputas em que os referidos órgãos da administração do Estado intervêm.

a. Transação entre particulares e a Administração Pública, representada pelo *Consejo de Defensa del Estado*.[20]

Em primeiro lugar, é necessário salientar que, de maneira geral e no campo do Direito Privado chileno, a transação, como forma de encerrar o litígio por acordo das partes, está consagrada no artigo 2.446 do Código Civil[21], estabelecendo que através deste contrato, as partes podem extrajudicialmente encerrar um litígio pendente ou se proteger contra um eventual litígio.

Embora conceitualmente o contrato de transação seja aplicável aos órgãos da Administração do Estado, nesses casos, uma transação só pode ser alcançada se ocorrer dentro do julgamento, geralmente com a intervenção do Conselho de Defesa do Estado. Este Serviço é uma entidade descentralizada, dotada de personalidade jurídica, sob a supervisão direta do Presidente da República e independente dos vários Ministérios, cujo principal objetivo e missão é a defesa judicial dos interesses patrimoniais e não patrimoniais do Estado.

O Conselho de Defesa do Estado representa serviços públicos centralizados na esfera judicial e tem o poder de representar os serviços descentralizados da Administração Estatal, os órgãos privados nos quais o Estado ou suas instituições têm uma contribuição ou participação igual ou maioritária e os autónomos, se necessário.

O artigo 7º, do *Decreto con Fuerza de Ley* Nº 1, de 1993, do *Ministério de Hacienda*[22], que regulamenta o Conselho, contempla o poder desse órgão para acordar transações nos processos em que intervém, *"com o voto dos três quartos de seus membros no cargo e em uma sessão especialmente convocada para esse fim. Nas atas da sessão em que o acordo de transação for adotado, os fundamentos que foram considerados para isso devem ser registrados."*

---

[20] Esse Serviço é uma entidade descentralizada, dotada de personalidade jurídica, que se está sob a *supervigilancia* direta do Presidente da República y é independente dos diversos Ministérios- Seu objeto e missão principal é a defesa judicial dos interesses patrimoniais e não patrimoniais do Estado.

[21] Definida como um contrato, través do qual as partes podem terminar extrajudicialmente um litigio pendente, o precaver um litigio eventual. https://leyes-cl.com/codigo_civil/2446.htm – Acesso em 26 Mai. 2020.

[22] https://www.leychile.cl/Navegar?idNorma=3469 – Acesso: 20 Mai.2020.

Os acordos do Conselho de Defesa do Estado, que aprovam uma transação envolvendo valores superiores a três mil unidades tributárias mensais[23], "também devem ser aprovados por resolução do Ministério das Finanças".

O Conselho de Defesa do Estado em processos judiciais que intervêm na defesa dos interesses patrimoniais e não patrimoniais do Estado, a fim de concordar com uma transação, examina cuidadosamente todos os antecedentes e pondera a conveniência de concluir o referido acordo, o que, conforme indicado em sua recente conta pública[24], se materializou em um número crescente de casos que representam uma economia significativa de recursos, tanto humanos quanto materiais, porque o valor acordado em pagar em uma transação, em questões patrimoniais, é menor do que o que um tribunal provavelmente poderia condenar pagar. Da mesma forma, o referido órgão possui dentro de seus indicadores de gestão a recuperação dos valores comprometidos em transações judiciais e, em 2019, de acordo com a conta pública acima mencionada, conseguiu recuperar 100% dos valores comprometidos.

b. Mediação em matérias de saúde

A Lei nº 19.966, de 2004[25], estabeleceu um regime de garantia de saúde e estabeleceu como mecanismo anterior à judicialização do conflito entre pacientes e profissionais de saúde, públicos ou privados, a necessidade de recorrer à mediação.

Em outras palavras, esse meio consensual de solução de controvérsias foi estabelecido como uma exigência anterior ao processo de judicial. Sem esse pré-requisito, não é possível prosseguir com a ação judicial no caso que o conflito entre as partes não for resolvido.

A referida lei define a mediação como

> um procedimento não contraditório e seu objetivo é promover, através da comunicação direta entre as partes e com a intervenção de um mediador, que as partes alcancem uma solução extrajudicial para a disputa.

---

[23] A *Unidad Tributária Mensual*, equivale ao dia 15 de maio de 2020 a CLP 50.372.
[24] http://www.cde.cl/gestion_institucional/wp-content/uploads/sites/11/2019/05/DISCURSO_CUENTA_PUBLICA_2018_CDE-PRESIDENTE_MARIA_EUGENIA_MANAUD_TAPIA.pdf – Acesso: 20 Mai.2020.
[25] http://www.supersalud.gob.cl/normativa/668/w3-article-554.html – Acesso: 20 Mai.2020.

A lei faz uma distinção no seu Artigo 44, com relação ao órgão perante o qual a parte interessada deve apresentar seu pedido de mediação, dependendo se o prestador de saúde de tipo assistencial contra quem se pretende acionar é um dos considerados fornecedores institucionais públicos, que formam das redes de saúde definidas no artigo 16 bis do Decreto Lei Nº 2763, de 1979[26], ou seus funcionários, ou é um prestador de saúde privado.

No primeiro caso, a nomeação do mediador corresponde ao Conselho de Defesa do Estado, que pode designar um de seus funcionários como mediador, a um outro funcionário público especialmente designado para isso ou uma pessoa que atenda aos requisitos estabelecidos nos regulamentos.

No caso de um prestador de saúde privado, a nomeação do mediador corresponde à Superintendência de Saúde, que será responsável pela formação e administração de uma lista de mediadores credenciados.

A lei enfatiza a confidencialidade do procedimento e a primazia da vontade das partes, uma vez que, a qualquer momento durante a mediação, podem expressar sua vontade de não perseverar no procedimento, que será encerrado por meio de um ato que será assinado por eles e pelo mediador. No caso de provedores institucionais públicos, os contratos de transação devem ser aprovados pelo Conselho de Defesa do Estado, nos termos do primeiro parágrafo do artigo 7 do *Decreto com Fuerza* de Lei Nº 1, do Ministério da Fazenda, de 1993, no caso de montantes superiores a mil unidades de fomento[27]. Além disso, os contratos de transação devem ser aprovados por resolução do Ministério da Fazenda, no caso de montantes superiores a três mil unidades de Fomento. Os valores acordados a serem pagos como resultado da mediação vincularão única e exclusivamente os recursos do fornecedor institucional público envolvido.

Na conta pública de 2019[28], o *Consejo de Defensa del Estado* divulgou os resultados da mediação em assuntos de saúde, indicando que o percentual de acordos favoráveis obtidos nestas mediações correspondia a um 20%, sendo 1.117 casos que não chegaram a acordo e 288 que acabaram num acordo. Se consideram dentro da definição de acordos também os

---

[26] https://www.leychile.cl/Navegar?idNorma=6999 – Acesso: 26 Mai.2020.
[27] Ver nota 9.
[28] https://www.cde.cl/gestion_institucional/cuenta-publica-2019/ – Acesso: 26 Mai.2020.

pedidos de desculpas e / ou as explicações, os benefícios de assistência ou as compensações financeiras susceptíveis de ser acordadas pelas partes.

c. Conciliação em assuntos tributários.

Em 2017, foi realizada uma grande reforma no sistema judicial tributário e alfandegário chileno, criando tribunais especializados com procedimentos acordes com os assuntos sob sua jurisdição.

O Código Tributário[29], estabelece no seu artigo 132, parágrafo segundo, que o Tribunal Tributário e Alfandegário, oficiosamente ou a pedido da parte, deverá convocar às partes para uma conciliação, de acordo com ao artigo 132 bis, citando-os para tais fins a uma audiência oral. Na referida audiência, o Juiz Tributário e Alfandegário irá propor as bases para o acordo.

O artigo 132 bis estabelece que os litígios submetidos ao conhecimento do Tribunal Tributário e Alfandegário podem ser submetidos a conciliação, incluindo a existência dos elementos que determinam a ocorrência do evento tributável estabelecido por lei; o valor ou o montante do imposto ou impostos determinados e os ajustes, juros ou multas; a qualificação legal dos fatos de acordo com os antecedentes fornecidos no procedimento, a ponderação ou avaliação das evidências e a existência de falhas ou erros manifestos de legalidade, na forma ou na substância, desde que todos esses assuntos tenham sido expressamente alegadas pelo contribuinte na reclamação ou tratando se de casos nos que o tribunal possa se pronunciar oficiosamente.

Em nenhum caso a conciliação poderá consistir na mera redução do valor dos impostos devidos, exceto quando se basear na existência de erros de fato ou de direito em sua determinação, ou em antecedentes que permitam concluir que os elementos jurídicos do fato tributável não existem ou quando os impostos determinados se revelarem excessivos, de acordo com os antecedentes à vista com ocasião da conciliação. A conciliação também não pode ter o objetivo sanear os vícios fundamentais que originam a nulidade do ato administrativo reclamado, nem dos defeitos formais de cumprimento dos requisitos referidos no parágrafo segundo do Nº 8 do artigo 1º da Lei nº 20.322[30]. Na audiência ou

---

[29] Modificado pela Lei Nº 21.039 de 2017, que aperfeiçoa a justiça tributária e de alfândega.
[30] https://www.leychile.cl/Navegar?idNorma=286151 – Acesso: 26 Mai.2020.

audiências de conciliação realizadas, o Serviço, de acordo com suas faculdades, pode propor a remissão total ou parcial dos interesses ou multas penais aplicados, de acordo com os critérios gerais estabelecidos por ele através de resolução.

O convite para conciliação não é procedente nos procedimentos regulamentados nos artigos 4º *quinquies*, 100 bis, 160 bis, 161 e 165 deste Código; naqueles que se relacionam com fatos em relação aos quais o Serviço interpus ação criminal, e em reclamações de liquidações, resoluções ou ordens fiscais relacionadas aos fatos conhecidos nos procedimentos regulamentados mencionados. O Diretor do Serviço, por meio de uma resolução fundamentada, estabelecerá os critérios gerais para aceitar as bases de liquidação de uma conciliação realizada de acordo com essas regras.

Ao exercer esse poder, o juiz da instância, cumprindo os critérios estabelecidos para ele, deve, em qualquer caso, garantir o cumprimento do princípio da legalidade no que diz respeito aos atos administrativos contestados.

1.4. Colômbia

A Lei 446, de 1998[31], permite que entidades jurídicas de direito público conciliem, no todo ou em parte, prejudicial ou judicialmente, sobre conflitos de natureza específica e conteúdo econômico do conhecimento da jurisdição do Contencioso Administrativo, por meio das ações previstas nos artigos 85, 86 e 87 do Código Contencioso Administrativo[32].

Todos os assuntos sujeitos a compromisso, desistência e conciliação são suscetíveis de conciliação, ou seja, referentes a interesses econômicos específicos, dos quais as partes têm poder de disposição.

A conciliação procede expressamente nos casos de Ação de Nulidade e Restabelecimento de Direito, Reparação Direta do Dano "*antrijurídicos*" e controvérsias contratuais[33]. Os Promotores Judiciais Administrativos ou os Promotores Delegados perante o Conselho de Estado, também chamados Agentes do Ministério Público, atuam como conci-

---

[31] https://www.oas.org/dil/esp/Ley_446_de_1998_Colombia.pdf – Acesso: 26 Mai.2020.
[32] https://www.ramajudicial.gov.co/documents/10228/2045451/LEY+1437+DE+2011+PDF.pdf/7f84163f-0261-4790-b67b-83012cb70a62?version=1.1 – Acesso: 26 Mai.2020.
[33] Art. 138, 140 e 141 do Código Contencioso Administrativo da Colômbia

liadores. A conciliação também pode ser feita fora do tribunal, perante um agente do Ministério Público.

1.5. Equador

A Lei Orgânica da *Procuradoría General da República*[34], responsável pela defesa jurídica do estado equatoriano, estabelece que o *Procurador General del Estado* terá faculdades para autorizar as máximas autoridades dos organismos e entidades do setor público, para desistir o transigir nas ações judiciais, quando o montante da disputa seja indeterminado o superior a US 20.000.

O artigo 11 da mesma Lei, dispõe que "os órgãos e entidades do setor público podem se submeter a procedimentos de arbitragem de Direito e a mediação nacional ou internacional, segundo as disposições da Lei de Arbitragem e Mediação (2006)[35], ou de acordo com instrumentos internacionais que as habilitem, antes da assinatura do respetivo contrato". Além da conciliação, "as agências e entidades do setor público, com *personería jurídica*, podem fazer transações ou desistir da ação judicial nos casos em que intervêm como ator ou réu[36], mesmo no caso de entidades do setor público que não tenham personalidade jurídica[37].

Em 1999, foi criado o Centro de Mediação da Procuradoria Geral da República, que administra os procedimentos de mediação entre instituições ou empresas do Setor Público e pessoas físicas ou jurídicas do Setor Privado[38].

---

[34] Art. 5, f) da Lei Orgânica da *Procuradoría General da República*, de 2008. https://www.ine.gob.gt/archivos/informacionpublica/ConstitucionPoliticadelaRepublicadeGuatemala.pdf – Acesso: 20 Mai.2020.

[35] http://www.funcionjudicial.gob.ec/www/pdf/mediacion/Ley%20de%20Arbitraje%20y%20Mediacion.pdf – Acesso: 20 Mai.2020.

[36] Caso o valor da controvérsia for indeterminado ou superior a US 20.000, a autorização prévia do *Procurador General del Estado* será necessária.

[37] Nestes casos, o *Procurador General del Estado* está facultado para transigir ou desistir da ação, sempre que tais atuações sejam em defesa do patrimônio nacional y do interesse público.

[38] http://www.pge.gob.ec/?option=com_azurapagebuilder&view=page&id=163 – Acesso: 20 Mai.2020.

1.6. Guatemala

A Constituição[39] deste país estabelece que a *Procuradoría General de la Nación* é responsável pela função consultiva dos órgãos e entidades estatais.

No mesmo sentido, a Lei Orgânica do Ministério Público, Decreto nº 512[40], no artigo 19, reconhece a possibilidade do Procurador Geral da Nação, entre outras questões, realizar transações em processos judiciais ou recursos que ele promova no exercício da representação jurídica de Nação, desde que tenha autorização prévia do Ministério de Estado.

1.7. Honduras

No caso hondurenho, a Constituição Política de 1982, alterada em 2005[41], estabelece que "o Estado tem a obrigação de promover, organizar e regular a conciliação e a arbitragem para a solução pacífica de conflitos trabalhistas".

No nível jurídico, a Lei de Conciliação e Arbitragem (Decreto 161, de 2000)[42], harmoniza normas nacionais e internacionais em relação à solução alternativa de conflitos, considerando a conciliação.

O único caso específico encontrado é o Código de Processo Penal que permite conciliar, em caso de delitos, em crimes de ação pública, dependendo da instância em particular.

1.8. México

A Lei de Aquisições, Aluguéis e Serviços do Setor Público[43] e a Lei de Obras Públicas e Serviços Relacionados[44], ambas promulgadas em 2000, regulam a conciliação, como um procedimento extrajudicial opcional, perante o Secretário de a Função Pública, que pode ser leis foram modificadas e cada um incluiu um capítulo sobre "Procedimento de conciliação".

---

[39] Art. 252 da Constitución de Guatemala.
[40] http://www.pgn.gob.gt/wp-content/uploads/2018/01/DECRETO-512.-LEY-ORGÁNI-CA-DEL-MINISTERIO-PÚBLICO.pdf – Acesso em 26/05/2020.
[41] https://www.oas.org/dil/esp/Constitucion_de_Honduras.pdf – Acesso em 26/05/2020.
[42] http://extwprlegs1.fao.org/docs/pdf/hon24091.pdf – Acesso em 26/05/2020.
[43] http://www.diputados.gob.mx/LeyesBiblio/pdf/14_101114.pdf – Acesso em 26/05/2020.
[44] http://www.oas.org/juridico/spanish/mesicic3_mex_anexo29.pdf – Acesso em 26/05/2020.

A Lei Nacional de Mecanismos Alternativos para Resolução de Disputas em Matéria Penal, de 2014[45], tem por objeto "... estabelecer os princípios, bases, requisitos e condições para a utilização dos mecanismos alternativos para a resolução de controvérsias em questões criminais que levem às Soluções Alternativas previstas na lei processual penal aplicável". A fim de "... promover, por meio do diálogo, a resolução de disputas que surjam entre membros da sociedade devido à denúncia ou ação penal, através de procedimentos baseados na oralidade, na economia processual e na confidencialidade". A lei indica como meios apropriados para mediação de tais efeitos (Art. 21), conciliação (Art. 25) e junta restaurativa (Art. 27).

Em 2016, foi promulgado um decreto presidencial[46], cujo objetivo é estabelecer as ações que a Administração Pública Federal do México e as empresas produtivas do Estado podem implementar para conciliar e celebrar convénios ou acordos para a solução de controvérsias com particulares, com as exceções contidas em tal decreto[47].

Por fim, as Diretrizes do Instituto de Segurança e Serviços Sociais dos trabalhadores do Estado, de 2016[48], regulamentam a resolução de controvérsias entre indivíduos e o Instituto de Segurança e Serviços Sociais dos Trabalhadores do Estado, por meios alternativos.

---

[45] http://www.diputados.gob.mx/LeyesBiblio/pdf/LNMASCMP_291214.pdf – Acesso em 26/05/2020.

[46] https://www.dof.gob.mx/nota_detalle.php?codigo=5435464&fecha=29/04/2016 – Acesso em 26 Mai. 2020.

[47] Casos em que os programas ou objetivos das Dependências, Entidades e empresas produtivas do Estado sejam afetados; for contra a ordem pública; quando as leis da matéria não estabelecerem a conciliação ou o poder de concordar como um meio alternativo de solução e/ou término de controvérsias; vise realizar um acordo tributário conclusivo; direitos de terceiros possam ser atingidos; caso de controvérsia sobre a execução de uma sanção imposta por resolução que implique responsabilidade para os servidores públicos; a constitucionalidade de qualquer lei ou, conforme o caso, de qualquer ato de autoridade seja contestada por violar diretamente a Constituição Política dos Estados Unidos Mexicanos ou um Tratado Internacional de Direitos Humanos; ou nas disputas trabalhistas, nas quais funcionários públicos tiveram interferência, influência ou qualquer outra forma de participação.

[48] https://www.dof.gob.mx/nota_detalle.php?codigo=5460742&fecha=11/11/2016 – Acesso em 26 Mai.2020.

1.9. Panamá

A *Procuraduria de la Administración* é a instituição, integrada ao Ministério Público, que exerce seus poderes em todo o território nacional, tem a missão de desenvolver meios alternativos de solução de conflitos dentro da Administração Pública[49].

O Decreto Lei nº 5, de 8 de julho de 1999[50], estabelece um regime geral de arbitragem, conciliação e mediação. O artigo 44 da referida lei indica que, para a solução de controvérsias, "no desenvolvimento do princípio da autonomia da vontade, as partes no conflito podem recorrer ao método de conciliação extrajudicial. O inciso 2º do artigo 50 estabelece que *"quando houver um processo administrativo em andamento, as partes, de comum acordo, poderão solicitar ao juiz a suspensão do processo para recorrer ao mecanismo de conciliação. Em caso de acordo e se ele não violar as regras do Direito Público, o juiz o homologará; caso contrário, o processo continuará."*

A transação aparece como uma forma de encerrar um procedimento administrativo[51]. Nesses casos e "quando a autoridade estatal intervém em qualidade de parte, deverão ser observados os requisitos especiais contidos nas normas constitucionais e legais para viabilizar essas medidas".

1.10. Peru

No Peru, as ações da administração pública podem ser contestadas para proteger efetivamente os direitos dos administrados, nos casos em que a lei autorizar e, como regra geral, por meio de um processo administrativo contencioso[52].

---

[49] Lei 38 de juho de 2000, estabelece o estatuto orgânico da *Procuraduría de la Administración*, http://www.procuraduria-admon.gob.pa/wp-content/uploads/2015/03/Ley38_mod.pdf – Acesso em 26 Mai. 2020.

[50] http://biblioteca.cejamericas.org/handle/2015/4350 – Acesso: 26 Mai.2020.

[51] Art. 153 Lei 38 de julho de 2000, que regula o procedimento administrativo geral e a *Procuraduría de la Administración*. https://www.supervalores.gob.pa/files/Ley/Ley%2038%20del%2031%20de%20julio%20de%202000.pdf – Acesso: 26 Mai.2020.

[52] Lei Nº 27.582 de 2002, regula o processo Contencioso Administrativo, https://www.indecopi.gob.pe/documents/682033/0/TUO+de+la+ley+25784+Ley+que+Regula+el+Proceso+Contencioso+Administrativo.pdf/fad8ea5c-4b60-f2e2-0ea4-2f4cc8712748 – Acesso: 26 Mai.2020. Art. 1º e Art. 148 da Constituição do Peru, http://www4.congreso.gob.pe/ntley/Imagenes/Constitu/Cons1993.pdf – Acesso: 26 Mai.2020.

No entanto, as ações ou omissões da administração pública em relação à validade, efetividade, execução ou interpretação de contratos de administração pública não serão impugnáveis quando for obrigatório ou for decidido de acordo com a lei que essa controvérsia deve estar sujeita a conciliação ou à arbitragem[53].

A defesa jurídica do Estado peruano corresponde à Procuradoria Geral do Estado.

Entre as funções do promotor público estão: "Promover, intervir, concordar e assinar acordos para o pagamento de reparação civil em investigações ou processos criminais, onde eles intervêm de acordo com o procedimento indicado no Regulamento". E "conciliar, transigir e consentir resoluções, bem como desistir das ações judiciais, de acordo com os requisitos e procedimentos estabelecidos no regulamento. Para tais fins, é necessária a autorização do titular da entidade, após relatório do *Procurador Público*."

Por fim, não há conciliação extrajudicial nos processos contenciosos administrativos[54].

1.11. Venezuela[55]

A Constituição venezuelana estabeleceu a simplificação e eficácia dos processos judiciais, estabelecendo "a obrigação do legislador de promover a arbitragem, conciliação, mediação" e qualquer outro meio alternativo para a solução de conflitos para tais fins[56].

Assim, existe normativa que dispõe sobre meios alternativos para solucionar disputas em de tipo administrativa ou judiciai, como acontece

---

[53] Art. 3º, Lei Nº 27582 de 2002, http://transparencia.mtc.gob.pe/idm_docs/normas_legales/1_1_69.pdf – Acesso: 26 Mai.2020.

[54] Ver nota 53.

[55] "Meios Alternativos de Solução de Conflitos no Direito Administrativo Venezuelano. Especial Referência à Arbitragem nos Contratos Administrativos", Rafael Badell Madrid, artigo publicado no site de Badell & Grau, http://www.badellgrau.com/?pag=7&noti=129 – Acesso em 26/05/2020.

[56] Arts. 257 e 258 da Constituição de 199, https://venezuela.justia.com/federales/constitucion-de-la-republica-bolivariana-de-venezuela/ – Acesso em 26 Mai.2020.

em matéria de concessões[57], disputas relacionadas à proteção do consumidor[58], telecomunicações[59], área de seguros[60] e questões tributárias[61].

A Lei Orgânica da *Procuraduría General de la República*[62] admite a possibilidade de realizar transações nos processos judiciais e nos procedimentos em que a República for parte, desde que tal ato esteja sujeito à autorização prévia da *Procuraduría General de la República*. Além disso, os advogados que exercem a representação da República num processo judicial, não poderão celebrar transações ou usar outros meios alternativos para a solução do conflito, sem a autorização expressa do Procurador Geral da República, após instruções por escrito da mais alta autoridade do órgão envolvido[63].

A conciliação administrativa é expressamente permitida com autorização prévia da *Procuraduría General*, sob pena de nulidade absoluta do ato de conciliação[64].

O Código Orgânico Tributário[65] admite a transação como uma possibilidade para encerrar um processo tributário contencioso. A transação deverá ser aprovada pelo Juiz.

---

[57] Decreto N° 319 *con rango y fuerza de Ley Orgánica para la Promoción de la Inversión Privada bajo el Régimen de Concesiones*, https://venezuela.justia.com/federales/leyes-organicas/ley-organica-sobre-promocion-de-la-inversion-privada-bajo-el-regimen-de-concesiones/gdoc/ – Acesso em 26 Mai.2020.

[58] Lei de Protección al Consumidor y al Usuario, https://venezuela.justia.com/federales/leyes/ley-de-proteccion-al-consumidor-y-al-usuario/gdoc/ – Acesso em 26 Mai.2020.

[59] Lei Orgânica de Telecomunicaciones (LOTEL), http://www.conatel.gob.ve/ley-organica-de-telecomunicaciones-2/ – Acesso em 26 Mai.2020.

[60] Lei de *Empresas de Seguros y Reaseguros* de 12 de novembro de 2001, http://www.sudeaseg.gob.ve/?post_type=document&p=1052 – Acesso em 26 Mai.2020.

[61] Lei de *Impuesto Sobre la Renta*, art.143 ao167, https://www.oas.org/juridico/spanish/mesicic3_ven_anexo22.pdf – Acesso em 26/05/2020.

[62] http://www.oas.org/juridico/PDFs/mesicic4_ven_ley_org_proc_gen_rep.pdf – Acesso em 26 Mai.2020.

[63] Lei Orgânica da *Procuraduría General de la República de Venezuela*, Art. 68. http://www.oas.org/juridico/spanish/mesicic2_ven_anexo_36_sp.pdf – Acesso em 26 Mai.2020.

[64] Art, 5 da Ley Orgánica da *Procuraduría General de la República*, ver nota 66

[65] Art. 305 do Código Orgânico Tributário. http://declaraciones.seniat.gob.ve/portal/page/portal/MANEJADOR_CONTENIDO_SENIAT/02NORMATIVA_LEGAL/2-2.html – Acesso em 26 Mai.2020.

Conclusões

Segundo as normativas analisadas neste trabalho, podemos concluir um importante esforço legislativo nos países latino-americanos para incluir métodos consensuais de resolução de disputas em que a Administração Pública seja parte.

Métodos como mediação, conciliação e negociação, que visam a realização de um acordo ou de uma transação, estão presentes nestas normas, como reconhecimento da necessidade de agilizar e descongestionar a atividade da Administração Pública.

Fica para um próximo estudo, a interessante comprovação da aplicação prática que cada país faz destas normas e as vantagens que essa aplicação traz para a administração em termos de descongestionamento, economia e paz social.

Referências

ARRAU, Pedro Pierri. *Derecho Admonistrativo*, Obra Reunida. Ediciones Universitarias de Valparaíso, Pontificia Universidad Católica, Chile, 2017.

SCHWIND, Rafael Wallbach. Acordos na Lei sobre Introdução ao Direito Brasileiro-LINDB: Normas de Sobredireito sobre a Celebração de Compromissos pela Administração Pública, *Acordos Administrativos no Brasil*, teoria e prática, São Paulo: Almedina, 2020, p. 157-175.

TONIN, Mauricio Morais. Arbitragem, *Mediação e outros Métodos de Solução de Conflitos envolvendo o Poder Público*, São Paulo: Almedina, 2019.